"十二五"普通高等教育本科国家级规划教材

教育部普通高等教育精品教材

新编21世纪公共管理系列教材

• 行政管理、公共事业管理系列 •

公共部门人力资源开发与管理

第五版

Human Resource Development and Management in the Public Sector

孙柏瑛　祁凡骅　编著

中国人民大学出版社

· 北京 ·

作 者 简 介

孙柏瑛 中国人民大学公共管理学院党委书记，教授、博士生导师，中国人民大学国家发展与战略研究院研究员。主要研究领域为公共部门人力资源开发与管理、地方治理、基层社会管理等。著（编）有《公共部门人力资源开发与管理》《公共部门人力资源管理》《当代地方治理》《城市基层政府社会治理体制机制的现代转型》等教材和专著多部，翻译《公共部门人力资源管理：系统与战略》《公共行政的社会建构：解释与批判》等著作多部，在核心期刊发表学术论文60余篇。

祁凡骅 中国人民大学公共管理学院行政管理学系主任，教授、博士生导师，中国人民大学国家发展与战略研究院国家治理研究中心主任。主要研究领域为领导学、人力资源管理、政府治理等。主要学术代表作有《平衡：构筑和谐领导力》《政府绩效管理：国际潮流与中国趋势》《胜任能力：公共部门人力资源新聚焦》《行政体制改革》《领导学》《领导力》等。

内 容 简 介

由中国人民大学孙柏瑛教授和祁凡骅教授合作编写的《公共部门人力资源开发与管理》是一部经典的畅销教材，先后被评为普通高等教育“十一五”国家级规划教材、“十二五”普通高等教育本科国家级规划教材、中国人民大学“十三五”规划教材，并获得“教育部普通高等教育精品教材”荣誉称号。本书以国家治理体系和治理能力现代化为背景，从公共部门的组织性质和特征着眼，对公共部门人力资源管理的概念、功能、历史发展以及管理程序中的各个环节进行了系统阐述，突出公共部门人力资源管理制度层面的建构和中国特色人力资源管理的内容，注重介绍人力资源管理操作层面的知识和技能工具。

本书第五版从国家治理现代化的视角出发，对中国本土人力资源管理的经验和特征进行了更加充分的呈现、概括和评介。全书主要做了两个方面的修订工作：一是增加了“中国古代官吏制度”一章，并在第3章“公共部门人事行政的基本制度安排”中增加了中国干部人事管理的内容；二是根据2019年6月起实施的新《公务员法》及相关配套法规，对职位管理与人员分类管理、绩效考核与绩效管理、薪酬设计与管理等章节的内容进行了更新。

出版说明

现代意义上的公共行政与公共管理研究和教育始于20世纪初的西方。时至今日，随着公共管理职业化的发展，公共行政与公共管理的研究和教育事业在西方发达国家方兴未艾。自20世纪80年代起，为了适应政府改革与公共管理人才培养的需要，我国的公共行政与公共管理研究和教育在经历了发展的挫折之后，开始了恢复和重建的工作。经过多年的发展，特别是公共管理一级学科的设置和我国公共管理硕士（MPA）教育的启动以及高校公共管理类本科专业的大量开设，公共管理已成为当代中国社会科学和管理科学领域的一个充满生机活力、具有远大发展前景的学科。

为了满足广大高校公共管理类专业的教学需要，在历届教育部高等学校公共管理类学科专业教学指导委员会的指导和支持下，中国人民大学出版社自1999年起，陆续出版了"21世纪公共行政系列教材""21世纪公共管理系列教材""21世纪公共事业管理系列教材""公共管理系列教材""公共管理核心课程系列教材""21世纪劳动与社会保障系列教材""21世纪土地资源管理系列教材""21世纪城市规划与管理系列教材"等多个本科系列教材。这些教材被国内高校公共管理类专业广泛选用，并得到了公共管理学界的支持和认可，数十种教材被评为"十五""十一五""十二五"国家级规划教材，普通高等教育精品教材，以及各省市精品教材，为我国公共管理学科发展和人才培养做出了积极的贡献。

我国高等教育改革的进一步深化，以及新技术和新媒体的不断发展，对高校教材提出了更高的要求。为了回应这种要求，我们在广泛调研的基础上，拟对上述系列教材进行整合和提升，推出"新编21世纪公共管理系列教材"，以满足国内高校公共管理一级学科下设的行政管理、公共事业管理、劳动与社会保障、土地资源管理、城市管理、海关管理、交通管理、海事管理、公共关系学等本科专业的教学需要。

"新编21世纪公共管理系列教材"将秉承中国人民大学出版社"出教材学术精品，育人文社科英才"的宗旨，从本科教育的特点出发，从公共管理教育的特点出发，为广大高校公共管理类专业师生提供一套高质量的本科教材。在教材编写和内容安排上，“新编21世纪公共管理系列教材”强调基础知识、基本理论和基本技能，同时，也尽可能地体现创新性和前沿性，反映相关领域理论与实践的最新发展情况。

“新编21世纪公共管理系列教材”由中国人民大学、中山大学、北京大学、清华大学、复旦大学、厦门大学、武汉大学、浙江大学、吉林大学、东北大学、北京师范大学、山东大学、四川大学、西北大学等数十所国内著名大学的知名学者领衔著述，我们期望通过这种强强联合、优势互补、资源共享的方式，为国内公共管理学界奉上一套体现系统性、权威性、通用性，并兼具创新性、前沿性、启发性的精品教材。

公共管理的实践是不断发展和变化的。随着公共管理实践的不断发展，公共管理学科研究的范围、主题和内容也在不断地发展和变化。我们将紧跟公共管理学科的发展，与所有作者一起，不断对本套教材进行修订和完善。望广大读者给我们反馈信息，对本套教材提出批评和建议，以使我们能够在所有读者和作者的帮助下，与中国公共管理学科共同成长。

中国人民大学出版社

第五版前言

时光荏苒。不经意间，《公共部门人力资源开发与管理》教材出版发行已 21 个年头。承蒙广大读者的友情陪伴、不吝厚爱与支持，教材得以伴随中国经济社会改革开放的浪潮与公共组织持续创新的脚步，回应中国公共部门人力资源改革实践问题，回应读者的需求和期盼，经过不断修正、改进、完善，走到今天，有了第五版的面世。

2022 年 10 月 16 日，中国共产党第二十次全国代表大会召开。会议以新时代新征程中国共产党的使命任务为聚向，凝练了中国式现代化的特征。二十大报告明确指出，实施科技兴国战略，强化现代化建设人才支撑。为此，要通过教育、发展科技创新、创新驱动发展和人才强国等战略组合，实现教育强国、科技强国和人才强国目标。人才强国是国家现代化目标实现的坚实基础，这需要践行党管人才原则、坚持尊重劳动、尊重知识、尊重创造。在管理上，需要完善人才战略布局，建设规模宏大、结构合理、素质优良的人才队伍。

每一个公共组织都是创造人才发展的高地，履行着以制度塑造组织人才成长的基本责任，组织人力资源开发与管理是促进人才强国战略的微观基础。充分认识公共组织人力资源开发与管理在国家治理体系与治理能力现代化中的重要性，其意义在于：第一，人是组织的主体，是能动性与创造力之本。公共部门人力资源开发与管理构造和诠释了很多制度，建造了人事管理的规则大厦，发挥着科学、理性、规范管理事务和管理程序的作用，打造了组织管理的基础。但管理制度的建基要以发展人的行动能力、发展人的主动性和创见能力为出发点，人力资源管理的中心是释放人的主体性，增进组织成员进行社会学习，理解和回应风险、危机的能力。第二，伦理价值及伦理判断日益成为公共部门人力资源管理的一个关键支点。我们面对的环境和场景日益复杂和不确定，解决组织问题和冲突，不仅要依靠组织的规则秩序，也要依赖公务员对公共利益的理解、责任心与道德义务，依赖对“公共性”的伦理精神遵从，依赖公务员主体达成“公共性”目标的实践行动。公共部门人力资源管理的教程有使命、有责任推进管理进程中的伦理价值建构，活化公务员主体的伦理精神。

教材第五版修订的幅度较大，修改内容较多。中国式现代化成为新时代中国经济、政治、社会发展的战略目标。国家人力资源发展则是实现中国式现代化目标的基本保障，需要我们从知识角度思考人力资源管理的原理和理论，以此为基础，对我国人事管理的经验、特征予以呈现、概括和评介。2019 年，新修订的《中华人民共和国公务员法》颁布实施，考录、职位分类等制度设计发生了一系列重大变化，组织绩效管理知识演进也日新月异。据此，第五版对相关内容进行了大幅修订。其中，将第四版第 1 章和第 3 章内容合并；新增第 2 章中国古代官吏制度；第 3 章“公共部门人事行政的基本制度安排”增加了我国干部人事管理的内容；根据新《公务员法》，对第 7 章“公共部门职位管理与人员分类管理”和第 12 章“公共部门的薪酬设计与管理”内容进行了调整；重写了第 9 章；其他章节则做了局部文字调整。

教材修订过程中，得益于中国人民大学出版社朱海燕女士的诸多建议，她还亲自制作了文内专栏和案例框模板，精细化的工作让《公共部门人力资源开发与管理（第五版）》更加规范、精致。在此，感谢朱海燕女士及其编辑团队的辛勤付出！

人事管理演进历史悠久，中外人事管理思想智慧迭出，而现实公共部门人力资源管理实践则丰富多彩，凭借一本教材难以穷尽所有，不免挂一漏万。书中谫陋不妥之处，敬请广大读者和专家学者批评指正，你们的建议是我们最大的前进动力。

孙柏瑛

2023 年 12 月 15 日

于北京・广华新城

第四版前言

转眼间，《公共部门人力资源开发与管理》又到了第四版的修订年头。面对人力资源管理这个与时俱进、发展迅速的“行当”，修订教材，是让学子感受到新变化，体验新知识、新技能，以适应组织人力资源实践的现实需要，是教师授业解惑责任的一部分。期待本教材成为助公共管理、公共事业、行政管理专业学子们成长和职业发展的有力支持。

此次教材修订围绕着公共部门人力资源开发与管理新近出现的理念、制度、技术工具变化展开。主要的修正内容包括：其一，第一章概论进行了重写，在对公共部门人力资源性质和功能进行刻画的基础上，对公共部门人力资源管理的发展历程以及每个发展阶段的独特理念、假设和工具进行了叙述，有助于学生掌握人力资源管理逻辑的变迁及其对组织发展的意义；其二，对中国公共部门人力资源管理特有的制度以及独特的体制、机制进行了更为细致的阐述，以便学子对中国特有的人事管理制度进行把握；其三，修正、替换了薪酬、福利管理的相关内容，将国家最新的公务员薪酬、福利改革方案呈现出来，跟进了国家的管理政策变化；其四，对全书文字进行了更新，做了必要的补充和删减。

在教材修订过程中，中国人民大学出版社的朱海燕女士给予笔者大力的支持和帮助。她不仅无私地提供大量建议，而且亲手制作了专栏、案例框模板供我们参考。正是她的努力，让《公共部门人力资源开发与管理（第四版）》更加规范、更加精致、更具可读性。在此，笔者对朱海燕女士表示感谢！

公共部门人力资源管理实践丰富多彩，一本教材很难穷尽所有的知识点，其中难免挂一漏万。书中有谫陋不妥之处，敬请广大读者和专家批评指正，尤其请参与学习体验的学子们多提宝贵意见。

孙柏瑛

2015 年 7 月人大求是楼

第三版前言

承蒙学界和读者们的厚爱，《公共部门人力资源开发与管理》一书问世已经超过十个年头，它成为国内众多高等学校公共管理、公共事业、行政管理等专业本科生、硕士研究生必修课程的教材，成为学生们步入社会、开始职业生涯、增长管理知识技能的良师益友。

公共部门人力资源管理是一套在变革中不断演进、发展的知识和技能。社会变迁使得公共部门所处的外部环境发生着快速的变化，组织员工亦面对着新的社会问题和压力。公共部门是一个有机体，需要不断地回应组织内外部新的挑战，发展新的能力，适应变化的要求。人力资源管理作为推动组织变革和能力提升的工具，也在环境的变迁之中发展着自身的理念、话语、策略和工具。今天，人力资源管理在组织发展中承载了三个重要的角色：一是改革的促进者。人力资源管理工具通过系统检视组织存在的问题和漏洞，发现并实施组织变革的方案。二是战略的制定与实现者。通过环境评估，组织获得战略目标的制导。通过战略规划与人力资源管理政策的链接，组织战略从设想转变为现实行动。三是团队的塑造者。通过人力资源管理和激励政策，组织打造并维系了具有竞争能力的团队。可见，回应变化的公共部门人力资源实践同步推进了人力资源管理知识的日新月异。本次修订试图呈现公共部门人力资源管理知识的发展，与读者分享变化中的管理思维和管理技术。作为一本致力于提升读者管理技能和能力的教科书，本教材在修订过程中特别关注学生们成长为公共部门人力资源管理者需要具备的知识和能力。故此，我们对人事管理制度设计、人力资源规划、招募、工作分析、绩效管理、职业发展管理、薪酬设计等环节的管理手段投入了更多的笔墨。

在教材修订过程中，中国人民大学出版社编辑朱海燕女士给予了笔者大力的支持和帮助。她不仅无私地提供了大量建议，而且亲手制作了专栏、案例框模板供我们参考。正是她的努力，让《公共部门人力资源开发与管理（第三版）》更加规范、更加精致、更具可读性。在此，笔者对朱海燕表示感谢！

公共部门人力资源管理实践丰富多彩，本教材很难穷尽所有的知识点，难免挂一漏万。书中有谫陋不妥之处，敬请广大读者和专家批评指正。

孙柏瑛

2012 年 5 月于北京太阳园

第二版前言

公共部门人力资源管理是一套不断回应现实实践问题而获得自身发展动力的知识体系。适应复杂的外部环境变迁，面向组织发展的战略目标，开发组织人力资源的能力，提升组织员工的综合素质，是公共部门人力资源管理的特质所在。一个多世纪以来，人事管理逐渐发展为一个独立的研究领域并转型为当今的人力资源开发与管理模式，这期间组织人力资源管理的发展历程就是不断经历挑战、做出回应、解决问题、适应环境、发展知识以及管理工具的螺旋式上升的过程，展示着特定环境中组织人力资源管理的成长方向。

本教材的第二版即是当今公共部门人力资源开发与管理知识演进的综合体现。承蒙读者的多年厚爱，《公共部门人力资源开发与管理》一书成为大家认同的精品教材。然而，近年来，随着公共部门改革的提速，政府的开放性和透明性不断增强，公共部门人力资源管理从理念思维到技术工具都在快速更新。为了满足读者对公共部门人力资源管理新知识、新技能、新方法的需求，教材修订的内容也动态地反映了知识体系中新的变化。其中，新修订的版本对中国公务员制度的发展完善、公共部门人力资源战略管理议程、绩效管理与绩效考核目标和技术、组织人员培训与开发技术、公共部门员工薪酬规划和管理等内容进行了较大幅度的知识更新。期待能够给读者带来更有价值的管理知识。

中国人民大学公共管理分社的编辑们为敦促本教材的修订付出了大量的努力和辛苦，衷心致谢！

孙柏瑛

2008 年 8 月于北京太阳园

第一版前言

在本书前期思考、资料准备、框架设计和文字写作的整个过程中，我们始终为了达成这样一些写作目标而不断地努力着。

第一，本书力图呈现当今公共部门人力资源管理发生的重大变化及其发展趋势，归纳和分析其制度变革中的创新和路径依赖。目的是使读者能够在公共组织改革和动态变化的大背景中，把握当代公共部门人力资源管理的变革状况、管理特征和面对的焦点问题。

20 世纪 80 年代以后，世界范围内的政府及其公营部门的改革运动持续不断。在政府不断调整自身与市场以及公民关系的过程中，其组织自身的结构和文化也在经历着重大变化。这些变化同样深刻地影响着作为公共管理重要组成部分的公共部门人力资源管理的内容与构成，使得公共部门人力资源管理的理念、视野、制度和模式都发生了重大的变化。本书立足于公共部门人力资源管理制度现实的变革状况，描述了国家公务员制度和传统人事行政管理模式遭遇的压力和挑战，较为系统地阐述了公共部门走向人力资源管理模式所依赖的理念基础与目标导向，分析了公共部门战略性人力资源管理的思路以及由此展开的人力资源管理活动的政策和技术设计，展望了公共部门人力资源管理的最新发展趋势。

这样，本书的写作就不是简单地停留于一般的人力资源管理知识的阐述，而是把人力资源管理放在公共组织及其文化变革的框架下进行讨论，将人力资源发展与组织战略使命以及可持续发展能力构建有机联系起来。这一战略性的公共部门人力资源管理的框架，强化了对公共组织背景和环境的认知，增强了分析的针对性，便于公共管理专业的学生在战略发展的视野下，对公共部门人力资源管理问题进行学习和思考。

第二，本书力图将最新的人力资源管理知识运用于对公共部门人力资源管理的分析之中，介绍了国内外一些重要的公共部门人力资源管理的技术方法。这一方面是想使读者充分了解企业组织人力资源管理实践和先进经验对于公共部门人力资源管理的意义；另一方面也期望读者对如何将有效的管理技术应用到公共部门中，以改进其人力资源管理系统进行深度的思考。

本书在当代公共部门人力资源管理理念支持的基础上，向读者提供了一系列最新的人力资源管理知识和操作性的技术方法，主要包括：公共部门人力资源管理中的法律问题、战略分析及方案制定与执行、公共职位管理变革、职业发展规划、关键绩效指标确定、培训需求分析、战略薪酬和激励薪酬的策划与管理、学习型组织、团队构建、全面质量管理、六西格玛质量管理、公共部门人力资源管理系统全面改进等。通过对这些新知识和技术手段范例的介绍与传授，促使读者进一步理解公共部门人力资源的创新理念，并力求促进新知识、新技术转化为公共部门人力资源管理的能力，提升公共部门人力资源管理的水平。

第三，本书力图直观地呈现公共部门人力资源管理的相关知识和管理方法，简明清晰、形象化地反映公共部门人力资源管理的一些实用技术，目的在于使读者更加直观、快速、便捷地了解到当代公共部门人力资源管理技术的发展，增强实际操作技术的可接受程度和应用性。

本书不仅比较系统地介绍、概括了当代人力资源管理的技术手段，而且力求以直观、简洁的方式体现这些人力资源管理思想及其开发与策划实践的成果。各种图表的使用是本书的一个重要特色，这些图表将现代人力资源管理思想高度凝练化，并将其形象化地呈现在读者面前。与此同时，本书收集了大量信度、效度较高的人力资源管理量表，详细分析了量表的使用范围和适用性，以便读者在学习中直接接触组织现实采用的测量、评估样本，增强对管理技术的理解力和操作技能。

在我们写作本书的过程中，分工如下：孙柏瑛负责第 1、第 2、第 3、第 4、第 9、第 10、第 11、第 14 章的写作；祁光华负责第 5、第 6、第 7、第 8、第 12、第 13 章的写作。在本书写作过程中，中国人民大学出版社的刘晶女士对本书倾注了极大的关心，不断敦促本书的写作，并从多方面给予了支持；中国人民大学出版社的曹沁颖编辑为本书的校订付出了辛勤的劳动。在此向她们表示衷心的感谢。

由于作者水平所限，书中必然有很多谬陋不妥之处，敬请广大读者和专家批评指正。

孙柏瑛

2003 年 8 月于北京太阳园

目　录

第1篇　公共部门人力资源管理的性质和环境

第2篇　公共部门人力资源战略管理与资源配置

第 3 篇 公共部门人力资源的激励与开发

第 4 篇　公共部门人力资源管理的发展与展望

第 1 篇

公共部门人力资源管理的性质和环境

第1章 导论

公共部门是在一个国家中承担公共产品和公共服务提供责任的组织体系。公共部门的特殊性质和任务特点决定了其人力资源管理与企业组织人力资源管理既有共通之处也有相异之处。在人力资本理论推动下，现代人力资源管理理念和方式区别于传统人事行政管理，人才资源管理成为组织的战略工具、为实现组织目标建构人才资源及其发展的坚实基础。公共部门所处的内外部环境对其人力资源管理活动的目标、功能、任务、发展方向有着重要影响，形成了公共部门人力资源管理系统。在这样的背景和系统中，公共部门人力资源管理不断实现提升组织生产力水平、创造人才成长环境和推进组织变革的目标，发挥重要的管理功能。

重点问题

- 人力资源的含义及基本性质
- 人力资本理论以及它对现代人力资源管理兴起的意义
- 公共部门人力资源管理的演进
- 公共部门人力资源管理的目标及功能
- 公共部门人力资源管理机构的角色及责任
- 公共部门人力资源管理者的知能与伦理守则

1.1 人力资源管理与公共部门的基本概念

1.1.1 人力资源的含义与一般特征

在现代组织中，人力资源是组织资源的重要组成部分。组织的物质设备、财政资本、技术能力、人力资本和社会资本资源构成了组织资源的总和，并成为组织生存和发展的基础。

由于人们对“人力资源”概念认识的角度和范围不同，定义表述也不完全相同。有人认为，人力资源是在现有生产过程中投入的劳动力的总量，即现有组织内的劳动力人口存量；而有的人则认为，人力资源是指在一定区域范围内，所有具有劳动能力的人口的总和，它既包括现有在生产过程中投入的劳动力人口，也包括即将进入生产过程的潜在的劳动力人口和暂时失去工作职位但仍有劳动能力的失业或待业人口等。前一定义注重的是组织现实的人力资源队伍构成状况，而后一种认识则从更广泛的意义上使用“人力资源”的范畴，指向一个区域乃至一个国家范围内的所有劳动力人口。

目前，人们通常从广义角度理解人力资源内涵，其一般意义的含义是，在一定范围内能够作为生产性要素投入社会经济活动的全部劳动人口的总和。它可分为现实的人力资源和潜在的人力资源两部分。现实的人力资源指一个国家或一个地区在一定时期内拥有的实际从事社会经济活动的全部人口，包括正在从事劳动和投入经济运行的人口以及由于非个人原因暂时未能从事劳动的人口，他们有时又被称为“劳动力资源”。潜在的人力资源则是指处于储备状态，正在培养成长，逐步具备劳动能力的人口和虽具有劳动能力，但由于各种原因不能或不愿从事社会劳动，并在一定条件下可以动员转化并投入社会经济活动的人口的总和。例如在校的青年学生、从事家务劳动的家庭妇女等。

一个国家或地区的人力资源构成由两方面体现。第一个要素是人力资源数量，这是标志人力资源总量的基础性指标，是人力资源量的特征。一国的人口数量、特征与广义的人力资源数量呈明显的正相关性，反映了国家人力资源绝对量的水平。而人力资源的相对量是现实的人力资源数量在国家总人口中所占的比重。现实人力资源数量投入得越多，就意味着就业人口越多，表明该国家或地区经济发展具有一定优势。第二个要素是人力资源质量，这是标志人力资源总体素质的指标，是反映人力资源质的因素。人力资源的质量因素对于国家和社会发展的作用比人力资源的数量因素更为重要。人力资源的质量综合体现在劳动者个体和人力资源整体的健康状况、知识水平、技能水平、价值观和素质结构五个方面。提高一国人力资源的质量是现代人力资源发展的重要目标和方向，尤其是在以信息、知识和技术密集为特征的现代知识经济社会中，一个国家、一个地区、一个组织的人力资源综合素质状况和质量水平，对于国家竞争能力、经济增长、社会繁荣程度的提升极为关键。人力资源有以下基本特征：

1. 人力资源生成过程的时代性与时间性

人力资源的成长与成熟是在一个特定的时代背景下进行的。一个时代的社会状况，包括经济的、教育的、文化的因素，都会影响和制约在这个时代中发展起来的人力资源，培养出一代或几代人力资源特定的价值观、道德观和认知方式，并体现在他们的工作行为和劳动态度上。人力资源生成的时代特征，意味着人力资源管理不能脱离其管理对象的时代性，必须明确时代留给他们的长处和不足，这样才能在人力资源开发过程中确立目标和方向。

2. 人力资源的能动性

能动性是人力资源的一个根本性质，体现了人力资源与其他一切资源的本质区别。所谓人力资源的能动性，是指当人力资源作为生产要素的一部分进入生产过程后，他们就在一切生产经营和管理活动中居于中心位置，起着主导的作用。人力资源具有引导、操纵、控制其他资源的功能，意味着人力资源是唯一具有创造性的因素，能够顺应一定的社会历史条件，同时也能够创新和发展社会，改变不合时宜的陈规陋习。正是人力资源特有的能动性质，使人类社会不断进步。人力资源管理的目的在于运用有效的激励和开发机制，发展人力资源的创新能力，以增加社会的财富。

3. 人力资源使用过程中的时效性

每个人一生都要经历一些特定的生理和心理发展阶段，每个发展阶段都有成长的特性。职业期，是人生理与心理都比较成熟的阶段，不仅年龄适当，体力充沛，而且随着工作经验的积累和素质的培养，各方面能力也渐入佳境。在这个时期，人力资源的能力处于曲线的顶端，要求被组织及时地开发和使用，即组织应对这一时期的人力资源委以重任。如果组织储之不用，或没有充分地开发使用，按照素质衰退理论，一方面，将会导致人力资源的才能逐渐退化，甚至消失；另一方面，过了最佳的生理、心理时期，人力资源的综合素质能力就开始从顶峰下降，这就是人力资源使用的时效性。如果组织不注意这一点，不仅会导致人力资源的浪费，而且会影响组织工作绩效及人力资源成长与开发的动力。

4. 人力资源开发过程的持续性

与物质资源的一次性开发不同，人力资源在成长和使用的过程中可以不断开发。开发的持续性表明一个基本假设：人力资源身上具有多种潜在素质，其在工作中表现出来的只是冰山一角，更多的能力由于缺乏适当的使用环境而被压抑。因此，组织可以通过各种渠道和方式，促使人力资源的素质在使用中被不断地开发出来。人力资源经过每一次新的开发后，其素质能够不断积蓄起来，以往开发出来的素质会在新的开发中附加地发挥作用。这又被称为人力资源的“蓄电池”理论。

5. 人力资源闲置过程的消耗性

与物质资源不同的另一个特点是，人力资源在其闲置过程中，仍需要耗费其他各种物质性资源才能维持生存。这意味着，即使一部分人力资源处于闲置状态，如未得到使用或暂时失业，其组织或社会也必须为之提供必要的经济补偿和物质保障。这一方面说明人力资源闲置、浪费会给组织带来损失；另一方面也说明组织为了避免人力资源长期闲置，建立培训转岗和再就业强化措施的重要性。

6. 人力资源的特殊资本性

人力资源作为一种经济性资源，既具有资本的属性，又与一般形态的资本有着重要区别。资本的三个突出特点，人力资源同样具备。这就是：第一，它是投资的结果。人力资源质量高低，取决于投资的程度。这是由人的能力获得的后天性决定的。第二，在一定时期内，它能够不断地给投资者带来收益。这种收益既可以直接地表现为货币形态，也可能以非货币的形式出现。第三，在使用中会出现有形磨损和无形磨损。在人力资源的使用过程中，劳动者自身的衰老就是有形磨损，而知识和技能的老化就是无形磨损。同时，人力资源又不同于一般的资本。例如，一般的实物资本普遍存在的收益递减的规律，就不适用于人力资源，实践印证的结果是，人力资本体现了收益递增的规律，它的收益份额大大超过了同期自然资源和资本资源产生的收益。

7. 人力资源的高增值性

这一特征体现为：人力资源的经济价值呈不断上升趋势。劳动力的市场价格在上升，人力资源投资收益率在上升，劳动者自己可支配的收入也在上升。其中高质量人力资源与低质量人力资源的收入差距明显拉大。

1.1.2 人力资本理论与人力资源管理

现代组织人力资源管理的兴起，与 20 世纪 50 年代以后西方经济学的人力资本理论（theory of human capital）产生密切相关。受人力资本理论的影响，组织管理者乃至国家政策的制定者才开始转变将劳动力简单地视为完成特定工作任务的工具的观念，而将人看作一种可以大力促进国家经济和社会发展的财富和资源。

人力资本理论最早是由美国芝加哥大学的经济学家西奥多·舒尔茨（Theodore Schultz）和加里·贝克尔（Gary S. Becker）等提出的。舒尔茨在他的著作《由教育形成的资本》和《人力资本投资》中，系统地提出了人力资源发展的理论以及人力资源对经济增长和社会丰裕的巨大意义，奠定了现代人力资源管理的基础，他被公认为“人力资本理论之父”，1979 年他因此获得了诺贝尔经济学奖。

通过对人类经济史的考察，舒尔茨认为，人力是一个国家经济发展和社会进步的决定性因素，是经济与财富增长的源泉。归根到底，人力资本是指劳动力身上所具有的赖以获得劳动报酬或经济利益的专业知识、技能等综合素质。它由组织对人力资源的开发性投资形成，是可以带来财富增值的资本形态。

延伸阅读

人力资本理论要义

（1）人力资本投资对于人类社会进步具有决定性作用。从二战后的历史经验看，单纯从自然资源、资本资源和技术资源等生产要素的投入，无法解释现代社会生产力提高的全部原因。一个极重要的要素被经济学家们遗漏了，那就是人力资本。新观念是，资本总体上可分为物质的（货币的）资本和人力资本两大部分。

（2）人力资本获得是投资开发的结果，其知识和技能是一种资本形态。作为一项经济活动，人力资本的取得不是无代价的，其成长过程需要消耗各种稀缺的资源，也就是说，需要消耗资本投资。人力投资是对获得人的知识、能力和素质付出的各项货币形态的开支。人力即是投资的结果。因此，并不是一切人力资源都是资源，只有通过一定方式投资，掌握了知识、技能的人力资源才是生产要素中的重要资源。

（3）人力投资的结果是将货币资本或财富转换为人的知识和能力形态，使人力具有使用价值与价值。人力资本投资的核算集中体现为人力资源身上的知识、技能、资历、经验、工作熟练程度等因素。当人的素质既定后，人力资本则可以表现为从事工作的总人数以及劳动力市场上的总工作时间。

（4）人力投资是国家或组织为开发人力而进行的资金和机会安排。从货币形态看，人力投资表现为组织为提高人力资本的增值率而提供的各项开支，例如教育培训支出、保健支出和劳动力迁徙支出等。

（5）人力投资的目的是获得投资收益。经验表明，人力资本投资的预期收益率往往高于其他生产要素的投资。

舒尔茨之后，人力资本理论得到了长足的发展，其中著名的人力资本理论还有加里·贝克尔的“人力资源的微观经济分析理论”，爱德华·丹尼森（Edward Dennison）的“人力资源的经济统计分析理论”。20世纪60年代以后兴起了工具性、方法性的人力资源研究领域，包括人力资源会计学、教育经济学、家庭经济学等。人力资本理论带来了整个人事管理的价值革命。这一革命首先发生在企业界，然后推广至公共组织。人们对传统的人事管理模式和理念进行了创新，开辟了现代人力资源管理的新天地。著名管理学家彼得·德鲁克在《华尔街日报》撰文说：“传统的人事部门，再见！”

现代人力资源管理（human resource management，HRM）是在20世纪七八十年代异军突起的相对于传统人事管理（personnel management/personnel administration）的一套新兴的管理理念、系统和方法，指国家和各种组织为开发和促进本国、本组织人力资本的发展，对本国或本组织人力资源的未来和现状进行的统计、规划、投资、成本收益核算、培训、使用、保障、研究和发展等一系列组织、决策活动。宏观的人力资源管理是国家对人力资源整体的管理，它立足于社会经济发展的总体规划，有计划地投资于人力资源管理领域，开拓人力资源培养、继续教育的路径和专业，保证人力资源整体结构的适应性与合理性。微观的人力资源管理指组织对其管辖范围内的人力资源进行的各种管理活动。其中家庭作为人力资源培养投资的重要来源之一，也是微观人力资源管理和成本效益核算的一个方面，它与政府和其他组织共同构成了国家人力资源管理的体系。

1.1.3 公共部门的含义与范围

公共部门（public sector）是相对于私人部门（private sector）存在，旨在提供公共产品和公共服务，以谋求公共利益和社会共同福利为目标的一套组织体系。公共部门的构成十分复杂，而且，其涉及的范围随社会发展不同时期国家管理社会经济事务的职能范围、所用管理手段与方式的变化而变化。例如，在传统意义上，人们将拥有公共权力、制定国家法律、管理国家政务与社会公共事务、裁决各种纠纷的部门视为公共组织，其界定的范围主要是立法机关、行政机关、司法检察机关等构成国家政权的组织体系。

20世纪30年代，在世界范围内，随着国家行政权扩大和行政机构在社会经济、政治、文化等各方面管理功能放大，行政组织的作用越来越突出。二战后，各国行政权进一步扩大，政府由传统的“守夜人”和社会生活的仲裁者，直接进入了人们社会生活的各方面：直接投资办企业，建立众多国有企业，提供公共物品；直接开办公立学校，使更多的平民子女接受国民教育；设置公立医疗，主持公共医疗事务；政府的社会保障项目不断增加；等等。因而，具有公共部门性质的组织的范围扩大了。在广义上，它既包括依靠国家财政运转的国家政权组织，尤其是管理国家政务与社会公共事务的行政组织，同时也包括由政府直接投资，在所有制形式上属于国有的公营企业、公立学校、公立医院与相当数量的得到行政授权并靠国家财政资源运转的机构或公共事业性组织等。但在今天，随着新近一波政治和行政改革运动，遵循政府职能削减和分权化原则，在民营化浪潮和新治理运动推动下，公共部门的范围和表现形式又发生了变化。第三部门迅速兴起，而“公共部门”与“私人部门”的界限变得越来越模糊，政府通过契约外包和分包公共服务，使越来越多的私人部门介入公共服务之中。按照组织的性质与特征，我们可将公共部门分为以下几类：

第一类公共组织，是指公共部门体系中具有最为突出特征的一大类组织——拥有公共权力，制定和执行国家宪法、法律，维持社会秩序，从事国家政务与社会公共事务管理，提供公共产品和公共服务，运营经费全部来源于国家公共财政划拨，不以营利为目的，追求公共利益实现的国家政权组织系统，包括国家各级立法机关、行政机关、司法机关和检察机关。在传统意义上，它们构成“公域”的中心，是公共组织最重要的组成部分。本书研究的管理主体与客体主要针对这一类公共组织。

第二类公共组织，是指由国家政权组织委托和授权，从事公共服务，为公众提供科学、文化、医疗卫生等公共产品，其运营经费一部分来源于国家公共财政的划拨，一部分来源于为收回成本向服务接受者收取的费用，不以营利为目的的组织体系。在我国，它们是从事公共事业服务的国有的或民营的事业单位或组织，包括公立医院、疗养院、养老院、公立学校、科学研究机构、文化馆、图书馆、美术馆、社区公益服务组织、志愿者组织等。尽管这些组织越来越多地采用企业化经营的模式，形成了企业式的运营过程，但是，由于它们的基本性质是提供公共服务，并且与私人企业不同，它们不以营利为目的且获得的利润不用作投资人个体营利性分配，而用作扩大公益事业，所以也是公共部门的一部分。

第三类公共组织，是指由政府出资组建、生产社会需要的物质产品、以营利和国有资产增值为目的、以企业化方式运营的组织体系，主要是指各种国有企业和公共公司（public corporation）。在内部经营方式上，国有企业与私人企业区别不大，但由于其产权性质属于国有，运营资源来源于公共资源，又受到政府主管部门或授权主管部门的监督、管理，所以可被视为公共部门的一部分。

公共部门是一个庞大的组织体系，是由内部运营方式不同的一系列组织构成的。这决定了针对不同类型的公共组织性质，其人力资源管理的模式和形态也是多样化的。

1.2 公共部门人力资源管理的理念演进

公共组织人事管理历史经历了不断的演化发展，不同阶段体现了不同的特征。

1.2.1 以主体性质评价为中心的人事管理

人事管理古已有之，自有人类共同体活动，就存在如何推举、选择人才来管理公共事务的问题。由于公共事务管理决定着公共资源的分配和处置，因而选择公共事务管理者的规则，如标准、方式以及程序等，就成为共同体的大事，可谓“为政之要，唯在得人”。

为了获得治理国家的人才，一些国家形成了很多人事管理制度，例如：中国的古代征辟制、察举制、九品中正制、“四善二十七最”考核、文官科举考试等；英国的君主恩赐制、个人赡徇制等。在漫长的制度演进中，政府人事管理主要依赖于对从业官员主体资格的认定或评价，包括其品格、资历、学历、经历乃至政治派别的归属等。人员品格等主体资质成为人事任用的基本标准，而对品德才能的品评成为人事管理的主要方法。

(1) 个人品德品评是人事管理的核心工具。在人事任用中，注重对工作者自身具有的品质、性格、才智等主体性向因素（如忠诚、敬业、克己、守善、孝廉等）进行评价，划分等第，据此由组织进行考察、甄别、品评，作为人员进入或晋升的依据。

(2) 组织领导者依靠经验在评价中发挥重要作用。由于品质、性格的多维特征明显，且考察很难通过一次性外在的刺激、测量手段获取，往往要依靠长期的观察和考验。因而，在组织管理过程中领导者积累的识人用人经验在选拔过程中具有重要作用，选择良才成为领导者的重要职责，同时亦成为领导者的政治智慧。自古以来，中国人就呼唤"伯乐"，正所谓"千里马常有而伯乐不常有"，体现了人们对公正用人、慧眼识人的领导者的期待。

(3) 政治因素在品评及人事任用中的影响力很大。由于选拔用人与领导者存在着十分紧密的联系，领导者选择的价值偏好、利益寻向以及对政治力量的考量会直接影响组织的用人制度。长官意志常常表现为对用人权力的垄断和回避监督，导致职位恩赐的泛滥。英美国家改革政党恩赐制度，是因为两党政治在人事选用中的过度泛政治化，从而导致用人的种种乱象，损害了政府组织专业性、稳定性的管理基础。

以主体性质评价为中心的人事管理的优缺点体现在：

主体性质评价是组织人事管理的基本方法，至今依然发挥着重要作用，例如人力资源素质测评、工作分析中的KAS规范，都是当今普遍采用的主体性质评价的技术手段，具有优势。首先，以主体性质评价为中心的人事管理，比较关注"人"的特质对于组织工作的重要性，因而强调人的主体性作用，更加重视人的品德、能力的提升、拓展。其次，以主体评价为中心的人事管理，具有较高的分权度，比较具有弹性，易达成人事相宜。此外，由于它赋予领导者较大的人事权限，对于推行领导者路线方针、有效执行政策比较有利。鉴于此，美国政务官任职往往由获胜党领袖根据对本党竞选的业绩来推举，并与政党共进退。最后，以主体性质评价为中心的人事管理，不需要繁杂的技术支持，在人事管理上的成本较低。

但是，以主体性质评价为中心的人事管理存在着很大缺陷。从本质上说，这种管理使得领导者拥有人事任用方面较大的自由裁量权，如果没有完善的制度规则、精良的程序设计和有效的监督，领导者用人会陷入为所欲为的泥潭，任人唯亲、裙带关系、排斥异己等都有可能出现。用人不正之风会给公共组织带来巨大危害，它不仅使组织充满内耗，影响事业发展，更是践踏了组织公平正义的基本准则，造成人心涣散。因而，从某种意义上说，公共部门人事管理制度演进的历史也是防止"长官意志"并不断完善人事管理制度的历史，客观的测量、评价方式是人力资源管理追求的目标。

1.2.2 以事务性质评价为中心的人事管理

如韦伯在工业文明时代理想组织设计的那样，现代人事管理致力于建立"非人格化"、客观的、可视的、可测量的人事评价体系，为组织任用提供客观的、可操作化的基础。组织承担的"事"，即任务、职责成为管理的轴心，而以事务性质评价为中心则成为整个人事管理系统的基础。

(1) 以事务性质评价为中心，构筑了人力资源管理系统的基础，所有人事管理事务围绕工作分析展开。为了达成人员知识、能力和技能与组织业务要求之间的适配，把握组织业务的性质、种类、职责、繁简、难易、程序等信息无疑是选人用人的前提。为此，工作分析成为人事管理的优先任务：首先，工作分析提供的组织任务与职责的信息规定了职位设置的依据，同时也明晰了职位承担的职责，从而让组织明确某个职位工作的性质及其在组织职位序列中的作用和位次。其次，工作分析是组织人力资源规划的基础，它指明了组织工作任务的结构，从而显示了组织需要人员的数量、质量和结构。再次，按照同工同酬的公平原则，工作分析为组织的薪酬制度设置提供客观依据，从而保证员工的努力和贡献与薪酬报偿平衡。最后，工作分析还是组织招募甄选、绩效评估、培训教育等环节的依据，它为组织提供选人、用人、发展人的基本标准。工作分析—职位评价—职位分类与职簇划分成为公共部门人力资源管理优先的任务。

（2）以功绩为导向的可测量的业绩评价机制。以事务性质评价为中心的人力资源管理模式同时要求以员工客观的业绩和对组织的贡献程度作为考量，决定员工升迁、流动、轮换的事务，由此，绩效管理与员工考核上升为重要事务，绩效评估体系成为组织各种激励的依据。同时，绩效被视为推动组织公平正义实现的工具，在绩效框架下，员工在业绩面前是平等的。由于绩效本身具有竞争的内驱性，所以，它促进员工发展能力的意愿，增强员工对努力与成果间的预期。

（3）以法治规章为基础的人事管理规则体系。以事务性质评价为中心的人事管理模式主张建立以法规、规章为依据的人事管理制度，形成明文规定的人事任用、升迁、流动的规则，以杜绝组织内的“潜规则”，提高人事管理制度的合法性和权威性。

（4）心理学、行为科学、操作主义手段大量应用于人事管理之中。为了获得准确的数据，维持工作分析和绩效评价的客观性，组织需要通过技术手段提高管理的科学化和精细化程度，于是，一系列实验心理和操作主义技术工具被引入人力资源管理诸多领域，如职位评价、素质模型、动机测量、满意度测量等。

（5）人事管理成为职业主义的领域。随着大量技术工具的引进，人事管理的手段日益专业化，人事管理成为拥有独特知识、技能和操作方法的职业化领域。在我国，每年有国家组织的人力资源管理师考试，设定人力资源管理从业者的“入行”标准，也有人力资源管理协会，规范人力资源管理从业者的伦理行为。

基于事务性质评价为中心的人事管理，提升了管理的科学化、理性化程度，提高了制度规范的能力。它塑造了组织“对事不对人”和维护组织正义的文化心理，引入公平竞争、以贡献力为导向的组织激励机制。但是，以事务性质评价为中心的人事管理模式过于将管理焦点放在组织任务、职位、职责等硬件事务上，强调人对事（职位）的适配性，这在一定程度上抑制了人的主体性和能动性。此外，国家公务员制度的稳定性和连续性又使得人事管理系统缺乏有效的弹性、竞争和激励，缺乏的活力与生机，对外部环境压力的回应和适应能力低下，人事管理无法成为组织变革有力的支撑。

1.2.3 以战略发展为中心的人事管理

为了提高人力资源管理回应外部需求以及化解外部压力的能力，确切地说，为了让人力资源管理适应组织变化并成为推动组织创新的战略工具，构建与组织整体发展目标一体化的人力资源管理系统，公共部门必须弥补只关注内部、只看到当下、只认同刻板职位的缺陷，发展人力资源管理关注外部、着眼战略、协同变化的战略驱动能力。表1-1综合了以事为中心的人事管理与人力资源管理观念的区别。公共部门人力资源管理具有促进组织变革的能力，是因为，它能够及时察觉和识别组织存在的体制性、结构性、程序性问题，通过反馈机制反映到决策管理层，改进管理现状，从而促进组织的发展。

表1-1 人力资源管理与人事行政管理的区别

	人事行政管理	人力资源管理
管理导向	注重成果	注重过程
管理视角	视人力为成本	视人力为资源
管理机构	事务性、实际操作性的执行层	战略性的决策层
部门性质	非生产、非效益部门	生产与效益部门
与其他部门关系	职能式	合作关系
管理人员	专家	通才
管理实践	集中于个人——范围狭窄	集中于群体——范围广泛
管理活动性质	被动反应型	主动开发型
管理焦点	以事为中心的绩效考核	强调人与事统一发展的人力资源开发
管理对象	员工	劳资双方
管理深度	注重管好现有人员	更注重开发员工的潜在才能
管理方案	例行的	变化的、挑战的
劳动关系	从属的、对立的	平等的、和谐的

（1）战略制导优先。如果说人事管理将管理焦点放在现有职位及其事务上，那么，人力资源管理的起点是确定组织业务发展目标和利益相关人对组织的要求。换句话说，组织现存问题的改进、业务发展的重点、服务受众的期待，成为人力资源管理方式选择的依据。战略指向为人力资源管理提供了基础，而人力资源管理在战略一体化目标下为组织发展提供必要的支撑，形成整体框架。它要求：第一，考察外部环境，分析组织面对的外部挑战和压力，获取服务受众的需求信息，设定清晰的组织目标；第二，盘点组织人力资源管理的问题，明确当下人力资源管理与目标之间存在的差距；第三，选择改进人力资源管理的策略，寻求以人力资源管理驱动组织变革的着力点；第四，形成创新的人力资源管理体系，管理环节与战略目标链接，形成对组织目标的有力支撑，例如，组织绩效管理方案要适应战略规划的需要，与之相协同。服务型政府建设就要求公职人员的行为规范能够回应民众的服务需求。

（2）无分类即无管理。现代人力资源管理已经超越了“眉毛胡子一把抓”的粗放式管理阶段，而是进入了精细化管理阶段，包含两个层次的含义：第一，针对不同的管理事务或管理对象，组织能够采用相应适合的管理方式；第二，管理具有基本标准和规范，性质明确、流程清晰。精细化人力资源管理意味着，对具有不同品性特质的人员、对从事不同事务性向的人员或对不同职簇需要不同技能人员进行合理分类，基于其对组织战略贡献能力的评估，考虑劳动保障对弱势人群的关照，形成相应的绩效评价和薪酬支付制度，满足组织弹性的、多样化的人力资源发展需求。分类管理成为人力资源规划与发展的核心工具。

分类管理的优势在于：首先，组织可以针对不同的事务性质采用不同的雇佣模式，增加组织人员准入制度的弹性，也增强了人力资源使用的弹性，这放大了组织用人权限的空间；其次，组织可以针对战略和管理事务对人员要求，提出行为规范和素质提升要求，为员工能力拓展提供方向；再次，组织可以针对组织激励策略提供不同的绩效评估、薪酬计划方案，以形成能力为本的竞争政策；最后，分类源自战略制定，它围绕着战略意图展开，以对组织战略目标贡献值为归宿，从而使战略目标与部门行动、员工个人行动达成一致。但是，人员分类管理也使组织人事管理复杂化。尤其是在缺乏职责与报偿平衡匹配，在缺乏“对事不对人”、同工同酬等基本组织正义制度和法律保护的环境中，不公正的人员分类可能带来严重的不公平，造成责权不清、人浮于事、工作歧视等问题。

（3）战略意图与绩效管理连接。战略目标要落地，要转化为组织部门、项目和员工个体的行动，又要让行动围绕战略遵循意图，就要运用人力资源管理工具进行连接和转换，转换的中介就是绩效管理。绩效管理的指标设计上连组织整体目标要求，通过分解形成部门和项目评估指标；下连员工的行为及其努力方向，考察员工的贡献与组织目标的契合度。在人力资源管理体系中，绩效管理既考虑职位的工作信息和要求，又关注组织战略需求对员工行为的指导，目标通过绩效管理的工具得以实施。

（4）素质开发、终身教育与胜任力提升。作为具有能动性的资源，人力资源是组织创新的发动机，开发素质，全面提升其综合能力是组织创新的源泉。现代人力资源管理倡导建立持续发展的观念，考量组织长期发展需要，规划人力资源胜任力。组织格外关注人员素质的构成、素质的开发和素质的应用，由此形成了一整套素质开发方案，如建立组织素质模型，形成分类、分层的素质开发框架，增强组织对员工发展期望、能力建设的引导，使员工终身学习、终身教育成为一种必需。

（5）分权与构建战略合作伙伴。人力资源管理是一个涉及多个利益相关人的管理系统，就管理主体而言，包括位于决策层的领导者和位于管理执行层的人力资源主管部门和业务主管部门（又称“直线部门”）。业务部门主理组织核心职能，实现人与事的组合；而人力资源管理部门是存在于业务部门之外的“部外”机构，在组织领导者的指挥下总揽整个组织人力资源管理政策。三者之间就人事管理权限的不同分权模式，会形成不同的人事管理结构。人力资源管理主张将更多的管理权限，如招聘、甄选、晋升、考绩等，直接下放给业务部门，以便用人和治事统一。但人力资源管理部门并非“无为而治”，而是将工作重点放在关乎组织决策、人员规划等重大事情上，包括组织问题诊断、人员状况评估、人力资源队伍规划、工作分析与绩效评估指标制定、薪酬规划、福利计划、素质开发、培训与职业发展、劳动关系斡旋等，履行决策支持、整体规划、监督监控、辅助服务等管理功能。

值得注意的是，在“以人为本”、视组织成员为资源而不是成本的理念关照下，人力资源管理强调情感、文化因素在管理过程中的作用，注重用人性化的方式实施管理。素质开发、职业生涯规划、职业发展辅助，以及平衡计分卡主张平衡外部顾客与内部员工需求等，体现了人本、人性因素在管理中的回归。

现代公共部门人力资源管理的核心理念是战略制寻、整体思考，从人才强国的根本问题与长远要求出发，塑造人才资源开发与人才促进制度与政策，支撑国家人才发展战略。

1.3 公共部门人力资源管理的特征与功能

公共部门人力资源管理指各类公共组织依据人力资源开发和管理的目标，对其所属的人力资源开展的战略规划、甄选录用、职业发展、开发培训、绩效评估、薪酬设计管理、法定权利保障等多项管理活动及过程。

公共部门人力资源管理包括宏观和微观管理两部分。前者指在公共部门系统中，为保证人力资源整体结构与组织事业发展相互匹配，对公共部门内外的人力资源供求状况进行宏观和中长期预测、规划，制定人力资源管理的基本制度、政策、管理权限和管理标准，维持公共部门人力资源管理、流动和人才市场秩序的管理，其目的在于奠定公共部门人力资源管理和发展的良好基础。后者指每个具体的公共组织依法对本组织内现实的人力资源进行开发、管理的活动和过程。宏观的公共部门人力资源管理与微观的公共部门人力资源管理不是截然分离的两个体系，而是有机地结合在一起的，它们互为条件、相互保障，共同形成公共部门人力资源管理系统。

1.3.1 公共部门人力资源管理的特征

公共部门与私人部门的人力资源在管理环节设计、具体管理事项以及一些管理技术上的差别并不显著。在新公共管理运动（new public management，NPM）推动下，公共部门倡导"师法企业"，学习私营企业管理的精神和技术手段，强化管理主义（managerialism）思维，以提高公共部门人力资源管理的有效性。格雷厄姆·艾利森（Graham Allison）就指出，不论是公共事业管理还是私人企业管理，一些普遍性管理工作的主要职能是共通的，而不是相互孤立和隔离的①。

但另一方面，公共部门与私人部门的组织性质、追求的根本目标以及承担的任务与责任存在着本质区别。透过公共部门和私人部门人力资源管理性质的比较，可以看到公共部门人力资源管理的重要特征：

（1）公共部门的重要任务是依照公共利益的要求，依靠宪法和法律授予的公共权力，对社会资源和价值进行权威性分配，并推行公共政策。与私人部门员工相比，公职人员作为公共权力的执掌者和行使者不仅需要具有职位要求的技能和知识，而且必须具备较高的政策认知、执行能力，严格的职业操守等素养，需要对公民利益具有充分的理解力。所以，在公职人员招募甄选中，对公职人员政策水平的要求十分重要。

在非营利组织中，工作人员的工作付出往往不能够以薪酬或职务晋升等形式得到补偿和激励，尤其是志愿性的工作人员，他们从事的工作是无偿的。因而，在人员招选中，组

① 彭和平，竹立家，等. 国外公共行政管理精选. 北京：中共中央党校出版社，1997：336.

织特别关注候选人的同情心、公益感、互助与奉献精神等人格特征，从而确定他们的职业价值观和职业需求。

（2）公共部门人力资源管理的政治性要求与特征远远高于私人部门。在公共部门，很多政策的制定与实施都是出于政治考量，而不仅仅是成本、技术和管理的考虑。在公共部门人力资源管理中，人事政策和人事管理活动表现出较高的政治性要求。例如，在重要官员的人事任用方面，公共部门要考量公职人员使用中的多元政治价值的平衡，要融合多方的政治利益；相当数量的官员是通过政治选任和委任进入公职领域的；人事任用的公开性原则和功绩制原则很大程度上也是为了反对和防止政治特权的出现。

（3）公共部门的管理活动缺乏像私人部门那样的自主性和独立性。公共部门的内部活动受到比私人部门多得多的限制和规范。第一，公共部门活动是在国家宪法、法律、规章的约束下进行的，所有的行动均是为法律授权的；第二，公共部门活动受到了公众的高度监督，以保证其行为符合公众要求；第三，公共部门之间存在着较强的相互依赖性和相互牵制性，基于职能划分和权力分割，公共部门之间具有相互影响性。在这种状况下，公共部门与私人部门人力资源管理的不同之处表现为：一些重要职位公职人员的任用和晋升往往不可能在本组织内完成，需要其他部门的评价和批准；公职人员的工资不可能由某一公共部门自主决定，公务员工资增幅是由国家立法机关批准实施的；组织激励可动用的手段较少，灵活性也较小。

（4）公共部门组织与人员绩效的评价比私人部门更困难，更不易测量。由于公共部门所履行的责任和实现的目标有的具有抽象和符号意义，有的为了达成公共利益和社会效益，不以经济指标为主要衡量依据；有的产出是无形的，无法用价格计算，或在短期内无法看到其成效；有的则是公职人员合作产出的产品与服务。另外，公共服务的差异性大，公民对其的期望具有多样性，因此在考察公共部门组织和人员的绩效时，往往会出现多目标和多因素之间的冲突。所以，公共部门对人力资源的绩效评估有时很难定量化，需要组织在多个评价因素中寻求平衡。

1.3.2 公共部门人力资源管理的基本功能

公共部门人力资源管理流程可划分为三大阶段：员工“入口”管理、员工在职管理、员工“出口”管理。“入口”管理应对组织的需要进行员工的选用和招募，包括人力资源规划、工作分析和岗位评价、职位分类、招募甄选、公开考试测评等。在职管理是对组织内在职员工展开的各项管理活动的总称，包括员工职业生涯发展规划、绩效评估、职务晋升、工作再设计、培训开发、薪酬福利、工作轮换、交流调配、纪律惩戒、工作场所安全、劳动关系等。“出口”管理为员工离开组织，与组织解除工作关系以及身份权的各项管理环节，包括退休、退职、调离、辞职、辞退、开除等。

人力资源管理的主导机制及职能对应一些关键的管理事项或管理活动。克林纳等认为，公共部门人力资源管理包括四方面主要机制及职能（见表 1-2)，包括人力资源规划，对应管理事务为人力资源战略管理、人事计划、工作分析、职位分类、岗位评估、绩效管理评估等；人力资源获取，对应管理事务为招募、甄选、任用、人事测评等；人力资源开发与激励，对应管理事务为职业管理、管理人员开发、教育培训、工作轮换、职务升降、纪律惩戒、薪酬策划等；人力资源纪律与惩戒，对应管理事务为管理规范、权利与义务关系、劳动关系等。

表1-2 克林纳等有关公共部门人力资源管理的职能划分

职能	目标
人力资源规划	战略管理；预算准备和人力资源计划；在员工之间划分与分配工作任务（工作分析、职位分类、工作评估）；决定工作的价值是多少（工资或薪酬）
人力资源获取	招募、选录、甄补员工
人力资源开发与激励	适应、培训、激励及评估员工，提高其知识、技能与能力
人力资源纪律与惩戒	确立、保证员工与雇主之间的期望、权利与义务关系，建立惩戒途径与雇员申诉程序；保障员工健康、安全以及宪法权利等

资料来源：克林纳，纳尔班迪，洛伦斯．公共部门人力资源管理：系统与战略：第六版．北京：中国人民大学出版社，2013：4．

公共部门人力资源管理在组织管理中承担的基本任务是（见图1-1）：

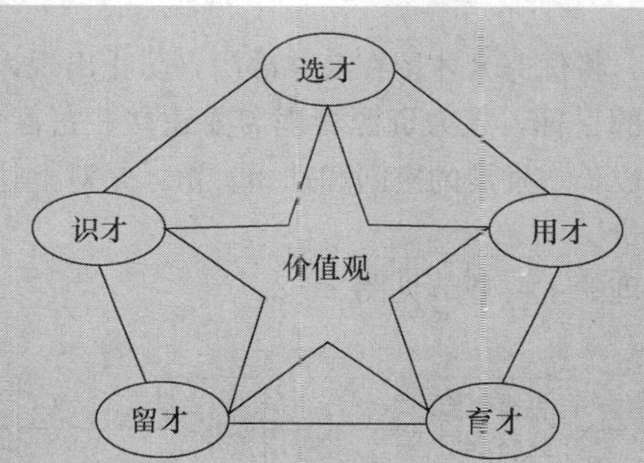

图1-1 公共部门人力资源管理的基本任务

1. 识才

识才就是管理者识别和洞察人才基本的心理特征和发展规律，了解和认识员工的个性差异和能力优势，从而为公共组织得到优秀的人才提供认知标准，并开发人才甄选的技术手段。为此，管理者需要掌握员工心理学和职业生涯发展行为取向的相关知识，能够辨别员工的职业需求、动机、兴趣、个性等特征。识才是人力资源管理的基础和出发点，只有在此基础上，组织才能更好地发展选才、用才、育才、留才等措施，并保证这些措施落到实处。

2. 选才

识才的目的是有效地选拔、任用组织需要的人才。选才就是组织通过一系列制度安排和技术手段，有目的地从各类人员中选择、任用、晋升优秀人才的过程。为了实现公平、公开、竞争、择优的人才选用目标，公共组织一方面设计、建立了重要的制度，包括以公开考录制为特征的人才选拔制度、开放性的绩效评估制度，开辟了功绩考核、晋升唯功、适才适用的人才发展路线等，以保证选才过程的公正性；另一方面，大力发展了以“客观性”“信度”“效度”为目标的人事测评技术、测评中心等，借助多种技术手段，发现并筛选出综合素质优秀的人才。选才是今天公共组织获得人才的基本渠道。

3. 用才

公共部门对已经获得和选用的人才，按照同素异构、能级匹配等原理①，通过一定的管理措施，充分、合理地对人才加以使用，努力做到用人不疑，尽量发挥公职人员的潜能，做到人尽其才。只有用好人才，组织才可能求得人才和留住人才。为此，组织应设计职位分类、职位评价、人事任用、绩效评估、职务升降、奖励惩戒等管理环节和措施。

4. 育才

公共部门在使用人力资源的同时，还要对人力资源进行不断的开发和培养，使人力资源适应社会发展与公共部门发展的需要，为组织的战略管理提供可持续发展的资源支持。公共部门育才的主要途径就是人力资源的职业生涯发展管理、员工的培训和终身教育。

5. 留才

通过有效的管理措施，将优秀人才留在公共部门，防止出现人才大量外流带来的人才短缺状况。为了实现留才的目标，人力资源管理需要建立、完善公职人员的保障、激励、发展机制，给优秀人才以成长、发展的空间和动力。留才是对上述几项人事管理机制和管理活动实现成效的综合评价。

公共部门人力资源管理的主要环节见图 1－2。

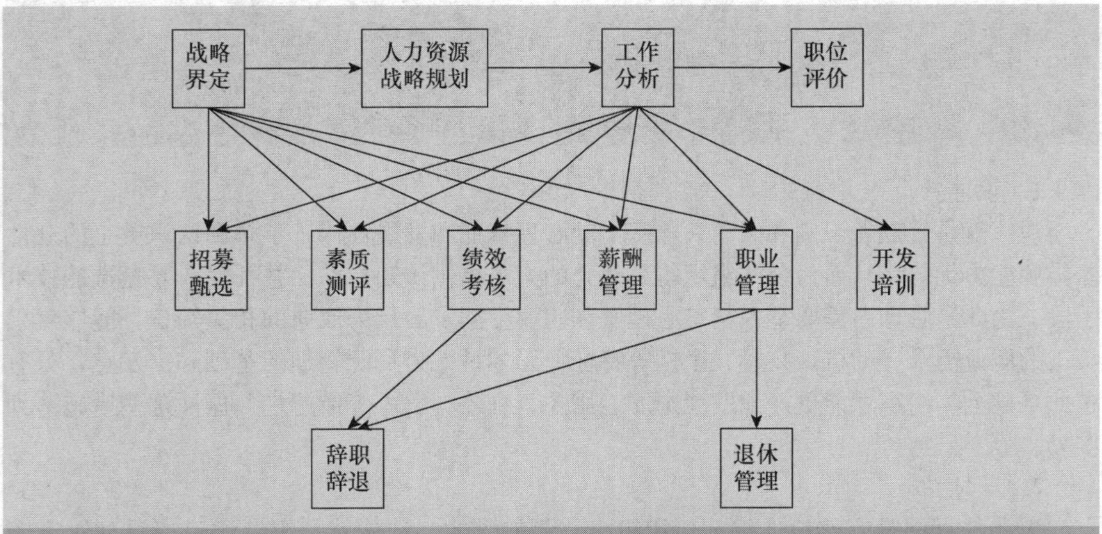

图 1－2　公共部门人力资源管理的主要环节

---

① 人力资源同素异构原理，是指将人力资源这一能量要素根据组织目标和工作性质以适当的方式进行有机组合，充分发挥其协作叠加的优势，从而带来人力资源最佳组合效益的管理思想；能级匹配原理，是指根据员工能力的种类和能力的大小，科学地将其安排到相应职级的工作岗位上去，使其能力与职位要求相称，做到人尽其才的管理思想。

1.4 公共部门人力资源管理的目标

1.4.1 以人力资源发展促进公共部门生产力水平不断提高

人力资源管理对促进公共部门生产力具有举足轻重的意义，有学者形象描述：公共部门人力资源管理与发展是公共生产力增长的“活水源头”。

1. 公共部门人力资源是促进公共生产力发展的第一要素

在影响公共生产力水平的诸要素中，人力资源是首要的，这是由人力资源自身的特性和它在组织发展中的地位决定的。一方面，在各种生产要素中，人力资源是其他生产力要素的掌控者和使用者。他们能够开发先进的科学技术，运用先进的工作方法和管理手段，依照一定的意志投入资金和物资。因而，他们拥有毋庸置疑的主动性或能动性。另一方面，人力资源本身就是作用于组织生产力的资本资源，人力资源所具有的高增值性和效益递增性同样是其他生产力要素所无法比拟的。正是由于人力资源在促进组织生产力中的地位，许多学者将公共生产力管理狭义地定义为人力资源的开发与管理，视之为围绕着组织绩效提高而拥有的核心机制与技术。同时，组织使用多种员工发展手段，如共识管理、公职人员素质和能力分析、团队精神塑造、考核考绩制度的改进、业绩工资和其他激励措施、公职人员的培训和发展等，以突出人力资源开发对公共生产力提高的意义。

2. 公共生产力目标决定了公共部门人力资源开发与管理的方向

公共生产力目标提供了公共部门活动和服务质量的标准与方向，从而决定了为实现这一服务标准所需投入的各种要素的数量和必须具备的质量。其中，公共生产力目标对人力资源素质水平的要求是关键性的。显而易见，只有当人力资源的数量、素质结构、专业种类与生产力要求的标准相一致时，才能够保证既定目标的实现。

3. 公共部门人力资源的品德素质、行为能力与行为规范是生产力提高的基础和条件

公共组织的任何一项公共事务管理活动都离不开人的推动。作为实现政府生产力目标的一个根本手段，人力资源自身的素质和人力资源管理的水平与公共生产力的高低状况密切相关。第一，公职人员的政治品德和道德良心关系到他是否按照目标的规定兢兢业业地为公众服务，能否以其责任心客观、公正地执法，从而势必影响到公共组织工作的成效；第二，公职人员的知识水平、业务素质、技能手段、工作方式方法，关系到他是否有能力胜任公共部门的各项管理活动，能否高效率地产出公共产品或服务，能否让服务对象满意。因此，公共生产力水平必然是公共部门每个公职人员工作效率和质量的综合反映。

4. 公共部门人力资源管理本身的投入-产出效益直接反映组织生产力水平

作为组织的管理活动，人力资源管理也需要支出相应的成本，谋求其管理的收益。而在管理过程中发生的成本与收益之比，则表现了人力资源管理活动的效率。由于人力资本开支在组织开支总额中占有相当大的比例，所以，人力资源管理本身的成本-收益关系，会直接影响和关系到组织的总生产力水平。公共部门一方面需要控制人力资源获取、使用、开发、保障等活动发生的成本，提高组织人力资源开发资金的使用效率；另一方面，需要采取一系列科学管理方法，扩大人力资源各项投资和管理的收益。组织可运用多种途径，积极改进对生产力发展有益的人力资源管理手段，从而服务于组织整体生产力水平的提升。表 1－3 归纳了一些目前公认的能有效地提高组织生产力的人力资源管理手段。

表 1－3　有效提高组织生产力的人力资源管理手段

- 通过工作扩大化、工作丰富化、工作轮换、缩短工作时间、工作时间弹性化等提高组织生产力。
- 通过办公环境改进、智能型办公科技的设计等工作场所再设计手段，促进组织生产力的提高。
- 通过培训、管理发展、员工职业生涯发展、组织发展、员工能力增进等人力资源开发手段，达到提高组织生产力的目的。
- 通过有效的员工激励手段，激发员工的潜能和动机，提高员工个人的工作绩效。
- 通过报酬和福利政策的改进，如浮动工资方案、弹性福利措施等，促使员工积极而有效地工作。

5. 公共部门人力资源不断开发是公共生产力水平持续提高的源泉

在一个组织中，生产力持续提高的途径有科学技术手段的进步、资金投入形成的新产品开发和人力资源的开发。其中，人力资源的开发对组织生产力的持续发展具有决定性的意义。原因是：只有开发了人的主动性和创造性，才能将人类具有的无限创造力用于科学技术的开发和新产品的开发。公共部门人力资源的不断开发，适应了社会发展对公共组织服务要求不断提高的需要，保证了其各项管理工作的有效实现，因而也是保持和发展公共生产力水平的动力源泉。

6. 公共部门人力资源自身发展是公共生产力提高的目的

人力资源的开发是公共生产力提高的手段之一，同时，公共生产力提高的根本目的是人，为着人的发展和人的自我价值的实现。一方面，公共生产力的提高，能够维持社会秩序，促进社会发展，为整个社会公众的生活水平和生活质量的提高提供良好的环境；另一方面，公共生产力的不断提高，也为公职人员充分发挥其潜能，满足其多层次的需求开辟了道路，更是形成了公共部门人力资源良性发展的环境。因此，公共生产力的提高必然要以人为本，一切为了人的发展。

1.4.2　推进公共部门的变革与创新，创造适于人才开发与成长的组织环境

变革已经是当今组织一项系统而持续的工作，变革的过程既是组织结构、运行机制的变化过程，也是组织群体和个人社会心理、态度、行为变化的历程。在变革中，员工因利益变化、缺乏安全感、对未来持不可预知和不信任的态度，往往会采取某些消极抵抗行为，从而导致员工与组织间的心理契约（psychological contract）的瓦解，并影响到组织变革的进程和结果。其间，人力资源管理者在促进组织变革和化解变革中出现的问题等方面发挥着重要的作用。

1. 人力资源管理者通过对组织可持续发展的深度思考，成为组织改革积极影响者和推进者

他们运用人力资源管理的专业知识，学习外界的先进经验，引入新的管理理念、思想和技术方法，以此为组织选择变革目标和方向提供直接的参照依据。而且，他们作为组织

变革决策的参与者，也不断地参与策划着如何使人力资源管理部门适应组织的转变和组织的灵活性，从人力资源管理方面保证组织变革过程的可行性。

2. 人力资源管理者通过多种途径，获得组织成员对组织变革的认同

人力资源管理部门常常通过有计划的培训和教育战略，讨论组织发展的共同愿景，建立员工的共同价值观。同时，人力资源管理者也通过与组织结构变化相适应的人事管理制度改革方案，如工作再设计、全面质量管理（total quality management，TQM）等，实质性地促使组织变革的实现。

3. 人力资源管理者帮助员工化解困境，减少员工对变革的恐惧和忧虑，变阻力为动力

人力资源管理部门常常吸引员工参与组织变革方案的讨论和制定；通过职业生涯发展规划，为员工寻求广阔的发展空间；借助员工心理咨询、福利保障计划等，减轻员工的心理焦虑，增加其对组织的信任；与员工一起商讨绩效提高的方法，帮助员工改进生产力水平；通过有效的激励措施，鼓励员工积极创新；授权于员工，促使员工自主管理，参与有利于组织发展的学习、工作团队。

对于人力资源管理来说，公共部门的创新与发展一方面是要加强组织与环境之间的适应与调适能力，提高组织对公众多样化需求的回应水平；另一方面，组织变革也是要为人力资源提供一个适于成长的环境和文化氛围，创造人才脱颖而出、层出不穷的组织气候，这样才能形成组织进步和人才发展的相互促进、良性循环、可持续创新的局面。

组织人力资源的成长和发展环境是公共部门人力资源管理的基本出发点。因为，人力资源管理目标和机制的实现均源于一个良好的组织环境。组织环境及其文化会逐渐形成员工对组织的看法、价值观和道德标准，从而直接影响员工个体的认知与行为方式，并决定着员工对组织的信心和信任程度。人力资源管理的环境最关键的是组织选拔人和使用人的标准、组织员工个人作用的评价方式、组织处理人事管理事务的立场等。

为了创造人才发展的环境和文化氛围，公共部门人力资源管理试图做到：首先，建立公平公正、以功绩为本的人才使用和评价标准。依照员工的工作业绩水平，对其客观评价并合理使用，以此建立重视员工成就、鼓励进取、摒弃懈怠、奖勤罚懒、贡献与收获平衡的组织文化，保证优秀人才在竞争中脱颖而出。其次，建立和发展与员工经常性沟通、交流的通道。倾听员工对组织建设的意见和建议，肯定员工的勤奋工作精神和成就，鼓励员工开拓性、创新性的行动，容忍员工在创新中出现的一些错误。通过交流、沟通和讨论，使员工能够就个人发展与组织发展之间的关系达成共识，增强员工对组织的归属感和奉献精神。在开放、宽容、和谐的组织环境中，使员工的成长得到心理上的保障，并共同创造相互支持的组织文化。最后，组织通过有效的资源安排，运用员工职业生涯发展管理、培训开发、工作再设计等管理手段，不断地为员工的职业发展提供空间和机会，积极地促进员工综合素质的提高。一个为员工发展着想的组织，必然会得到员工的信任和爱戴。

1.5 公共部门人力资源管理机构的角色与责任

随着人力资源管理视野变化和工作重心的转移，公共部门人事管理者与管理机构的角色和功能也在逐渐发生变化。在人力资源管理体系中，人力资源管理职责实际上分属于组织内的直线职能部门管理者，即业务部门和专门化的人力资源管理机构。它们共同参与组织人力资源管理的多项活动，承担着不同层次的人力资源管理责任。

1.5.1 直线职能部门管理者的人力资源管理责任

尽管直线职能部门并非组织人力资源管理专门的、职业化的机构，其人事管理的一些权力也是经由上层授权获得的，但由于人事管理活动就存在于业务部门，与直线主管的其他管理活动结合在一起，所以，业务部门本身有着人事管理的传统及经验。至今，仍有为数不少的小型组织没有将人事管理职能独立分化出来，员工管理依然融合在直线管理活动中。此外，由于业务部门主管更了解业务职位的性质，掌握更多有关员工工作进程和结果的信息，在与人员直接相关的人事管理活动中，能够发挥一些显著的管理作用，因此，他们与人力资源管理部门相互作用、通力合作，促进组织分权管理、人事相宜的目标达成。直线职能部门主管承担对直接下属进行指导、管理的责任。

在人力资源招募和选择、录用中，直线职能部门主管的管理责任包括：协助提供工作分析和职位评价所需的统计和分析资料；分析本部门现有公职人员的状况以及未来人力资源需求状况和需要雇用人员的数量、质量和结构；描述空缺职位所需人员的资格要求；参与录用选择测试，并通过面试、面谈，做出最后的录用决定；将录用和调任的员工安排在合适的岗位上，并提供职位规范。

在人力资源培训和发展方面，业务主管承担的责任是：对新进入组织的员工进行导入初任培训；指导新任员工掌握职位规范；向人力资源培训部门提供人员发展建议，并反馈培训的绩效、结果信息。

在绩效管理方面，业务主管承担的责任是：向人力资源管理部门提供有关绩效评价标准的信息；指导并组织部门内具体的绩效评估工作；评价下属的绩效水平；与下属就绩效评估结果和绩效改进措施进行沟通；为员工的职业发展提供建议。

在工作场所管理和员工健康安全管理方面，业务主管承担的责任是：与员工保持经常性沟通，听取员工陈述的意见和建议；防范潜藏在工作场所中的给员工健康安全带来隐患的问题，保护员工的身心健康；在涉及纪律处分、辞退、人事争议等人事管理决定的时候，保证公平处理，进行有效的协商；指导员工使用安全的保护设施和实施正确的操作程序。

在薪酬管理方面，业务主管承担的责任是：提供有关部门内每一个职位工作性质和相对价值的信息，帮助人力资源管理部门确定员工的薪酬标准和薪酬结构；协助人力资源管理部门决定组织福利包的设计和应用；决定给下属人员薪酬的性质和数量。

在劳资关系管理方面，业务主管承担的责任是：建立和维护组织良好、健康的劳动关系；执行法定的劳动合同或契约；保证对员工的争议处理是按照劳动合同进行的，对员工不满的处理决定是在充分调查和听取当事人申辩的基础上做出的；与人力资源管理部门、工会或第三方仲裁人等一起协商处理劳动争议。

在组织文化创造方面，业务主管承担的责任是：建立和维护员工工作的道德规范；发展员工在工作场所信息共享、合作友爱的文化氛围；塑造员工努力进取、不断向上的积极态度和人格。

1.5.2　人力资源管理部门的管理责任与角色

在组织人力资源管理受到重视的今天，人力资源管理功能逐渐从组织其他部门中独立出来。在大中型组织设有专门管理机构，专司人力资源管理活动，其管理知识、手段和技术也日渐职业化。一方面，在与决策层的关系上，人力资源管理部门作为组织战略规划和管理制度创新管理的重要组成部分，成为具有决策参与、协调、开发性质的管理部门；另一方面，在与直线职能部门管理者的分工中，人力资源管理部门履行制定统一的人力资源管理程序、方法、政策等规则的职责，既是管理的指导者和评价者，监督业务部门对人力资源管理活动的实施，又是管理咨询者和服务者，为业务部门提供必要的信息服务和支持。表1-4归纳了人力资源管理部门在各个人力资源管理模块中的工作任务，体现了人力资源管理部门与业务部门之间的分工协作关系。

表1-4　人力资源管理部门的主要职责

人力资源管理模块	人力资源管理部门的管理活动
Ⅰ 人力资源录用和选择	● 工作分析的职务描述，撰写工作说明书 ● 研制人力资源发展规划，制定人事晋升等计划安排 ● 获取高质量的人力资源来源 ● 进行录用人员最初的面试和筛选
Ⅱ 人力资源培训和发展	● 准备培训资料、文件和培训大纲 ● 为管理者提供发展的规划 ● 提供有关建立高效组织的信息和建议 ● 开发研制绩效评估的工具和方法，充当团队建设信息源 ● 为员工提供职业咨询
Ⅲ 薪酬管理	● 进行工作评估，确定组织中每一个工作职位的相对价值 ● 进行薪酬调查以确定其他组织同类职位工作的薪酬状况 ● 为直线职能部门工资决定、物质福利和服务决定提供建议，并开发福利包和其他服务
Ⅳ 劳资关系管理	● 诊断组织气候，预测、研究劳动关系问题 ● 对直线职能部门管理者进行有关劳动法规的解释与培训，避免出现法律上的漏洞和问题 ● 对如何处理员工不满方面提供建议、协调和帮助 ● 解决、仲裁劳动纠纷和争议
Ⅴ 员工健康安全管理	● 为直线职能部门管理者提供问题咨询和建议 ● 研制保证公平对待的程序和方法 ● 根据工作性质制定安全守则，建议设计安全设施 ● 调查突发事件，分析原因，并为解决突发事件提供建议

资料来源：郑晓明. 现代企业人力资源管理导论. 北京：机械工业出版社，2019：32-33；张成福，王俊杰. 现代人力资源管理与发展. 北京：中国人事出版社，1999：16.

与传统人事行政相比，人力资源管理部门的权能及其角色定位朝新的方向发展，不断趋近人力资源战略管理的目标要求。传统人事行政管理工作重点是现有人员配备、使用和评估，强调对业务部门的直接监督和控制，而当今人力资源管理部门的角色发生了深刻变化。美国密歇根大学乌尔里克（Dave Ulrich）教授从纵向未来/战略导向与日常/操作导向和横向的过程与人员两个维度，描述了人力资源管理部门和管理者的角色定位（见图 1－3）。

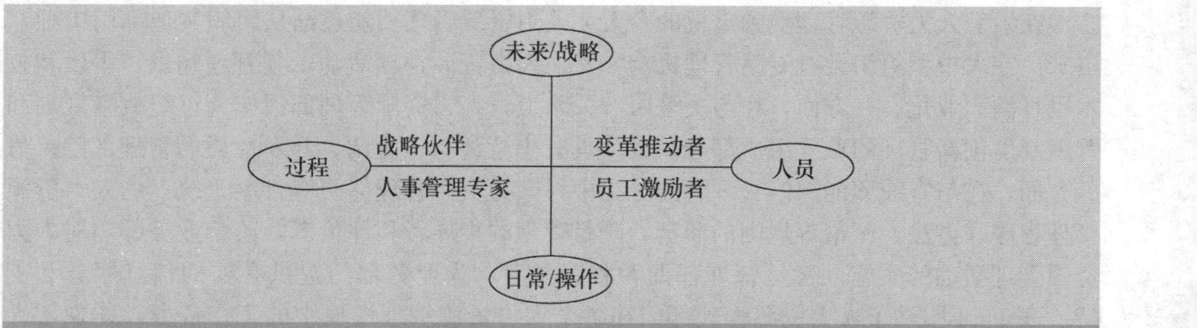

图 1－3　当代人力资源管理部门和管理者的新角色

资料来源：郑晓明．现代企业人力资源管理导论．北京：机械工业出版社，2019：42－43．

克林纳等将公共人事管理部门及其管理者的角色归纳为专业与技术人员、人力资源管理专家及斡旋者等关键的角色。其中，专业与技术人员又可以细分为人员配备专家、工作分析员或职位分类员、考试与测评专家、工资及福利专家、弱势群体保护官员、培训和开发专家、员工帮助计划主管、风险经理、合同专家，他们在特定的人力资源管理职能中，运用他们的专业知识开展特定的工作，这体现了他们专业人员的身份。而管理专家的角色确定了他们在组织政策的制定、实施过程中的重要作用。斡旋者则承担了在当今公共部门人力资源管理多元价值的冲突和平衡过程中，人力资源管理部门和管理者必须承担的选择最佳方案、协调各种价值的责任。这些表明了公共部门人力资源管理的变化对管理主体提出的新要求①。综上所述，人力资源管理部门扮演着以下角色：

1. 战略规划、人事政策的制定者

人力资源管理部门参与战略规划的制定，提供战略发展的环境因素分析资料，辅助组织实施战略规划目标，保证人力资源管理与战略目标的一致性，围绕战略规划进行组织诊断，是组织发展的战略伙伴。此外，作为人力资源宏观管理部门，它还负责一系列管理程序、方法、规则的制定，是一个进行综合性管理的组织，是组织人事政策的制定者。

2. 组织变革和创新的推动者

人力资源管理部门面对各种环境变化的挑战，协助组织确定变革的问题，建立员工对组织的信任，寻求变革方案的行动步骤，影响组织变革的发生和进程。为了组织的创新，人力资源管理部门需要不断地开发管理制度、程序与方法，以提高人力资源管理的效率。

3. 人事管理的专家和研究者

人力资源管理部门进行着组织人事管理概念、价值、模式和技术的分析，以专业化手段为组织提供人力资源职位、绩效、培训的需求分析信息和资料，指导着人力资源管理的活动，不断研究、开发着人力资源学习、培训的模式，引导着组织的学习过程，为员工提

① 克林纳，纳尔班迪，洛伦斯．公共部门人力资源管理：系统与战略：第六版．北京：中国人民大学出版社，2013：38－48．

供个人职业生涯规划咨询，帮助他们了解自己的能力、价值观和发展目标，是员工的教师和辅导员。

4. 促成组织业务完成的服务和支持者

人力资源管理的目的是要促进组织业务工作以卓越的效率完成，所以人事管理要为业务部门经营活动的实现提供多方面的帮助和支持，这体现了人力资源管理部门的“仆人”角色，员工和业务主管是人力资源管理部门服务的主要内部顾客。作为服务支持者，人力资源管理部门需要听取业务主管的管理建议，密切发展与业务部门和员工的联系，与之沟通关系，向业务部门主管提供管理信息和制度改进方案及咨询服务，建议业务部门改进工作程序或技术方法，帮助业务主管协商、处理组织劳动关系等。

5. 组织员工的激励者

人力资源管理部门需要在工作时考虑员工的心理需求，及时发现员工的一些心理挫折，与员工建立更多的联系，倾听员工的思考和建议，回应员工的需要，为员工提供必要的机会和资源，设计、实施组织激励机制和公平的激励手段，充分调动员工的工作积极性。

6. 资源使用中的协调、监控和评价者

人力资源管理部门协调着各部门间人力资源的分配，协调着业务部门主管与部门内员工的关系，为解决人事冲突充当斡旋、磋商人角色。同时，它们通过提供重要的人事管理评价标准，授权、指导并监督业务主管从事人力资源管理活动。

1.5.3 人力资源管理部门的设置

随着人力资源管理日益职业化，其内部机构建制也在逐步分化。按照人力资源管理职能划分，建立起一些次级部门。常规人力资源管理部门包括人力资源规划部门、招募与任用部门、培训与发展部门、绩效考核部门、薪酬与福利部门、劳动关系部门等，人称人力资源六大管理模块。

人力资源规划是组织为了谋求可持续发展能力，在对组织内外环境进行综合分析、评估的基础上，通过对组织战略发展目标、增值方向和业务定位的界定，明确人力资源管理的重点任务以及组织人力资源结构的改进方式。规划要求组织战略目标—组织机构规划—人员结构规划“三位一体”，让人力资源队伍的素质及其行为动力、方向与组织的整体目标保持一致。人力资源管理规划从盘点现有组织人力资源队伍的数量规模、素质结构、开发程度的状况入手，考察人员构成与组织业务要求及其成长力之间的适配性，从而发现现存组织与人力资源结构的差距，获得组织变革需求的证据。经由规划，组织人力资源在决定招募甄选、职业培训、考绩考核、职业发展、薪酬福利制度上得到了整体性、系统性的考量和设计。

招募与任用部门的工作主要是要实现组织人力资源的获取、录用和任用。它根据组织职位空缺的要求和职位工作性质，利用职位广告来公开招募组织所需的具有一定知识、技能水平的职位候选者；通过举行统一的资格考试，初步筛选合格者进入面试程序；将筛选出来的候选人简历送往业务部门，由业务部门根据工作所需请招募与任用部门进行初步面谈；会同业务部门进行最终面谈，决定最后的被录用者。在这一过程中，招募与任用部门主要是配合业务部门做出录用决定，其本身可能没有最终决定权，但是可以就招募、录用活动是否符合法律、法规，以及招募程序、技术手段等提供有关的信息咨询和政策建议。此外，招募与任用部门在工作分析、预测组织人力资源需求、制定人力资源供求规划、决定招募职位数量和结构方面也发挥着重要作用。

培训与发展部门的工作范围十分广泛，且在组织中的重要性越来越大。培训、发展的工作重点在于通过加强员工个人的资质和能力，提高员工的工作绩效和持续发展能力，从而提高整个组织的生产力水平。培训与发展部门起着组织发展专家的作用。该部门负责制定人力资源培训和发展规划，分析培训需求，组织、开发培训项目，建立培训体系，设计培训方式、方法和课程安排，研制员工培训教材、资料，评估培训项目结果等。此外，培训与发展部门还承担着员工职业生涯发展的规划和咨询的责任，帮助员工认识自身能力，发展个人职业生涯。培训与发展部门的任职者需要较高的人力资源管理知识和技能，多由人力资源开发和管理专家担当。

绩效考核部门的主要工作目标是围绕着绩效评估过程，发展公平的绩效管理标准和方法，激励员工提高工作业绩，推进员工个人和组织整体的绩效水平。该部门承担着设定绩效评估目标、确认评估问题、设计评估项目、研发绩效评估工具和方法、实施绩效评估、建立绩效评估的信息和监控系统、与被评估员工进行沟通、吸引员工参与绩效评估政策制定等多项责任。

薪酬与福利部门在薪酬管理战略的框架下，从事着多方面的管理活动。作为对员工的长效激励计划管理部门，薪酬与福利部门的作用非常关键。它的主要任务是，在分析外部市场、人员供需状况和内部职位性质的基础上，对职位的重要性进行评价，排列其位置，赋予职位相应的价值，建立公平、合理的薪酬给付体系，设计薪酬的结构和工资制度，开发福利项目和福利实施计划，积极推行绩效工资管理的实现。

劳动关系部门的主要工作内容是指导和协调组织内的劳动关系，解决有关员工旷工、怠工、跳槽、罢工、请愿等方面的问题，必要时出面调解员工与组织存在和发生的冲突、争议，对违反规章或绩效低下的员工予以必要的惩戒，维护组织纪律和规章措施的适当性，保障工作场所的健康和安全，制定工作安全守则，建立设计组织安全措施等。

1.6 变革中公共部门人力资源管理者的知能和守则

公共部门人力资源管理发生的重大变化，要求管理者必须完善其知能和素质，以适应新型管理环境和组织文化需要。美国学者麦克拉根（McLagan）认为，在今天的人力资源管理职业领域，从业的或即将从业的人力资源管理人员将不断发展不同方面的专业知识、技能和能力，其基本知能要求包括技术、组织经营、人际关系和知识四大类 35 项内容[①]。

① 张成福，王俊杰．现代人力资源管理与发展．北京：中国人事出版社，1999：20-22.

1. 技术知能

对成人学习的认知，了解成人如何获得知识、发展职业技能和态度，以及在学习中存在的差异；职业发展理论和技能，了解职业发展的理论、方法、技术及其应用；知能确认技术，确定某一工作、职务或角色所应具备的基本知识和技能；电脑应用知能，了解并能够使用电脑技术的能力；电子系统操作技能，了解并能够使用、开发应用于教育、培训系统的各种电子信息技术；后勤支援技能，有效规划、使用和协调组织资源的能力；目标调配技能，具体描述、制定和调整目标的能力；绩效观察技能，追踪、描述员工行为绩效及其效果的能力；专业认知，对某一专业知识和特征的整体性认知；培训理论与技巧，了解培训的作用和需求，发展其常用的方法和技能；研究技能，对变化和新事物及时地了解、分析和掌握的能力，以及推进组织创新的能力。

2. 组织经营知能

组织经营认知，了解组织各部分的功能及其关系，知晓组织决定的影响力；成本效益分析技能，分析不同事物或决定在财务、心理和战略发展中的优势和劣势；授权技能，对职责和责任的分配能力；产业认知，了解组织所在产业的特点和基本运作方式；组织行为认知，了解组织与行为的意义和影响；组织发展理论与技巧，了解组织发展的常用模式，具有管理方法改进的能力；组织认知，了解组织结构、权力分配和财务结构状况的能力；组织规划技能，制定并组织实施组织的计划；资料管理技能，以适当的方式获得、存取人力资源管理资料。

3. 人际关系知能

员工指导技能，协助员工个人了解其需求、价值观、目标和能力；反馈技能，将沟通的信息或结果传达给员工个人；团队组织技能，了解影响团队运作的要素和需求的能力；协商技能，提高协商和冲突解决获得双赢的结果；呈报技能，清晰的口头报告能力；询问、倾听技能，通过询问，收集资料信息，了解事情的走向；关系构建技能，建立个人与团队的信息网络；写作技能，书面资料的书写、整理和呈现。

4. 知识知能

资料浓缩技能，迅速获得、整理、检视资料并获得结论；资料搜寻技能，了解不同资料的本质和来源，并知道其存取途径；知识多元，能够进行多元的逻辑思考；模型建构技能，从概念和理论中整理总结出应用性的管理模型；观察技能，能够观察、发现四周的细致变化；自我了解技能，了解自我的各项特质、优缺点；视野展望技能，对组织未来发展的预测、展望的视野。

克林纳等认为，人们要想进入公共部门人力资源管理这一职业领域，首先，必须对自身的职业生涯进行合理的规划；其次，需要针对公共部门人力资源管理事务的要求，不断丰富自身的知识和技能。他们认为，在公共部门人力资源管理变得日益复杂化的今天，人力资源管理者应该主动学习以下知识：行政法——法律、规章对公共部门人力资源管理的影响；集体谈判——工会组织对公共人事管理、合同谈判及管理程序的影响；考试设计——为人事甄选、提升与工作轮换提供有效的制度安排；工资与福利——工作分析、职位分类和评估，确定薪金水平和制定法定的福利措施；培训与员工开发——设计员工培训需求定位，实施和评估培训及职业开发项目；弱势群体保护行动执行——寻求劳动力构成多样化、平等就业机会、就业公正性等；组织发展与变迁——评估组织绩效，改变组织结构与文化，管理妇女及少数族裔员工的职业发展；人事政策与程序——解决劳动力工作场所发生的诸多问题；生产力促进——运用技术改进组织工作效率和效能；比较与发展行政——明确公共行政发展的环境与趋势；公务员制度的替代方案选择——运用替代性的组织形式和机制，发展公共部门弹性的雇佣关系①。

与此同时，公共部门人力资源管理者不仅需要具备多方面的专业知识与技能，而且必须具有职业要求的道德标准与操守。目前，不少国家规定了人力资源从业人员的道德守则，其基本内容包括：

- 维护人力资源管理行业的专业标准；
- 在人力资源管理领域不断研究和进取；
- 公平和平等地对待每一个员工和招募的候选者；
- 以合理的标准为组织获得和发展人才；
- 使员工了解和信任组织的管理理念和管理方针，促进组织目标与公众需求目标的一致性；
- 保证所有行动均不违反法律和法规；
- 绝不利用职位以任何方式为自己谋取特权和利益；
- 保守秘密；
- 帮助员工和公众更好地了解组织人力资源管理的作用。

本章小结

在今天，人们对人力资源的性质和重要性已经有了更为深刻的认识。在当代人力资本理论的推动下，人力资源管理制度如火如荼地发展起来。当代公共部门人力资源管理的兴起，使得传统以事务性质评价为中心、强调作为成本的员工被动地适应工作职位的人事行政管理模式，逐渐让位于倡导作为资源的员工通过不断进取提升组织绩效的人力资源管理制度。

公共部门是一个庞杂的组织体系，公共部门内在的多样化组织性质和所面对的多样化的环境，使得公共部门人力资源管理系统并不是只有某种单一的管理模式或形态，而是根据公共组织特定的目标、结构和任务特性，可以选择相应的管理形式，所以，公共部门人力资源管理系统的模式也呈现多样化的特征。与此同时，公共部门作为一个国家谋求公共利益和社会整体福利实现的组织体系，其人力资源管理又与以获取利润为中心的私人企业的人力资源管理存在着诸多差异，这些区别反映了公共部门人力资源管理的特殊性质。

作为对组织最重要资源的管理，公共部门人力资源管理对于公共组织能力的提升和发展具有重大意义。人力资源管理不再是被动地适应组织工作的需要，它要发挥更加积极、主动、决策性的作用。人力资源管理利用它不同方面的机制和功能，为提高公共组织的生

① 克林纳，纳尔班迪，洛伦斯．公共部门人力资源管理：系统与战略：第六版．北京：中国人民大学出版社，2013：44-49.

产力水平，推进公共组织的改革，创造人才发展的组织环境，做出了它应有的贡献。

关键术语

人力资源管理　公共部门　公共人事行政　公共部门人力资源管理环境　公共部门人力资源管理功能　人力资源规划　人力资源获取　人力资源开发　人力资源管理机构责任　人力资源管理者知能　人力资源管理者职业操守

复习思考题

1. 请讨论，该怎样看待人力资源的概念及其性质？
2. 人力资本理论提出的意义和它对现代人力资源管理的影响是什么？
3. 公共部门与私人企业人力资源管理的相同和相异之处分别表现在什么地方？
4. 公共部门人力资源管理试图达成的目标是什么？
5. 公共部门人力资源管理与发展和组织生产力水平提升之间存在怎样的关系？
6. 公共部门人力资源管理承担着怎样的管理功能？它包括哪些主要任务和管理环节？
7. 当代公共部门人力资源管理中管理者的责任和角色是什么？
8. 适应公共部门人力资源新制度，公共部门人力资源管理者应该具备哪些知能和素质？

第 2 章

中国古代官吏制度

在中国古代社会，官员和吏员是公共部门管理中的核心力量。官员对一方百姓或所在官署负有行政管理之责，吏员则是各级衙门中最基层的公务人员。中国古代围绕官员的选拔、任用、监察、考课、奖惩、等级、俸禄、退休、抚恤等方面建立了一整套规章制度，而吏员的管理制度则相对粗疏。由于中国古代官员管理制度相对完善，官员地位也相对重要，本章将在主体部分介绍中国古代的各项官员管理制度，在延伸阅读中介绍吏员管理的有关制度。官员的私人助手——幕僚虽不是公务人员，但对官员决策起到非常大的影响，有关管理制度也一并在延伸阅读中加以呈现。

重点问题

- 中国古代官员选拔制度的历史演进
- 中国古代官员任用制度的基本特征
- 中国古代官员监察制度的历史演进
- 中国古代官员考课和奖惩制度的内容
- 中国古代官员等级和俸禄制度的特征
- 中国古代官员退休和抚恤制度的内容

2.1 选拔制度

“铁打的江山，流水的官。”国家机器需要不断补充新鲜血液，保持活力和高效。官员选拔，是“入口”管理，关系到选择什么样的人来充实官场队伍，事关江山社稷的稳定与兴衰。中国古代在官员选拔方面积累了一系列相对成熟的做法。

2.1.1 先秦的官员选拔制度

夏商周三代实行的是世卿制，官员由王任命，官职世代相袭。诸侯国的官员由诸侯任命，官职也是世袭。关系的亲疏是行政长官选拔任用的核心标准。新王、新诸侯即位之后，原有行政长官若不再是至亲，便要辞去职务，回到自己的封土。新王和新诸侯另行起用新的至亲贵族。

在王宫和诸侯家中服务的官，多是家内奴隶头目，官职较小，地位也低，不享有世袭的特权。但由于他们在王和诸侯身边任职，往往会获得宠信，有些会被释放为自由民，少数人甚至被委派担任重要职务，取得爵位封土，跻身于世袭贵族的行列。

为了扩大国家的统治基础，周代出现了一种新的选拔人才的制度，即从“国子”和“士”中选拔需要的人才。

国子是公卿大夫及诸侯的子弟，他们不是嫡长子或嫡子，没有继承职爵之权。但他们经过学校教育，完成学业之后，在王的侍卫亲军或禁卫军中服务若干年，等到 40 岁以后，便可以取得入仕的资格。其入仕的途径是：先由乡选出“秀士”，乡大夫把他们的履历交到司徒处，便称为“选士”；司徒选中者，则称为“俊士”。不经过乡和司徒选举而直接来投考的，称为“造士”。俊士和造士由司马考辨其才能，然后草拟一个人才使用意见报告给王，由王确定官拜何职。上报给王的人才称为“进士”。

贡士则由诸侯负责选拔，由诸侯直接推荐给天子，经过天子考试合格者，可以依照他们的才能授户官职，有的还可以得到爵位及封土，跻身于世袭贵族的行列。

春秋战国时期，各国诸侯认识到人才的重要性，选贤任能成为各国国君共同的意愿。先后出现的选官方法主要有荐举、选举、军功、游说、招贤、荫袭等。

荐举是通过有一定地位的官员向国君推荐，要求举贤荐才，不避亲仇，其唯一标准是才能大小。选举是通过基层逐级察举上报到中央的选官方式。在战国时期还规定地方官在上计的时候，向中央推荐一定数额的人才，经过国君或有关部门的考核而授予官职，后来则演变为察举。军功是根据在战争中战功的大小来选拔官员的制度。游说是士人通过在诸侯国君面前游说或上书，用自我推荐的方式以博得君主信任而被授予官职。招贤是各国国君和重要大臣以公开延聘的形式来招揽人才。荫袭不同于世卿制，因为荫袭的子弟不是荫袭父兄原有官职，而是荫袭比父兄原有官职低的职务，或仅仅取得入仕的资格。

2.1.2　秦以后的官员选拔制度

秦汉之后，为适应专制集权政治的需要，先后建立和发展了以察举、考试为主，以荐举、辟署、征召、军功、纳赀、任子等为辅的多途径官员选拔制度。

1. 荐举制度

荐举是古代重要的选官方法之一。从其发展过程来看，主要有制度荐举、私人荐举、官府荐举和自荐等形式。

(1) 制度荐举。

主要是指按照察举制、九品中正制等制度规定，通过一定的途径和程序来选拔人才的方法。

察举，即经过考察后进行荐举，是在先秦乡里荐举制度基础上发展起来的选官制度。此制盛行于两汉，中衰于南北朝，而在以后历代王朝都有不同程度的存在。

汉代察举的具体方法是：由皇帝下诏指定荐举的科目，由丞相、诸侯王、公卿和郡国守相等按科目的要求考察和荐举人才；应举者按不同的科目进行考试，或由皇帝出题策问，或由丞相、御史二府（东汉改为尚书）及九卿策试；根据对策成绩高下，分别授予官职或选入郎官继续深造；考试地点在京城的太常寺或公车司马门（宫门）等处。

两汉察举科目繁多，有孝廉、茂才、察廉、贤良方正、贤良文学、明经、明法等数十种，但经常举行的科目只有孝廉、茂才两种，并规定主要长官每年应该荐举的名额，这样就使察举局限于察廉（官员廉洁）举孝（民间孝子秀士）。

为了人才的合理使用，察举人员在经过策试之后，还要经过主管部门加试一些熟习官事和书法等内容，然后按"四科"的标准审定授官，四科即"一曰德行高妙，志节清白。二曰学通行修，经中博士。三曰明达法令，足以决疑，能案章覆问，文中御史。四曰刚毅多略，遭事不惑，明足以决，才任三辅令"。

九品中正制是对察举制的发展。三国魏文帝曹丕采纳吏部尚书陈群的建议开始实行，亦称"九品官人法"，具体的做法是：任用"贤有识鉴"的官员，担任本籍州郡的大小"中正"，由他们按上上、上中、上下、中上、中中、中下、下上、下中、下下九品来评定人才等级，然后由小中正上报大中正核察，大中正再上报司徒核察，然后交尚书吏部选用。

九品中正制选用官员的标准，除因袭汉代察举所要求的经学、德行、乡闾清议之外，又增加了家世、才实等内容。除划分九品之外，还有根据士人德才表现所写成的评语，称为"状"，选用人才要将"品"和"状"结合起来。在实施过程中，中正官全由士族豪门所把持，出现了"上品无寒门，下品无势族""公门有公，卿门有卿"的局面。

隋以后荐举不再是常行的选拔人才的途径，但仍作为科举制度的补充，以一种辅助的形式存在。特别是在一个政权初建之时，因官员不足，往往用荐举的方法应急。科举制度恢复之后，在相当一段时期内，也是两途并用。

（2）私人荐举。

私人荐举是指臣属以个人的名义向君主举荐人才。这是在历史上实行最久的选拔人才方式。具体方法是：要求具有一定资格的大臣，根据对下属的了解和考察，从中发现人才，定期向君主保荐，由朝廷授以要职或破格升迁。如被荐的人才不符实，或者是日后犯法，荐举人要负连带责任。为了严格保举，古代常常是实行层层担保，大官举小官，小官举吏职，同时加强监督和限制。忠诚于领导者个人的官场文化也随之慢慢形成。

（3）官府荐举。

官府荐举是以官府的名义向君主和上级部门推荐人才，被推荐的人要参加一定的考试，为了保证荐举人才的质量，明代以后，荐举的官府和主要负责人也要负连带责任。还有一种官府间接荐举的形式，如秦汉时期郡国的"上计吏"赴朝廷汇报政绩时，表现优秀者留京为官，称为"计吏拜官"。魏晋以后，以计吏入仕的情况显著减少。

（4）自荐。

自荐是因袭战国时期士人游说君主的习俗而形成的入仕制度。如汉代，吏民可以直接上书至公车司马门，由大臣评判上书内容的质量，以及识见的高低和可行性的大小，然后做出初步评定，有区别地奏告皇帝，"高者请丞相御史，次者中二千石试事"。东汉时，自荐渐为世家所不齿，到魏晋南北朝之后，趋于没落。

2. 科举制度

科举是分科选拔人才的意思。国家根据需要，设立若干科目（诸如秀才、进士、明经、明法、明书、明算等科），举行公开而统一的集中考试，择优选拔人才。

隋炀帝时开始设置进士科，以试策取士，经过唐代的发展，科举考试成为一项重要制度。唐代科举取士，大体上可以分为贡举和制举两大类。贡举由礼部主持具体工作，常设科目有秀才、进士，明经、明法、明书、明算等六科；武则天时开设武举，由兵部主持具体工作。制举亦名特科，由皇帝临时下诏设定科目，不定期举行。在众多科目中，进士和明经两科最受重视，唐代由此二途出身并为宰相者颇多。

宋代在贡举仅以进士科为常科，其余诸科则不一定经常举行。宋代的士人经过科举考试及第便取得做官的资格，不必再经吏部加试身言书判。宋代的科举考试制度比唐代严格，范围和规模都有所扩大。与此同时，还扩大了录取名额，进一步减少门第限制，更广泛地吸收各阶层的知识分子，以扩大统治基础。

辽、夏、金、元也实行科举取士制度。

明清的科举制度更加严格和程序化，基本上是三年一科，其科考的程序大致可以分为四级。

（1）童试（府、县试）。

童试是科举考试的最初级。凡参加举业的读书人，在参加州县级考试时均称“童生”，故这一级考试称为童试。童试由州县长官主考，中式（录取）之后称为“生员”，通称“秀才”，也就是取得府、州、县学的学生资格，毕业后可以参加上一级考试。明正统元年，开始设立“提调学校官”，主管一省教育，由该官主持考试，称为“院试”。此后，通过院试录取，方能取得生员资格，否则仍然是童生。“生员”不能直接授官，但有时也从他们中间简拔，授予低级官职。

（2）乡试。

乡试是省一级的考试，每三年举行一次，称为“大比”，因在八月中旬举行，又称为“秋闱”。乡试在省署（京府在府署）举行，由皇帝派专门的主考官，以各布政使、按察使及以后的巡抚为首席监考官，组成临时机构来主持乡试。乡试共考三场，一场考经义，二场考礼乐论述，三场考经史时务策。三考中式者称为“举人”，有资格参加礼部考试，可以直接授任为官，并且作为正途出身。

（3）会试。

会试是中央级的考试，在乡试后的第二年举行，由礼部主持。会试亦考三场，三场中式称为“进士”。会试第一名称“会元”，俗称“会魁”。会试于春季二月进行，故称“春闱”，因是礼部主持，又称为“礼闱”。会试录取的都可以参加最高层的殿试考试，并且取得做官的资格。

（4）殿试。

会试中式者要由皇帝亲策于廷，实际上是皇帝的复试，所取者都称天子门生，以期得到这些新贵的忠诚和感恩。殿试后分为三甲，一甲只有三人，称为状元、榜眼、探花，加名“赐进士及第”。二甲无定额，称“赐进士出身”。余为三甲，称“赐同进士出身”。二、三甲第一名称“传胪”。殿试中进士称为“甲榜”，也称“甲科”，往往被授予较为重要的职官，升迁也比较快。

3. 征辟制度

君主直接选拔人才称为征，主要长官直接任用属吏称为辟，这也是古代长期实行的一种用人制度。

征，也称征召，是君主采取特别征召和延聘的方式。如汉代有些君主时常选拔“吏民有明当时之务、习先圣之术者”，以及声名德望著称于当世者，为他们提供特殊待遇，沿途地方官负责迎送，有时还用公家的车马直接迎进朝廷。这种被征召的人在汉代被称为“征君”。以后各代也有些君主根据政局的需要，征召一些声名卓著的人士入朝做官，或专门指名征召某人来朝任职。

辟，也称辟署、辟除、辟召、辟用等，是主要长官自行任用属吏的制度。在秦汉魏晋南北朝时期，这是一种范围广泛而又十分重要的入仕途径。汉代规定，二千石以上的长官可以自辟掾属，可以直接任命百石以下的官员，百石以上的官员则须报中央核准。辟署分为中央长官辟署和地方长官辟署两种，在中央公府辟署的掾属升迁较快。按规定，中央长官辟署掾属不限地域，可在全国范围内选用人才，地方长官则只能在其管辖范围内辟署。选辟要求被选者必须是有“才能操守者”，一般还需要经过一定的考试。

辟署在隋以前是广泛流行的仕途。考虑到僚佐容易助长割据势力，隋代收回长官的辟署权，使辟署降为不重要的仕途。

4. 荫袭制度

荫袭，是指勋贵子弟依靠父兄的权位而进入仕途的一种制度。汉代除皇室宗亲世袭王侯之外，还规定：“吏二千石以上视事三年，得任（荫）同产若子一人为郎。”后来发展到荫及家人，既不限制视事三年，又不完全限制官秩，退休的官僚也可以享受这种待遇。

这种荫袭制经过历代的发展，至清代区分为恩荫、难荫、特荫等三种。恩荫是京官四品。外官三品、军官二品以上，可送一子入国子监学习，或根据其父辈的级别授予一定的官阶或职务。难荫是对在战争中阵亡、因公差殉职以及病故于任所的官员，准许送一子人国子监学习，或酌情授予官职；特荫是从功臣后裔或前世名人后代中选择一些人授予官衔或职务。

荫袭得到长期保留和发展，起到了稳定政权、笼络人心的作用。

5. 其他入仕途径

除上述几种主要途径之外，还有几种选官途径曾经在较长时期实行。简述如下：

（1）博士弟子和国子。

这是从教育系统中选拔官员的方式。西汉武帝“立五经博士，开弟子员，设科射策，劝以官禄”。博士弟子初期为50人，至西汉后期曾达到3 000人。东汉时期，弟子员额曾高达3万余人。魏晋南北朝对此加以整顿和完善，国子、太学生等通过经学、文学、童子、策试、监试等途径，可以进入仕途。此外，设在各地方的学校也培养了一些人才，为州郡长官辟署掾属提供大量人选。隋唐以至明清，从中央到地方都有学校，有一整套教育和管理体系，培养的学生除部分参加科举考试，还有一部分通过学校升贡而进入仕途。

（2）赀选世家。

秦及汉初都规定做官必须有一定的财产，将家世和家庭财产状况作为选拔入仕的条件。以财产多少为入仕的标准，称为“赀选”。汉武帝废除了“赀选”。

（3）军功。

古代国家一直保存军功授官的选官方式。秦在商鞅变法之后，就制定了按军功大小赏给爵位和官职的制度。此后各代奉行不替，尤其是在战争时期，军功成为官兵入仕和跻身于显宦的重要途径。

（4）捐纳。

亦称纳赀，是用财物向朝廷购买官爵的入仕途径。秦代鼓励入粟拜爵，开纳赀取官的先河，但还没有卖官。汉武帝因用兵匈奴，财政吃紧，“始令吏得入谷补官，郎至六百石”。此后，历代在国家财政困难时，经常以卖爵、卖生员、卖监生来补充经费，特殊时期也卖实官职以解决一时的财政危机。

（5）流外铨和吏员。

这是一种官府低级办事人员积资累历进入官员行列的选拔途径。两汉时期，由“吏道”官至公卿的人很多，有些还成为名臣。魏晋以后，官和吏的身份地位差距逐渐拉大，由“吏道”进入官的行列已经很难，更难指望升到高官。但是吏员仍是一条入仕途径，在中下级官吏中占很大比例。

综上所述，中国古代的官吏选拔大致在秦朝前后呈现出明显的分野，先秦大体上以贵族为官，平民难有入仕之阶。经过春秋战国时期的选官制度变革，尤其是在秦朝之后，平民入仕途径更加多元、通畅，贵族垄断仕途的局面被打破，社会流动频繁。隋朝行科举制之后，科举的优胜者成为国家官僚体系中的“流官”，有稳定的上升通道；科举失败或无力参加科举者，成为吏员，很难向上流动。官、吏分流固然增强了传统国家向民间汲取人才的能力，但是基层人才匮乏、激励机制弱化也成为中国古代基层社会不稳定的原因之一。

2.2　任用制度

任用是政府对优秀人才的具体职位安排，发挥人才的效用，做到人尽其才。中国古代的人才选拔和人才使用并不是一一对应的。在选拔中胜出，只是获得了为官的资格，后序担当什么职责，要看时机，看任用制度安排。

2.2.1　任用种类

古代根据不同的种类、层次，不同职权范围、等级，对官员任用的类别有严格的标准划分。按照任用差等，可以分为如下几种类型：

1. 候补之类

此类主要有待诏、郎选、听选等方式。待诏是汉代的候补官制度，待诏人员有待诏金马门、公车、殿中、黄门等宫廷官署的，也有待诏于丞相、御史府的；他们在这些官署等待补官，有时也承担本署内的一些事务。郎选是从三署郎官署的诸郎中选官，三署郎官署是汉代的官员储备学校，被选拔上来的人才中有许多已经取得郎官资格，在三署经过一段时间的历练，就可出补为官。听选是尚书将候选人分类，让他们等待缺分补官。隋唐以后的听选人员按文、武分别于吏、兵二部候选。清代因候选人多，便把一些官分发到某一部或某一省去听候委用，称为候补。在候补官行列中，还有许多因父母丧守制、病休和其他原因去职的人员，在期满以后等待复职。

2. 试用之类

此类主要有行、守、试、假、权等方式。试用有一定期限，一般以一年为限，多者长达三年。试用期间，俸禄稍低于实授官。试用期满，称职者转为实职，称为“真除”或“实授”，不称职者则罢归。大多数朝代均有这种任用方式。

3. 拜授之类

此类主要有拜、授、遗诏等方式：经过拜、授的官员即是正式任命的实职官。拜有召拜、征拜、策拜等区别，召拜是君主特召，征拜是由外官转入朝官，策拜是任用重要大臣，都是比较高级的任用。授有铨授、敕授、制授、特授等区别，铨授是由人事管理部门任命的低级官员，敕授是报请君主批准任命的中级官员，制授是由君主批准任命的较为高级的官员，特授是君主直接任命的高级官员。遗诏是指新旧君主交替时期，由老君主在去世前任命新君的辅政大臣。

4. 兼领之类

此类主要有兼、领、判、带、护、录、典、都、督、监、护理等方式。在某些官位缺员或某些重要事务需要重臣负责的时候，多采用兼领的任用方式。兼和领都表示身有两职以上，但兼是兼职，可以低官假行护理，也可以高官判带或同级互兼，是权宜之计，而领是主管，有一定的实际权力，能够起到主要负责人的作用，如领尚书事、领城门兵、领盐铁事等。此外，凡带有典、护、都、督、录、监等名者，都拥有实际职权，因此有些兼职便直接转变为正式官名，如典军、护军、总督、都监等。

5. 参知之类

此类主要有参、知、平、议等方式，有些重要的职事，往往任命一些参、知官去参加共同议事。这类官虽然不能起主导作用，但有时也可以负责某项事务，如左将军知殿内文武事、御史中丞参礼仪事等，实际负责所参知的事务。知有参知、兼知、权知、总知等区别，议有参议、专议、领议、平议等区分，不同的名称，地位和权限也有差异。

上述的任用方式是有变化的，有些变为正式的官名，有额定的编制；有些则变换了名称。但从实际履行职责上看，五种任用形式是长期并存的。

2.2.2 任用方法

古代官员等级严格分明，不同的等级采用不同的委任方式。一般高级官员由官员主管部门提出候补名单，交朝廷大臣集议推选，称为“会推”或“廷推”，然后交君主最后裁决。清代废除会推制度，由官员主管部门开列名单上报皇帝裁决，称为“开列题请”。也有皇帝直接提名选授，或大臣保荐的。不同的人选渠道形成不同的任用方法，诸如特简、特任、特拜、特召、召拜、征拜等等。

中高级官员由官员主管部门选注拟定，开列名单呈报君主批准，并负责将名单上的人选开具履历，注明功过，依次向君主引见。君主接见之后，或批准或否决主管部门的注拟。得到批准的由官员主管部门按程序任命，否决的则要重新注拟新的人选。清代皇帝对用人权控制得很严，中高级官员也要开列引见或推荐数人供皇帝参考，由皇帝直接选用。

中级官员由官员主管部门拟定，报请君主批准，称为敕授或请旨。大部分的中级官员不由君主直接面见，便可以赴任，清代则全部要由皇帝面见，才能赴任，称为按例引见。

低级官员可由官员主管部门直接任命，其名单则具题上奏，称为题授。各级官府衙门拟定的任命人选，交官员主管部门核准备案，称为咨授。官员主管部门选定，不用上奏就可以任命者，称为部选。隋以前，各级官府主要长官任命一般掾属，仅由本官府备案即可，进入秩品的掾史才上报中央官员主管部门备案；隋以后，各级官府任用流外佐吏，除依次上报上级主管部门备案，还须得到上级的核准。

2.2.3　任用限制

为保证对官员任用得当，保持官阶品秩大体升迁有序，平衡官僚群体中各种政治势力及阶层的利益诉求，古代对官员的任用做了许多限制性安排。

（1）依据社会阶层贵贱进行限制。秦汉以来，实行重农抑商政策，限制商人为官；魏晋南北朝时期，限制寒族为高官；历代都规定所谓的娼优皂隶之家为官；这些都是以贵贱区分为基础的阶级限制。

（2）依据出身和资历进行限制。在等级森严的官僚体系中，出身和资历是任官优先考虑的条件。官僚制度越完善，出身和资历的限制越严格。例如，明代把选人分为进士、举贡、吏员三途，号称“三途并用”，但在实际任用上，京官六部主事、中书、行人、评事、博士，外官知州、推官、知县，都先由进士选用；其余佐正之职，按举贡（含举人、贡生、官生、恩生、功生、监生、儒士等）名目分别选用；而吏员（含承差、知印、书算、译字、通事等诸杂流）只能选为外府首领官（经历、录事、吏目、典史等）和中外杂职。

（3）依据血缘、地缘关系进行限制。自东汉实行“三互法”以来，对官员的任用又增加了籍贯和亲属的回避限制。“三互法”的基本内容就是本地人不得为本地长官；婚姻之家不得相互监临，兄弟子侄及有婚姻戚属关系的人，不得在一个部门或地区为官，如果选在一个部门或地区为官，其中一人要申明回避。此后，历代不断完善回避制度，不仅要回避籍贯、亲属，还要回避师生、同乡等。

综上所述，中国古代的官员任用类型和任用方法多元、灵活，便于君主汇天下英才而用之；任用限制缜密，则有助于防范官员结党营私。官员任用虽然有制度限制，但在现实中常常是选择性执行。人事任命是中国古代社会政治角逐的中心，各方势力不遗余力提携门生故吏、亲朋故旧，渐渐形成任人唯亲的局面，这是中国古代社会自始至终都未能解决的治理难题。

2.3 监察制度

2.3.1 秦汉的监察制度

秦汉时期的监察，是由御史府、司隶校尉等中央监察机构和官员，刺史和其他出巡地方的使节等两个部分组成的。

秦汉中央监察机构的监察面广及内外百官，是整套监察系统的中坚，其中御史一直在中央监察机构的监察中扮演主要角色。御史最早属于史官，春秋以来开始兼具监察职能，秦设立御史大夫管理众御史，呈现出一定的组织系统和分工秩序。至汉代，御史保留了掌管机要文书、充任皇帝秘书的职能，一身两任。汉武帝大力加强内朝，形成了新的近侍秘书班子，取代了御史中丞和侍御史的作用，御史执法监察的职能凸显起来。东汉时期，御史大夫被改定为司空，与太尉、司徒共掌国政，所属御史均被撤销，御史中丞和侍御史则保留了下来，形成了一个下辖五曹、直属皇帝的新的专职监察部门——御史台。

征和四年（前 89 年），汉武帝为了加强京城监察，创设了持节、带兵、“捕巫蛊，督大奸滑”的司隶校尉。武帝以后，原来针对巫蛊之祸而设的司隶校尉，弱化了领兵、持节的职能，成为一位主要纠劾京畿三辅及河南、河内、河北、弘农四郡不法官僚的监察官，与御史台构成了两汉的中央监察机构。

秦汉时期代表朝廷监察地方的使者，由御史，或丞相史，抑或由皇帝身边的侍御史、谒者、光禄大夫、谏大夫或博士等官员充任，大体分为随机派赴兼负监察职能和定期出巡专事监察两大类。定期出巡专事监察更为重要。

2.3.2 魏晋南北朝的监察制度

这一时期，监察成为君主维护集权统治的主要手段。此时，原本只对刺史起补充作用的临时性使节，很快就在朝廷监察地方军政长官的过程中占据了重要位置。这一时期的各朝各代均曾遣使或大使到各地巡行、循行、分行，发挥了类似汉代刺史的功能。

魏晋以来，御史台这个以御史中丞为首的最高监察机构，取得了长足发展。汉代参决刑狱的治书侍御史，已经成为协助中丞统领台内众务和肃正纲纪的副长官，御史台的组织和工作秩序得以强化。御史被逐渐区分为三组：第一组仍称为侍御史，管辖曹署从汉代的 5 个增至 10 余个，监察范围及令史等辅助人员成倍扩大；第二组为殿中侍御史，职责是“居殿中伺察非法”；第三组为御史，以当时的各种特殊需要为核心职责。

魏晋以来，御史台在弹纠不法、维护朝纲方面起到了很大作用，尤其是“自皇太子以下无所不纠”的御史中丞，晋以来常以侍中担任，君主倚重，声威无比显赫。

北魏监察领域总的趋势与魏晋南朝大致相似，以御史中尉为台主的御史台，仍是最重要的监察机构，权位更为崇重。凡御史中尉出行，“与皇太子分路”。朝廷遣使巡察各地的做法自道武帝拓跋珪以来即传承下来，而且与南朝一样具有亦察亦考的性质。孝文帝以来，监察作用得到进一步加强。

2.3.3　隋唐的监察制度

隋朝在监察制度上的调整很大。就御史台而言，隋文帝在北朝建制基础上，将御史中丞改为位望更崇的御史大夫，把从事灵活监察的检校御史改为执掌面广、规范程度高的监察御史，并收回了北魏宣武帝以来由御史台长官自选御史的权力，确立了台内众官监察权相对独立和共同对皇帝负责的工作秩序。

隋文帝尝试新的监察体系。自隋文帝起，北朝以来遣使分道巡察的做法，已被迅速推广。当时的道是一种视监察需要而灵活划分的大区，少则包括十几个州，多则几十个州。在这样的背景下，隋炀帝于大业三年设置了专掌巡察的司隶台。这个级别与御史、谒者台略同的机构，除设司隶大夫1员总其事，别驾2员分察东西两京外，另设名称与汉完全相同的刺史14员，每年二月出巡郡县，十月还京奏事。

唐重视监察制度的传承。初唐大体按隋文帝的制度，恢复了御史台的建制和以之为唯一在朝专门监察机构的地位。武则天时期，在分设左、右台的同时，还经常灵活增加御史人数，随时扩大御史职能，对此后御史台面貌产生了长远影响。唐代御史台的建制和职能，沿袭了魏晋以来以御史中丞、治书御史和三部分御史所组成的基本状态，汉以来御史入侍皇帝的性质已完全消退；汉和魏晋御史分曹承办的多种事务，也从御史台的职能中消失了。此时的御史台已是一个相当纯粹的监察机构。

唐代地方监察体制在隋代分道遣使巡察的方向上继续拓展。太宗时期，分帝国疆域为关内、河南、河东、河北、山南、陇右、淮南、江南、剑南、岭南十道，分区遣使视察大致稳定。武则天登位后，左、右台首次实施每年春秋派风俗、廉察使，按48条内容纠举州县不法的制度。分道遣使巡察的做法得到传承。

中宗神龙二年（706）二月定制，十道各置巡察使二人，以御史台和其他机构五品以上“坚明清劲”者担任，两年一换。睿宗景云二年（711）又将之改称“按察使”，定为每道一员。至此，各道按察使在朝廷监察各地时的主导地位大致确立。

玄宗于开元二十一年（733）析十道为十五道，次年又总结唐初以来在分道遣使巡察问题上的治理经验，创设了一套几乎焕然一新的分道监察制度。其主要内容：第一，十五道各置采访处置使1员，以判官2员为佐，道大务繁者增设支使。第二，各道采访使以6条监察所在州县：“一察官人善恶；二察户口流散，籍账隐没，赋役不均；三察农桑不勤，仓库减耗；四察妖猾盗贼，不事生业，为公私蠹害；五察德行孝悌，茂才异等，藏器晦迹，应时用者；六察黠吏豪宗兼并纵暴，贫弱冤苦不能自申者。”在具体履职过程中，除变更有关制度必须报请朝廷批准外，其余皆可“便宜从事”，先斩后奏。第三，采访使常驻各道，有代表其特定权力的印鉴，“以所部大郡（州）”为治所，例兼治所刺史，任期三年。

2.3.4　宋元的监察制度

宋元时期的监察制度更为深入、繁细。就御史台而言，宋代陆续采取了一系列措施提高御史的地位。如御史常由皇帝“亲选”，仁宗以后更屡屡禁止中书、枢密院二府大臣举荐御史，强调御史应从曾任县令的官僚中选任等。此外，神宗元丰改制规定以监察御史专事“六察”，又把在京寺监诸司、廪库仓场分别隶属于吏、户、礼、兵、刑、工等六察，大者如奸猾邪恶，小者如“奉行稽违，付受差失”，均应弹劾纠察。御史台监察职能进一步深化。

宋代监察机构另一个值得关注的事件是“台谏合流”。自真宗天禧年间起，御史台开始专设“言事御史”，论列时政；神宗元丰改制时，改以殿中御史专司其事，后又以监察和殿中御史互兼其职。这样，御史台便越来越具备了以往谏官的职能。与此同时，谏议大夫、司谏、正言等谏官日渐既议论政治得失，又兼弹为官非违。长期以来从事对上规劝的谏官，开始从事对下监察，甚至与御史互相讦驳，这是宋代发生的一个重要事件。

元代撤销了专门的谏官，御史台的地位又有提高。从台主品级来看，宋神宗元丰改制时定御史大夫为从二品，但从不正授。实际主管台务的御史中丞为从三品，而辅助中丞的侍御史则为从六品。元世祖至元二十一年（1284），将御史大夫升为从一品，成宗大德十一年（1307）又升中丞为正二品，而侍御史则被骤升为从二品。

值得注意的是元代御史台结构的变化。侍御史此时已正式成为御史台的副长官，故元代已无台院。殿院现称为殿中司，虽仍纠朝会大典、百官参见仪制，而殿中侍御史仅二员，实际职能业已萎缩。而宋以来监察事务最为广泛和深入的察院诸监察御史，已成倍扩充至 32 人，成了御史台职能部门的主体。

为适应当时以行中书省总制各地军、民、财、刑大权的局面，元世祖至元十四年（1277）设立了江南诸道行御史台，以加强对江南各省的监察。大德元年（1297），元成宗将世祖至元二十七年（1290）设立的云南行御史台改为陕西诸道行御史台，形成了朝廷御史台（称“内台”）与江南、陕西两个行御史台分监各省的局面。行御史台的建制与官员级别悉同内台，其下分别辖有元初以来陆续分道设置的监察机构——提刑按察司（至元二十八年改称为肃政廉访司，亦称“宪司”）。这种以内台和行御史台领各道宪司、分监诸省的体制，是元代监察制度的一个重要特点。

2.3.5 明清时期的监察制度

明代监察之密登峰造极。当时的整套监察体制，可从两个方面纵览：

1. 中央监察机构

（1）都察院。

中央监察部门中最重要的是太祖洪武十四年（1381）改以往御史台而成的都察院。关于十三道监察御史的工作内容，要点大致有三：

第一，明太祖改御史台为都察院，逐省设浙江、河南、山东、北平、山西、陕西、湖广、福建、江西、广东、广西、四川十二道监察御史后，大体形成了各道御史分纠各地各部门政务的格局。到成祖永乐十八年（1420），撤北京道而增设贵州、云南、交趾三道；宣宗宣德十年（1435）罢交趾道。十三道监察御史除各纠一省三司以下，及境内行太仆、苑马寺、盐运、市舶、宣慰和王府等各衙门官员外，还兼负对在京各衙门及南、北直隶府州卫所的监察任务。

第二，各道御史在本院处理内外左右呈来的一应文案，从事日常监察，纠劾不法官员，同时频频出差，从事广泛而灵活的监察。到孝宗弘治间修《明会典》时，已将御史们的各项差使分为大、中、小三个具有一定管理和督责意义的类别。

第三，除一般管理外，御史履行监察职能的限制和要求，已更加严格细致。

(2) 六科。

在这样的背景下，长期从事制敕和章奏审核纠驳工作的给事中，在明代作为一支新的监察力量而崛起。

洪武六年（1373），把给事中从修起居注的工作中解脱了出来，并将其区分为吏、户、礼、兵、刑、工六科，从而开始了给事中发展的新历程。成祖之后，六科给事中自成体系，直属皇帝，在午门外轮流办公，审核内批章奏制敕，稽察六部百司之事的体制，最终确立了下来。

六科的基本职能是通过审核内批章奏展开纠察，高居要冲，非御史所可比拟。六科给事中既是言官，又是监察官，与十三道监察御史，在许多场合下负有同样的监察任务，往往共同开展某些具体的监察事项。凡文武大臣有不法行为，监察御史固然须"不避权贵，具奏弹劾"，给事中同样也"俱得弹奏"。御史出差也往往与给事中同行。

(3) 厂卫。

厂、卫系统，构成了明代在朝监察的一个极其特殊的部分。锦衣卫始设于洪武十五年（1382），属太祖为自己建立的十二支直属卫队（"上直卫"）之首，例以皇帝亲信为都督，或由都指挥使统领。其最特殊的任务是巡察、缉捕、理诏狱。锦衣卫径承皇帝旨意，"密缉"奸宄，独立审讯，其下属17所千户、百户、总旗、小旗、将军、校尉、力士、军人"自为一军"，据王世贞《锦衣志》述，嘉靖以来总数已达15万～16万人。

与锦衣卫秘密侦缉同时，太祖也让宦官刺探政情。到成祖时，随着宦官在政治生活中地位的上升，永乐十八年（1420）正式在东安门北设立了东厂。东厂纯由宦官提督，后来照例由宦官二十四衙门之首，司礼监秉笔太监第二或第三人为之，下有掌班、领班、司房，以及由锦衣卫拨付的贴刑官和大批番役，专司"刺缉刑狱之事"。除了东厂之外，明初曾先后成立西厂和内行厂，但存在不久，即被废除。

2. 地方监察体制

明代对地方的监察，则是由各省按察使司、诸巡按御史和例兼都御史衔出赴各地的督抚大臣，分头或分层次构成的。

朝廷对各省的监察，套用了元朝的相应措置而有过之。自太祖洪武九年（1376）改元行省为承宣布政使司后，对各省的监察，由类于元的各道提刑按察使司与布政使司相表里而展开。直到建文帝定十三道肃政按察司，成祖复其旧名而增其官属，便形成了以按察使司掌一省刑狱和监察的体制。

巡按御史自太祖洪武十年（1377）以后陆续发展，到二十三年铸"巡按某处监察御史印"后，大体也形成了分省出巡、略做调整的局面。巡按御史秩卑权重，"代天子巡狩"，凌驾于各省各衙门之上。总督、巡抚之制，则是在成祖以来钦差尚书、侍郎、都御史、寺卿等大臣出外镇抚或办理专项事务的过程中逐渐形成的。代宗景泰后，又让总督、巡抚兼都、副都和佥都御史之衔，形成了出巡者所辖多而事重者为总督的惯例。到嘉靖中叶，各处巡抚、总督的建制基本定型。

在监察制度上，清承明制，创新较少，此处不赘。

总的来说，在中国古代社会，最高监察权属于皇帝，皇帝对整个监察过程均有裁决权。随着皇权扩张，监察范围逐步扩大，监察官的职权也越来越重。监察部门作为皇帝的御用工具，独立运行，监察官官阶卑微而权重，可以风闻言事，弹劾举报可得厚赏，对官员的监督起到了良好效果。

2.4 考课和奖惩制度

考课也称考绩、考核，是对在职官员的官箴政绩和功过的考核；通过考核，分出优劣加以奖惩黜陟，乃是历代统治集团约束内部成员的基本手段。

2.4.1 先秦的考课和奖惩制度

商周时，王朝对诸侯和地方官的考查，主要通过王本人的“巡狩”和诸侯的“朝觐”来实现。

王的巡狩一般是在农闲时进行，规模很大，随行的车马、辎重、官吏、武装和侍从人员，相当一次出征。巡狩并不是完全为了游玩享乐、捕获禽兽，也是一种经常性的军事训练，并寓有巡视考察地方的意义。

周代巡狩成为定制，周天子在巡狩时考查诸侯卿大夫的治绩，以土地开垦、地方治理、养老尊贤等为标准，符合标准则加庆赏，最高的可以赏给土地；不符合标准的则加让罚，严重的则削夺爵位和封地。

在周代有诸侯朝觐述职的制度，按规定，诸侯定期要到王朝请安和汇报工作，所汇报的内容与王巡狩考查的标准大致相同，主要是土地垦殖和人口数量、社会治安和政治情况。如果诸侯不定期朝觐，“一不朝，则贬其爵，再不朝，则削其地；三不朝，则六师移之”。

春秋时期，因王朝衰落，巡狩和朝觐制度实际已经不复存在。各诸侯国为加强对官员的监督控制，采取了一些考察官员的措施。《周礼》中“小宰之职”条，详细讲到奖惩的具体内容，诸如治职、教职、礼职、政职、刑职、事职等“六职”的职责；作为考课官员标准的廉善、廉能、廉敬、廉正、廉法、廉辨等“六计”。

战国时期实行最普遍的考核制度是“上计”，即地方主要长官率先对下属进行考核，把情况汇编起来，写在木简上，称为“计书”，派遣专门人员送到中央，接受君主的检查考核，通常由丞相协助考核。计书涉及的范围较为广泛，通常包括户口赋税、盗贼多少、所属官员执行政令的情况、监狱在押人犯和司法执行情况等有关地方官权责范围内的事。

2.4.2 秦以后的考课和奖惩制度

秦汉以后各代对考课和奖惩制度不断加以完善，逐渐形成有规定期限，有指定内容，有奖惩标准，层次分明、分工明确、上下有序的考课和奖惩制度。

1. 考课期限

秦汉实行一年一考、三年一次总评定的办法。年考从秋天开始进行，至年底，各级官府将考课簿册集中到中央，于次年正月初一的群臣朝会时举行考课大典，然后按分工分别进行考课。

魏晋基本因袭此制，但由于战乱频繁，往往不能正常实行，于是改由皇帝不定期地下诏考课百司。东晋南北朝把考课与任期结合在一起，以三年为小满、六年为秩满。北魏孝文帝改革之后，实行三载考绩、三考黜陟的考课制度，并与官员任用相结合，按在官年月长短而定任用先后，年资成为考课的重要依据之一。

唐代实行一年一小考、四年一大考、大考按九等定黜陟的制度。宋代改为一年一考、三年大考，文官三年一任、武官五年一任的考任制。

辽、夏没有定期的考课，经常是皇帝下诏实现大考。金代实行循资考课，称为“资考”，资考三十个月为期满。元代也实行资考，不同的是官和吏实行不同的考期，官一般三年一考，吏只有九十天一考。

明清实行三年一考、九年考满的京察大计制。

2. 考课内容和标准

考课的内容和标准是根据官员不同的职务而分别制定的，历代都根据本朝的具体情况有所更改变化。

古代国家除君主之外，所有官员都要接受考课。考核的内容大体可以分为两类：一是对各级一般行政官员考核，主要是考核所属部门和地区的户口增减、垦田多少、钱谷出人、漕运水利、盗贼狱讼、教育选举、社会治安、督察下属等内容。二是对其他担任专门业务官员的考核，考核的内容则根据不同的职事制定不同的内容和标准。

除按职务分工制定考课内容和标准之外，对所有的官员还有统一的标准，在隋以前，是所谓的清正、治行、勤谨、廉能等；唐、宋则是德义有闻、清慎明著、公平可称、恪勤不懈；明清是清、慎、勤。这些也是考核的基本内容。

明清以前，对担任各种业务的考课标准规定得非常具体，如唐代的“四善二十七最”、宋代的“监司七事考”、金代的“十七最”等。

明朝不再规定不同业务官员的考课标准，而制定称职、平常、不称“三等”和贪、酷、浮躁、不及、老、病、罢、不谨等“八法”。

清代在“三等八法”的基础上确定了“四格八法”。“四格”，即守（操守）、政（政绩）、才（才能）、年（年资）。守分廉、平、贪；政分勤、平、怠；才分长、平、短；年分青、中、老。以守廉政勤才长年青为一等，守平政平才平年中为一等，以守贪政怠才短年老为一等。“八法”，即贪、酷、罢（同“疲”）软无力、不谨、年老、有疾、浮躁、才力不及，涉及违纪违法或不称职，则按情节给予惩处和降调处分。

3. 考课行政

两汉时期，由皇帝考核三公，如果皇帝不亲政事，考核则由尚书负责，交皇帝核准。

尚书考核列卿，御史中丞考核刺史，丞相、三公、刺史考核郡国守相。郡国守相考核县令长、丞、尉，县令长考核乡三老、啬夫，实行分级负责，层层考核。各级官府的官员由本部门负责人事工作的功曹负责考核，由该官府主要长官核准。此外，中央政府部门还按职能向全国实行单项考核。

魏晋南北朝时期，逐步集中考课权，由尚书和侍中统一负责考课，五品以上官员由皇帝和公卿评议，地方官的考课仍以上计和分层考核为主。唐代的考课，三品以上官员由皇帝亲自进行考核，四品以下官员分京官、外官两大类。每到考课时，“定京官望高者二人，分校京官、外官考，给事中、中书舍人各一人莅之，号监中外官考使。考功郎中判京官考，员外郎判外官考”。考课按“四善二十七最”进行评定，并当众宣读考评结果，然后归入官甲（本人档案），作为升迁奖惩的依据。

宋代京官的考课由差遣院进行初考，磨勘院进行复核，审官东西院分别主管文武考课的具体事务。外官由考课院负责初考，由吏部侍郎主管外官文武考课的具体事务。五品以上的文官由宰执负责考课，五品以上的武官由枢密院负责考课，三品以上官员的考课由皇帝与宰臣裁决。宋初考课还有评语判词，元丰改制后除去判词，并全面确立“磨勘”制度。“磨勘”，即审核、推究，包括审核、推究、勘验簿历文状等一系列工作和程序。

考课行政至明清有较大变化，考课层次更加分明，制度也日趋严格。明代京官四品以上、地方官五品以上；清代京官三品以上、地方督抚大员，都要“自陈”政事得失，以候上裁；其余京官由吏部、都察院，外官在明代由布政使，清代由督抚负责注考。

京官考课称“京察”，先由各部院的长官对所属进行考核，写出评语，按考课的标准评定等级。注考以后呈送吏部，由都察院监察，吏部复核，然后依例黜陟。京察在明代六年一次，清代三年一次，武官为五年一次，按部院长官历年评考等级分别等差。外官考课称“大计”，明代由布政使考核府，府考核州县，按年月定考，逐级呈上，至三年，布政使依据考簿事状，按照“八法”评定等差，由按察使核考，然后造册申报吏部，依例题奏进行处置。清代基本如明制，只是规定布政使、按察使、提督、总兵等地方文武大员应“自陈”政事，由督抚复查定考，综汇申报吏部转奏。

为严格考课，地方考课总是先从高级官开始，这些“方面官”经过考课，“贤者留，否者黜，然后可以责令考察”，以期做到正人先正己。这种长官负责考核下属，层层上报核准，自陈与长官考评相结合的考核制度，还辅以科道官的监察“拾遗”，对考评不公者实行纠劾，故称“察典”。

4. 奖惩制度

君主和上级使臣民和下级畏惧和服从，依赖的是刑赏二柄，刑以戒之，赏以劝之。所谓对官员的奖励，系指国家政权对在职官员政绩突出，有特殊贡献，遵守政纪、法纪，清廉有声，谨慎供职等功绩和劳绩的奖赏和鼓励。历代王朝多把奖励与考课制度相结合，通过对官员的考核，视其功劳大小，给以升职、加级、礼仪、金钱、物质等方面的奖赏。

对官员的惩处指国家政权对在职官员违反政纪、法纪、纲常、伦理等方面的罪行和过失的惩罚和处置。历代王朝为了维护本王朝的根本利益，曾经陆续颁行过一系列以律、令、格、式、例等为主的法规，具体规定官员不得违犯的规章条例。如果违犯，就要视情节轻重，给以行政、法律、经济等方面的处罚。

从历代官员犯罪种类来看，主要有公罪和私罪两种。其公罪是“因公事失错”，私罪是“不因公事己所自犯”，在惩处上也有一定的区别。原则上是公罪以行政处分来惩处，其具体事宜由吏部考功司负责，实际执行和定罪则由各上级主管官员来决定。私罪以刑事处分来惩处，其具体事宜由刑部负责，实际执行和拟定罪名也是上级主管官员。公罪不可怕，私罪则往往决定一生荣辱。历代官员因私事而犯私罪的数量往往超过公罪。

综观历代法规中有关官员的惩处规定，主要围绕如下几个方面：

第一，政治方面的惩处。这是指威胁王朝统治方面的罪行，如谋反、谋逆、谋叛等。这类罪责按律是处绞、斩等死刑，但在具体实施上，还有赐死、自尽、监毙、枭首、剥皮、凌迟、戮尸、锉骨扬灰等手段。一般来讲，这类犯人除处死之外，还要伴以抄家、家族充军、妇女入官、子孙充军戍边、株连家族等附加刑。

第二，不法行为的惩处。贪赃枉法是官员不法行为的主要方面，属严惩不贷之列，严重的要处以死刑或者极刑，并伴以抄家、罚没家私、追比赃款、入狱、遣戍、家属充军发卖等附加刑。罪责稍轻的，除交刑部议定刑事处罚之外，也要给以降罚、革职，乃至永不叙用、子孙不得为官等行政处罚。

第三，道德品行方面的惩处。对那些操守不佳、声名狼藉者，在行政上给以革职，乃至永不叙用的处罚；对失察和隐忍不报的上级和同僚，也要给以一定的处分。对那些有恶逆、不道、不孝、不睦、不义、内乱等“十恶”罪行者，要绳之以法，严重的还要榜示天下，增加一些附加刑。

第四，职务工作方面的惩处。官员在本职工作中出现失误，称为“公罪”。按规定，公罪处罚要减私罪一等。

第五，诬告和包庇方面的惩处。历代在惩处时实行连坐，知情不举则与犯人同罪，诬告不实则实行反坐。为加强官员之间的相互监视，鼓励检举揭发。但对挟私报复，尤其是“诬告人死罪已决”的，也严惩不贷。对包庇容隐者，也决不宽容。

在考课中，成绩特别优异者称为“最”，明清称为“卓异”。对于那些被评定为“最”者，一般都给以重赏，其余则按优劣编排名次。对成绩优良的奖励大体上是按口头褒奖、行文褒奖、增加俸禄、赏赐财物奴婢、提升职务、赐爵封侯的顺序，由低到高地执行。在考课中，成绩最差的一般被称为“殿”，明清称为“不称”。那些被评为“殿”者，会被追究刑事责任。

为使奖惩不至于过滥，历代都规定考课评定应由上级主官主持，监察部门参加，对考课不实和被监察人员指控的官员，职位高者由皇帝亲自派人核实，允许当事人辩白申诉，一般的官员则由监察部门核实。情况属实者，奏请皇帝或交官员主管部门和司法部门，依旨按例进行升赏黜罚；情况不实者，拟考和指控者要受处分。

总的来说，中国古代的考课和奖惩制度在一定程度上起到了制约、警戒、惩治、督促官员的作用。但是，在吏治腐败、结党营私的政治环境下，考课和奖惩制度常常起到负面效果。例如，明朝的考课和奖惩制度以严著称，在明末的党争中，各方势力操纵考课，党同伐异使政局更加混乱，成了加速明朝覆亡的重要原因。

2.5 等级、俸禄和其他待遇

等级森严是中国古代社会最基本的特点之一，不同的官阶等级应享有不同的政治和经济待遇，绝对不允许僭越、假借。俸禄多寡大体上是依据官阶等级的高低来厘定的，既是一种报酬标准，也是官阶等级的标志。

2.5.1 等级制度

中国古代官员的等级划分非常明确，其具体的差别和区分主要体现在政治名誉和各种礼遇之上，主要有如下几种：

1. 秩品

秩品是一种秩序和等级的区别形式，也是官员职务和权限的基本等级。西周时，以“九命”划分内外官的等级，九命是在任命的基础上划分的，“一命受职（职事），再命受服（官服），三命受位（列于臣位），四命受器（祭器），五命赐则（有封地），六命赐官（自设官属），七命赐国（封侯），八命作牧（得专征伐），九命作伯（为一方诸侯长）”。九命在内分为公、侯、伯、子、男、公卿、大夫、上士、中士等九级；在外分为大国君、次国君、小国君、大国卿、次国卿、小国卿、大夫、上士、中士等九级，也称为“级品”。

战国时期，各国相继出现以支付谷物为官员的报酬，并以谷物的多少来区分若干秩等。秦汉时，其秩从万石至斗食分成十六或十八个等级。曹魏时以九品定官级，一品至九品共九级。南北朝时逐渐改为正从九品十八级。以后除唐代实行九品正从上下阶三十阶制度之外，正从九品十八级是基本的官秩品级。

2. 勋赐

勋赐是对有功和拥有特殊身份的官员给予的特殊政治待遇和荣誉。汉代对一些资深年老的大臣和姻亲势重的权贵，往往加上一些特别的封号，如给事中、奉朝请等，并给予一定的政治待遇，如诏书不名、剑履上殿等。至南北朝时，渐渐分出勋位和加赐两种等级。唐宋时制定上柱国、柱国、上护军、护军等十二勋级。宋代明确规定剑履上殿、诏书不名、赞拜不名、入朝不趋、紫金鱼袋为加赐的六个等级。明代有左右柱国、柱国、正治上卿、正治卿等文勋十级，分别授予五品以上的官员；左右柱国、柱国、上护军、护军等武勋十二级，分别授予从六品以上的武官。清代把勋级归入爵位，其加赐的黄马褂、花翎、顶戴、准在紫禁城乘轿、准在紫禁城骑马等，虽没有明确规定等级，但都是特殊荣宠。

3. 散阶

散阶是一种旨在提高官员的等级，而与实际职务无关的官阶划分，实际上只是一种资历。汉代设一些大夫、议郎，掌侍从左右，顾问应对，只是作为朝官的加官，没有实际职务。魏晋时因军事频繁，大小官员都加将军、校尉、中郎将、都尉等军职名号，实际是一种武散阶；文散阶有特进、光禄大夫等诸多名号。南北朝时渐区分出文、武散官，顺序排列达百余名号。唐代对这些名号加以厘正，从开府仪同三司到将仕郎为文散官二十九阶，从骠骑大将军到陪戎副尉为武散官四十五阶。宋代文散官二十九阶，武散官三十一阶。金、元文散官四十二阶，武散官三十四阶。明清文散官四十二阶，武散官三十阶。文、武散官阶都是按九品定高下，每品有一阶至三阶不等。

按规定，凡入品之官均授予散阶，初入品或升品者初授一阶，待考满或有功劳则升授一阶，职事不变，散阶可升。这种散阶的授予要经过吏部核准，下有正式敕书，由官方和个人各自保存。这种敕书除作为被授阶之人的凭证之外，还对获得人有简单的评价，作为将来考核和升迁的凭证，故官员对此非常重视。

4. 爵位

按照一般说法，夏代有公、侯、伯、子、男五等爵位，但无实据，难窥其详。商代也有公、侯、伯、子、男的爵称，分为三等：一等为公、侯，他们是王族或亲族，直属于商王朝；二等为伯，是商远方部族首领；三等为子、男，在公、侯、伯之下，并分别隶属于王、公、侯、伯。商代虽有等级的划分，但制度并不健全。

周代的爵也分五等，有较大功劳而且是王的嫡亲的封为公；庶亲而有功劳和非亲的功勋辅臣，封为侯、伯；庶亲贵族及边远各族首领，则封为子、男。春秋战国时期，由于官僚制逐渐形成，冲击了旧的爵位制。这些爵位无论从内容还是形式，都与旧爵不同，它主要用于奖励军功，同时又与官职、政治和经济权益相结合，而且不是世袭，从根本上否定了世卿世禄制。汉代在秦二十等爵基础上增加诸侯王一级，作为奖赏有功和提高官员等级待遇的依据，高爵还享有一定的食邑和世袭待遇。汉武帝时又增加武功爵十七级，可以买卖顶替，使爵位渐渐与政治权力相分离。

魏晋以后，爵制逐渐改革，除王以外，还有公、侯、伯、子、男五等，每等再以郡、县、乡、亭划分等级，带有封邑的加"开国"，如开国郡公、开国县公等。唐代制定九等爵，宋代的爵增至十二级，元代改为八级。明代的宗室爵自亲王至奉国中尉凡八等，功臣爵为公、侯、伯、子、男五等，后改为公、侯、伯三等。清代宗室爵自和硕亲王至奉恩将军凡十二等，功臣爵有公、侯、伯、子、男、轻车都尉、骑都尉、云骑尉等九级，每级又分三等。

5. 班位

汉代百官朝贺时分班上下，这种上下之分基本上是依照秩等，但在同秩等之内也有上下。例如，九卿同为中二千石，朝会时，太常卿在前，其他诸卿依次排列。汉武帝时增设了"加官"，可出入宫禁，朝会时又增加"独坐"，作为对有特殊身份或有功人员的特别优待。南北朝时，在品级之外加上一种班秩，如南梁制定十八班，"以班多者为贵，同班者则以居下为劣"，在升转贬降上，"转则进一班，黜则退一班"，实际上也是一种升迁排位顺序。唐宋以后，朝会时的行立顺序，先以职位，后以爵位，职、爵相同则以班位，职、爵、班相同则以年龄，有着严格的等级辈分界限。

班位还是对现行官制中的官员位置排列。例如，吏、户、礼、兵、刑、工六部，吏部为六部之首，班位在前，工部为六部之末，班位在后，工部尚书要经过多次升转方能成为吏部尚书。

延伸阅读

胥吏和幕僚

古代官制主要是讲官员的等级和职掌，对于吏员和幕僚则很少论及，其实吏员和幕僚在实际政务运作中具有不可忽略的作用。

1. 吏员

古代国家的政策实施都是通过吏员之手，落实到具体事务上。吏员不是官，但是官的辅助，也是官的爪牙，是古代官制中不可缺少的重要组成部分。

夏商时期的吏员，至今尚未有确切的名目。根据《周礼》的记载，周代出现了府、史、胥、徒等吏员。春秋战国时期出现了令史、丞史、尉史、司马令史、小史等名目，在官府负责文书档案，承办具体事务。承办具体事务的掾史大部分是入等级的，但严格说来，他们还是承办具体事务的人，只是所在的部门级别高而随之地位高。

秦汉时期的掾史与后世的吏典性质基本相同，他们在各级官府衙门中承办具体事务，而且有分工。掾史在当时具有一定的社会地位，从小史而为公卿的在史书中也有明确的记载。各级官府长官可以自辟百石以下的掾史属，百石以上由中央任命。中央的各级衙门因为地位高和百石以上掾史属所负责的事务较多，故任命权归中央控制，而地方的百石以上掾史属很少，如郡一级的掾史属有别驾、主簿、书佐、功曹掾门下督等数十种，除别驾、主簿等少数掾属由中央任命之外，大多数均由长官自聘，长官犯法，他们要连坐。

魏晋以后实行九品中正制，掾史不再是主要的入仕途径，社会地位也明显降低，秦汉时期官与吏的区别还不是很大，而在实行九品中正制之后，官与吏的区别便明显了。以前的吏与官靠近，而且很容易进入官的阶层，后来的吏则与役靠近，常常是吏役并称，已基本上失去了跻身高官的可能。隋唐时期实行科举制度，吏连官的阶层都很难进入了，其社会地位更加低下，胥吏合称，使他们沦至官场中低贱的层次。

宋代的吏职，无论是名目，还是人数都有增加，故有些研究者把他们称为胥吏集团，这个集团再分为吏员、公人、役人等三个层次，由此，不但官与吏，而且吏与役的区分也更加明显。

金、元时期，吏的地位空前绝后地得到提高，流行着“一官二吏”说法，大部分吏还有可能进入官的行列。

明代虽然承袭元代制度，有一套吏的考试升转制度，但恢复唐宋以来贱吏的旧习，不但从吏途很难升到高官，而且官府普遍贱吏。但是，吏会利用现有的条件以满足自己的欲望，“这种办法一是通过钻制度的空子达到掌握某一方面实际权力的目的，二是利用这种实际权力来发财致富”，这两个方面造成难以清除的“吏弊”，而“吏弊”乃是明代政治上的主要弊害之一。

清承明制而又有所改，在试图清除吏弊的意愿下，一方面堵死吏的升迁之路，一方面裁减额设吏额，并采取许多防范吏弊的措施，但事与愿违，非但没有清除吏弊，反而造成“与胥吏共天下”的局面，吏弊更加严重。

2. 幕僚

幕僚又称幕宾、幕府、幕僚，是军政长官聘请的助手、参谋。幕僚的出现很早，但由军政长官自行聘请却经过几起几落。

早在商周时期，君主和诸侯们在正式职官之外，都使用一些谋士型的人物作为佐助，这些谋士渐渐演变成为正式的职官。如太师、太保等，原来并不是正式职官，都是从参与帷幄而渐渐成为尊贵的职官。

战国时期，各国君主争延人才，而许多公卿将相也竞相网罗名士，当时的春申君、孟尝君、信陵君、平原君等，各有食客三千以上，开后世幕僚的先河。

秦汉时期，各级军政长官自行辟署僚佐，实际上是自行组织本官府的政务体系，中央政府对之控制不严，军政长官的权力也相对集中。为消除这种尾大不掉的趋势，中央政府不断削弱这些军政长官的辟署权力，把一些高级的僚属任命权收归中央，但未能完全消除军政长官本身的权力，门生故吏遍天下的现象时有发生。

魏晋南北朝时期，每个政权都在削夺军政长官的权力，尽可能地把他们的下属编入官制序列，以便于朝廷分别控制，但在权臣当道之时，朝廷还是不能把他们的谋士集团控为己用。

隋代把一命（命，谓官阶。共分九命，一命最低）以上的官吏均收归中央任命，从制度上取消了军政长官自行组成的谋士集团，并把正副长官相互监督制度化，中央集权一度高涨。

唐代中期以降，地方军政长官的权力逐渐膨胀，尤其是节度使、观察使、经略使等拥有实力的军政长官，无不延请幕僚以佐其政。藩镇割据形成，各藩镇自辟僚佐，形成幕府制，乃至“各延名士，以光幕府”，自行组织政务集团。

宋代在削弱方镇势力的同时，把方镇的幕府体系纳入国家行政系统，不允许地方军政长官有自己的谋士。为此，朝廷专门设置“幕职官”，由中央直接任命，虽然称为幕职，实际上已经没有幕僚的性质，而具有分权和监视地方长官的责任。

明代因袭此制，地方官“待首领官若今之参谋，善者礼之，不善者奏闻黜之”。但是，幕职由吏部选用，其出身多是杂途，人才长短不一，而且与主官地位相差悬殊，造成泾渭分明、尊卑显见之势。在主官负责制的情况下，身为幕职的首领官已经对长官起不到参谋作用，而长官也确实需要有人来帮助他办理各项事务。明嘉靖以后，中央对地方官的管制约束力减弱，幕僚群体开始在地方上出现了。

聘用幕僚以佐助政务，是清朝特有的政治现象。这些幕僚或经过专业训练，或熟悉司法律例和审判程序，或精于办理财务管理和报销手续，或擅长与上级、平级、下级文书和礼仪应对。地方官把幕僚视为心腹和重要助手，把“刑名、钱谷、发审、书启、征收、挂号、朱墨、账房及一切杂务之属”交给幕僚办理。幕僚因负责办理具体政务，为地方所瞩目。

2.5.2 俸禄制度

俸禄是国家给予在职官员的固定报酬，在一定的时期内，以实物或货币的形式支付，旨在满足官员个人和家庭生活的需要。在不同的历史时期内，还采用过免赋役、给力役、赐田土等形式，作为补充。俸禄还表明受俸人已经进入了统治机构，成为公职人员，是对其跻身统治阶层的认可。俸禄不是世袭待遇，而是随着职务的变动随时升降，其数额多寡也是根据职务的高低而定的。

春秋战国时期，由于官僚制逐渐取代世卿制，俸禄制也就逐渐取代了世禄制。由于当时社会经济状况所决定，这种俸禄主要是以粮食多少为等差。秦汉相因，从丞相、太尉的万石到最低的佐史百石，分成若干等级，享受不同数目的“粟谷”。这些等级大体分为三个级差：即万石至比二千石，级差在二十斛以上；比二千石至四百石，级差为十斛；四百石以下，级差为七斛到三斛；最高俸禄是最低俸禄的100倍。

自西汉起，俸禄支付物和级差就不断变化。支付物有钱、布帛、谷物等，逐渐集中到流通的货币。级差则逐渐缩小，尤其是最高级与最低级之间的差距逐渐缩小，从最初的差额数10倍，到清代的京官一品与从九品的俸禄差额已经不足6倍。

历代官员在俸禄以外的收入是相当可观的，这些收入可以分为两大部分：一部分是国家承认的各种补贴，一部分是国家默许而听任官员们赚取的“陋规”。后者数目巨大、名目繁多，给官员提供了大量的经济收入。

2.5.3 其他待遇

1. 封赠

封赠包括食封、封号、诰命、官衔等内容，通常加于皇族勋戚及有功、退休、殉职的官员及亲属。

食封是对拥有爵位和有功人员的一种特殊奖赏。如唐代有食封和食实封两种，食封者可以得到所封户数的三分之二租税，食实封者才能得到所封户数的全部租税。宋代曾经规定食封十四等和食实封七等。这种食封通常与爵位相结合。

封号是褒奖有功官员的名号，原本没有详细的等级规定，直到宋代才确定推忠、佐理、协谋等四十等级的功臣号，通常是在官员经过考课以后加封，故当时的官员普遍拥有这些功臣号。明代以奉天靖难推诚、辅运推诚、宣力、守正为四等功臣号，只加封给功臣。清代则有忠勇、果毅及巴图鲁（勇士）等功臣号。这些功臣号不改变官员的原有等级，但是一种特殊荣誉，可以用之抵罪。

诰命是对官员的母、妻的册命，一般分为九等，如明代的九等顺序为公国夫人、侯国夫人、伯夫人、一品夫人、二品夫人、三品淑人、四品恭人、五品宜人、六品安人、七品孺人，因子孙封者各加“太”字以区别。凡是进入七品以上等级官员的母、妻都可以享受到本品的册封，但必须要等到第一次考满之后。

官衔是对休致、殉职或死去的官员的赏赐。这种官衔没有实职，只是一种名义。休致人员于官衔前加“赐”，殉职或死去的则加“赠”。有特殊贡献或达到一定级别的官死后，可报请朝廷恩赐谥号。这种官衔对其家属则有很大的用处。官衔虽没有实职，但可以作为抵罪；若是犯法，无论生死，均予追夺。

2. 章服及仪从导引

为了严格等级制度，对不同级别的官员的服饰、住宅、轿舆、导从、称呼、礼节以及用具等，都有烦琐而严密的规定。

章服是官员的服饰和所佩戴的标志，主要是以材质、颜色和装饰来区别高低贵贱。如明代的公服：一品至四品绯色，五品至七品青色，八品以下绿色。公服的花饰：一品大独科花，二品小独科花，三品散答花，四品五品小杂花纹，六品七品小杂花，八品以下无纹。文官公服的装饰：一品仙鹤，二品锦鸡，三品孔雀，四品云雁，五品白鹇，六品鹭鸶，七品鸂鶒，八品黄鹂，九品鹌鹑，杂职练鹊。这些在历代的礼典中有明确的规定。

仪从导引是官员在外行动时的仪仗护卫制度，历代都规定不同级别的官员享有不同的仪从导引。为此，朝廷还制定了相遇回避制度，基本上是以低官让高官、属官让上司官、同官均礼为原则。

综上所述，统治者通过严格的官阶等级划分，责令不同等级的官员各守其责、各行其权、各尽其责，从制度上保证了上下有别、高低有序、主从有分的严格统属关系。与这种严格的统属关系相匹配，统治者建立了包括俸禄制度在内的一整套政治和经济待遇保障机制，从而增强了官员的特权地位和忠诚意识。

2.6　休假、退休和抚恤制度

2.6.1　休假制度

在古代，官员可以享受定期休假和年节休假，除此之外，官员因事因病也可以请假，但有严格的请假和销假制度。一般情况下，官员每月只许请假三天，超过三天就要罚俸；请假一月要奏请别人替代自己的工作；无论何种原因，请假满百日者停官，由他官递补，假满后再到主管部门听候重新安排职务，一般还要降级使用。官员的父母去世，应立即奏报皇帝和上官，并离任守制，在三年之内不应担任官职，居家守墓以申孝思，称为“丁忧”。丁忧期满后，再由主管部门重新安排工作。

2.6.2　退休制度

退休也称致仕、致事、致政，即“致其事于君而告老”的意思，表示把手中的权柄交还给君主，由君主另选人替代。周代在礼法中原则上规定“七十致政”，并对致政以后的世袭继承者有所限制。按规定，凡继承者必须有王的册命，在没有得到王的册命之前，在礼仪上要减原爵一等。国家对官员新老交替有一定的管理，致仕也开始形成制度。

古代官员基本上是年满七十而致仕，但没有明确的法律规定，仅是礼制上的规定，不具有强制性。为使官员正常更新，唐宋以后加强了对官员致仕的管理，对老病和才力不及者则采取勒令致仕的方法。老者是七十，或不及七十而身体衰弱者；病者在原则上限定55岁，重病者则不限年龄；才力不及者是不堪为用，也不享受致仕的待遇。

古代官员致仕以后的待遇根据不同的情况而有不同的安排。一般官至六百石（魏晋以后的五品）以上的官员在致仕以后可以享受半禄，而且在原则上另加恩赐，即在原品级的基础上进秩一等。功臣可以得到全禄，并保留原有的散官勋爵。对于功臣和老臣的特别加恩是可以荫其子侄入学或为官，给予各种荣誉称号。已经致仕的官员可以回原籍，本人和家庭享有优免赋税的待遇，他们当中多数成为地方缙绅阶层。有些致仕官员还可以保留穿戴致仕前官品的衣冠服饰，个别人还保留有朝参和上奏的权力。

2.6.3 抚恤制度

抚恤是国家对因公死伤的在职官员和死亡的致仕官员给予的救济和抚慰。古代国家根据不同情况和等级，采用不同的抚恤方法。对于在职死亡的官员，一般可以追赠官衔，取得比原品高一级的丧葬待遇。对于殉职的官员，除追赠官衔之外，还要抚慰其家属，有些可以荫子入学或为官；对那些功勋卓著的殉职人员，还可以建庙立祀。伤残的官员可享受全部的俸禄，有时还发给一次性的经济补偿。对在职死亡的官员，国家提供礼送遗骸归家乡治丧的方便和一定的经济补贴。致仕的官员死亡，在一定级别以上的，礼仪部门根据其生平事状奏请给予一定的赐谥，甚至在国史馆立传，其余官员则给予一定的丧葬补贴。

总的来说，古代统治者建立休假、退休制度不仅是为了笼络官僚集团，也是为了实现官僚队伍的正常更新。此外，无论是统治者驾驭臣下，还是大臣之间进行党争，迫使对方休假、退休都是一种常用的政治手段。抚恤作为统治者安抚大臣及其家属的制度安排，则是官员这种特权群体身前享受的最后一项政治待遇，在重视哀荣的中国古代社会具有重要意义。

本章小结

中国古代官员选拔制度方面积累的一系列相对成熟和宝贵的经验，是构建中国特色公共部门人力资源管理制度的重要基础。本章首先详细介绍了中国古代官员选拔制度；其次，阐述了中国古代官员任用制度；再次，对监察制度，特别是明清监察体系做了着重探讨；复次，对中国古代官员的考课和奖惩制度进行了梳理；又次，介绍了中国古代官员的等级、俸禄和其他待遇；最后，对中国古代官员的休假、退休和抚恤制度进行了介绍。本章的学习重点是中国古代官员的选拔、任用与监察。

关键术语

选拔制度　任用制度　监察制度　考课　官员等级　俸禄　丁忧　致仕

复习思考题

1. 中国古代的官员选拔制度经历了怎样的变迁历程？
2. 明清时期的官员监察体系有哪些基本内容？
3. 如何看待明末考课沦为政治斗争工具的现象？
4. 中国古代的等级、俸禄制度与现代公务员制度有哪些不同？

第3章

公共部门人事行政的基本制度安排

公务员制度是现代人事行政的基本制度设计，是建构现代国家治理体系的重要组成部分，在公共行政发展史中占有举足轻重的地位。盖伊·彼得斯曾指出："支撑传统公共行政的第四个基本假定，是指应该建立一个制度化的公务员制度，并把它当作一个法人团体来进行管理。"① 一个半世纪以前，为建立与科层制适配的理性、效率、非人格化、职业化的政府人事管理系统，摆脱政党分赃制度带来的结构性困境，以英美为代表的西方国家在学习中国科举制度的基础上，探索了现代文官制度，形成了以能力和功绩评价为本位的、连续稳定的公职人员队伍。然而，公务员制度是国家历史和政治、社会制度的产物，一国的传统、文化和制度对政府人事管理制度的形成产生综合、深远的影响。改革开放40多年，伴随着国家政治与行政管理体制改革，我国政府人事管理制度经历了从干部制度向公务员制度的转变。"党管干部""德才兼备"是中国公务员制度一以贯之的原则，是公务员管理的制度基石。在此基础上，国家以立法形式确立了公务员的权利与义务、分类管理、招募甄选、考核考绩、培训开发、晋升流调、奖励惩戒、薪酬福利、退出管理等各项制度规范，构筑了支撑我国国家治理之公共人力资源管理模式。

重点问题

- 公务员制度产生、发展的社会背景和理论基础
- 公务员制度的目标与基本精神
- 公务员制度的特征与内在运行机制
- 公务员制度面对的挑战及其调适、发展
- 我国干部制度的基本特征
- 我国公务员制度的立法
- 我国公务员制度的演进与完善
- 我国公务员制度的原则与特征

① 彼得斯. 政府未来的治理模式. 北京：中国人民大学出版社，2002：11.

3.1　现代公务员制度的缘起与理论基础

3.1.1　公务员制度建立的背景

现代公务员制度（civil service system）又称现代文官制度，出现于 19 世纪中叶的英国。几乎同时，美国和德国等一些西方主要资本主义国家也相继探索朝向文官制度的政府人事制度改革，目的是适应当时的政府改革目标，引入更为理性的科学管理模式，减少公众对政府的不信任和施加的压力。克林纳等指出，公务员或功绩制度的建立，表现了公众对政治恩赐制度造成的浪费和低效率的愤怒①。二战后，伴随着西方发达国家的经济、政治、军事援助和西方行政管理经验的输入，公务员制度也引入欠发达国家，并试图成为推进这些国家政治民主化的一个重要工具。这又启动了欠发达国家探索西方公务员制度本土化的历程。

公务员制度是指一国公共组织依靠立法和规章规制的手段，以功绩制为中心原则，以官员稳定性、连续性和职业化为目标，通过专门的人事管理机构，对规定范围内的公务员（civil servant，指公务员个体）的获得、任用、晋升、工作福利、考核激励、纪律惩戒等方面进行管理而逐步形成和确立的公共部门人事行政管理制度。

在工业革命完成后，西方国家纷纷开始尝试新的政府人事制度，这不是偶然的。公务员制度的建立是当时社会政治力量与利益格局变化作用的结果，是西方政治民主化进程中一个重要的里程碑。

1. 社会经济背景

西方国家相继完成工业革命后，新生代资产阶级的经济地位显著提高，逐步成为社会生活中的强势力量。为了达成他们的经济利益，保护私有产权和市场竞争，他们面对当时不尽如人意的政府统治，与其他社会阶层的公众一起向政府施加压力，提出了一系列新的要求：第一，随着社会管理范围的日益扩大，需要建立一支功能分化、职业化、专业化的文官队伍来管理国家公共事务。第二，为了保证社会生产力的进步和市场的繁荣、发展，资产阶级要求建立一个廉价而高效的政府，能够有效地维持社会公共生活秩序，同时节省纳税人的钱财。这在客观上要求政府以更加经济、理性、有效率的方式开展管理活动。第三，为了实现新生资产阶级参政的利益和他们对公共政策的影响力，资产阶级打出了“民主”“民权”的旗帜，要求政府的公职向社会公开开放，赋予公众更多的参与政治事务的权利和机会，这使得原有的以个人恩赐或政党分赃为规则的政府人事管理制度无法适应新生资产阶级的要求。

2. 社会政治背景

19 世纪以后，主要资本主义国家相继形成了两党或多党政治和官职分赃的政治格局，使政府组织内出现了混乱状态。竞选获胜的政党在组阁的同时，将官职作为战利品，合

---

① 克林纳，纳尔班迪，洛伦斯. 公共部门人力资源管理：系统与战略：第六版. 北京：中国人民大学出版社，2013：6.

法、公开地进行分赃，赠予那些与获胜党有千丝万缕利益关系的、为政党获胜立下汗马功劳的利益集团或个人，这种执政党垄断官职并依照与政党的亲疏关系分配官职资源的方式，给政府带来了一系列问题，成为政府人事制度改革的直接原因。

第一，结构性腐败。由于人事制度以个人的意志或党派利益为转移，因此，在用人中出现了大量拉关系、贿赂公职，甚至卖官的现象，权力与金钱的交易泛滥于世，腐败现象严重，败坏了政府的形象。例如，在格兰特总统执政时期，富翁古尔德通过贿赂与总统亲近的工作人员，垄断了黄金交易，牟取了暴利。

第二，周期性政治震荡。每当执政党更迭时，政府官员也频繁更迭，大量官员被辞退，由亲执政党人员担任，这使得政府行政工作处于高度不稳定状态，缺乏连续性和稳定性，违背了行政管理职业化发展的客观原则。1881 年，美国一个由于支持在野党而不被雇用的愤怒的求职者刺杀了当时的总统加菲尔德，震惊了政界。这一由政党分肥不公导致的事件直接促成美国国会通过了著名的《彭德尔顿法案》(Pendleton Act)，确立了美国现代国家公务员制度。

延伸阅读

美国《彭德尔顿法案》

《彭德尔顿法案》亦称《1883 年彭德尔顿联邦文官法》，以负责法案起草的参议员 G. H. 彭德尔顿的名字命名。针对政党分赃带来的日益尖锐的贪腐、震荡、无能、特权等政治和管理问题，以加菲尔德总统遇刺身亡为导火索，美国政府立意改革政府文官秩序。

《彭德尔顿法案》规定，成立由两党成员组成的文官委员会，其中必须有反对党成员 1 人，任期 6 年；文官委员会直接向总统负责，承担文官管理条例制定和文官考试、录用的职责。法案确立了择优录用、中立性和功绩制原则，即公布待补文官职位缺额，通过公开考试择优录用文官，文官考核和工资以实绩为依据。经考试录用的文官实行常任制，由法律保障其职位，不得任意撤换；受到惩罚的文官，有权提出申诉等。委员会任命主考官 1 人，并设地方考试委员会；考试内容侧重专业知识，进入文官系统不必从最低级开始，高级文官重视专业才能。法案还对公务员试用制度、严禁考试作弊做出了明确规定。百余年来，法案几经修正，但其内含的功绩制精神始终保存。《彭德尔顿法案》成为美国公务员制度的基本法。

第三，人才匮乏，效率低下。由于采用任人唯亲、政治恩赐、政治委任等方式，大量无能之辈充斥政府，这些人只善于搞权术和拉帮结派，大搞裙带关系，丝毫不顾公民的利益，使政府行政效率极其低下。例如，克里米亚战争全面暴露了英国指挥官的无能，造成了大批将士的伤亡。这种状况是资产阶级和广大公众所不能容忍的，他们强烈要求进行政治变革，改革政党分赃和政治恩赐的用人制度。

3. 思想文化背景

西方公务员制度的产生有着深厚的政治文化基础。资产阶级大革命中提出的“天赋人权”“人人生而平等”的思想，为现代文官制度的创立提供了主要的理论依据。民主主义思想形成的政治文化氛围，为公民争取平等的任职权利创造了社会环境。

4. 经验借鉴背景

中国科举考试制度给现代西方国家公务员制度提供了直接的素材。中国自隋唐以来发展起来的文官科举制、公开考试、择优取士的制度，打破了政府官职由门阀、世族垄断的特权，将取士权直接向社会所有有学、有才之士开放，以求得治国良才。科举制度设计恰恰适合西方政府人事改革的需求，所以中国科举考试制度成为现代西方公务员制度建立参照的重要蓝本。西方公务员制度无一例外采用了公开考试、择优录用的方式，并将它作为政治制度的主要支柱之一。

3.1.2　公务员制度建立的理论基石

作为国家政治体制和行政体制的重要组成部分，公务员制度的建立需要寻求理念支持，以证明制度安排的合理性。其理论依据与理想官僚制模型的观念一脉相承，即是政治-行政二分论（politics-administration dichotomy）和行政管理的职业主义倾向。

1. 政治-行政二分论

由伍德罗·威尔逊（Woodrow Wilson）在公共行政奠基之作《行政学之研究》中首先提出、弗兰克·古德诺（Frank Goodnow）在《政治与行政》中系统论证的政治与行政二分论，不仅是整个传统公共行政的价值基础，也是现代国家公务员制度的理论前提。

政治与行政二分论的基本论点是：政府具有两种天然的功能，即政治的功能和行政的功能。政治是国家意志的表达，而行政则是国家意志的执行；政治的作用在于国家对体现公共利益的公共政策进行制定，而行政的作用在于实施公共政策。

因而，政治与行政是两个十分不同的概念。行政是一种管理工具，其目的是使政府能够以最少的金钱和精力、最大的效率去完成政府应该从事的恰当的事情，管理主义是其核心。从理论的角度讲，行政只求高效地完成指定的政策及其目标①。政治却是另一个概念实体，它关注的是社会财富、权威价值和利益的分配与再分配，即关心“谁应该得到什么好处”，利益取向是其核心。政治解决方向问题，行政解决手段问题。

在此分析的基础上，西方公共行政模式力图说明，行政管理不是政治问题，尽管它的任务是由政治加以确定的。行政管理更多的是能够以高效率的手段完成规定的任务。为此，政府组织需要一支能够高效完成管理工作、不具有明显政治倾向、服务于公众的公职人员队伍，而不应依靠官员的政治忠诚和对党派的情感，因为官员的党派色彩和政治倾向，会导致他们无法忠实于不同时期由不同党派组成的政府②。

在西方公务员制度中，对从事行政管理的人员来说，政府必然要求他们具备两方面条件：一是“价值（政治）中立”（value & political neutrality），二是知识、能力和技能等客观资格条件。前者确立了公职人员政治权利、政治责任、职业道德界定的原则和范围，明确了公职人员“客观、超然”的职业态度，这就引领了现代国家公务员制度建立、发展的基本方向。公务员制度的这些原则就是在政治-行政二分论的框架内直接建构的。而对公职

① 蓝志勇. 行政官僚与现代社会. 广州：中山大学出版社，2003：49-50.

② 彼得斯. 政府未来的治理模式. 北京：中国人民大学出版社，2002：5.

人员的管理能力和技术化要求，则是根据“二分论”对行政管理事务性质的界定来决定的，它直接形成公职人员职业主义的伦理精神。

2. 行政管理的职业主义倾向

职业化是指以某种特定的、专门的知识或技能形成的特定的职业领域，并以此形成的专门的知识权威和相关的职业操守状态。职业化程度的高低是以职业要求的知识和能力的专业化程度高低以及从业人员学到专业知识的难度、获取职业资格的难度和人员可替代性程度等来表明的。在一个职业化程度很高的职业领域，从业人员因知识而不是权力获得很高的权威和公众的信任，产生对组织和公众强大的影响力。传统职业化程度高的领域有医生、律师、法官、教师等。同时，职业化程度越高，其知识的专断性也越高，公众对其监控也越困难，所以，对于职业化程度高的行业的从业人员管理一般都强调道德操守和自律意识，并建有行业协会进行规制。

政治-行政二分论使得公共行政管理具有了职业化的倾向，其暗含的思想是公共行政作为一项专门的管理职能，它所采用的知识和技能也应是专门化的。而随着公共事务管理范围的不断扩大，一些管理事务的确具有了越来越高的技术性，需要由专家来担纲。管理过程与手段的理性化，也越来越多地要求选择能够充分体现成本-效益关系的技术方法。例如，政府预算编制和执行方法的理性化水平提高程度，与其间专业人员介入程度和影响力呈现正相关关系。所以，在公共行政管理职业化倾向发展过程中，技术官员在政府组织中发挥着越来越大的作用，对公共政策过程产生了重要的影响。

行政管理职业化倾向的理论意义是：第一，要求公职人员的招募和选用采取以客观的资格条件为中心的择优录用制度，按照公职人员的知识和技能水平获取、发展行政管理者；第二，公职人员的知识、能力、技能和由此产生的工作成绩是其得以晋升并获得职业发展的基本路径；第三，“价值（政治）中立”和对职业精神的忠诚应是国家公职人员职业伦理的基本要求；第四，以专业化的工作分析和职位划分体系，发挥公职人员的能力，达到人尽其才，应该是公职人员基本制度设计的基础；第五，发挥技术和管理专家在行政管理中的作用。

3.2 公务员制度的特征与运行机制

3.2.1 公务员制度的基本特征

1. 常任制构成公务员的基本任职模式

在公务员系统中，业务类公务员实行的是永业制的雇佣模式，即一旦公共组织与公职人员建立了契约关系，员工如果没有发生工作错误或事故，完成了组织规定的工作业绩标准，那么，组织不能够以其他理由随意解雇或辞退公职人员，侵害公务员的身份权。公务员可以一直在公共组织中任职，直至达到法定退休年龄和工作年限，才与公共组织解除工作关系。公务员以固定的薪俸维持工作和生活的连续，而工资给付标准的依据是员工在组织官职序列中的地位和年资。常任制的任职模式给公务员的职业安全提供了极大的保障，旨在达成维持公职队伍稳定性、连续性和提高专业化水平的目标。

2. 依照法律、规章对公务员系统进行管理

在传统人事制度中，官员的任用、选拔、晋升很大程度上依赖于领导者的个人好恶。君主恩赐和个人赡徇制度都是以君主和个人的感情、偏好为中心的，由君主和个人选择他们需要的人员，甚至是随意、随机性地加官晋爵，导致吏治的败坏。公务员制度要建立制度化的管理模式和管理程序，首先要确立制度运行的规则。为此，各国公务员制度都优先制定了国家公务员法，指明公务员管理的根本原则和基本精神，界定了公务员的权利、义务，明确了公务员管理的职权范围和法定程序，逐步将公务员管理纳入法制化轨道。

3. 以能力和业绩评价为本位的功绩制原则贯穿整个体系

功绩制原则基于成就取向的文化价值观，是指输运行政精英不再是门阀士族的专利，平民一旦受到教育，拥有能力和成就，也可以跨越社会等级的屏障，向社会上层流动，成为社会精英。这深刻影响了现代公务员制度，让功绩制成为公务员制度的根本原则。

功绩制原则决定了公务员制度的本质特征和运行途径。它要求将官职向全社会开放，从社会中公开选择优秀人才，任人唯贤，反对过度恩赐和长官意志；功绩制要求建立以法律为形式的公务员管理的规范标准，以非人格化的、客观的标准评估公务员的工作业绩，促进人事管理的科学化和规范化；功绩制要求为有成就的公务员开放成长发展的道路，使他们不会因种族、性别、出身而受到歧视；功绩制要求公务员体系优胜劣汰、奖勤罚懒、激励进取，这使得公务员制度富有竞争性和活力。

4. 奉行“价值（政治）中立”的职业伦理准则

这一建构在政治-行政二分论基础上的原则，是西方公务员制度的一个重要特点。所谓“价值（政治）中立”，是指政府业务类公务员，在执行公务的过程中应超然于政党政治和个人政治理念或价值观；不以拥有的行政权力偏袒某一政党、政治团体或利益集团，应以客观、公正、公平的态度和中立的能力尽忠职守，推动政府的各项政策，为公民服务；不受利益团体的影响，更不能图谋某个集团的利益，而应采取统一、一致的标准执行法律；不介入派系或政治纷争，专心执行本职工作。在公务员制度运作中，“价值（政治）中立”原则是通过政务官和业务官分途而治、规定业务类公务员的政治权利和义务来实现的。法律中明确规定了业务类公务员必须遵守的政治操守，如不得参与党派活动或为党派竞选而利用职权进行政治募捐、助选，不允许兼职从事营利性的活动等。在使公务员获得身份权的同时，限制公务员的某些宪法赋予普通公民的一般性政治权利。

虽然随着行政权的扩大，公务员在政策制定中的影响力越来越大，甚至高级业务类公务员可能成为事实上的政策制定者，“价值（政治）中立”原则受到了挑战，但是，它作为西方公务员制度的核心理念，对约束公务员的行为，并保证公务员以客观的态度为公众服务，仍然发挥着重要作用。

5. 政务官与业务官分途而治

在西方公务员制度中，按照官员与执政党的关系、宦员进入公职系统和任用方式等因素，将公职人员划分为政务官和业务官两类，而两类宦员的评价标准和发展通道设计不同①。第一，他们的产生方式不同。政务官是通过竞选获胜的执政党组阁而获得政治任命的；业务官是通过国家统一、公开的考试，择优录用进入公职系统的。第二，他们的任期不同。政务官实行任期制；业务官实行常任制，一般通过正常退休离开公职系统。第三，他们与执政党的关系不同。政务官与执政党共进退；业务官则不受党派轮流坐庄的影响，实行常任，并采取以功绩制为中心的阶梯式的晋升路线。第四，业务类公务员有自身专门的管理机构，有自己的工会组织，具有相对的独立性，逐渐形成了一个比较封闭的系统。

6. 建立专门的公务员管理机构

针对业务类公务员管理，各国政府都建立起相应的公务员管理机构。虽然各国具体的机构设置和机构管理权限不尽相同，但是基本的设置方式有共同之处。第一，公务员的部内管理机构。在一级政府的职能工作部门内设立公务员管理机构，负责本部门的公务员管理。当今，部内管理机构被赋予较大的人事权，是分散化管理的结果，目的是保证用人与治事的统一。第二，公务员的部外管理机构。由一级政府首脑直接领导之下的公务员管理机构，有“委员会”“部”“直属局”等形式，对整个一级公务员系统进行集中控制，其主要功能是制定政策和实施宏观规划与调控。第三，公务员事务仲裁或公务员权利保护机构。负责处理公务员与其机关或行政首长之间发生争议或人事纠纷时的裁决，接受公务员的申诉，维护公务员的合法权益。如英国的惠特利委员会、美国功绩制保护委员会（Merit System Protection Board，MSPB）和美国公平就业机会委员会（Equal Employment Opportunity Committee，EEOC）。

延伸阅读

公务员管理机构设置的三种形式

依据人事管理权限的划分和归属，公务员管理机构设置有三种形式：

（1）部外制。是指在行政部门之外建立相对超然的人事管理机构，由其统一负责人事管理事务，并拥有设定用人标准、考察、任用、考核、处分等人事管理权力。例如，依《彭德尔顿法案》设立的美国文官委员会超脱于各个行政部门，直接隶属于总统，以利于联邦统一控制用人标准，革除恩赐盛行、任人唯亲的流弊。美国功绩制保护委员会和美国公平就业机会委员会也是制定公平就业标准、裁决就业歧视的部外机构。部外制的优点是注重规范、标准统一、统筹规划、地位超然，有利于公平公正地选拔公务员。缺点是造成业务和执行部门用人与治事分离，限制了主管机构作用的发挥，对行政首长的激励不足；部外部门不了解执行部门的实际情况，决策的针对性欠缺。

（2）部内制。是指人事管理机构设立在行政部门内部，由其负责本行政部门内部的人事管理事务并执掌人事管理权力。其优点是领导者用人和治事统一，有助于人事相宜，切合实际，效率相对较高。缺点是用人标准不一，不利于客观、公正地选人用人；各自为政，缺乏整体规划。

① 阿伯巴奇，普特南．两种人：官僚与政客．北京：求实出版社，1990：17-19.

（3）折中制，又称“混合制”。借鉴部外制和部内制的优缺点，建立介于部外和部内之间的一种人事管理分权并致力于集中与分散权力平衡的组织设置方式。其精神是统筹规划、分权管理，兼顾统一性和差异性。根据人事管理权的划分，在一般情况下，涉及人事规划、考试录用、规范标准、仲裁事务等由部外机构负责，而面试、考核、任用建议与一定等级的奖惩事宜由部内机构执行。

7. 公务员法定权利与义务的平衡

公务员是行政管理的主体，一方面，政府赋予和保护他们作为公务员应有的权利；另一方面，公务员是行政责任的承担者，他们必须忠实履行其应尽的义务，接受政府和社会公众的监督。公务员制度在法律规定中和实际运作环节上，都力求使公务员享有的权利和履行的义务之间保持平衡，保证其有效地使用行政管理权力，杜绝其滥用行政权力。

8. 力图发展公平、客观的公务员能力和绩效的测评标准

为了摒除传统人事制度采用的主观性、长官意志的管理方式，公务员制度力求建立一套客观的、非人格化的人事评价体系。为此，公务员制度的推行者从一开始就力主推动能够定量化的、可以计量和客观反映公务员综合素质及工作业绩的指标体系，并运用等值化和操作主义的手段，保证组织获取与储存客观的信息，实现对公职人员的公正评价和职业发展促进。公共部门从企业组织学习了大量的评价手段，如人事测评（personnel assessment）、评价中心（assessment center）和绩效评估（performance appraisal）等。表 3-1 归纳了美国公务员制度的基本原则。

表 3-1　美国公务员制度的基本原则

（1）公职人员招募应在社会各层面符合资格的人中进行，以努力使员工来自社会的各个层面。公职人员的选拔、开发，应将相关的能力、知识和技能作为唯一的决策依据，并须经过公正、公开的竞争，竞争应保证所有员工拥有平等的机会。 （2）所有员工和就业申请者应在人事管理的所有方面享有公正而平等的待遇，而不考虑其个人的政治背景、种族、肤色、宗教、出生国籍、性别、婚姻状况、年龄和残障状况等，并适当考虑个人的隐私权和宪法权利。 （3）在适当考虑国家和地方私营机构薪酬比例的基础上，同等价值的工作应被付给同等的报酬，对绩效优异的员工应提供适当的激励和报偿机制。 （4）所有员工应保持高标准的行为规范和对公共利益的关注。 （5）劳动力队伍应被有效率和有效益地使用。 （6）员工应在适当的绩效标准基础上被继续雇用，不适当的绩效标准应当被修正。对不能提高绩效水平以满足组织要求的绩效标准的员工，应做离职、辞退处理。 （7）员工应当被提供有效的教育和培训过程，以通过这些教育和培训，达成更好的个人绩效。 （8）员工应该： a. 受到保护，免于专断的行为、个人偏袒或出于政党政治目的的强制； b. 禁止运用职权或影响力，从事以介入或影响选举结果或提名结果为目的的活动。 （9）员工应免受因合法地揭露一些信息而遭到的打击报复，只要员工拥有与以下行为相关的证据： a. 对任何法律和规章的触犯行为； b. 错误管理、资金大量浪费、滥用权威，或对公众健康、安全具有实质性和特殊危害的行为。

资料来源：公务员改革法案. 美国国会网站，1978-10-13.

3.2.2 公务员制度的基本精神和运行机制

1. 公务员制度的基本精神

尽管每个国家根据自己独特的国情，设计了具有自己特色的国家公务员制度，以反映自己国家独特的政治背景和政治形式，但是，国家公务员制度有其本质要求，反映出一些共同的特征。

（1）功绩制精神。

以工作业绩和能力为公务员任用和晋升的基本标准，切实贯彻任人唯贤的原则。功绩主义不以年资高低、亲疏关系、党派关系、家庭背景、性别、宗教信仰等因素评价公务员，突出客观、公平测量公务员职业行为在公务员发展中的重要作用。

（2）法治精神。

实行法治化的人事行政管理，以法律为依据和准绳，明确公职人员的权利、义务、行为规范和行动规则。政府组织和公务员个人都必须做到有法可依、有法必依、依法办事、违法必究，遵守法律的精神和原则，遵守法定的管理程序。

（3）人才发展精神。

人才发展是现代公务员制度的重要目标之一。只有政府治国人才得到充分储备，人的才华得以充分施展，国家才具有竞争实力。公务员制度力求给人才发展提供一个广阔的空间，围绕识才、选才、用才、育才和留才展开工作。公开招募，择优机制和以能力、功绩为本的人事任用、晋升和调配发展路线，在制度设计上都力图突出公务员的知识、能力和技能对组织的意义，这确立了组织尊重人才、使用人才、发展人才的组织文化环境。

（4）市场化和竞争精神。

西方公务员制度试图将市场法则和机制引入人事行政管理活动中。它认为，只有通过市场化的竞争方式和强化的择优机制，才能保证人才发展精神的实现。故而，公务员制度建设强调为公职人员成长创造一个优胜劣汰的竞争环境。考录制、绩效评估、奖励惩戒、组织激励等措施无不体现这一价值。

（5）折中制精神。

在各国公务员制度中，基本都采取了折中制。这种制度是将人事管理的权限在部内管理机构和部外管理机构之间进行有机的划分，实现集中控制和分散管理的有机结合。在人事管理模式中，部外管理机构主要负责宏观制度、法规和统一性规划、政策的制定，提供、维持统一性的公务员评价标准，解释和仲裁相关的管理法规，发挥宏观调控和人事监督功能。而部内管理机构则负责组织内公务员具体的管理事务，将治事权和用人权结合起来，以发挥组织行政首长的积极性和相对自主性。

2. 公务员制度的运行机制

为实现其精神，国家公务员制度形成了一整套运行机制。它指政府或公务员主管机关围绕着公共行政管理的需要和公共部门人事管理的目标，配套设计的一整套公务人员管理活动的规则或制度化措施。

（1）竞争机制。

为了促使公职系统获得优秀人才，并激发现有公务员的活力和进取精神，公务员管理体系必然引入竞争机制。竞争机制是市场主义法则在公务员制度中的体现和应用，它促成了一个人才优胜劣汰、竞争发展的环境。竞争机制需要法制的规则，它有效运行的基础是：所有的公务员愿意成为专门人才，在公务员管理的法律规定面前人人平等；公务员管理机构以客观、公正、公开的原则与程序从事管理活动。在公务员制度的设计中，竞争机制广泛运用国家公务员的管理环节中，包括公开考试、择优录用、工作分析与评价、职位分类、考绩考核、晋升流调、薪酬设计等环节。

（2）保障机制。

公务员是执行国家行政管理职责的主体，他们为维护社会安全和发展社会经济做出自己的贡献。政府要保证公务员队伍的稳定性、连续性，并吸引更多的优秀人才，就必须充分保障公务员工作和生活的基本条件，满足他们生产生活和发展等不同层次的需求，而不能将公务员只看成是完成工作的机器、实现组织绩效的工具或被管理控制的对象。现代公务员制度保障机制的设计包含在以下措施中：公务员职业身份的保障、政治权利的保障、经济权利的保障、救济权利和其他法定权利的保障等。通过保障机制，力求使公务员权利和义务、贡献与补偿对等。

（3）激励机制。

人才的竞争必然要求组织建立相应的激励机制作为配套措施，因为虽然竞争是激励机制建立的基础，但是只有组织同时制定了相关的激励政策，竞争的环境和结果才能得到根本保证。如果没有激励，公务员干得好却得不到组织的奖励、晋升，那么，竞争的效用就无从谈起。对组织而言，竞争和激励是不可分割的。在现代公务员制度中，激励机制通过以下管理环节和措施来保证：绩效考核、职务升降、在职培训、竞争性的工资、奖金制度等。

（4）更新机制。

公务员的更新机制包括两层含义：一是政府工作人员正常的新老交替，以保持公职人员队伍的稳定和年龄结构的合理；二是现有公务员知识结构和技能手段的更新以及根据适才适用的原则和职业生涯发展的条件，进行工作再设计、职位交流调配的人才流动活动。公务员的更新机制是适应社会飞速发展的需要，保证公务员队伍整体素质和活力的必然措施，也适应了公职人员个人职业生涯发展的需要。更新机制在公务员制度中的应用措施包括：退休退职、教育培训、交流调配、任职回避、辞职辞退、双向选择和人才市场完善等。

（5）监控机制。

监控机制也包括两层含义：一是公务员主管机构依据法定的公务员义务和纪律，对公务员的行政管理活动进行监督，依法追究其违法乱纪的行为；二是政党、立法机关、司法机关、公众对公职人员及其所属的行政机关以及政府人事管理部门的工作进行监督。前者要求公务员忠于政府，恪尽职守，依法行政；后者保证所有公共组织，包括公务员管理机关，在法律的范围内，依照法律程序行使人事管理权。监控机制的必要性来源于政府人事部门和公务员本身的性质，即无论是公务员的管理者（主管机构）还是被管理者（公务员），他们对社会和公众而言，都行使着国家赋予的行政管理权和行政执法权。他们有可能超越或偏离法律的规则，不正确地使用权力，因此，监控机制是政府公务员管理中不可缺少的制度设计。对公务员的监控措施包括了解和掌握公务员对纪律规章的履行情况，采取行政惩戒，进行人事档案管理等。对公务员管理机构而言，监控的主要内容是人事行政管理体制和机构设置、权力机关和司法机关的监督等。

3.3 公务员制度的发展与面对的挑战

3.3.1 公务员制度的发展与完善

100 多年来，公务员制度一直处在不断发展和完善中，通过其自身的调适和局部改革，克服制度运行中暴露的问题，以适应组织内外环境变化。在英美等发达国家，公务员制度的发展方向主要是完善体系建设，改革公务员管理机构，使其设置更加合理，增进公务员制度的绩效。1968 年，由英国首相威尔逊任命的、以富尔顿为首的十二人委员会提交的《富尔顿报告》（Lord Fulton Report），启动了英国公务员制度的改革。1978 年，在美国，卡特总统通过的《公务员改革法案》（The Civil Service Reform Act，CSRA）则掀起了美国文官制度改革的高潮。在欠发达国家，公务员制度发展、完善的历程则是将西方文官制度的原则本土化并加以推行的过程，它们的主要工作是摒弃传统政治文化中家族、门阀式的人事制度，实行普遍主义原则，逐步建立起法治化的公务员制度体系，推行理性化的管理手段和措施。

延伸阅读

英国《富尔顿报告》

《富尔顿报告》是 1968 年英国政府启动的一项文官制度改革议程，以苏赛克斯大学副校长 J. S. 富尔顿勋爵的名字命名。1968 年，以富尔顿为首的十二人委员会，提出了一份关于全面改革英国文官制度的调查报告。报告指出由《诺斯科特-杜威廉报告》确立的英国文官制度存在一系列的问题，与政府管理的发展不相适应，这些问题包括：注重“通才型”人员，轻视专业人员；品位分类法不适应日趋专业化的行政工作；不重视文官的专门技能，使专家处于从属地位；文官缺乏管理技能；文官因与社会接触少，处于孤立和排他状况；人事管理不善；等等。报告共提出 158 条针对性建议，主要是：建立一体化的文官分类制度；按职责分工原则，将行政机关内部所属机构的某些职责，分配给行政机关外部有自主权的非所属机构；行政机关内成立“计划与研究处”，提高文官中的专家和管理人员的职业化水平，使其接受较多的管理训练和担任重要职务；建立文官学院；建立由首相负责的新文官部；重视专业管理；增加文官调动机会。英国政府在实际操作过程中主要采取了 4 项措施：成立文官部（后于 1981 年撤销），取消品位分类法，建立文官学院，改革文官选拔方法。由于受到文官力量的阻碍，一些改革措施没有完全实现，这也导致了“铁娘子”撒切尔夫人上台后对保守的文官制度进行更大力度的改革。

1. 公务员体系及其分类结构的完善

国家公务员制度是通过公务员内部的分类体系及其职位等级、结构的搭建来稳固的。

在英国，公务员系统采用的是品位分类的结构，即将公务员序列划分为若干不同的级别，而具有一定级别的公务员，可以担任相应级别的行政职务，享有级别赋予的待遇。级别的获取和晋升主要依据公务员的学历背景、年资和对组织的贡献，没有一定学历的公务员基本无法晋升到较高的级别。由此，形成了比较注重等级秩序的、相对封闭的公务员管理系统。在这个体系中，公务员的职务和级别相互交叉，调配流动不太强调专业化知识背景，提供"通才型"的人事发展路径。

在美国，公务员制度采用的是职位分类的官秩系统。这种在工作分析、工作性质明确界定基础上形成的管理体系，是按照职务责任、工作繁简度、任职资格等职级规范，将所有公务员横向划分为职组、职系，再纵向归并到相应的职等、职级。管理对事不对人，员工因为他们胜任工作，能够完成组织交办的工作而被录用和升迁，工作成绩和贡献成为评价公务员的第一位要素，而专业知识对职业发展有着重要的作用，所以适合于"专才型"的人才成长。

两种公务员系统的结构都存在着一些问题。英国的公务员制度等级秩序比较封闭，且评价中考虑公务员主体性要素过多，对客观的能力和业绩水平认同不够，容易形成论资排辈情况，压抑了能力强但学历低的公务员才能的施展，不利于人才脱颖而出。针对这些状况，英国公务员制度改革力求更加理性化和规范化。改革者们吸取了职位分类的经验，进一步细分工作性质和职组，加强了公务员的专业化，改革了"通才型"结构，确保拥有专业知识的人才得以任用，促进管理的科学化并提高效率。这使得英国公务员的分类体系比以往更精密和细化。

撒切尔夫人执政期间，基于对文官控制信息、架空大臣、把持权力、自我利益驱动、自我封闭和排斥、阻挠改革的反对，她改革了文官管理机构，大幅度削减了文官的权力，加强了对公务员的监控力度。她还借助于民营化浪潮，减少了在职公务员的数量，强化公务员系统的开放性和弹性机制。

美国 1978 年的《公务员改革法案》对公务员制度进行了比较全面的改进。其中，针对美国公务员过分重职不重人，重程序而忽视个人主动性，整个公务员体系比较刻板、僵硬现象，政府力图建立更有弹性的、更能发挥公务员积极性的管理模式。为此，政府从整个文官系统（general system）中分离出来了高级行政官职位系统（senior executive system，SES），它包括原属于职位分类体系中 16～18 职等的 9 200 个高级行政官职位。政府将这些负责组织规划、发展，参与重要政策制定过程的官职列入品位分类范畴，其公职人员实行人随级别走的管理方式，加大了任用弹性和调任的范围，同时也提高了对高级行政官综合素质的要求。这有助于高级行政官的获取和发展，也可以促进他们更加关注政策的价值与利益问题，而不仅仅是重视技术问题。

2. 公务员管理机构的完善

公务员制度建立之初，各国一般都没有建立专门的公务员管理机构，而由其他政府部门代管公务员事务。但是，随着文官规模的日益扩大，公务员事务急剧增加，代管制难以形成有力、统一的管理体系。为此，各国都致力于建立直接隶属于最高行政首脑的公务员管理机构，如英国文官部、美国文官委员会、法国行政与公职总局等。

然而，集中、统一的管理机构又使得政府组织各个部门的行政首长手中的人事权被削弱，影响了组织用人与治事之间的协调，于是，公务员管理机构又向合理划分人事权、集中化控制与分散化管理相结合的目标发展，并倡导建立比较中立的、仲裁型的公务员权利保护与协调机构。各国相继改革了中央的公务员管理机构设置。

完善公务员管理机构体现以下原则：第一，由中央统一的人事管理机构从事重大的人事决策制定，协调各项人事管理职能，协调各部门人事机构的运行；第二，强化公务员管理中决策、执行和仲裁三个环节的分工，加强独立型仲裁人事机构的作用；第三，建立负责咨询、调研的辅助性业务机构；第四，发展负责处理政府组织与公务员关系的机构。

3. 公务员法律环境和权利、义务规范的完善

保证功绩制原则的实施，反对各种歧视性对待，维护招募候选人和在职公务员公平、合法的权益，达成公务员公职权利、义务与宪法权利、义务之间的平衡，是公务员管理中面对的重要法律事务。在公务员制度建立以来，有关公务员管理的法律和规章一直在不断地建立和完善之中，涉及公务员的各项权利和义务。例如，为了保证妇女、少数族裔和残障人士能够享有同等的就业权利，美国政府出台了《弱势群体保护行动法案》。一些国家还制定了劳动关系仲裁法案、纪律惩戒申诉法案以及工作场所健康安全法案等。为了保护和规范公务员的一些宪法权利，公共部门就特殊人士（如 HIV 携带者、乙肝病毒携带者）隐私权保护问题、性骚扰问题、检测公务员个人嗜好（如酗酒、吸毒等）必要性问题等制定了相关的法律规定，从而保障了公务员的权益，同时也制约着公务员从事与职务身份和要求不符的行为。

4. 公务员制度各项运行机制和管理技术的完善

不断完善公务员的招募、选拔、绩效考评手段，也是公务员制度推进中的重要任务，为的是能够更加科学、公平、有效地评价公务员的能力。例如，各国公务员录用考试最初都注重以记忆为主的笔试，后来则逐步建立了将笔试、口试、操作技能测试、管理能力测试等相结合的综合性的考查系统，运用了侧重综合素质、实际工作能力和潜在业绩发展能力的测量方法，使得有真才实学和实际工作才干的候选人能够进入公职系统。

绩效考评技术也是管理发展的重点。为了强化绩效考核对公务员发展的作用，各国都纷纷将统一的考绩制改革为以公务员实际工作业绩为中心的工作考绩制，围绕工作考绩发展了可比较、可操作的绩效评估方法。与此同时，在绩效考核的基础上，还逐步推行了“绩效工资制”（performance salary）。它改革了原有的缺乏激励的“固定等级薪金制”，将公务员工资划分为两个部分：一部分是公务员基本工资，而另一部分是“可变的”“可比性的”，与公务员一个时期工作业绩直接挂钩的业绩工资。这样将公务员的贡献与补偿以工资的形式联系起来，增强了工资制度对公务员行为的激励力度。

3.3.2　公务员制度面对的挑战

1. “价值（政治）中立”问题

在西方国家，公务员的“价值（政治）中立”原则遭到了强烈的冲击，人们对“价值（政治）中立”本身实现的可能性以及由“价值（政治）中立”实施带来的问题提出了质疑与批判。一方面，在政治与行政管理实践过程中，在公共政策的制定和执行过程中，业务类公务员的行动事实上不是，也不可能被隔绝在政治过程之外。如果我们将政治看作社会中权威价值的分配，那么，无论人们以什么样的标准来划分政务官和业务官（例如，政务官负责国家意志的表达，业务官负责国家意志的执行；政务官提供政策制定的价值判断，业务官提供政策制定的事实判断），公务员实际上都参与了政策过程的权威价值分配。他们在提供和控制政务、公务信息，将政策细化为可操作的政策方案，判断政策优惠导向等方面具有很大的权力。长期的工作经验使得他们有时比任期制的政务官更加清楚地了解政策过程的本质。“尽管政务官被赋予了决策权，但他们却缺乏做好决策工作的能力。在许多国家，公务员被教育培训为通才，凭借丰富的实践经验，他们比那些任期不长的政务官更加了解政策制定的细节。”[①] 这样，公务员能够通过其地位控制政务官的政策制定过程。一旦他们形成封闭的利益集团，就可能扭曲政策的公共性，以表达他们偏私的利益。撒切尔夫人正是出于对封闭的公务员系统的恼怒，才力主改革英国文官制度的。

另一方面，随着国家公共事务越来越多，政府很难只通过法律条文来规范管理事务。行政管理活动势必要依赖于大量由行政机关制定的法规或规章，这也使得公务员拥有了合法授权的“准立法”权力。“行政国家”的不断扩张，更是将公务员参与公共政策制定的作用放大。所以，公务员实际上以他们的方式决定着政策的利益取向和公共资源的分配。

“价值（政治）中立”原则还给公务员的职业伦理导向带来一些负面的影响。“价值（政治）中立”准则客观上要求业务类公务员漠视政策的目标导向，即政策为了谁的利益，为什么需要这样的政策；只要求他们关心政策怎样能够执行，用什么方法执行才是最有效的。这种强调公务员工具理性的制度安排，客观上大大降低了公务员对政策价值的关怀，只求高效服务，不求为谁服务。这使得公务员对公共利益变得漠不关心，对社会中弱势群体的要求变得麻木不仁，导致政策难以达到预期的政治目标。“中立性”有时也成为公务员回避、推卸责任的口实。美国在 20 世纪 60 年代大规模的种族冲突和民权运动中，要求公务员更加关注政策的价值取向和政治意义，关怀弱势群体，强化维护民主社会的责任和伦理精神。所以，在西方公务员制度下，“价值（政治）中立”和公务员的政治责任成为一对具有内在冲突的、需要平衡的价值观。

2. 永业制和终身任职的公务员雇佣模式问题

另一个价值冲突问题是关于公务员的终身任职的雇佣模式。公务员制度建立时，强调永业制安排是为了强化公职系统的稳定性和连续性，发展公务员的职业能力。但是，永业制的不断推广也带来了一系列的问题，使得公务员终身雇佣模式备受诘难。第一，永业制

---

① 彼得斯. 政府未来的治理模式. 北京：中国人民大学出版社，2002：7.

使得公务员变得保守，安于现状，不思进取，缺乏创新精神，对社会需要的反应能力降低，进而影响到组织效率的提高；第二，永业制使公务员获得了某种特权，公务员系统变成了一个封闭系统，它阻碍了组织的竞争机制、激励机制与新陈代谢机制的推行，不利于优秀人才的获取和引入；第三，永业制过于稳定的形态，使得组织的决策过程变得僵化，造成组织内部机能失调，缺乏生机和活力；第四，公务员作为既得利益者，他们妨碍组织的变革，常常成为政府改革进程中的阻力。所以，在变革的背景下，公共部门倾向于选择更富有竞争力、更有弹性的公职人员雇佣制度，改变保守、迟滞的现状，创造开放的、不拘一格降人才的公职人员管理制度、组织环境和发展道路。

3. 以职位管理为中心，将公务员作为附属物和工具的管理导向问题

国家公务员的制度设计是以“事”为中心，以在工作分析基础上的职位管理、职位控制为重点的人事管理体系。这在发展理性的管理方式、寻求客观的人事评价标准等方面具有积极的意义，被人们看作现代管理的重要标志。但是，以职位为中心的管理过于强调职位性质对公职人员资格要求的单方向限定性，而且在人员流动和晋升路径上也强调在特定的职位区间转换，这在一定程度上限制了公务员其他潜质的发挥。所以，现代公共部门人力资源管理倡导从人本主义出发，以人力资源发展为本位，在制度设计上强调发挥公职人员的积极性与创造性，并扩展管理的视野，形成与组织战略发展目标相匹配的公职人员素质开发体系。

3.4 我国公务员制度的改革与完善

3.4.1 我国公务员制度改革的背景

改革开放之后，我国公务员制度是在替代原有的干部人事制度基础上建立的。尽管我国公务员制度的设计和选择，是中国政治体制发展、经济体制改革、社会文化变迁等多因素共同作用的结果，有着复杂的社会背景，但是，原有的干部人事制度与社会变革、发展之间存在的不适应性，是国家人事制度进行根本改革的最直接动力。1980 年，邓小平在《党和国家领导制度的改革》中对干部制度的弊端进行了深入分析，这也为日后国家干部人事制度的改革指明了方向①。

1953 年建立的国家干部人事制度脱胎于革命战争中形成的政治、组织路线和管理模式，同时受到苏联高度集中统一的人事管理制度的深刻影响。中华人民共和国成立之初，实行的是“一揽子”干部管理制度。1953 年以后，随着政务院体制的调整和干部数量的急剧增加，国家干部制度相应调整，建立起与计划经济相适应的，有效执行党中央路线、方针、政策的人事配置模式，分部分级的干部管理体制就此形成。

干部人事制度基本特征表现为：第一，所有干部都是党的干部，党管干部是干部人事制度最根本的原则。干部的审查、任用、考核、考察、晋升、奖惩、统一调配、纪律等重

---

① 邓小平. 邓小平文选：第 2 卷. 2 版. 北京：人民出版社，1994：320-343.

要的人事管理事项归属于各级党委及其组织部门。第二，所有干部必须坚持党的路线、方针和政策，在政治上、组织上和意识形态上与中央保持高度一致，服从组织的分配和安排。第三，分部干部管理。为了适应国家干部数量增加的要求，加强对干部的领导和管理，根据干部的工作需要和所在行政部门的性质，将所有国家干部分为军队、计划与工业、财贸、交通运输、农林水利、宣传文教、政法工作、统战和其他等共九类干部，按照由中央和地方各级党委统一管理、组织部门统一协调的基本管理原则，将九类干部归属在中央和地方各级党委下设的各个部门中，进行集中、统一的管理。第四，分级干部管理。各级党委及其组织部门实行下管两级干部的制度，即凡是在各级党政机关、企事业单位中担任主要领导职务的干部，要开列出职务名称表，分别由中央和各级党委、各部门党组按照管理两级的原则进行管理。一级党委和部门党组，分别管理下两级党政机构中担任主要领导职务的干部。1984 年，随着改革的需要，中央下放了干部管理权限，赋予地方党委较大的人事权。《中共中央组织部关于修订〈中共中央管理的干部职务名称表〉的通知》决定，改革下管两级干部的体制，采取分级管理、层层负责的方法，减少中央管理干部的人数，原则上实行下管一级干部的垂直管理体系。

干部人事制度是在新中国成立后特定的历史时期建立和发展的。它适应了当时巩固政权和计划经济体制对干部集中统一调配的需要，适应了国家快速实现工业化和建设社会主义任务的要求，具有一定历史意义。但是，随着社会主义建设的不断发展，特别是中共中央决定实行改革开放政策，建设社会主义市场经济的目标和方向被确定以后，干部人事制度表现出了一些不适应性：

第一，领导干部老龄化问题严重，专业技术管理人员匮乏。

第二，“国家干部”概念笼统宽泛、边界不清，缺乏分类管理，抑制了干部的专业化管理能力。

第三，人事管理权限高度集中，管理方式陈旧单一。

由于人事管理权集中在中央以及地方各级党委的组织部门，用人单位缺乏任用人才的自主权，一定程度上阻碍了人才，特别是专业技术人才的发展。同时，只强调人事控制的管理手段，导致人事管理大都采用行政命令或指令、控制等方式，同时，中国特有的单位制度固化了干部的单位所有制，人才流动受到诸多限制．一方面造成了人才浪费，另一方面使得单位的人员管理丧失了应有的活力。

第四，干部人事制度中缺乏制度规范。

干部人事制度没有明确工作人员与政府间法定的权利、义务关系，没有科学的分类管理制度，因此也就没有衡量人才适用性和依法管理的客观标准。

第五，政府中的人事主管部门职能缺位，机构设置不够稳定。

从 1949 年政务院设置人事局到 1988 年人事部建立的 39 年间，除去“文化大革命”期间没有政府人事主管机构的 10 年，政府的人事主管机构改组过 8 次，其职能被长期定位在对全国政府机关干部进行统计、党委决定干部任免调动事宜后的行政手续办理、大学生统一分配和军队转业干部的统计、干部工资标准的拟订等方面，这使其机构变化较大。

3.4.2　中国公务员制度建立的目标及立法历程

针对干部人事制度存在的问题，面对社会主义市场经济发展和政府职能转变的要求，政府组织、事业组织以及公共部门力求形成一支为人民服务、高效、廉洁、精干、高素质的公职队伍，实现对公共事务的有效管理，满足公众对公共服务品质的需要。在选择公务员制度作为我国政府基本人事管理制度的过程中，改革者确立了一整套目标体系。首先，政府需要建立一个法治化的人事管理系统，防止原有干部管理制度中的长官意志和随意性，杜绝人事任用的不正之风；其次，党的部门和政府部门、中央机关和地方机关合理划分人事管理权，给政府部门和地方政府相应的用人自主权，防止党的机关在人事管理中过分“行政化”的倾向，建立比较完备的人事管理机构系统，创造优秀人才成长与发展的良性机制，实现用人与治事的有机统一；最后，采用规范、先进的公共部门人事管理方法和技术，吸收和开发现代人力资源科学、客观、理性、有效的管理手段，为获取和培养适应社会主义市场经济需要的专业化干部队伍提供制度及技术保证。总之，中国人事制度改革旨在寻找一种法治化、科学化、规范化、专业化和高效化的政府人事管理制度。

我国全面改革国家干部人事管理制度从 1984 年开始。但在 1984 年之前，人事行政制度的一些局部性改革举措便已逐步出台。其中就包括以邓小平提出的干部“革命化、年轻化、知识化、专业化”的“四化”方针，建立起正常的干部退休、离休制度。与此同时，干部分级管理政策、知识分子政策、干部培训政策等一系列配套制度的出台，改善了干部队伍的知识化、专业化状况。1984 年以后，国家开始对干部人事制度进行根本改革。从 1984 年到 1993 年的 10 年间，我国公务员制度不断探索，在立法基础上形成制度。1993—2018 年，伴随着公务员制度实践深入，回应制度运行出现的难点问题，立足于我国国情，公务员制度得以逐步发展、完善，通过公务员立法的补充和修订，促使公务员制度设计更加精细、完备。这一发展历程大致可以划分为六个阶段：

1. 干部人事制度改革的立法准备阶段（1984—1986 年）

干部人事制度改革是从制定政府工作人员管理法律开始的，目的是促进人事管理的法制化进程。1984 年，中共中央组织部和劳动人事部根据中央指示，组织相关单位的工作人员和一部分专家学者，开始草拟《国家机关工作人员法》，后因国家机关工作人员的范围太广，于 1985 年改为《国家行政机关工作人员条例》，这就是 1993 年《国家公务员暂行条例》的前身。在广泛听取意见的基础上进行修改后，于 1986 年形成第十稿。

1986 年下半年，中共中央政治局下设政治体制改革领导小组，其中设立干部人事制度改革专题小组，专门讨论中国政府人事制度改革的方向和指导原则。专题小组借鉴国外公务员制度的普遍规律和特点，以我国的具体国情和实际为基础，对《国家行政机关工作人员条例》做了重大修改。在这个法律文件里，第一次使用了“国家公务员”概念，建议政府实行国家公务员制度。由此，国家公务员制度作为我国政治体制改革的一项重要内容被提上了党和政府的工作日程。

2. 决策与正式宣布阶段（1987—1988 年）

党和国家最高权力机构经过反复讨论、酝酿，决定推行国家公务员制度。1987 年党的十二届七中全会通过公务员制度立法议程，同年党的十三大正式宣布，我国将建立和推行具有中国特色的国家公务员制度。1988 年 4 月，七届全国人大一次会议强调，在机构改革的同时，抓紧建立和逐步实施国家公务员制度，尽快制定《国家公务员暂行条例》，并研究制定国家公务员法。

3. 建立国家公务员主管机构，国家公务员制度进入试点阶段（1988—1993 年）

1988 年，人事部成立，专门负责管理国家公务员制度的运作。1989 年，在国务院六个部门，即审计署、海关总署、国家统计局、国家税务总局、国家环境保护总局和国家建筑材料工业局进行国家公务员制度的试点工作。1990 年，又在哈尔滨和深圳两个地方政府进行试点工作，此后逐步推广。在党的十四大上，中央提出要尽快建立国家公务员制度。1993 年 1 月，中共中央政治局全体会议听取了人事部的汇报，原则上同意了《国家公务员暂行条例（草案）》制度设计内容及实施设想。同年 4 月 24 日，国务院第二次常务会议通过了《国家公务员暂行条例》，并于 1993 年 8 月 14 日公布，自 1993 年 10 月 1 日施行。

4. 国家公务员制度确立与推行阶段（1993—2005 年）

国家公务员制度首先在中央层面，即国务院系统施行，与机构改革和职能转变相配套。在完成编制管理“三定”的基础上，实现从干部人事制度向公务员制度的过渡，按照公务员制度的功绩制原则和其他管理机制管理公务员。其次，依据试点实践经验，地方各级政府逐级逐步推行国家公务员制度。再次，中组部和国家人事主管部门陆续出台了一系列公务员管理的规章或单行条例，如《国家公务员考核暂行规定》《国家公务员奖励暂行规定》等十几个配套的实施细则，保证国家公务员制度的顺利推行。最后，建立公共部门整体性人力资源开发的机制，从传统的“管”和“用”，发展到现代的“使用”和“开发”观念，不断地适应社会主义市场经济对公务员素质提高的要求。

5.《中华人民共和国公务员法》颁布，中国公务员制度最终以国家立法形式确立，进入制度全面实践阶段（2005—2019 年）

2005 年 4 月 27 日，《中华人民共和国公务员法》经由中华人民共和国第十届全国人民代表大会常务委员会第十五次会议通过，这标志着中国公务员制度将由国家法律来规范和调整，公务员管理向法治化方向又迈进了一步。《中华人民共和国公务员法》进一步明确了中国公务员管理的基本精神和理念、原则，清晰界定了国家公务员构成范围及其内在运行机制，阐明了公务员管理措施的目的和走向，规定了包括公务员权利与义务、职位分类、领导干部任用、绩效考核、奖励惩戒、工资福利引咎辞职等各个环节的管理制度及其管理措施。其中，与《国家公务员暂行条例》相比，《中华人民共和国公务员法》规定的中国公务员队伍构成的范围边界发生了变化，不仅限于国务院及各级地方政府的行政机关，而是根据我国政党与政府组织组成特征，在广义上界定了公务员的概念，规定了构成公务员的三个条件，即依法履行公职、纳入国家行政编制、由国家财政负担工资福利。

6.《中华人民共和国公务员法》修订并施行，我国公务员制度不断完善阶段（2019 年—　）

2018 年 12 月 29 日，第十三届全国人大常委会第七次会议表决通过了《中华人民共和国公务员法（修订草案）》，新修订的《中华人民共和国公务员法》已于 2019 年 6 月 1 日正式实施。修订后的《中华人民共和国公务员法》除进一步强调我国公务员政治思想要求和党管干部原则，对公务员义务规范、绩效考核、监督惩戒、工资福利、养老保险政策做出调整外，最大亮点是推进公务员分类制度改革，主要在于全面推行职务与职级并行，即将前些年在县级及以下公务员中实践的职务与职级并行制度扩大到所有公务员群体和参公人员群体，将原有职务设置的“职务与级别”改为“职务、职级与级别”，将原有“领导职务与非领导职务”设置，改为“领导职务与职级”。在职级中，取消了办事员和副主任科员的设置，综合管理类公务员职级层次划分为十二级：一级巡视员、二级巡视员、一级调研员、二级调研员、三级调研员、四级调研员、一级主任科员、二级主任科员、三级主任科员、四级主任科员、一级科员、二级科员，职级分为四等，同时形成了与职级设置相配套的级别对应、职位数量比例、任免升降、奖惩监督等制度规定。这些立法修订针对十几年公务员制度产生的公职人员职业生涯发展问题，通过职级设置，为公职队伍，尤其是基层公务员队伍的成长、发展提供制度保障。

3.4.3 中国公务员制度的基本特征

每个国家的公务员制度都有自己的特性，因为它适合了本国的国情和本民族独特的传统。我国国家人事行政制度的改革，选择了公务员制度的发展道路。一方面，它引入了竞争、激励、保障等公务员管理共有的精神和机制，实现了对公务人员管理的法制化、规范化；另一方面，我们必须注意到，产生于社会主义初级阶段的中国公务员制度，其赖以生存和发展的政治背景与国外的政党政治环境完全不同，这就决定了中国公务员制度有自己的特征和运行方式上的独特性。

1. 公务员是党的干部，党管干部是公务员管理的根本原则

中国公务员制度不实行“价值（政治）中立”。我国的公务员制度是在党的组织路线和干部政策的指导下确立的，是党的干部人事制度的组成部分。在公务员的管理中，必须坚持和贯彻党管干部的原则，不能脱离或削弱党对政府人事工作的领导作用。其制度设计的具体表现为：第一，由中共中央统一制定干部管理工作的路线、方针和政策，并通过一定程序将其转化为人事行政的法律和法规。公职人员管理规章制度要依据党的干部管理方针、政策制定，不能脱离党对人事管理的领导；第二，各级党委按照干部管理名录和权限，根据下管一级的原则，直接管理一定层级的领导干部，包括考察、推荐国家机关的重要领导干部；第三，各级党委负责干部管理过程及其权力使用的监督，督查干部管理法律、法规和政策的执行情况；第四，从中央到地方各级党委组织部是干部管理的执行机构。党管干部原则的确立意味着人事行政必须坚持四项基本原则的政治路线。对于不属于政府组成人员但担任重要职务的公务员，党委也要根据工作需要进行直接的管理和监督。中国的公务员制度不存在政务官和业务官的划分，公务员队伍也没有成为一个相对独立的、封闭的管理系统。

2. 公务员要坚持四项基本原则，坚持党的基本路线，坚决执行党的路线、方针和政策

中国公务员制度是适应社会主义现代化建设的需要而建立的，同时也是实现党的改革开放方针、政策的组织保证，它要为党以经济建设为中心的政治路线服务。因此，党的基本路线是中国特色社会主义公务员制度的根本指导原则，公务员的各项管理制度应体现党的基本路线。中国公务员制度明确规定，公务员必须坚持四项基本原则，在一切公务活动中，必须认真执行党的路线、方针、政策，在政治上、思想上与党中央保持一致；公务员应积极参加国家或政党的政治生活；公务员中的共产党员，要遵守党的纪律，服从党的决议，参加党的组织生活，接受党组织的监督、检查，按照党员的标准严格要求自己，发挥党员的先锋模范作用。

3. 坚持德才兼备的人才任用和管理原则

中国公务员制度在选拔、任用、考核和培训干部的各个环节中，始终坚持既重德又重才的人才使用和发展标准，并将公务员的政治规范、政治态度、思想品德和工作态度放在首位。这是对党和国家长期以来形成的选人用人制度的优良传统的继承和发扬。德才兼备的任用标准彰显了任人唯贤的管理价值。德乃公务员的明德要求，具备理想信念、政治立场、伦理道德是任职的底线要求；才乃公务员具备的才能、技能素养，两者相辅相成。德才兼备原则的意义在于：一方面，它意味着在选人用人制度上，德与才两者不能偏废，既杜绝有才无德人员对公共利益的危害，又防止有德无才人员造成的事功缺乏。另一方面，它致力于排除任人唯亲、裙带关系等封建宗族观念的掣肘，抵制门第、出身、关系、性别等歧视因素的影响，保证人事任用的公平与清廉。

4. 坚持全心全意为人民服务的宗旨

中国国家政权的性质和国家行政机关的职能本质决定了各级政府是人民的政府，国家公务员是人民的公仆，代表人民执行国家公务。他们没有也不应有自己特殊的利益，不能成为特殊的利益集团。因此，中国公务员制度强调公务员必须全心全意为人民服务，廉洁奉公，不谋私利，不搞特权，接受人民群众的监督。

5. 建立了中国特色的公务员分类管理制度

第一，根据中国的国情，采用了结合职位分类和品位分类优势的职务分类管理方式，既保证公务员分类的科学性，又保证公务员体系有一定的弹性。《公务员法》建立了中国公务员职位分类体系，将依法履行公职、纳入国家行政编制、由国家财政负担工资福利的公务员职位划分为三类，即综合管理类、专业技术类和行政执法类。分类管理体系进一步明晰公务员不同的工作性质和人力资源发展特质，将公共部门人力资源的录用、评价、开发、薪酬等管理措施与职位工作性质及其能力素质要求紧密联系起来，体现不同类别公共部门人力资源对于组织的价值和贡献能力。

第二，不实行政务官和业务官的区分。公务员系统划分为政府组成人员和非政府组成人员、领导职务序列与非领导职务序列，他们虽然在产生方式上不同，但所有公务员不论职务高低，都是人民的公仆，而且他们之间可以根据需要相互转任，管理体系有一定的开放性。

本章小结

公务员制度是 100 多年以来公共人事行政的基本制度，对今天处于转型时期的公共部门人事管理依然影响巨大。现代公务员制度是在反对政党分赃，要求公职平等地向社会有识之士开放，呼唤高效、廉价、符合市场经济发展规律的政府组织的背景下建立的。常任制、法制化、功绩制原则、考录制和“价值（政治）中立”、政务官与业务官分途而治等构成了现代西方公务员制度的核心价值体系，公职队伍的稳定性、连续性、职业化和高效行政管理的能力成为公务员制度追求的目标。为此，公务员制度设立了竞争、保障、激励、更新、监控等机制，以使政府获得和维持行政管理发展所需要的人才。西方公务员制度遭遇了一些冲击和挑战，在回应挑战的过程中，公共部门人事管理进行着不断的改革尝试。

中国公务员制度是从干部人事制度改革脱胎而来的，直接针对传统干部人事制度存在的问题，适应了社会主义市场经济体制建设和政治、行政体制改革的需要。一方面，中国公务员制度借鉴了国外公务员制度的经验；另一方面，适应中国独特的国情和传统，中国公务员制度具有自身的特性，形成了中国特色公务员制度。伴随着中国社会、经济、政治的发展，中国公务员制度必将进一步发展，不断走向完善。

关键术语

公务员制度　党管干部　德才兼备　价值（政治）中立　功绩制　政治恩赐　政党分赃　政务类公务员　业务类公务员　常任制　部外制　部内制　折中制　《国家公务员暂行条例》　《中华人民共和国公务员法》

复习思考题

1. 怎样理解现代公务员制度建立的必要性和必然性？
2. 现代公务员制度具有哪些基本原则和特征？
3. 现代公务员制度依靠怎样的机制运行？
4. 公务员制度发展中重要的改革有哪些？
5. 中国为什么要建立公务员制度？
6. 中国公务员制度具有哪些独有的特征？为什么？

第4章

公共部门人力资源管理的法律环境

公共部门人力资源管理活动是在国家法律规范下进行的，公共部门工作人员作为特定的职业群体，其权利、义务、责任是由法律和法规加以规范的；管理主管机构的行为也是由法律、法规确定的。公共部门人员管理涉及大量法律事务，国家立法和司法为公共部门人力资源管理过程提供基本的法律原则、行为准则和管理程序。随着公共部门改革的深入和公共部门劳动力队伍结构的变化，有关公职人员的公平就业机会、宪法权利、身份保障、救济权利、劳动关系仲裁等一系列法律问题日渐凸显，引发了相当多的争论。对公共部门人力资源管理法律环境的探讨，以及对公共部门人力资源管理中涉及的重大法律问题的梳理，能够明确公职人员的法律关系，界定其权利、义务、责任规范，预期有关人事管理中可能存在的法律事务和冲突，以建构完整的公职人员管理的法律体系，这对正在逐步走向法制化管理的中国公共部门具有重要意义。

重点问题

- 公共部门人力资源管理的法律体系的内涵
- 公共部门与公职人员法律关系
- 公职人员身份双重性的理解
- 公职人员的宪法权利与相关的法律问题
- 公职人员的权利、义务的有关规定
- 公共部门人力资源管理机构的法律责任

4.1　公共部门人力资源管理的法律体系

4.1.1　公共部门人力资源管理的法律体系构成

公共部门人力资源管理的法律体系构成了其管理的基本法律环境，它由一系列实体性和程序性内容构成。从广义上讲，公共部门人力资源管理的法律体系，是指有关公共部门人力资源管理事务的，由法律制度、法律原则、法律规定构成的总体法律框架，它涉及公职人员管理中出现的所有基本法律事务，以及处理这些法律事务依据的原则和法律精神；涉及被雇用者（公职人员）与其雇用者（公共部门）之间存在的事实上的法律关系，以及由法律确定的双方权利、义务、责任的相关约定；涉及公职人员的法律地位、工作性质、活动范围、职责权限等；涉及公职人员进入公职系统以后与其组织发生纠纷和争议时，处置冲突依据的法律原则或法律解释，以及受理争议的组织机构和问题解决程序；等等。

在狭义上，公共部门人力资源管理法律体系可以视为由国家和政府组织制定、颁布并执行的，有关公共部门公职人员管理制度和规则的一系列法律、法规、规章等法律文件和规范的总和。法案、法规等各种法律文本是呈现公共部门人力资源管理制度和运行模式的基本载体，确立了管理活动遵循的原则与范围的框架。

有关公共部门公职人员管理的法律规范形式多种多样，既有由国家立法机构制定的，效力遍及全国的法案、总法等法律文件，也有由行政机构为推行总法原则和精神，颁布的相关管理法规或单项管理事务的法规，还有从司法机构的案件判例中得到的有关管理的法律原则和司法解释。在实行联邦制国家结构或实行中央与地方两个体系的公职人员管理的国家，地方议会和政府还制定有地方性公职人员管理的法案、法规。

不管各国公务员管理体制和法律制度的差异有多大，各国公共部门人力资源管理的法律实际上都规定了一些基本的、共同的内容。

1. 基本法律原则和法律精神

在总法中，国家一般会规定公共部门人力资源管理各项活动所依据的根本法律原则，作为指导公职人员事务管理的行动指南。例如，各国公职人员管理总法大都会将功绩制的原则、公平得到公共部门使用或晋升机会，以及保障公职人员的基本权利作为现代公共部门人力资源管理的基本方针。这一方面要求其他有关的法律、法规制定不得与这些原则相抵触和冲突；另一方面，在人事争议和纠纷中，这些原则也是公共部门、公职人员以及案件受理机构裁决争议的主要标准和尺度。

2. 基本制度安排

在总法中，法律规定了公共部门人力资源管理的制度规则、运行模式、运作机制和管理环节等。这些制度具体地说明了法律原则和精神是如何通过制度的设计和运行得到体现与贯彻的。同时，它也指出了公共部门人力资源管理的活动构成、活动性质、组织机构设置、职能分工、人事管理权限等重要的体制性建制。

3. 法律关系和法律地位

公职人员是社会公共事务管理职能的行使者，是公共组织构成的基础。所以，有关公职人员管理的法律首先澄清和规定了公职人员与公共组织之间形成的法律关系性质与形态，明确双方彼此享有的权利以及各自承担的义务、责任关系，以此为公共部门和公职人员行使职权、从事管理活动提供基本的法律保证。

4. 权利、各种义务与责任

为了保证公职人员职务关系运行所需的基本条件，法律规定了公职人员在公职活动中所具有的法定权利、义务和责任。其中包括权利、义务关系的产生、运行、变更、解除与消亡。由于公职人员身份的双重性，各国法律规定，公职人员在享有国家委托的公职权利的同时，需要放弃一部分宪法赋予一般公民的某些权利，以平衡公职人员的权利、义务关系。但关于公职人员的宪法权利问题存在着颇多的争议。

5. 管理活动程序的法律规定

对公职人员的管理，法律不仅规定其实体性要件和内容，而且规定了符合法律要求的形式上的程序，以保证公职人员管理，尤其是对公职人员惩戒和处理时的程序合法，从而维护公职人员享有合法权益。法律明确指出，如果公共部门没有按照法定的程序来处理公职人员管理事务，同样被视为违法。

6. 纪律及违纪处置方式和责任追究

法律明确规定了公职人员在从事公务活动中应履行的义务和应遵循的行为规范。同时，它也规定了当公务员不能履行职责，并违反法律明文规定的纪律要求时须接受的惩戒与责任追究。公共部门按照法定程序，采取一定的措施，对违纪、违法的公职人员予以处理。

7. 人事管理争议和纠纷的处理及有权受理机构

公职人员管理法律还规定了仲裁和受理人事管理争议的机构和处理争议的途径、程序，确定了受理公务员复议、申诉、控告案件的行政机关以及受理公职人员法律诉讼的司法机关的权限与法律地位，指明了公职人员要求仲裁或诉讼的时限、法律程序等。

4.1.2 公共部门人力资源管理法律体系建设的意义

1. 有助于确立公共部门人力资源管理的标准和规则，实现人力资源管理制度的规范化和科学化

公共部门人力资源管理法律体系最为重要的特征，就是通过法律的形式明确规定并公开表述人力资源管理活动应该依据与遵循的原则、行为规则和标准，建立了人们在组织活动中的基本关系，提高了公共部门与公职人员之间彼此行为的清晰化和可预测化程度，从而确立了管理的基本秩序与规范，形成了理性的规范管理模式，减少了长官意志所带来的随意性，引导人力资源管理制度走向规范化和科学化。各国公共部门人事管理演进历程充分表明，规范的人事管理制度的发展是与其法制化的进程同步的，法制化程度是衡量一国公共部门人力资源管理水平的重要衡量标准。

2. 有助于塑造公共部门人力资源成长和发展的良好环境，提升公平的、有效竞争的人力资源管理能力

公共部门人力资源管理法律体系的形成有效地克服了人才任用、选拔缺乏统一、客观的标准，按照长官的意志、情感和偏好选择人员带来的种种问题，发展了规范化的组织人力资源管理的基本制度和运行机制，将管理活动纳入法制轨道。这样的安排清晰地指明了组织对于公职人员行为与绩效的期待，以及达到组织期望应得到的奖励，这样就为组织中优秀人才的成长设置了明确的、规范化的通道，鼓励优秀人才的不断进取。不难看到，公共部门依法建立的竞争、激励和监控机制，为吸引优秀人才、合理使用优秀人才、留住优秀人才开辟了广阔的道路，从而为公共部门绩效水平的提高提供了必要的人事保障。

3. 有助于公共部门依法行使人力资源管理权力，约束公务员的公务管理行为，并有效维护公职人员的合法权益

公共部门人力资源管理法律体系的构建保证了国家通过法律形式确认公共部门管理的权力范围、限度、方式，要求管理机构正确地、合法地行使人事管理权，而不受其他力量的干扰，保障了公共部门人事管理权的有效运用和管理活动的正常开展。与此同时，依法管理公务员事务与公务员的合法权益维护也密不可分。它一方面强调管理机构必须尊重公务员的法定权利和已经形成的相互契约关系，必须依照法定程序从事人事管理，一旦出现侵害公职人员合法权益的不当或违法行为，必须依照公职人员法定的救济权利和救济程序，恢复公职人员的合法权益；另一方面，也对公职人员的职务关系和职务行为做出了约定，规范了其公务管理行为及其相应的责任。这样就增强了公务员的规则与责任意识，提升了其自觉性，从而保证了组织工作和活动的顺利进行，降低了组织用于人事管理的成本。

4.2 公共部门与公职人员的法律关系

4.2.1 公务员法律关系的主体

法律关系的主体又是法律关系的当事人，指的是承担一定法定权利、义务的双方或两个以上主体。在公职人员的法律关系中，存在着公共部门和公职人员之间的雇佣契约关系。因此，公共部门及其人事主管机构与公职人员就构成了国家公共部门人力资源管理中法律关系主体的双方，形成了公务员雇用者（公共部门）与公职人员两者之间的权利、义务关系。一方面，公共部门作为法律关系主体的一方，具有独特的法律地位，这源于代表国家的公共部门具有的权威性和主动性。它拥有调控者的法律身份，享有完全的、充分的权利能力和行为能力；另一方面，作为公共部门被雇用者的公职人员也被赋予了应有的经济、政治、文化等方面的权利，成为法律关系主体的另一方。因此，在这一公职法律关系中，主体双方享有的权利与承担的义务是对等的。

公职人员与公共部门间的法律关系不是双方当事人协商形成的结果，而是“法定”

的。两者间法律关系一经构成，便连带包括如下内容：

1. 公共部门拥有的职权、职责和优先权一概溯及其公职人员

也就是说，公共部门具有的职权成为公职人员的职权，其优先权也成为公职人员的当然权利。而公共部门承担的职责与行为的权限同样溯及并约束其雇用的公职人员。但与此同时，公共部门有权对公职人员分享和承担的组织职权、优先权、职责、权限等进行再分配。例如，对公职人员负有的职责与权限做进一步划分。公职人员不仅不能超越所属公共部门本身的法定权限，同样也不能超越公共部门内部规定的公职人员之间的权限划分。

2. 公职人员在实施公共事务管理活动的过程中，形式上必须以公共部门的名义进行

因为公共部门主体是一个组织，而不是个人。实质上，公职人员必须按照公共部门的意志行事。为保障这一点的实现，公共部门在法律范围内规定了公职人员的义务、责任和行为准则，并对其实施监督和奖惩，即公共部门有权要求公职人员以组织的名义和意志做出公务或行政行为。

3. 公共部门对公职人员的过错行为承担相应的法律责任

先由相应的公共组织对其公职人员个人的过错承担责任，然后依据公职人员过错程度，公共组织再追究公职人员的责任，并向其行使求偿权（行政追偿）。

公职人员与社会中被管理个人或组织构成的法律关系是基于公共部门与公职人员的法律关系而发生的。公职人员与社会中个人或组织的关系是单方面形成的，与个人或组织的意志无关。这表现为：第一，公职人员有权以公共组织的名义对个人或组织实施管理，并依法采用各种强制手段。同时，公职人员有义务履行职责，保护个人或组织的合法权益，接受后者的监督。第二，社会中个人或组织有服从和协助公职人员实施公共事务管理或行政管理活动的义务，同时，也享有对公职人员的行政管理行为提出建议、批评、控告、申诉、复议和诉讼的权利。

4.2.2　公职人员法律关系的客体

公职人员法律关系的客体是指在公职人员的法律关系主体中法律关系参加者的权利、义务所指的对象。它包括公职人员享有的消费性生活资料，如工资、奖金等；精神财富，如精神奖励；人身，如公职人员交流、调配中的人身；行为，如国家公共组织的行政行为和公职人员的行为；等等。其中，行政行为和公职人员的行为，是公职人员法律关系客体中的重要方面。

作为公职人员法律关系客体重要内容的行为分为国家公共组织的行政行为和公职人员的行为两类，而公职人员的行为又分为作为和不作为两类。

行政行为有三个基本要素：第一，行政行为是公共组织的人事部门及组织各工作部门的人事管理机构的行为，这是行政行为的主体要素，明确了公职人员管理的归属权限；第二，行政行为是公职人员管理机构的管理行为，这是行政行为的职能要素，明确了公职人员管理机构行为的目的与方向；第三，行政行为是法律行为，这是行政行为的法律要素，明确了公职人员管理是依法的管理行为。

公职人员的行为同样包括三个基本要素：第一，公职人员行为是公务行为，而非一般公民的行为或私人的行为，这是公职人员行为的主体要素；第二，公职人员行为是公职人员为享有权利和履行义务而从事的作为或不作为的行为，这是公务行为的目的；第三，公职人员行为能够直接或间接地引起一定的公职人员法律关系效果，即当公职人员行为引起一定的公职人员法律关系产生和变更时，才成为公职人员法律关系的客体。确认公职人员行为的关键是明确区分公职人员的个人行为和公务行为。

4.2.3 公职人员的公务职务关系

一旦公民担任了国家公共组织的公务或行政职务，就意味着他接受了国家委托，成为公共部门的公职人员，从而与国家构成了一种新的、特殊的法律关系——公务或行政职务关系，只有担任公共事务管理公职的公民才处于这一法律关系中。这就是公职人员的公务职务关系。

实质上，公务职务关系是公务员基于他的公务职务而与国家构成的权利、义务关系，它是使公民成为一个公职人员的法律基础。公务职务关系的内容是：

(1) 代表国家的公共组织赋予公职人员一定形式的职权，使其可以以国家及其公共组织的名义，实施社会公共事务管理权。

(2) 公共组织规定公职人员负有一定的义务和职责，并规范其公务行为。公职人员必须依法履行其职责，否则，国家可以追究其相应的法律责任。

(3) 公职人员必须忠诚地服务于国家、政府和公民的利益，接受公民的监督和批评，同时享受国家公共组织赋予他们的优先权和受益权。如享受公职人员工资福利待遇、公务职务受到法律的特殊保护等。

(4) 所有公职人员以其公务职务具有的特殊性质和要求区别于一般公民，但同时，他们并不享有任何对于公民的特殊权利。公民担任行政公职，使公务或行政职务关系产生，这是公务职务关系运动过程的起点。按照国家法律的规定，形成公务职务关系必须经过法定的程序，依据一定的法律事实。在我国，有关法律、法规规定，公务职务的产生包括五种类型：

第一，选任。由国家权力机关通过表决选举产生的公务行政职务。我国一级政府的组成人员，按宪法和组织法的规定，以选任方式获得公务行政职务，实行任期制。第二，委任。由有任免权的公共组织任命公民担任公职而产生公务职务关系。在我国，可以由权力机关委任，也可以由行政机关委任。第三，考任。通过公共组织的人事主管部门组织的公开考试，择优录用公务员，使公民与国家形成公务职务关系。一般初任公务员以考任方式获得国家的任用。第四，调任。通过公共组织人事主管部门的直接调配担任公职的过程。第五，聘任。公共组织通过公开向社会招聘的方式，吸收公职人员进入公共组织服务，由此形成公务职务关系。国家授予公民公务行政公职，一般须以当事人的同意为前提。但公务职务关系的具体内容并非由国家与当事人的协商决定，而是“法定”的。

公职人员的公务职务关系也会因一定的法律事实的存在而发生变更甚至消失。变更是指在公职人员任职期间，因某种法律事实的出现而使职务关系的内容发生变更。如果涉及当事人失去了公职人员身份，就不是公务职务关系的变更，而是公务职务关系的消失。消失是公职人员公务职务关系运动过程的终点。公务职务关系的变更，主要是由下面的法律事实发生所引起的：罢免、撤职、辞职（指在辞职申请被批准之前）、免职、降职、转职、调职、升职等。而引起公务职务关系消失的法律事实一般有：退休、退职、辞职（指在辞职申请被批准以后）、辞退、死亡、丧失国籍、开除公职、被判刑等。

4.2.4 公职人员的双重身份

公职人员身份的双重性源于他在进入公职系统之前的“原身”是公民。当他经过法律程序进入公职队伍后，就形成了新的身份和公务职务关系。这就使得一方面他接受了国家的授权，担任了一定的行政公职，享有和履行国家规定的公职人员的权利与义务，并运用国家赋予的公共权力从事公共事务管理活动；另一方面，无论他担任多高的公务职务，其原来的身份，即公民及其法律地位，并未由于公务行政职务关系的形成而丧失，他仍然是一个公民，享受法律规定的公民的基本权利，同时履行法律规定的公民必须履行的基本义务。由此，每个国家公务员都具有双重的身份，即“公民”和“公务员”。

与双重身份相适应，公职人员也具有双重行为，即作为公民的个人行为与作为公务员的公务行为。个人行为与公务行为的区别是：个人行为是以行为人自己的名义从事的活动，它只能代表行为本人，不具有强制性，行为的效果只属于行为本人。而公务行为与个人行为明显不同：第一，公职人员有资格作为国家的代表，以国家公共组织的名义从事公务活动，并凭借公共权力行使公共管理职能。这不仅与一般公民行为不同，而且与私营组织员工的行为也不同。第二，公务行为是国家意志的体现，因而具有国家的强制性。公务行为引起的效果由公职人员所属的国家行政机关承受。对公务员执行公务中个人的过错行为，其所属公共组织负有连带责任。第三，公职人员在从事公务行为时，享有行政职权和行政优益权。他可按单方面的意志构成与被管理的个人或组织的法律关系，在公务行为被依法撤销前，可推定为有效，并继续执行。那么，如何划分和区别公职人员的个人行为与公务行为呢？目前，划分标准主要有三个[①]：

(1) 公职人员的行为以所属单位名义做出的，属公务行为；以自己名义做出的，则属个人行为。

(2) 公职人员的行为是在他自己的职责范围内做出的，属于公务行为；如果超出了职责范围，必须结合标准（1）和标准（3）综合认定。

(3) 公职人员的行为如果是执行公共组织的命令和委托，不管组织的命令和委托是否越权，一概属于公务行为。

公职人员的双重身份，虽然反映的是两种法律身份、法律地位的不同，但由于两种法律身份集于公职人员一身，在其行为活动中，就会形成行为的交叉运行，使双重法律身份发生冲突。这就要求按照法律、法规的规定，理顺两者的关系，在不同的时空中使公职人

---

① 罗豪才．行政法．北京：中国政法大学出版社，1996：105-106．

员的两种法律身份有序体现。

公职人员双重法律身份的矛盾表现在两方面：第一，公职人员作为公民时所享有的某些权利，作为公职人员时则不能全部享有。例如，对公职人员的政治活动必须予以限制。而作为公民无须承担的义务，作为公务员则必须承担，如关于公职人员经商或从事营利性活动的限制。因此，作为公职人员承担着比一般公民更多的义务。同时国家也赋予公职人员比一般公民更多的权利，如公共管理职权、行政优益权等。第二，国家行政法要求公职人员的双重身份、双重行为和双重效力相统一，即作为公职人员，必须行使与其身份统一的行为和效力。这意味着如果公职人员在具体活动中，一旦身份和行为不一致，就会出现两种违法情况。一种情况是，当公职人员以公民身份去从事公共管理行为时，会发生无效的行政行为，成为行政管理失职。比如，一罪犯逃逸被你遇到，如果你是公民，避而不抓，是道德问题，但如果你是执行公职的警察，避而不管，将自己混同为一般的公民，就是明显的行政失职。另一种情况是，当公职人员处于公民身份时，依据公职权力从事个人的行为，就会出现滥用职权（越权、以权谋私）的问题。为了防止公职人员的身份冲突，减少滥用职权的现象，法律对公职人员的公务标志做了明确的规定。所谓“公务标志”，就是用于表明公职人员身份或识别公务器具的外形标记，便于公众监督。外形标记包括袖标、胸前证章、证徽、标牌等，要求公职人员在执行公职任务时佩戴，促使其明确自己的身份、责任和使命。

4.3 公职人员的宪法权利与相关的法律问题

公职人员的宪法问题是由公职人员身份的双重性以及其执掌的公共权力的特点决定的。如前所述，一方面，公职人员也是公民的一部分，他们原则上应该享有宪法赋予公民的所有权利和义务；另一方面，作为公职人员，他们又代表国家以及公共组织行使着公共权力，享有不同于且高于一般公民的权利和义务。为了保证公共管理活动的正常展开和公共秩序的维护，有关公职人员管理的法律要求公职人员放弃作为公民享有的一部分宪法权利，而以获得的公务职权，平衡公职人员放弃的宪法权利以及更高的义务、责任要求。但在公共部门雇佣关系实践和国家公务员公职人员管理的司法实践中，究竟哪些宪法权利不应因公职人员的特定身份而放弃，哪些权利必须以公务行为或公共组织利益的名义要求公职人员放弃，除了相关的原则性规定外，大量的规则是在公职人员与雇用者（公共组织）之间争议裁决的司法判例中形成和提出的。其间存在着有关宪法权利问题的诸多争议和司法解释，突显出现代公共部门人力资源管理法律事务的复杂性。

目前，公职人员涉及的宪法权利问题主要包括：公民权、言论自由、信仰自由、结社自由、平等就业机会和公平的对待、拒绝违宪命令的权利、听证的权利、隐私保护权等。

4.3.1 有关宪法规定的各种公民权问题

有关公职人员应享有的宪法规定的公民权的争议，主要集中在公职人员是否应该拥有宪法赋予公民的信仰自由、言论自由和结社自由，以及在怎样的状况和条件下拥有这些权利、在多大程度上拥有这些权利等关键问题。换句话说，就是试图寻找到公职人员享有宪法权利的边界。尤其是在实行“价值（政治）中立”原则的一些国家中，中立的价值是否直接限制和约束了公职人员的信仰和言论自由？具体地说，公职人员如果在一定状况下表现出宪法赋予的公民权行为（如参与反战游行、在某些场合就民主问题发表自己的政治见解等①），公共部门是否应该予以该公职人员解职、不予晋升等人事处理？公职人员是否应该维护自身的宪法公民权利？诸如此类问题困扰着公共组织。而在对公职人员政治性要求比较严格的政治体系中，公职人员维护政治决策的责任是评价他们的最重要的指标，高于对个人权利的倡导。

尽管不同国家对公职人员享有的信仰、言论、结社自由等权利的法律规定的范围和尺度各有不同，但是，有一点是相同的，即公职人员作为一个行使公共权力的群体，作为公共利益和社会秩序的维护者，在宪法公民权的享有方面，不可能也不能够等同于一般的公民。故此，各国有关公务员管理的法律一般是先原则性地规定公职人员享有宪法赋予的权利，然后再指出由于公职人员职业的特殊性，必须限制一些权利，或者明文规定在怎样的条件和限制之下，公职人员才享有信仰、言论和结社自由。

在各国，关于公职人员宪法公民权利的法律规定大致有两种方式：第一，是直接限制或禁止公职人员涉及信仰、言论、结社的有关行为，设定如果公职人员违反应该承担的事后责任，并一般通过法条形式予以预设和呈现。第二，是不直接禁止公职人员的行为，而是提出衡量行为与公职身份和责任之间的适度性标准，并以此标准来界定公职人员的行为是否在公共组织可以接受或容忍的限度内。公共部门所持的标准体系往往来自对以往判例得出结论的总结或修正。

例如，涉及公务员言论自由的问题时，在以下情况下，公共组织可以合法地“剥夺”公职人员的言论自由权：（1）关系到公共组织保密的需要；（2）影响和妨害了组织正常的工作绩效；（3）使公共组织的信任度受到了严重损害；（4）由于公职人员所处的地位，他的言论影响了公民言论的表达；（5）影响了个人应承担的公共责任；（6）毫无顾忌地表达对公共事务或政治事务的见解等。例如，美国最高法院裁决 1983 年的科尼克诉迈尔斯案件的终审结论是：“政府对有效地实现其对公众的责任的关注，比员工对批评国内官方政策的权利利益保护更为重要。”② 而有些国家认为，公职人员在与主管的私人交往、提出诉讼和反对组织内部的歧视性行为等方面拥有言论自由，并受到法律保护，要求公共部门不得以此为由对公职人员采取免职，拒绝雇用、调动、提升，惩戒等人事处理措施。

---

① 谢夫利兹，罗森布卢姆．政府人事管理．北京：中共中央党校出版社，1997：180.

② 同①181.

对于公职人员的信仰自由和结社自由，也有类似规定。例如，在西方国家，政府允许公职人员组织和参加工会，通过工会的集体谈判维护自身的相关权益，但反对采取集体性的罢工、示威等行动。政府并不限制和禁止公职人员的宗教信仰自由，相反，保护不同信仰的人群不受歧视，有公平的机会获得雇用。但严禁公职人员的政治性活动和结社，如作为某个政党会议的代理人征集和操纵政治募捐，组织政治团体并担任政治团体的官职，参与拉选票活动，以及组织政治性会议或集会并为之发言、讲话等。

4.3.2 有关宪法保护的个人权利保护问题

在个人权利保护受到重视的今天，公职人员的几项个人权利保护问题也是引人注目的领域，往往和公共雇佣关系问题联系在一起。有关公务员个人权利保护的话题十分敏感，涉及一系列宪法对个人权利保护界定如何与公务员工作场所个人权利平衡的问题。目前，比较尖锐的是隐私权、性骚扰和个人权利模式等问题，争议的焦点是公共部门是否有权要求公务员牺牲自己的某些个人权利作为获取公职的条件，或维持公共雇佣关系的基本砝码。

1. 宪法保护的隐私权问题

在公共雇佣关系中，涉及公共部门是否有权知道、搜查和干涉个人的隐私权利，如果了解公职人员的个人隐私是出于管理和公共利益的需要，那么公共部门的行为是否合法，以及如何平衡公共部门、公职人员和公众之间的利益关系等。

- 公共部门是否有权知道和了解员工在进入公职系统以前涉及隐私的信息，是否应该调查员工以往的就业记录。
- 公共部门是否能够要求拟进入的或在职的公职人员接受乙肝病毒、艾滋病病毒携带的检测，并对发现的病毒携带者给予歧视性对待。
- 公共部门是否有权以管理或公共利益的名义，搜查或查封公职人员的私人物品，并以此作为裁决公务员从事被禁止行为的证据。

总体上看，各国法律并没有就以上问题提出一个一致的、统一的隐私权保护合理范围的标准，往往采用针对不同案例特事特办的原则处理。

2. 性骚扰问题

这是一个不断上升并引起高度关注的权利保护问题。各国公职人员管理的相关法律开始明确禁止这一工作场所的歧视性行为，并将这一问题的解决视为完善和推进功绩制原则及其目标实现的重要方面。法律不断敦促各公共组织保护其员工免受性骚扰的侵害。涉及的要点包括：

- 明确界定性骚扰行为的特定含义和裁定标准；
- 确立性骚扰行为裁决的法律指导方针；
- 展开员工援助计划，对遭受性骚扰侵害的公职人员予以心理辅导。

3. 听证、质询、申诉的权利

一些国家公职人员管理的法律还规定在公共组织惩戒或处理公职人员时，可以就是否经由法定的程序，以及是否按照法定的理由和条件给予正当的处分结果，启动公职人员听证、质询权利。在法律程序上，公职人员听证程序的要求一般出现在公职人员认为组织的行为侵害了其合法权益和个人权利的时候，例如，因歧视而被解聘、调动或不予续用，因与组织和领导者的冲突行为遭到打击报复，组织做出有损个人名誉的行为，过度的或不适宜的人事处分决定，等等。在这些情况下，法律明确要求公共组织在接到公职人员的请求后，必须使用听证会、复议、申诉等多种程序，以保护公职人员的正当权利。

4.3.3 有关反歧视的公平就业机会问题

在公共雇佣关系中，反歧视的公平就业机会问题实际上是公职人员个人权利讨论的延伸，中心要点是在劳动力队伍日益多样化的今天，来自不同背景，特别是那些来自社会中弱势群体的公民，是否有平等的权利和机会进入公职系统并得到公共组织的提升晋级，换句话说，组织应该怎样界定和判断公平就业机会问题，在何种状况下的何种行为，会构成雇佣关系中的歧视。这一标准的设立是保护公平就业机会立法的核心。

反歧视的公平就业涉及大量的问题，最主要的是指向在社会中的弱势群体获得公职和晋升机会的公平权利，其中包括对少数族裔、来自农村的流动人口、女性以及怀孕妇女、残障人士、一定年龄以上的工作人员等群体的平等就业机会的保护。

公平就业机会保护法律制定的理论出发点是社会公平思想，即每个人生而具有平等的权利。尽管每个人的财富和家庭背景、种族归属不同，但是，他们享有包括就业权在内的平等的社会权利。罗尔斯的《正义论》就将社会正义的两个原则设定为："第一原则：每个人对与其他人所拥有的最广泛的基本自由体系相容的类似自由体系都应有一种平等的权利。第二原则：社会的和经济的不平等应这样安排，使它们适合于最少受惠者的最大利益，依系于在机会公平的条件下职务和地位向所有人开放。"① 这成为美国社会公平就业机会保护，尤其是弱势群体就业机会保护中立法与司法实践的重要指导原则。

反歧视的公平就业机会的法律主要集中于两个问题：

1. 对弱势群体成员获得平等的就业机会和晋升机会的法律保护与制度安排

功绩制度不仅原则性地规定了在公共雇佣关系中，公民不以其家庭、身份、性别、国籍、种族、宗教等因素确定是否被录用，而且通过法律形式规定了公平就业机会保护的条款和相关制度。其中主要有：在录用中为弱势群体成员的就业预留或优先安排职位，实行一定的比例配额制，建立专门的公平就业机会审查、规制机构；限制对怀孕妇女或年纪大的员工的解聘；反对对弱势群体员工，尤其是残障人士的歧视和排斥；反对对弱势群体员工的晋升设置障碍；对用人单位实施强制性的、非自愿性的保护弱势群体就业的政策；等等。

然而，这些保护性法律及政策引起了一系列争议，核心是如果运用配额或预留等措施来保护弱势群体的就业权利，那么是否又带来了另一个方向上的不公平，也就是对那些能力强但不属于弱势群体的社会成员是否公平。这引起了有关如何理解社会公平的争论。另

① 罗尔斯. 正义论. 北京：中国社会科学出版社，1988：56.

一方面的争议是，由于社会原因，弱势群体的受教育程度一般较低，如果采用以测量知识、能力、技能为主的国家统一的公务员录用考试，他们就会处于劣势，并直接影响其被录取的可能性。那么，是否应该对弱势群体成员采取另外的考试，或者给他们另外划出分数线？但是，这一切对其他公民又是否公平呢？

2. 对于弱势群体员工绩效水平的要求和标准

一些国家的法律同时认为，尽管公共部门需要为弱势群体成员进入工作场所准备必要的工作条件，如残障人士工作环境和工作设施安排，但是，法律并不要求公共部门降低对他们的工作绩效标准，而是规定他们应该完成与其他员工同样的工作任务以及相同的工作产出目标。在同等的绩效产出条件下，处于弱势群体的员工应有同样的权利和机会获得晋升或工资晋级，而雇主的任何歧视性的行为都是公平就业机会法律所禁止的。

此外，有关公务员管理的法案、法规还制定了相关条款对那些拒绝服从上司违宪命令和检举、揭发组织内丑恶事件的公职人员给予保护，使他们免受打击报复以及个人权利侵害，以保证披露对组织有害行为的员工得到公正的待遇。同时，也设定了解释和审查违宪命令或对组织有害行为的原则和标准，以避免公职人员出于个人私利需要，故意扭曲事实和信息，诬陷他人。

4.4 公职人员权利、义务的法律规定

除了赋予公职人员宪法规定的相应的公民权利和义务以外，为了保证公职人员能够履行应尽的公务管理职责，完成国家和政府委托的任务，有关的国家公务员法律还规定了其在履行公职时，能够做出或不得做出的行为。这就明确了公职人员基于法律赋予的身份而拥有的特定权利，以及必须承担的义务和责任。有关公职人员权利、义务的规定界定了公职人员的法律地位。

4.4.1 公职人员权利的基本规定

除赋予公职人员相应的宪法权利和义务以外，为了保证公职人员能够履行应尽的公务管理职责，完成国家和政府委托的任务，法律还规定了在履行公职时，公职人员能够做出或不得做出的行为。这就明确了公职人员基于法律赋予的身份而拥有的特定权利，以及必须承担的义务和责任。

公职人员的权利是指为使公务员有效地履行公务，而以法律形式赋予公职人员某种利益或者做出某种行为的许可和保障。公职人员的权利是以责任和身份为基础的，通过合法的途径获得，为法律所保护。权利具有选择性，即可以按照自己的意愿，不享受或放弃某些权利，包括以下方面：

1. 身份保障权

身份保障权指公职人员拥有名称权；在正常履行公务的过程中，拥有不受攻击、谩骂、诽谤、侮辱的名誉与人身的保护权；非因法定事由和法定程序，不受所在组织免

职、降职、辞退、处分、处罚、强制退休等人事处理的权利；在一定情形下，不受民事审判的权利；等等。

2. 执行公务应有的职务权力和工作条件

其指公职人员依法执行公务具有的权能，包括规定的与职务地位相适应的职务权力和工作条件。

3. 政治权利

其指公职人员参与国家政治生活享有的权利，是公民政治权利的延伸，如上述宪法权利问题的分析。各国根据国情做出了相应的规定，主要涉及公职人员选举权与被选举权、个人信仰自由、言论自由和结社自由等。

4. 经济权利

其指公职人员依法享有公共组织为其提供的经济和物质利益方面的权利。经济权利实现的原则是按劳分配、同工同酬。它涉及：获得法定劳动报酬和享受津贴、福利、保险的权利，享受领取退休金和抚恤金的权利，依法向国家申请经济救济或补助的权利，享有国家提供的生育、疾病、伤残、死亡时的保险待遇，享有法定福利的权利，不受组织随意减扣或剥夺收入的权利等。

5. 救济权利与监督权利

其指公职人员的法定权利受到非法侵害时，依据救济权利，可要求通过事后补救方式，恢复公职人员遭到侵害的权利，其主要途径有复议、申诉、控告、司法诉讼等。

6. 其他法定权利

包括对机关工作和领导人员提出批评和建议的权利、接受培训的权利、依法辞职的权利和享有法定休假的权利等。

4.4.2 公职人员义务的基本规定

公职人员的义务是指以法律形式规定的，在其执行公务的过程中，必须做出或者不得做出的一定行为的约束，它可分为作为义务和不作为义务。前者是国家或政府以肯定的、命令式的法律规范要求公务员必须做出一定行为的义务；后者是国家以否定的、禁止式的法律规范要求公务员不得做出一定行为的义务。如果公职人员违反了国家规定的禁止性义务，或者对作为义务采取了不作为的态度，他就必须承担相应的责任。

公职人员的主要义务有：(1) 遵守国家宪法、法律、法规，依照国家法律、法规和政策执行公务。(2) 忠于政府、忠于职守、遵守公务员的职业道德。为公众服务，忠实履行组织交办的公务责任，勤勤恳恳的工作作风是公务员的基本职业道德。(3) 维护国家安全、利益和政府的声誉，不能散布有损于政府声誉的言论和鼓动对政府不信任的情绪。(4) 在工作中，服从领导的命令，听从组织的指挥。(5) 遵守公职人员的纪律，保守国家秘密和公务机密。(6) 不得接受馈赠，不得兼职从事营利性活动。(7) 接受公众监督。(8) 遵守作为公民应遵守的社会公德，自觉维护公共秩序等其他法定义务。

4.4.3 公职人员责任的基本规定

这里的责任是指公职人员不依法履行或不履行其法定义务时，必须为其行为承担的事后相应的法律的或行政的责任，即对其行为后果所付出的代价。

公职人员根据没有履行法定义务的程度，相应承担着四种法律的或行政的责任：（1）身份处分。使公职人员丧失其身份，以使其承担其未能有效履行义务的后果。（2）行政处分。通过名誉、物质、职级、公职身份的处分，使其承担应负的行政责任。（3）行政赔偿责任。所在的组织对公职人员因故意或过失损害相对人利益的行为，给予受损人经济上或名誉上的赔偿，并进而追究公职人员的行政或法律责任。（4）刑事责任。当公职人员的行为违反法定的义务规定，并构成犯罪时，依法承担刑事责任。

4.4.4 公职人员的行为规范

在各国公职管理系统中，属于职业道德范畴的行为规范的法律化、法规化已经成为一种趋势。以法典、法律形式规定公职人员的行为规范，加强法律监控和公职人员自律意识的作用，目的在于增强公职人员的公共性价值与责任能力。美国学者格伦·斯达尔在《公务员的伦理道德标准》一书中指出："公职伦理道德实质上是公职人员工作能力的一部分，更是民主的一部分。那些把公职看作横征暴敛的良机或以权谋私、泽及亲友的人，是公共利益的绊脚石，有损于公职工作的效率目标和为民服务的宗旨。"①

公职人员的行为规范建设的目的在于，通过行为标准、准则的设立，将职业伦理或道德规范内化为公职人员的价值观和信仰，用以定向、指导、调整和约束公职人员公职行为，增强其抵御利益诱惑、抵制非法行为的能力，保证公共权力按照公共利益的要求正常行使。

（1）代表公职人员外在形象、举止、语言的准则和规范。这要求公职人员能够用得体的举止表现政府的形象。

（2）公职人员作为公民应有的道德规范和行为准则。一方面，良好的公民道德素养，对于形成良好的公职行为举止有重要意义；另一方面，公职人员的良好行为，能够对公民形成良好的引导，提升公民对政府及其公职人员的信任度。

（3）公职人员的职业道德规范。这是公职人员行为规范的核心内容，通过职业道德规范，促使公职人员明确职业行为的特定标准和要求。职业道德规范由三个相互依赖、不可或缺的部分组成：第一，职业精神。表明了公职人员处理公共事务、解决公共问题时遵循的基本原则以及应有的工作态度、工作作风。第二，职业知识。公职人员应掌握的公共事务管理的知识。第三，职业技能。为实现职业精神所必需的公共事务管理的技术、技巧、手段和能力等。

（4）代表公职人员内心世界的理想、信念、情操等准则和行为规范。这是公职行为规范的最高层次，它表现为升华于公职人员内心的价值观、责任感、理想和信仰，它引导公职人员自觉意识到自身对国家、政府、人民的责任，运用好自己手中的公共权力，并不断努力进取，完善自己的人格。

---

① 黄达强．各国公务员制度比较研究．北京：中国人民大学出版社，1990：151.

4.5　公共部门人力资源管理机构的法律责任

如前所述，在公共部门的雇佣关系中，存在着相当多的法律事务和一些棘手的法律问题。公共部门人力资源的管理者一方面要回应外部人力资源多样化的环境和要求带来的管理变化，另一方面需要关注组织内部公务员管理的诸多法律事务。

4.5.1　公平就业机会的促进和雇佣歧视性行为的防范

每一个公共组织都是公共部门人力资源管理的具体承担者，也是有关公务员管理法律的实际执行者和维护者。作为微观的管理者，它们往往会在第一时间、第一场合接触到需要处理的涉及公职人员的法律事务。因此，公共部门管理者在很大程度上决定着国家法律的有效实施，影响着公共雇佣关系中的各种利益均衡。

在公平就业机会保护和雇佣歧视性行为防范方面，公共部门人力资源管理机构和管理者承担着重要责任。

1. 自觉地推行和执行法律规定的有关公职人员公平就业机会的条款

对公平就业机会的有效保障最重要的是督促雇用者在具体招募、甄选、选拔、晋升管理程序上实施公平就业机会法律。这就要求公共组织在从事这些活动的时候，必须按照法律规定的准则和标准，公平地任用公职人员，杜绝组织的歧视性行为。

2. 建立对有关公平就业机会法律的执行进行监督和审查的机构与程序

公平就业机会法案的推行，不仅有赖于雇佣组织的自觉性，还需要中立的组织进行有效的监督和审查。一般在一级政府内设立独立的规制或监督的机构，提供裁决公平就业机会案件的标准，接受申诉和控告，依法查处组织内发生的各种违反公平就业机会的歧视性行为，对有关部门涉及公平就业机会的问题进行审查和准司法性裁决。

3. 为进入公职的一些弱势群体员工提供必要的工作环境和工作条件保障

当一些属于弱势群体成员的员工，如身体有残疾的员工，或曾经有过吸毒或犯罪记录的员工进入公职系统时，他们需要一定的基本的工作条件和组织关怀，才能达成与其他人同等的绩效标准。这样，一些国家的法律就会规定雇用者有义务为这些员工提供基本的、能够保证其工作顺利进行的设施安排或适宜的工作职位安排等。

4.5.2　公务员健康安全的保障

在组织中，公职人员的工作或职业安全与健康也是人力资源管理的一项重要法律事务。由于公职人员被要求服从组织命令，而组织惧怕承担惩戒责任风险，所以，一些国家纷纷制定了有关工作场所劳动强度、工作压力、职业疾病、工作条件、工伤事故，以及由工作压力引起的不健康的个人行为的法律规定，提供了职业安全和健康的标准，并明确地将其作为公共部门在预防和保护方面应承担的责任。

1. 发展组织安全计划，发现并防范组织中存在的不安全和不健康的隐患

一方面，安全计划的目的在于可以预先了解组织可能出现的安全隐患，有效地预防安全事故的发生；另一方面，发展组织安全计划也可以经常提醒员工注意安全，避免意外。组织安全计划的基本内容包括：检查工作环境、设备和工作规程是否达到了安全工作的底线标准，规定组织和员工应遵守的安全措施，建立安全生产领导责任制度、风险管理应急预案（事故严重等级、事故伤害的等级等），规定危险事故发生后的应急措施，做出安全管理的宣传计划等。

2. 改善工作环境和条件，设立公职人员职业安全和健康的保险与补偿机制

提供合理劳动强度的工作任务，为公职人员购买保险，以及改善现实的工作环境，可能在现期支出了更多的成本或费用，但是，如果假定以后可能出现的事故会支出更多资金成本以及各种无形的成本（如信誉），那么，雇用者改善现有环境的意识和动力就会增强。此外，公职人员保险和工伤事故补偿机制的建立和完善，提高了组织风险管理的意识，也有助于解除员工的一些后顾之忧，使之安心于本职工作。

3. 设计更安全和健康的工作任务分配方式与工作职位

公共部门人力资源管理者可以通过重新划分职位，核定工作量，根据公职人员工作技能和能力设计更加安全的工作流程和工作制度等方式，积极调整和缓解公职人员的工作压力，预防职业倦息，以保障工作场所安全及公务员的职业安全。

4. 通过培训，引导公职人员建立安全意识，增强公职人员对工作压力和风险的自我抵抗能力

组织对其员工具有安全培训和心理调适咨询的法定义务。告知公职人员基本的安全知识和防御危险的技能，目的在于让公职人员与组织共同形成防患于未然的自觉意识和提高有效应付可能出现的危险的能力。目前，很多组织已经达成了共识，就是与公职人员一起学习和训练应对事故和突发性事件刻不容缓。为此，组织常常利用说明安全因素、展览示范、小组讨论和敏感性训练的方式，直接让公务员参与到安全风险管理的过程中，成为管理主体的一部分。

5. 实施公职人员帮助计划

组织还可以设计一系列的福利或辅助性计划来帮助公务员缓解工作压力和内心紧张。这些计划主要针对由工作压力形成的心理焦虑，防范由此产生的公职人员生理的和心理的疾病，解决诸如公职人员角色冲突、工作环境不满意、隔离感、工作恐惧症、人际关系失调等问题。

4.5.3 公职人员惩戒、申诉的仲裁与处理

纪律惩戒作为公职人员管理和行为控制的主要手段，被公共组织普遍采用，其目的在于以反向激励方式，达成组织对公职人员期望的目标，如组织行为规范要求、期望的绩效水平和良好的人际关系等。纪律与行为惩戒作为组织对不能容忍的公职人员行为采取的最后一步行动，主要发生在公职人员绩效水平长时间低于组织设立的标准、工作态度散漫或用消极的手段对抗组织命令、违反组织规定的公职服务的要求和操守、恶意破坏组织物品和人际关系等情况下。

但是，公共组织在惩戒公职人员过程中，往往需要采取审慎的态度和公平的程序，以表现组织正义，同时维护国家法律规定的程序的权威性。

1. 首先需要与被处罚公职人员进行当面沟通，告知其被惩戒的理由

如果惩戒是由于绩效水平不高造成的，那么管理者可以和公职人员共同探讨绩效水平低的原因所在，进一步讨论和明确组织对公职人员的期望，并帮助公职人员解决工作中存在的困难，鼓励公职人员以积极的态度面对问题，而防止处罚可能带来的消极心理或与组织间的冲突。

2. 接受公职人员对其处罚意见的质询或申诉

当公职人员对自己所受的惩戒处理有疑问或不同看法时，可向组织提出质询或申诉要求。组织在接到申诉要求后，应认真复审。如果公职人员认为处理机构有偏私行为，还可以请求第三方介入斡旋或仲裁。在第三方主持下召开公开的三方会议，共同讨论、质询申诉问题。如果对公职人员的处罚确实不恰当，组织必须进行原处理决定的变更或撤销。如果问题依然得不到解决，公职人员依然对处理决定不服，还可以进入司法诉讼程序，要求司法机构裁定。

3. 对受到惩戒的公务员提供相关培训，促使其改进工作业绩，提高自我职业生涯发展能力

图 4－1 和图 4－2 分别是惩戒的基本程序和组织惩戒与其他人事管理活动的关系。

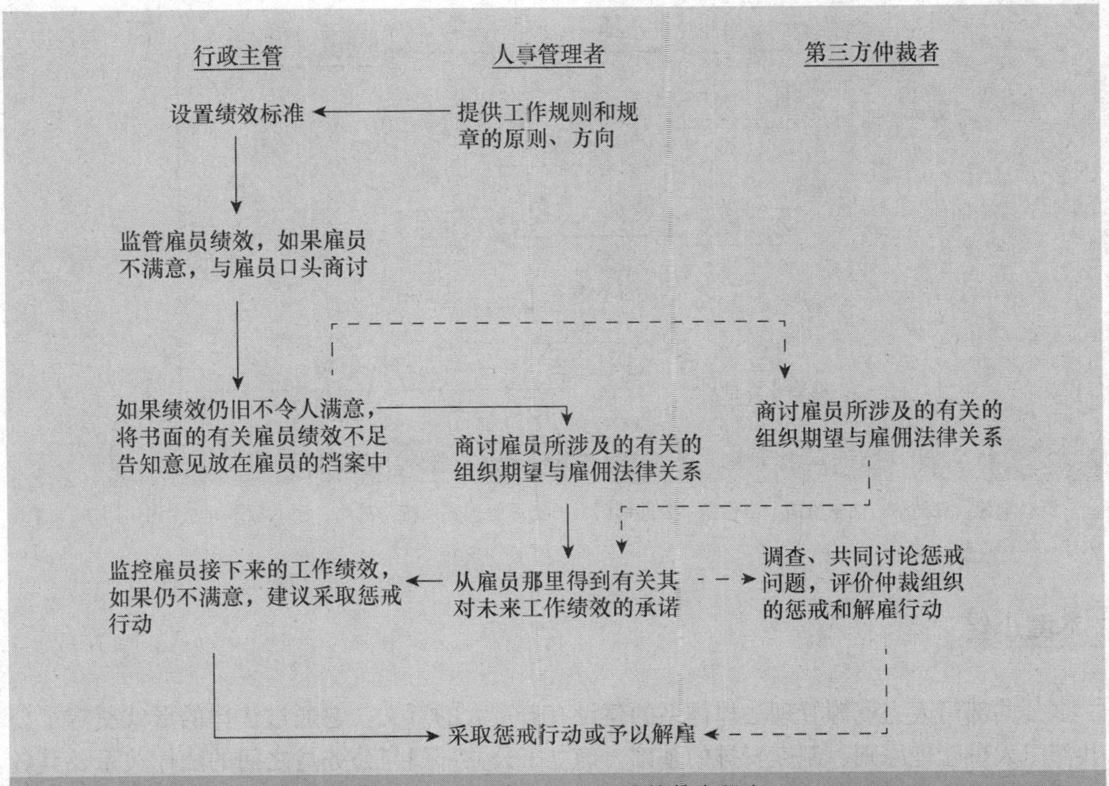

图 4－1　公共部门组织惩戒的基本程序

资料来源：克林纳，纳尔班迪，洛伦斯. 公共部门人力资源管理：系统与战略：第六版. 北京：中国人民大学出版社，2013：499.

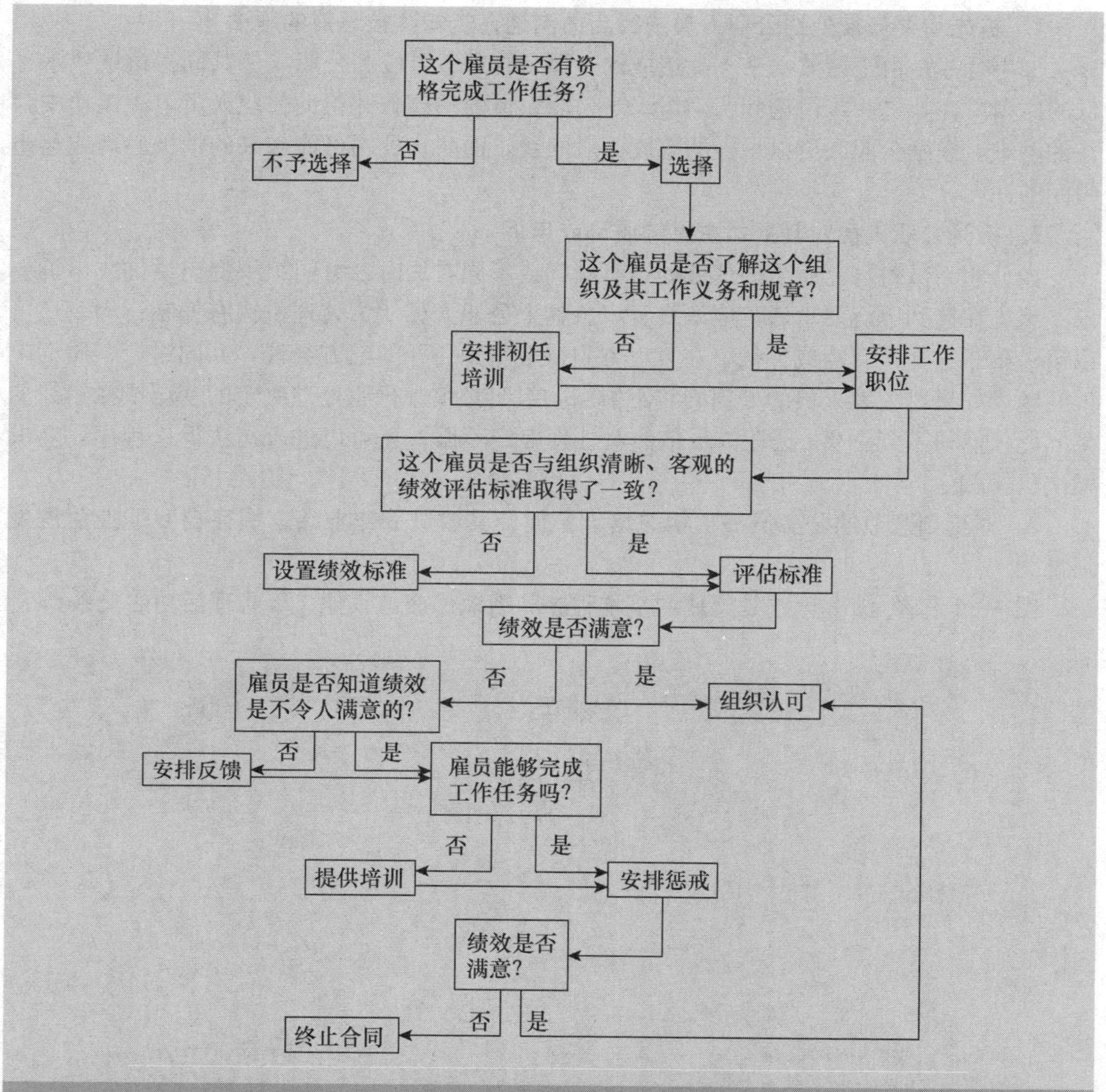

图 4-2　组织惩戒与其他人事管理活动的关系

资料来源：克林纳，纳尔班迪，洛伦斯．公共部门人力资源管理：系统与战略：第六版．北京：中国人民大学出版社，2013：495.

本章小结

公共部门人力资源管理法律体系的建设有着重大的意义，它通过法律的形式奠定了公共部门人事管理原则、制度安排的基础，确立了公共部门与公务员之间的法律关系及其各自的法律地位、权利、义务、责任和行为规范，以此促使公共部门人力资源管理更加规范化和科学化。

与此同时，公共部门人力资源管理面对着公务员越来越多的法律事务问题。这些问题大多集中在以下方面：具有双重身份的公务员拥有宪法规定的公民权或政治权利的范围与边界；公民，特别是社会中弱势群体的成员在公共雇佣关系中的公平就业权利和机会；公共部门在处理与公务员的争议或冲突时或公务员维护自身合法权益时所依据的法定的权利和正当程序等。虽然很多法律问题没有最终定论，但是，在公共部门人力资源队伍构成日益多样化的今天，对于这些涉及公职人员权利、义务、责任、行为规范的法律事务的探讨和思考，无疑能够进一步明确公共部门人力资源管理的法律责任，促进公职系统的开放性和管理制度的公平性，从而吸引和激励优秀人才进入公职系统并得到不断的成长和发展。

关键术语

公共部门人力资源管理的法律体系　　公职法律关系　　公务职务关系　　身份双重性　　宪法权利　　公平就业机会　　身份保障权　　人力资源队伍多样化

复习思考题

1. 为什么我们需要讨论公共部门人力资源管理中的法律问题?
2. 公共部门人力资源管理的法律体系是如何构成的?
3. 公务员的法律关系是如何规定的?
4. 公务员身份的双重性意味着什么?
5. 你怎样看待和认识公共部门人事管理中的若干宪法问题?
6. 公务员的基本权利、义务、责任是什么?
7. 公务员的行为规范在管理中起着哪些作用?
8. 公共部门人力资源管理机构目前面对哪些主要的法律事务?

第 2 篇

公共部门人力资源战略管理与资源配置

第5章

公共部门人力资源战略管理

随着社会环境的日益复杂、竞争的日益加剧，每一个公共组织都必须重新思考自己在环境中的定位，确立组织发展的长期目标，并围绕目标来进行资源配置，开展各项管理活动。因此，战略管理就成为当今管理的前沿课题，也是当今管理的核心。中国打造人才强国，势必从战略布局出发，建构面向未来、面向国家产业发展的人才开发与培养体系。人力资源战略管理成为组织乃至国家人力资源发展的初始点。

在传统意义上，战略就是组织为了收益而制定的与组织使命和目标一致的最高管理层的计划。而在当今意义上，战略通常被看作一种行为模式，即长期行动的一致性。组织与其环境间的依赖关系是人们思考战略问题的前提。人们之所以制定战略，其目的是应对环境的变化与复杂性。战略的本质是要保持一种非组织化、非程序化、非常规化、不断创新的状态。

战略学家乔尔·罗斯（Joel Ross）和迈克尔·卡米（Michael Kami）指出，没有战略的组织就像一艘没有舵的船一样，只会在原地转圈，又像一个流浪汉一样无家可归。战略的功能体现在以下几方面：(1) 确定了组织的方向。战略的制定为组织规划出了前进的航线。(2) 注重团体的努力。战略为团体提供了一致的努力方向，促进了行动的协调性，避免了团体行动的茫然与忙乱。(3) 明确界定了组织的特性。独特的战略是一个组织区别于其他组织的重要标志。(4) 提供了一致性。战略可以减少模糊性，增加有序性。

人力资源战略（human resource strategy）是组织战略实现的基本保障之一。人力资源战略的起点是战略问题和环境因素的评价。

重点问题

- 人力资源的战略问题与环境因素评价
- 人力资源战略制定的方法
- 人力资源战略制定的过程
- 人力资源战略的实施与评估

5.1 人力资源战略问题与环境因素评价

战略问题是在西方现代管理理论中经常遇到的一个基本概念，它指现状与理想状态之间的距离或差距。战略管理的重要作用之一，是督促人们坐下来全面扫描组织的现状，思考组织面临的主要问题。于是，许多管理学者将此作为战略管理的核心，因此，人力资源问题是人力资源战略应当关注的首要环节。要思考组织的人力资源问题，就离不开对组织环境的评价。组织环境的评价技术或方法在组织宏观的整体战略层面和人力资源战略层面都是一致的。这里介绍的环境评价方法也是通用的方法。

依据迈克尔·波特的观点，制定战略应考虑四种关键的因素：产业机会与威胁（经济上和技术上）、广泛的社会期望、组织的强项与弱项、关键实施者的个人价值。这四种关键因素决定了一个组织可以取得多大程度的成功。前两种是组织的外部环境，后两种是组织的内部环境。我们思考人力资源战略问题也应从组织外部和内部两个角度出发，进行人力资源管理的独特视角分析。与组织人力资源战略相关性比较大的环境因素主要包括政治、政府及法律，人口，技术，竞争，内部管理，文化等。

5.1.1 政治、政府及法律因素

政治因素对现代组织的影响已越来越不容忽视，公共组织更是如此。在多党制国家，不同执政党的政治主张、治理重点各不相同，这必然影响到公共部门工作重点的变化，为之服务的人力资源战略也必然要随之调整。在一党制国家，政治因素更是渗透社会的各个角落，组织的各种战略必须考虑政治因素的变化与要求。在我国，党的干部政策是影响公共部门人力资源战略的最重要的因素。不同时期，党的干部政策的导向不同，公共部门选人、用人的倾向与标准就大为不同。在劳动光荣的时代，不管知识水平如何、管理能力如何、原来所从事的工作性质如何，只要是本职工作的劳动模范，任用干部时就优先考虑。在20世纪80年代，提倡干部知识化、年轻化，许多拥有大学文凭的年轻知识分子被破格提拔到领导岗位上来。在进一步对外开放、积极向国外学习的20世纪90年代，许多国外留学回来的“海归”人士，被任命为重要岗位的领导。此外，党的统一战线政策、妇女干部和少数民族干部比例政策，也对干部任用有一定的影响。由此，我们可以讲，在一定程度上，政治因素直接影响着我国公共部门的人力资源战略。

政府的法律与政策是影响组织人力资源战略的另一重要因素。从直接影响来看，政府有关人力资源的法律、法规、政策直接约束着组织的人力资源战略。在西方，公平就业机会、反对就业歧视等法律因素，是法治国家人力资源战略所必须考虑的首要因素。在我国，像公务员制度、社会保障制度、任职资格证书制度、地方政府用人制度、户籍制度等的变化，都是人力资源战略必须考虑的因素。从间接因素来看，政府管制、限制政策，许可制度，税收制度等都会影响到公共部门的业务范围及业务转向，进而影响人力资源战略。更为重要的是，政府的职能变迁、机构改革，直接决定了公共部门的职能转换和部门调整与整合，公共部门的人力资源战略自然不存在忽视政府因素的道理。与政治、政府及

法律因素相关的人力资源战略问题见表 5－1。

表 5－1　与政治、政府及法律因素相关的人力资源战略问题

国际政治格局的变化所带来的国家战略的变化
国家间关系的变化可能带来的组织地位的变化
主要贸易伙伴国之间关系的变化（中美、中日、中俄、中德）
国家所加入的国际组织的协定约束及变化（国际人权公约、世界贸易组织、世界卫生组织等）
世界原油价格变化
世界汇率变化
恐怖活动发生的地区、严重程度
战争的地点、规模及对经济的影响
组织业务相对国的政治及法规对业务的影响
执政党地位的变化
执政党主张、纲领的变化
执政党的统战政策
政府职能改革与机构改革
公民参选比例
反政府抗议活动的次数、地点、程度
政府管制与管制解除
中央政府、地方政府税收优惠政策及其差异
中央政府、地方政府各种行政摊派费用的种类、金额及地区差异
中央政府、地方政府政策倾斜、鼓励发展项目情况
环境保护法规的环保标准及变化
政府价格限制法令
政府对垄断的态度
专利法的变动
政府选人、用人的政策倾向
劳动法的限制性要求及变化
公务员条例的限制性规定及修改
任职资格证书制度
社会保障的相关规定
地方政府户籍制度对用工的限制
妇女、儿童保护法规的要求及变化

5.1.2　人口因素

人口因素的变化是与人力资源战略关联度最高的问题来源（见表 5－2）。

表 5－2　人口因素与人力资源战略问题

国家及地方的人口变化
贫困人口数量

妇女的生育率（包括20年前的妇女的生育率）
结婚率、离婚率
人口性别比例
人口预期寿命
人口的移进和迁出率
平均可支配收入
平均受教育水平
各学历档次的人口数
相关专业博士、硕士、学士的当年毕业人数
每年国家劳务输出数量
每年国家劳务输入数量
每年非法劳务输入与输出数量
人才结构性短缺情况
老龄化劳动力
独生子女劳动力
妇女劳动力
残障劳动力
失业率

劳资关系
职业期望的变化
薪酬期望的变化
对退休的态度
对政府的信任度
对闲暇时间的态度
对外国人的态度
对权威的态度

家庭照管需求的满足标准及变化
社会最低生活保障水平的变化
劳动力保健性（薪酬分为保健性因素和激励性因素）需求费用的变化
传染性疾病

人口结构的变化直接带来劳动力结构的变化，进而影响人力资源战略。在我国，需要关注的人口结构问题主要有：

（1）独生子女问题。由于我国从20世纪70年代末开始推行计划生育政策，城市新婚夫妇只允许生一个孩子。于是，80年代初之后出生的城市孩子，基本上是独生子女。21世纪初，第一批独生子女逐渐成为城市劳动力的主要组成部分。独生子女的人群特点，是人力资源战略必须关注的因素。比如，独生子女因成长环境比较好，所以身体自然条件良好，智力开发早，智商较高，学历也相对较高。但独生子女也有另外一些倾向，如依赖性强、以自我为中心、团队协作能力弱、怕吃苦等。在人力资源战略管理中，独生子女的特点是必须考虑的。

(2) 人口老龄化问题。人口老龄化又称社会老龄化，是以老年人口系数为依据进行衡量的。划分标准尚未完全统一，通常是指老年人口系数达到10%以上。评判一个国家或地区社会老龄化程度，应包括对人口平均寿命、老年人口系数、年龄中位数（指以上和以下的人口各占一半的那个年龄）、长寿水平、老年化指数等指标的综合评定（这个标准规定：老年人口系数在10%以上，少年人口比例在30%以下，人口年龄中位数在30岁以上，属老年型）。正常的人口老龄化，反映人类衰老的延迟、寿命的延长、死亡率和出生率的下降，是社会进步的标志，一般是经济发达国家的现象。我国的人口老龄化一方面反映了我国医疗保障水平的提高，但更为主要的是由我国的计划生育政策造成的。大量老龄人口的存在，使人力资源战略管理要优先考虑如何发挥老同志经验丰富这一长处。同时，人口老龄化也会使年轻劳动力的家庭负担增大，薪酬结构的组成以及薪酬额度都会发生变化。

(3) 人口素质差异问题。改革开放以来，我国教育有了很大程度的发展，这使我国受高等教育人口大幅增长。但是，在广大农村，尤其是欠发达地区，还存在着大量受教育程度较低的人群。这种人口素质的差异，同样是人力资源战略不可忽视的因素。我国初级劳动力过剩，高级劳动力仍然不足。劳动密集型企业比知识密集型企业更容易获得足够的人力资源。

(4) 性别歧视问题。与世界其他国家相比，女性在我国社会生活中的地位应是比较高的，我国的妇女权利保护工作也是做得比较好的。政府也规定，公共部门领导层必须有女性成员。但是，由于女性自然条件及生育等原因，与男性相比，女性就业仍然比较困难，且趋势越来越严重。而国家又有明确的法规规定，男女就业是平等的，因此，人力资源战略也应考虑性别问题。

(5) 外籍人员就业问题。随着我国的对外开放及经济发展，外籍人员就业问题已呈现在我们面前，也是人力资源战略应思考的问题之一。我们人力资源工作者必须考虑对外籍就业人员的管理问题，以及他们对国内劳动力市场的冲击。

5.1.3 技术因素

技术因素所带来的机会与威胁是战略制定过程中必须考虑的（见表 5-3）。技术的重大变革，可以改变社会的生活方式，极大地推进社会的发展。对于组织来讲，技术的进步，会影响到组织的产品、服务、市场、供应商、分销商、竞争者、用户、制造工艺、营销方法及竞争地位。技术发展，可以改进产品，创新市场，改变雇员、管理者和用户的价值观，提升企业的竞争力。技术的普及，又会降低竞争壁垒，使组织的市场定位发生变化。对于技术性服务组织，识别和评价关键的技术机会与威胁是战略管理外部评价中最为重要的部分。因此，人力资源战略的制定，也必须考虑与组织业务相关的技术因素，一方面，要留住组织的核心技术人才，对技术人才在潜能开发和薪酬激励上，都应有所倾斜；

另一方面，要想尽办法将掌握先进技术的人才吸收到组织中来，增强组织的技术竞争优势。那些没能用技术迎接未来的组织，终将会受到技术的惩罚。

在当今信息化社会，信息技术成为各领域的基础技术，信息技术的发展与任何组织都密切相关。电子政务的发展使公共部门对信息技术人才的需求越来越强烈。加大信息技术研发投入，培养和留住信息技术人才，是我国必须采取的战略。

表 5-3　技术因素与人力资源战略问题

在信息技术领域，国际的最新发展情况如何
——组织需要多少基础信息技术人才
为实现组织的战略目标，组织需要什么样的技术
——组织是否已有掌握此类技术的人才，若没有，如何获得
组织拥有的主要技术是什么
——这些技术的变化趋势如何
组织对关键技术都进行了哪些投资
——拥有关键技术的雇员的待遇怎样
组织所需技术有无替代技术
大众对组织技术水平的主观排序如何
竞争者有什么新的技术投资动向
组织哪些技术投资应缩减或取消
组织技术人才的流失率如何
如何吸引与留住核心技术人才
组织的研发设施是否充足先进
组织研发人员是否胜任
利用外脑进行研发是否可行

5.1.4　竞争因素

战略的制定一方面是为了组织自身的发展，另一方面也是为了组织在市场竞争中占据更加有利的位置。在某种意义上，后者可能是战略管理的最终目标。因此，战略的制定也必须考虑竞争者的情况（见表 5-4）。《孙子·谋攻篇》讲道：知彼知己，百战不殆。只有知道了竞争者的底牌，才能更好地确定己方的应对战略，故收集和评价竞争者的有关信息对于战略的制定十分重要。美国的管理咨询公司对美国最有竞争力的公司的成功经验进行了总结，得出了制定战略须关注的七点启示：（1）市场份额十分重要，沦为市场第三就等于滑到了悬崖边缘；（2）时刻提醒组织的业务是什么；（3）无论在什么情况下，尽力将事情做得更好，是永远正确的；（4）要么创新，要么灭亡，对技术驱动型企业来讲，再也没有比成功消失得更快的东西了；（5）收购对于组织增长十分重要；（6）人是最重要的因素，不要认为这是老生常谈；（7）质量和成本都是不可替代的因素，二者并不相互排斥。

表 5-4　竞争因素与人力资源战略问题

竞争者的优势
竞争者的劣势
竞争者的战略与短期目标是什么
竞争者对我方组织竞争战略的承受力怎样
我方组织对竞争者反击战略的承受力怎样
组织所在领域的进入门槛如何
我方组织的市场定位是什么
竞争者的人力资源战略有无对我方不利的因素
竞争者的组织文化是什么样的

在当今知识经济时代，人力资源已经取代物质资源成为最重要的资源，也是竞争的核心，即组织的竞争也就是人的因素的竞争。这也是人力资源战略之所以重要的主要原因。在制定人力资源战略时，应该尽量收集全面的竞争信息，以使战略做到有的放矢。一方面，人力资源战略应当依据组织在市场中的地位而定。如果组织在市场中处于领先地位，品牌知名度高，那么，人力资源战略中的薪酬战略就可确定为同行业的中等偏上。因为，能在品牌知名度高的组织中工作本身就可以为雇员带来满足感。与此相反，成长型的小型组织则应靠在同行业中相对较高水平的薪酬来吸引和留住人才。另一方面，应根据竞争者的人力资源战略来确定自己组织的人力资源战略。这里的核心是了解竞争者在选人用人、激励、薪酬等方面的战略思路，找出对方战略的软肋，以我方的长处攻之。如果竞争者的组织中，升迁机会较少，我们就可以凭借给予急需人才较广的发展空间来吸引人才；如果对方的物质条件较差，我们就可以用住房、高薪酬来猎取所需人才；如果对方的物质条件较好，我们就可以用重用人才、加强感情沟通、塑造良好的团队氛围来吸引和留住人才。

要分析竞争因素，就要有竞争情报活动。竞争情报活动的主要任务是：(1) 了解行业系统及竞争者的基本情况；(2) 界定竞争者的劣势领域，判断自我的战略措施对竞争者会产生什么样的影响；(3) 发觉竞争者可能采取的会对我方组织产生不利影响的行为。经营性组织十分注重情报活动，在美国的许多经营性组织中，都设有专门的部门（大多称为情报室）来负责竞争情报活动，负责人被称为竞争分析经理、竞争战略经理、信息服务经理或竞争力评价经理等。竞争信息获取的途径包括行业杂志、招聘广告、报纸、政府文件、用户、供应商、分销商、竞争者本身等。竞争情报活动并不完全等同于间谍活动。竞争者之间也可能存在以双赢为目的的合作战略。

5.1.5　内部管理因素

组织内部管理因素的分析，旨在从管理的角度来辨析组织的长处与短处，为战略的制定提供尽量全面的内部信息。除人力资源管理外，内部管理还包括组织架构、业务流程控制、财务管理、营销管理等。此外，领导者的个人因素也是影响人力资源战略的重要因素（见表 5-5）。

表 5－5　内部管理因素与人力资源战略问题

组织有无战略管理思想
组织结构是否科学合理
管理者是否进行了恰当的授权
职员的士气如何
组织的内部控制机制是否有效
组织的激励机制如何
组织的市场定位是否准确
雇员的经验是否丰富
雇员是否接受良好的培训
组织的业务流程管理如何
业务流程对人力资源有什么特殊的要求
组织的财务优势与弱点是什么
组织的现金流如何
组织的预算程序是否有效
同竞争者相比，组织的市场定位如何
组织的市场细分是否合理
组织的市场份额如何
客户对组织的服务或产品满意度如何
领导者与战略相关的能力如何
领导者与人力资源管理相关的能力如何
领导者的领导风格是什么类型的
如何管理领导者

人力资源管理因素在这里是指组织过去的人力资源管理模式。过去的人力资源管理中的基本制度建设、薪酬激励机制、人员升迁机制、雇员福利安排等，都会在雇员心里形成心理模式。这对新的人力资源战略的制定与实施，既会产生有利的作用，也会产生不利的影响，因此，也应分析旧的人力资源因素与新战略的一致性。

新的人力资源战略的实施通常是与组织架构的重新设计相伴而行的。组织因素包括战略任务的分解、部门的组建及权力的划分。组织的战略任务本身也是人力资源的战略任务，权力与任务的分解直接与人力资源的职位设置和划分、部门职能的确定息息相关。因此，战略的变化必然要求组织架构随之变化，这同样是人力资源战略应考虑的因素。

业务流程的管理控制是现代组织管理的重要一环。它影响着组织产品与服务的质量、运作成本，进而影响着组织战略目标的实现。前些年，人们推崇全面质量管理来改进业务流程的管理，并流行质量管理的 ISO 质量体系认证。而后，6σ（六西格玛）质量管理法又成为替代全面质量管理的新的业务流程管理提升方法。无论是全面质量管理还是 6σ（六西格玛）质量管理法，对人力资源管理中的激励、潜能开发等都有新的要求。人力资源战略也须考虑此种因素。

战略计划是与预算分不开的，因此，财务管理因素也是战略制定所应考虑的因素之一。一方面，要根据组织的资金状况来对一些战略措施进行取舍；另一方面，要考虑预算审批程序对战略措施的支持度。

营销管理原来是经营性组织最重视的环节，现在，一些非营利性组织也已经认识到营销管理对组织发展的意义。营销管理提倡注重市场，关注客户反馈，建立组织的市场定位。这对传统的公共部门管理思想是一种理念的冲击，人力资源战略的制定也应体现这一新的思想。

领导者因素是组织内部管理中不可替代的因素。在不同类型的组织中，领导的作用虽然有所不同，但其都是关键因素。在法治社会中，领导作用的发挥受到严格的制度规范，其作用相对小一些。在我国，组织中的领导决定着组织的命运，其作用是其他因素所无法比拟的。企业家战略学派就将企业的领导看作战略管理的核心因素，认为制定人力资源战略必须考虑领导的战略能力，主要是确定战略方向所需要的关键能力，包括战略思维能力、分析能力和决策能力。此外，成功的领导者有赖于诸多人力资源方面的能力，如选拔、评估、培养、岗位分配、授权、留住人才、辞退等。这些都应是制定人力资源战略需要斟酌的因素。

5.1.6 文化因素

文化在现代管理中占据着极其重要的位置（见表 5-6）。制定人力资源战略所应考虑的文化因素，既包括国家或地区文化这一大文化环境，也包括组织文化这一小文化环境。从大文化环境来看，不同地区的文化内涵不一样，其对事物的看法、思考问题的角度、价值观、行为方式等都会有很大的区别，甚至是相互冲突的。比如，东方文化是重关系的文化，在与东方人进行商业交往时，非正式谈话的重要性往往很大，对方的个人情况、公司经营状况都是东方人感兴趣的内容。而非个人化的沟通是与轻关系文化的西方人交往的最佳方式。文化之间的不相融性是许多冲突产生的原因。政治学家亨廷顿在其《文明的冲突》一书中认为，当今世界的冲突主要是由文化的冲突造成的。就管理来说，不同国家的文化是不同的，那么与各种文化相适应的管理制度也是不同的。在我们发扬拿来主义精神，学习西方先进管理方法的同时，还要注重制度本身的文化背景。盲目引进或无视文化差异的套用，都会给组织带来很大的伤害。比如，国外管理咨询公司将西方现成的制度模式套给中国的公司，结果却是南辕北辙。一些中国公司，盲目借用西方的末位淘汰机制，忽视中西方文化的差异，给自己公司造成了不小的混乱。

组织文化是组织内部导致共同行为规范的系统的价值观和信仰，包括组织的价值观、组织领导人的成功传奇事迹、组织的愿景等。每一个组织都有不同于其他组织的特殊文化。战略管理都是在特定的文化中进行的，文化可能从两个方面对战略管理产生危害：一是组织文化中的一些根深蒂固的观念，遮住了领导者的双眼，使他们无法觉察外部环境的变化；二是曾经行之有效的文化，很难随着战略的转变而转变。因此，在制定人力资源战略时，必须对文化因素进行分析，充分利用组织文化中的优势，改变组织文化中的劣势。因为，没有组织文化支持的战略，可能是无效的战略。

表 5-6　文化因素与人力资源战略问题

社会中人的价值观与前几年相比有什么变化
组织的愿景是什么
雇员对组织愿景的认同度怎样
组织的价值观是什么
组织的团队凝聚力如何
组织有没有鼓励创新的文化
组织中的传统文化与组织新的战略有什么冲突之处
雇员最看重的工作回报是什么
组织结构是等级化的还是扁平化的
组织对雇员错误的宽容度如何
组织领导的领导风格是什么类型的
员工行为规范中有无与新战略不一致的导向

5.1.7　因素评价

分析完组织内外部的各种因素之后，我们就需要对这些因素进行评价，以确定组织目前的战略与环境的契合度。对环境因素的评价，分为外部因素评价矩阵（external factor evaluation matrix，EFE）和内部因素评价矩阵（internal factor evaluation matrix，IFE），其基本原理是完全相同的。具体步骤为：

（1）列出组织外部环境（内部环境）分析过程中所确认的影响组织发展的关键因素。因素总数为 10～20 个。

（2）将这些因素进行分类。外部因素分为机会和威胁两类；内部因素分为优势与劣势两类。最好两类中的因素数量相等。

（3）赋予每个因素权重。权重的数值为 0～1.0，0 代表不重要，1.0 代表非常重要。权重标志着该因素对组织发展的影响程度的大小。所有因素的权重总和必须等于 1。权重的确定应在与竞争者的比较基础上，通过团体讨论，共同认可。

（4）为各因素评分。评分的依据是组织现行战略对各个因素的有效应对度，评分范围为 1～4 分。4 代表应对很好；3 代表应对超过平均水平；2 代表应对为平均水平；1 代表应对很差。评分反映的是组织战略的有效性，因此，以组织本身为基准，而不是像因素权重那样以竞争者的比较为基础。

（5）计算每个因素的加权分数。每个因素的权重分与因素有效性得分相乘，得出每个因素的加权分数。

（6）计算出组织战略的总加权分数。所有因素的加权分数相加，得出组织战略的总加权分数。一个组织的总加权分数最高为 4.0，最低为 1.0，平均为 2.5。4.0 说明组织的现行战略对环境应对良好，能够充分发挥组织优势，抓住了环境的现有机会。1.0 则正好相反，说明组织的战略亟待改变。

5.2　人力资源战略的制定

5.2.1　人力资源战略规划与人力资源战略

在制定人力资源战略成为管理的主要风潮之前，人力资源管理者对人力资源的相对长远的思考，集中体现在人力资源规划上。

人力资源规划是组织管理的一个环节，在不同的发展阶段，规划关注的焦点不同，这在西方20世纪的管理发展史上表现为：20世纪初，人力资源规划重点关注生产工人的配置；第二次世界大战以后，人力资源规划关注组织对管理人才的需求；20世纪六七十年代，人力资源规划关注的是如何使人力资源达到理想的状态，关键因素是组织对人力资源的需求与供给之间的差距；20世纪80年代，为配合企业的精简与重组，人力资源规划注重人员精减计划和管理者梯队计划。当前，人力资源规划关注的是当前发生的、现时的人力资源问题，思考问题的时间跨度较短。

人力资源战略是应对不断变化的环境，确保与组织战略一致性的管理措施。这揭示出人力资源战略所思考的两个核心维度：一是思考如何应对复杂变化的竞争环境；二是如何使人力资源管理与组织的发展战略相一致。与人力资源规划相比，人力资源战略思考问题的时间跨度更大，一般为2～5年。

5.2.2　人力资源战略的发起

人力资源战略的组织或发起者是人力资源制定过程中不可忽视的因素。组织和发起者不同，人力资源战略的制定过程是不同的。

由基层管理者发起的人力资源战略的制定，是一个自下而上的过程，是将基层的、具体的人力资源战略汇集、综合成为组织整体战略的过程。

由组织高层发起的人力资源战略是一个自上而下的过程，是由高层管理者提出整体的人力资源战略，然后分解成低层次的部门战略的过程。中低层人员对战略的认同度是战略成败的关键。

由外部咨询机构发起的人力资源战略是现在最常见的人力资源战略制定过程。通常由组织高层邀请外部专家，对组织的人力资源管理状况进行诊断，包括外部与内部环境评价，确定与人力资源战略相关的问题，提出相应的应对措施，形成组织的人力资源战略。这种方式的前提是，与内部管理人员相比，外部专家具有更宽阔的视野、更专业的人力资源战略制定手段。

5.2.3　人力资源战略制定的方法

依据战略所关注的焦点不同，战略制定的方法可分为以下几种：

1. 分析性方法

分析性方法以问题为焦点，对产品或服务进行分类评估，然后确定哪些产品或服务应该改变或取消。生产性部门关注的是市场份额和行业成长性，而公共部门关注的是利益相关者的支持和问题的可控性（指组织可能成功解决某一问题的前景，其取决于技术、目标人群混合度、目标人群的人口构成、目标人群的可变性等因素）。依据这些变量，人力资源管理者可将人力资源所面临的问题划分为：

第一，怒虎类问题（angry tiger issues）：此类问题具有较高的公共支持度、较低的可控性。从公众的角度看，此类问题猛如虎，应给予重视和解决。但由于技术局限或目标人群复杂等原因，此类问题目前根本不可能解决，故管理者最好是暂缓解决此类问题。如失业问题就属怒虎类问题。

第二，坐鸭类问题（sitting duck issues）：此类问题既具有较高的公共支持度，又具有较高的可控性。也就是说，公众比较关注此类问题，组织本身又有足够的能力解决此类问题。因此，此类问题应是战略管理者首先考虑解决的问题。这类问题既可以为人力资源战略管理者提高声誉，又可以为怒虎类问题的解决赢取时间。如对雇员符合组织战略方向的行为予以精神奖励，就是坐鸭类问题。

第三，黑马类问题（dark horse issues）：此类问题的公众关注度低，但组织有能力解决好，即可控性高。管理者也应将此类问题作为战略问题予以解决，并作为战略管理的业绩予以宣传。此类问题就好比是买股票买到了一匹黑马，会给人力资源战略管理带来意想不到的收获。

第四，睡狗类问题（sleeping dog issues）：此类问题像沉睡的狗一样，公众的关注度低，管理者对问题的可控性也低。此类问题不应纳入人力资源战略制定者的考虑范围。

2. 以参与者为焦点的概念性方法

以参与者为焦点的概念性方法关注内外部人员对组织战略的理解，其强调的是组织所承受的压力。依据侧重点的不同，该方法又分为三种：

第一，行业分析法（industry analytic approach）。它强调通过对组织所处行业竞争因素的分析，来确定组织相应的人力资源战略。使用的分析模型通常是迈克尔·波特的竞争分析模型。

第二，利益相关者回应法（stakeholder approach）。它强调对利益相关者的关注，组织的人力资源战略应力求满足各种利益相关者的需求。对利益相关者需求的分析与回应是此方法的核心。

第三，解释性方法（interpretative approach）。它关注的焦点是建立良好的关系，即将顾客看成是有价值的信息提供者，而不是麻烦的制造者。它认为，组织是个体的集合，个体们相互达成了规范组织事务的默认条款，战略变革取决于将若干重要个体的支持集中起来。战略是重要顾客在环境中所面临的机会和困境的产物，这些困境不仅仅是谁发现了什么的问题，更可能取决于对传统的认识。象征性符号是战略的中心，合法性的构建是战略的关键目标。

3. 以组织为焦点的概念性方法

以组织为焦点的概念性方法关注组织的整体能力，强调组织在环境中的位置。它又有以下四种具体的分析方法：

第一，政策模型方法（policy model approach）。它指运用 SWOT 模型对组织内外因素进行分析，在此基础上制定适应环境的人力资源战略。

第二，问题管理法（issue management approach）。它通常作为 SWOT 模型的补充，旨在使战略的制定更加灵活，更能应对新的问题。在这里，问题是指突然出现的，可能影响组织战略目标实现的新状况。组织应每年都举行人力资源战略会议，解决新出现的人力资源问题，对原有的战略进行修改。

第三，适应法（adaptive approach）。它强调组织对环境的适应能力，特别是与环境中的机会相匹配的能力。这种方法注重对组织环境的分析及对环境变化的回应。

第四，计划系统方法（planning system approach）。这一方法由人力资源规划发展而来，认为人力资源战略的目的是预测环境的变化和重大事件的发生。其特点是将使命、战略、资源与方向联系起来，进而确定和正确处理它们之间的关系。计划系统应用的方法是规范性的。

5.2.4 人力资源战略的着力点

人力资源战略的制定是在前期的环境评价基础上进行的，环境评价过程中所发现的人力资源问题就是人力资源战略的着力点，应对这些问题的措施就是人力资源战略的基础。人力资源战略应体现如下特征：总体的、方向性的、包含具体方案的、涉及多种职能的、相对长期的等。詹姆斯·W. 沃克（Jams W. Walker）在其《人力资源战略》（*Human Resource Strategy*）一书中所列举的一些经营性组织的人力资源战略，可为我们对人力资源战略的描述提供一些启迪：

（1）控制我们对人力资源供给的短期需求，增加人才供给，积极招募、留住人才（Kaiser Permanente）①；

（2）将管理教育作为促进变革的手段（Unisys）；

（3）对管理人员和雇员进行理想教育，并为他们在新环境中的工作提供技能和政策支持（Levi Strauss）；

（4）扩展雇员激励方案，增加雇员对企业的所有权（The Kroger Co.）；

（5）致力于招募稀缺技能领域的人才和特定国籍的人才（The World Bank）；

（6）改进工作环境，改进国内顾客服务，改进人力资源职能部门效益（U.S. Postal Service）；

（7）使公司成为更积极、更有吸引力的工作场所（John Hancock Mutual Life Insurance Company）。

这些是对人力资源战略的总体描述，完备的方案还应包括相应的具体实施策略。

5.3 人力资源战略的实施与评价

无论多么完美的人力资源战略，假如不能得到很好的实施，那也只能是一种装饰，因

① 括号中为提出相应人力资源战略的学者的名字或机构的名称。

此，对人力资源战略实施的重视，是战略管理者的共识。在战略实施之前先要对战略进行可行性评估，在战略实施之后要对战略进行评价控制。

5.3.1 人力资源战略的可行性评估

任何战略在实施之前，都存在一个可行性评估的必要环节。但对公共部门的战略来讲，尤其重要。其原因是，公共部门除了像私人部门那样考虑市场因素、雇员因素之外，还应考虑政治、法律等一系列公共因素。这等于是说，影响公共部门战略可行性的因素更多。这就要求公共部门战略制定者从两方面来对公共部门的人力资源战略进行评估。

一方面是对利益相关者因素进行评估。这就需要先确定人力资源战略的利益相关者。利益相关者通常包括服务对象、重要支持者、合作单位、服务提供者、同地区或同业务领域的其他公共部门。然后，对这些利益相关者进行等级分类，分类的依据是它们所拥有的影响力的种类及其对人力资源战略影响力的大小。进而分析人力资源战略对利益相关者的影响和利益相关者的反应，依此判断人力资源战略的可行性。

另一方面是对实施战略所需的资源进行评估。首先列出实施战略所需的各类资源，既包括资金等物质资源，也包括政治、法律、管理、经验等非物质资源。然后，对所需资源进行等级分类，分类的依据是这些资源的重要性和潜在的可获得性，进而来判断该战略的可行性。

5.3.2 人力资源战略的实施

战略的实施应该说贯穿人力资源管理的每一个环节。但除此之外，人力资源战略的实施还需要组织宏观条件的支持，最关键的支持来自以下两个方面：

1. 政策支持

政策是指为实现战略目标而制定的准则、方法、程序、规则等。政策是战略实施的工具，政策为奖励和惩罚雇员的各种管理活动设立了边界，明确了在追求战略目标过程中组织提倡什么、反对什么，进而促进战略的实施。政策为管理控制提供了基础，使部门间工作的协调更加便利，有利于集中资源保证战略目标的实现。需要制定相关政策的人力资源问题主要有：新雇员的录用是通过高校直接招聘，还是通过职业介绍所或广告进行招聘；人员的提升是凭借业绩还是年资；组织举办大量的还是有限的提升管理者能力的培训班；雇员的培训活动是集中进行还是分散进行；雇员薪酬如何与业绩挂钩；等等。

2. 资源配置

组织中的资源包括财力资源、人力资源、物力资源和技术资源。资源的分配会受到多种因素的影响，既会受到政治因素的影响，也会受到个人因素的影响。战略管理要求组织资源的配置应围绕组织战略目标来进行，这是组织人力资源战略实现的基础保障。

5.3.3 人力资源战略评价

当组织的外部或内部环境发生变化时，原来再好的战略也会过时。因此，对战略的实施进行系统化的检查、评价和控制就成为战略管理的重要环节。

战略评价是保证实现既定目标的必要条件，其包括三项基本活动：

1. 考察组织战略的内在基础

使用外部因素评价方法，对组织的竞争对手的战略变化等外部因素进行分析。使用内部因素评价方法，对组织内部优势、劣势因素进行评判，以此判断人力资源战略的制定基础是否发生变化。

2. 将预期结果与实际结果进行比较

从战略实施的结果来判断其与战略制定的预期是否一致，也有组织完全从组织的业绩角度进行评判。若不一致，就应检查原有战略的合理性。

3. 采取纠正措施

采取相应的纠正措施，对人力资源战略进行调整，确保人力资源战略与组织整体战略以及内外部环境的匹配。

人力资源战略评价应当不定时地、连续地进行，只有这样，才能不断提升组织成功适应环境的能力。

本章小结

人力资源战略管理是现代人力资源管理的前沿与核心问题。本章从人力资源问题与战略入手，详细介绍了组织内外部环境诸多因素分析的着眼点，以及因素评价方法。在战略制定环节，本章讲述了战略制定的不同方法，并对人力资源战略的实施与评价进行了简要描述。

关键术语

人力资源的战略管理　人力资源管理战略问题　人力资源战略环境分析　一致性　因素评价　人力资源战略评价

复习思考题

1. 公共部门人力资源战略制定过程中所考虑的因素有哪些？
2. 公共部门人力资源战略制定过程中，与竞争因素相关的问题有哪些？
3. 公共部门人力资源战略制定过程中，与政治因素相关的问题有哪些？
4. 战略制定的具体方法有哪些？
5. 公共部门人力资源战略与组织整体战略有哪些不同？

第 6 章

公共部门的工作分析与职位评价

工作分析、职位评价是公共部门人力资源管理的基础。没有周密、细致的工作分析、职位评价，人力资源管理的科学性就无从谈起，招募、甄选、调配、考核、薪酬激励等管理环节将会流于随意性中。

重点问题

- 工作分析、职位评价的含义和意义
- 工作分析、职位分析的历史沿革
- 工作分析的主要内容
- 工作分析的方法
- 工作说明书
- 职位评价的几种重要方法

6.1 工作分析与职位评价概述

6.1.1 工作分析、职位评价的含义

工作分析、职位评价离不开职位。职位（post）是指符合一定标准，由上级组织分配给公职人员的职务和责任的集合体。

工作分析（job analysis）是收集与某一特定工作相关的信息，并进行证明和分析的过程。工作分析描述的是工作内容或职责、员工的任职资格要求、工作环境等信息，是编写工作说明书的基础。

职位评价（post evaluation）也称工作评价（job evaluation），是指通过专门的技术和程序，对职位进行比较，确定职位的相对价值差异。职位评价是薪酬等级设计的基础。

工作分析是描述性的，职位评价则是价值判断性的。细致、完备的工作分析是职位评价准确性的前提。

6.1.2　工作分析、职位评价的历史沿革

工作分析、职位评价的思想源于以 F. W. 泰勒为代表的科学管理理论，该理论在动作研究的基础上提出了“工作分析”和“职位评价”制度。职位评价作为一种管理制度，首先在企业管理中应用和推广，使企业劳动生产率得到了较大提高，后被逐渐引入公共部门的管理之中。

1908 年，美国芝加哥市首先在政府中试行职位评价制度。1923 年《美国职位分类法》的颁布，标志着工作分析、职位评价制度在美国政府人事管理中得以广泛使用。第二次世界大战后，欧洲经济重建，职位评价作为有效的管理手段得到广泛推广，先后实施职位评价制度的国家有比利时、丹麦、法国、德国、荷兰、瑞典等。

6.1.3　工作分析、职位评价的作用

工作分析、职位评价作为公共部门人力资源管理的基础，其作用体现在以下几个方面：

1. 约束政治恩赐，招募合适人才

工作分析清楚地提供了每一个职位的工作内容和任职资格条件，确定了每一个组织的职位数量，有效地限制了政治选任官及委任官随意为其追随者设置职位和安排工作。同时，工作分析、职位评价也为组织招募合适的人才提供了依据。公共部门若没有进行工作分析和工作评价，就无法制定严格的工作规范，公职人员的录用也没有具体的依据，缺乏针对性，只能从大的专业分类方面来录用所谓的“通才”，从而影响行政管理效率的提高。公职人员录用过程中的人情关系、腐败交易也就因制度机会的存在而不可避免。

2. 工作分析、职位评价是人员评估的准则

工作分析之后所编制的工作说明书，具体说明了工作的内容和职责，为公职人员的绩效评估提供了明确的标准，进而可以改善目前我国公职人员的考核评估制度，为公职人员的晋升提供了合理、可靠的依据。

3. 工作分析、职位评价是确定薪酬的主要依据

工作分析、职位评价明确了工作的主要内容和资格条件，确定了职位在薪酬等级中的位置。依此确定的薪酬内部结构才能合理，薪酬的内部一致性才会比较高，才能真正实现按劳付酬。

4. 工作分析、职位评价使公职人员的培训与开发有了明确的方向

有了明确的工作说明，就使公职人员的培训与开发计划有了针对性。

6.1.4　组织图

任何工作分析、职位评价所指的工作和职位都是在特定组织内的。没有特定的组织，工作分析和职位评价就无从着手。因此，组织图的编制就成为工作分析和职位评价的前

提。组织图（organizational chart）是描述某一时期内组织结构的图表，也称组织网络图。组织图可以显示：

（1）组织里所设的部门；

（2）组织的指挥链（chain of command）；

（3）各部门负责人；

（4）每位员工在组织中的地位；

（5）向哪一位上级负责。

下面是某市税务局局机关的组织图（见图6-1）。

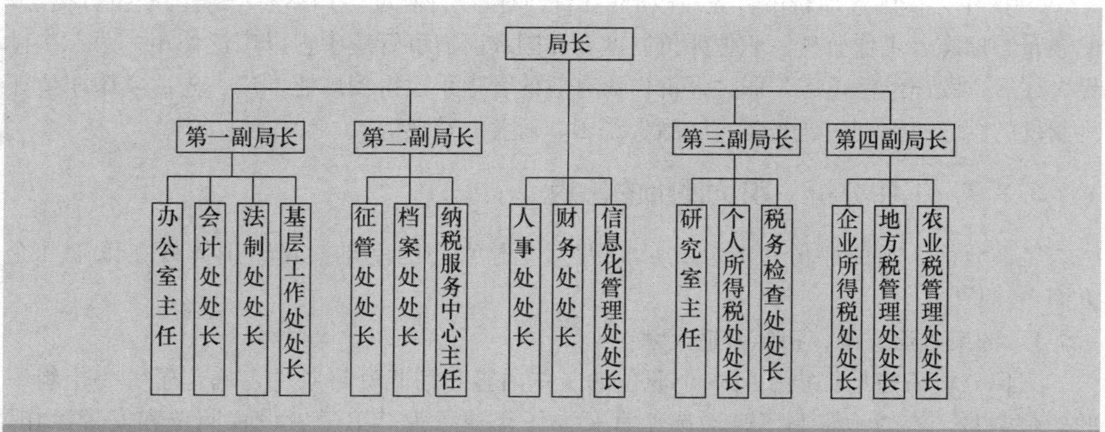

图6-1　某市税务局局机关的组织图

有了组织图，我们就能明白工作分析和职位评价所针对的是何组织、何部门的何职位，工作分析、职位评价就有了特定性。同时，组织图也是新录用工作人员了解本组织结构的最简捷的方法。组织图应是管理幅度、管理层次、组织权力链条、组织职能分解的集中体现，而不是一张简单的图表。

但是，组织图无法提供每项工作的日常活动及职责、组织中实际的沟通形态、员工受监督的程度、各级领导的实权范围、工作人员的工资等级等内容，这还需要工作分析、职位评价来完成。

6.2　工作分析的内容及其方法

6.2.1　工作分析的程序

由于工作分析的用途广泛，又是公共部门人力资源管理的基础，因此，在进行工作分析时，必须遵循一定的程序，避免因资料搜集的错误而影响整个人力资源管理的运作效果。一般来讲，工作分析的程序分为以下几个步骤：

1. 确定工作分析的目标，也就是确定工作分析资料的用途

有了目标、用途之后，才能确定搜集什么类型的资料，不致浪费时间搜集一些对分析没用的信息。同时，有了目标、用途之后，才能决定采用哪种方法来进行工作分析。

2. 确定工作分析的执行者

工作分析是一项需要专业性、技术性并须得到各方面认可的工作，因此，工作分析者应由人力资源管理专家、管理层、员工三方面的人员组成，并接受相关知识培训。

3. 选择有代表性的职位来进行分析

一般来讲，相类似的工作很多，假若将每一个职位都进行分析，从时间上来讲是不可能的，因此，就需要选择其中若干具有代表性的工作来进行分析，然后进行类推。

4. 搜集工作分析所需的资料，这是工作分析的关键环节

需要搜集的资料包括员工的在职活动、员工行为、工作状况、必备条件等。

5. 让任职者及其直接上司认可所搜集的资料

在资料搜集过程中，由于某些原因，有些重要的资料可能被遗漏，让任职者和其直接上司认可，能使资料更完备，也可以使他们更易于接受所搜集到的活动资料。

6. 编写工作说明书和工作规范

在资料整理和分析的基础上，编写出工作说明书和工作规范，这是工作分析成果的体现。工作说明书以书面的形式描述了工作中的活动、职责以及与工作有关的重要因素及信息，工作规范则着重指出任职者所需的资格条件。

6.2.2 工作分析的内容

工作分析的基本要求是，从职位活动中提炼出那些对职位来说必要的条件和因素，并对职位进行系统的概括说明。因此，工作分析就应着重搜集以下两方面的信息资料：第一，承担的任务和责任，完成每件工作的方式方法，完成工作的动机，用什么原材料、工具和设备，工作的原则、规律和程序，工作环境；第二，熟练完成每件工作所要求的知识水平（包括受教育程度、培训情况和工作经验）、技术和能力。

为了保证组织能够系统地搜集职位的全部资料，就需要准备好一份标准的工作分析表（job analysis information format）。工作分析表中的问题须经过精心选择，一般应包括下列有关基本要素的提问：

关于职位：

（1）谁从事此项工作？职位的名称是什么？

（2）职位的基本任务是什么？

（3）如何完成这些任务？使用什么设备？

（4）此项任务的目的是什么？此职位的任务和其他职位任务的关系是什么？

（5）执行者对科室和机器的责任是什么？

（6）工作条件（工作时间、温度、噪声、光线等）如何？

关于工作者圆满完成任务所需的条件：

（1）知识；

（2）技术，包括经历；

（3）受教育程度；

（4）体力状况；

（5）智力状况；

（6）适应性（主动性、灵活性等）。

（请参见本章附录中表 A6－1 工作分析表的范例。）

6.2.3 工作分析的方法

工作分析的方法有很多种，使用较多的有面谈法、问卷法、现场观察法、工作日志法四种，或是这四种方法中几种的结合。

1. 面谈法

面谈法有三种形式：个别员工面谈法、集体面谈法、主管领导面谈法。集体面谈法一般在许多员工从事同样工作的情况下使用，通常也邀请其主管领导参加。主管领导面谈法是找一个或多个主管领导面谈，这些主管领导应对下属的工作有充分的了解。

面谈法的关键在于依据工作分析表，科学地确定面谈的典型问题，同时使参与者充分了解面谈的缘由，不致使他们有被考核的感觉，以保证所搜集资料的准确性。面谈法看似简单，操作起来却有许多技巧和一定难度。执行过程中需要注意以下问题：

第一，同主管领导密切配合，找出最了解工作内容和最能客观描述自己职责的员工。

第二，必须很快同面谈者建立融洽的感情沟通。你应该知道对方的姓名，以对方能够理解的方式，扼要说明面谈目的及找对方来的缘由。

第三，准备一份完整的问题表格，并留下空白以供填写。重要的问题先问，次要的问题后问。

第四，若对方的工作并非每天一成不变，则应要求对方将各种职责列出，并按重要顺序排列。这样，可以避免忽略那些虽不常出现，但却很重要的活动。

第五，面谈结束后，应让任职者及其主管领导将所搜集的资料浏览一遍，以做适当的修改与补充。

面谈法的优点在于可以让任职者自己说出其工作活动与行为，能搜集到一些其他方法所发掘不到的信息。另外，面谈法也给任职者提供了一个了解工作分析重要性的机会，使他们更容易接受工作分析的结果。同时，面谈中的一些怨言，也可以使管理层发觉原来未曾注意到的事项。

面谈法的缺点在于所搜集到的信息容易失真。这是因为，工作分析常常是职位评价、薪酬调整的前奏。因此，员工常把面谈视为一种变相的业绩考核，从而夸大其工作职责，使所搜集到的信息被扭曲。

2. 问卷法

问卷法是通过任职人员填写与工作职责有关的调查问卷来进行工作分析的方法。运用问卷法，首先要确定问卷的结构性程度。结构性程度在这里是指问卷内容的细化程度。在结构性程度很高的问卷里，工作职责被细化为上百个小的职责，连完成每项职责所需的时间都要求填上。与此相反，结构性程度低的问卷所设计的问题大都比较笼统开放，由任职人员根据自己的判断来填写。这是两种极端化的问卷形式。而在实际操作中，多是两种形式结合，既有结构性较强的问题，又有开放性的问题。

其次，问卷法的关键还在于确定问卷所应包含的问题。问题设计得如何，直接牵涉所搜集资料、信息的质量，从而影响工作分析的效果，因此，这是一项漫长而复杂的工作。

（请参见本章附录中表 A6－2 编拟工作说明书前的工作分析问卷的范例。）

问卷法的优点在于，可以在短时间内从众多任职者身上搜集到所需的资料。其缺点有两方面：一是问卷的编制技术要求高，费时费力；二是不同的任职者对问卷中同样的问题理解可能不一致，这样所搜集到的资料信息就可能偏离工作分析的主旨。由于此种原因，问卷法一般不单独使用，它同其他方法结合使用效果更佳。

3. 现场观察法

对于重复性强、身体外在活动较多的职位，用现场观察工作者行为活动的方法来进行工作分析，比较简便易行。但对于脑力劳动占主要成分的职位来讲，现场观察法很难奏效。

另外，对于负责处理突发事件（如抢险、救灾等）的职位来说，运用现场观察法也较困难，因为这些条件只是偶尔才会发生，并非平常可以观察到的，因此，运用观察法不可能得到全部所需资料，必须辅之以其他方法才能尽善尽美。

4. 工作日志法

工作日志是一天中工作活动的记录。工作日志法是要求任职者将一天中所从事的工作活动如实地记录下来，然后由分析人员根据工作日志的内容来对工作进行分析。这种方法所搜集的材料一般较真实可靠，同时可以检验面谈法等所搜集的资料信息的真实程度。

面谈法、问卷法、现场观察法以及工作日志法这四种方法是工作分析的常用方法，一般相互结合使用。有了这几种方法所搜集的资料，我们就可以进行下一步工作——编写工作说明书了。

6.2.4　工作说明书

工作说明书（job description）是描写某一职位的工作内容、职责、工作环境及任职条件的书面文本。

工作说明书的编写要求是简洁、清楚、充分，也就是要用普通人能够理解的、最简练的语言完整地描述与工作有关的重要信息资料。工作说明书是在工作分析的基础上，将工作分析所搜集的资料信息精心筛选而形成的。一般来讲，它包括以下八项内容：

1. 工作认定

工作认定（job identification）包括工作职位的名称或职务、职位代号、该职位的直属上司职务，以及编写人、编写日期、审批人等。

2. 工作摘要

工作摘要（job summary）是对该职位工作职能、活动的概括描述，所用语言应尽量具体明确，切忌泛泛地概括。

3. 工作关系

工作关系（job relationship）是指该职位工作者与组织内外其他人及部门、机构之间的关系，主要描述该职位与组织内上级、下级、同事的关系，与组织内其他部门的工作配合关系，与外部机构及人员的合作关系。

4. 职责

职责指该职位的主要工作内容与责任，一般应分条记载并略加说明。

5. 职权

职权指与该职位工作职责相应的权力界限，包括决策权限，用人权限，财、物支配权限，监督权限等。

6. 绩效标准

对工作的最低绩效标准进行描述，包括最低工作量、完成某项服务的时间限制、工作质量、顾客满意度等。

7. 工作条件

工作条件（working condition）是指与工作有关的特殊环境条件，亦称工作环境，包括噪声、粉尘、辐射等方面的情况。

8. 任职资格

任职资格指从事本职位工作所需的资历条件，亦称工作规范，包括受教育程度、工作经历、培训情况、特殊技能要求等。

以上八项是工作说明书的主要内容，至于工作说明书的编写格式，并没有明确的规定，可依据组织具体情况而自行设定。

6.3 职位评价的方法

在完成工作分析和工作说明书之后，下一步工作就是职位评价。职位评价是在工作分析的基础上，依据工作分析所搜集的资料信息，对职位的“相对价值”进行分等排序的过程。职位评价的方法一般来讲有排列法、分等法、评分法、因素比较法或这些方法的综合。学者们通常将排列法和分等法归为非量化分析方法或非分析法，将评分法和因素比较法归为量化分析方法或分析法。

6.3.1 排列法

排列法（job ranking）是将组织内所有职位按责任轻重、复杂程度等因素，由高到低排列出来进行评价的方法。各职位的薪酬水平按照排列次序来确定。

排列法的一个很重要的前提是选择训练有素的评估人员。因为排列法中对职位的评估主要依靠分析人员的主观判断，因此，只有十分熟悉被评估职位，了解每个职位所要求的技术和技能的分析员才能做出比较公正客观的判断。有了高素质的评估人员，正式的职位评价就可以开始了。排列法的主要程序为：

1. 确定标杆职位

在工作分析的资料搜集齐备后，一般要选择若干标杆职位作为参照系，这是排列法程序中的关键。因为其他的职位都要依据标杆职位来进行排列。标杆职位首先必须要有代表性，能够涵盖该组织职位的主要职能和特性。其次，标杆职位需要处在职位之间的恰当位置，并合理地分散在现有的职位结构之中。

至于标杆职位的多寡，没有什么通行的标准，一般选取职位总数的 10%～15%作为标杆职位。

在全面的调查分析之后，首先由基层科（处）室来排列标杆职位。然后再由分析人员进行全盘考虑，确定最后的标杆职位。选择和排列标杆职位是为了形成一个用以排列其他职位的结构框架，组织内的其他职位可以通过与一个或两个标杆职位的比较来进行排列。

2. 排列其余职位

确定了标杆职位框架后，我们就可以通过对每个职位的全面评估来对其余职位进行排列了。也就是通过鉴别每一职位与组织中其他职位的相对位置，分析它是比某个标杆职位更重要，还是不如标杆职位重要，或者与标杆职位重要程度相当，并依此进行排列。在具体排列过程中，也可以将某一职位与已经排好的职位相比较来确定其恰当位置，最后形成职位由高到低的重要性排列序列。

职位排列的科学与否主要取决于分析人员对职位的熟悉程度。对于相类似的职位来讲，用排列法排列相对容易，而对于不相似或相互无关的职位来讲，用排列法排列就比较困难，比如司机和打字员，究竟哪个职位更重要，有时很难确定。

3. 职位分级

形成职位重要性序列之后，就需要将这些职位划分出等级，以适应薪酬体系的要求。排列法实际上无法为这种等级划分提供精确客观的依据。这种等级的区分往往是从管理的角度出发，将职位分为若干个小组，不同的小组确定出不同的工资等级，每个等级内再制定出由低到高的工资序列。

排列法的优点在于操作简单、省时。缺点在于缺乏测量尺度，无法提供等级之间差别的客观依据，并过分依赖分析人员的素质及其对职位的熟悉程度。因此，排列法只适用于规模较小的组织，对拥有成百上千个职位的大规模组织就很难奏效。

6.3.2　分等法

分等法（job grading）亦称分类法，是将职位分成若干等级，然后在每一等级内选出 1～2 个关键职位，并附上工作说明书和规范．接着评估每一职位，逐一与各级的关键职位相比较，相似的编为同一等级，最后排列出各等级的高低。分等法的具体程序为：

1. 按职位内容进行分类

其指在工作分析的基础上，将组织内的职位进行分类，如可分为专业技术类、管理类等。这样，职位的分等就可在同类职位内进行，分等工作就变得简单易行。

2. 确定等级数量及等级定义

第一，依据组织规模、工作性质、人力资源管理策略来确定等级的数量。

第二，确定用来评价职位重要程度的基本因素。不同性质的组织，影响其职位重要程度的因素也不同。美国联邦政府就以下八大因素来评估职位的重要程度：一是工作的难度与多样性，二是监督他人和被监督的程度，三是判断力的运用程度，四是需要创造力的程度，五是工作关系类型，六是职责，七是经验，八是所需知识。

第三，明确等级定义，即对所分的等级进行概念性的明确描述。这是一项艰难复杂的工作。

第四，评价和分等。这是分等法的最后阶段，即分析人员根据工作分析对每个职位的内容说明与等级定义相比较，得出每一职位的评价结果，将职位归入相应等级。

在归等过程中，为了使划等更简单化，一般依据每个等级的特定要求，在每一等级中确定一个标杆职位作为参照，然后再进行分别归等。

分等法在进行等级定义时，参考了指定的工作因素，因此比排列法更准确、客观。由于分等法相对简单，故所需费用也相对较少。分等法比较适用于职位内容变化不大的组织，特别流行于公共部门。美国、加拿大等国的政府公共部门的职位评价用的就是分等法。但是，分等法程序中的等级定义是一项高难度的工作，对职位内容变化较大的经济实体来讲，使用时就会遇到诸多困难。

6.3.3 评分法

评分法（point system）是一种量化的评价方法，首先依据工作内容的特点确定出所有职位共同的评价因素，然后度量出每项因素对于被评价职位的重要程度和价值，并以分数形式记录下来，以便计算总值并相互比较。每一职位的总分数就是该职位的价值指标，以此作为核定薪酬的标准。评分法的程序一般为：

1. 确定职位群

因为每个处室的工作各异，不可能对整个组织的所有职位都进行评估，所以，第一步需要将相似职位分成职位群，例如文书性职位群、采购性职位群等，然后，评价委员会再为每一职位群分别拟订评分计划。

2. 选择和界定评价因素

第一，选择出影响职位评价的主要因素，如工作复杂程度、创新性、决策、受教育程度、经验、工作独立程度、技术、人际交往、工作环境等。评价因素的选择没有什么定式，可根据本单位职位内容的需要，参考相类似的组织成功的职位评价经验来确定，但所选择的评价因素必须是大多数职位都要考虑的，能够表现出共性。英国的银行在进行职位评价时通常考虑六项因素，即经验、复杂性、独立性和进取心、工作人员的监督、对避免银行损失承担的责任、私人联系等。

第二，在评价因素确定之后，就需要给这些因素一个明确的界定，这样就可避免不同因素之间的内容重叠。同时，也可以给一些抽象因素，如独立性、决策等以准确的说明。

所选择因素的数量越多，评价所需的时间就越长，难度也越大，因此，所选择的因素一般以 4～12 个为宜。

3. 因素分等

把每一个评价因素再分成等级，以便操作。通常因素的等级不超过 6 个，以能区别职位为原则。等级过多，评价工作会很烦琐，过少则不能清楚地区分职位。例如，工作复杂性这项因素就可分为四个评价等级：

一等：低度复杂性的标准化的工作职位。很少需要抉择采取何种行为，包括不需要严密监控的重复性工作。

二等：偏低度复杂性工作职位。按照详细的说明和标准进行操作。所做决策有限，只是在原有的操作程序中做出选择。

三等：中等有一定复杂性的工作职位。虽是按照详细的说明和标准进行操作，但所做的决策需要运用某种判断力，或需要对原有的操作程序进行调整。

四等：高度复杂性工作职位。按照一般性的说明和标准进行操作，必须运用判断力和创造力来选择方案，并以智慧或判断力来处理所遇到的问题。

4. 权衡因素之间的相对价值

不同的评价因素对职位来讲，其重要性不同。在不司的职位群中，涉及因素的重要性也不相同，甚至相反。比如智力条件和生理条件两个因素，对管理类职位群和体力劳动较多的操作性职位群来讲，其重要程度就正好相反。因此，工作评价委员就需要仔细研究因素定义，确定出因素的相对价值权数。目前，权衡因素一般采用百分比方法。

第一，将评价因素按重要程度由高到低排列，设定最重要的因素价值为 100%，然后对其他因素进行评价。如决策能力 100%、受教育程度 60%、人际关系 35%。

第二，把评价因素百分率相加（100%+60%+35%=195%）并加以转换。

决策能力：100÷195=0.51=51%。

受教育程度：60÷195=0.31=31%。

人际关系：35÷195=0.18=18%。

5. 确定每个因素等级的分数

评价因素的价值权数明确之后，就需要确定每个因素等级的分数，也就是给等级打分。

第一，要确定分数的总值，总值的大小要考虑到方便与否，最好用大数字，可以是整数 500 或 5 000，避免出现小数点，更好地表现等级之间的差别。

第二，根据评价因素的权数即百分比，换算出该因素的分数。例如：假定总值为 500 分，该因素的权数为 51%，得出该因素的分数为 500×51%，等于 255 分。

第三，依据因素的总分值，评出该因素各个等级的分数。等级分数的评定可按算术级数、几何级数或不规则级数中的任何一种规则。运用算术级数，容易被职员接受，等级间差别不大，适合体力劳动占主要成分的职位，而几何级数的等级差别较大，适合于脑力劳动占主要成分的职位。下面的例子是按算术级数给等级打分的结果（见表 6-1）。

表 6-1　总分为 500 分，按算术级数算出的等级分

	一级	二级	三级	四级	五级
决策能力	51	102	153	204	255
受教育程度	31	62	93	124	155
人际关系	18	36	54	72	90

6. 编写职位评价手册

在编写职位评价手册之前，要先对因素评价方案进行验证，发现问题及时修正，直至达到满意结果。

职位评价手册主要是说明职位评价的程序，阐述评价因素，诠释要素及要素等级分数。该手册应被分发给职位评价所涉及的所有人员。

7. 实施评价

职位评价委员会要按照职位评价手册的要求进行评价工作，每个职位均须依据工作说明书和工作规范来决定各项因素的得分，然后相加，即得到该职位的总分。最后按分数的多少排列出来，形成一个职位等级结构。若需得出工资结构，可以用货币数直接代替分数，形成薪酬的等级系列。

评分法是一种应用很广泛的职位评价方法，其优点在于：一是通过清楚明确的因素界定来进行系统的比较，减少了主观决定的成分，评价结果更加客观，易被员工接受；二是具有广泛的适应性，适合于任何职位。其缺点在于：评分方案的制定费时、费力，而且定义和权衡要素的技术要求很高，因此，对规模较小的组织来讲，评分法不一定是最佳的选择方案。

6.3.4 因素比较法

因素比较法（factor comparison）是在排列法基础上改良而成的一种量化评价方法。排列法是以某一个因素来比较各个职位的，而因素比较法则以多个因素为参照系，以每个因素为基础来进行多次比较，形成职位评价结果，然后将评价结果数值化，得出每一职位的总分。因素比较法常用的因素有智力条件、生理条件、技能条件、职责、工作环境五种。具体评价程序为：

1. 选择标杆职位

标杆职位的选择在所有职位评价方法中都是一件细致而重要的工作，在因素比较法中尤其如此。因为评价结果的好坏，在很大程度上依赖于标杆职位选择的恰当与否。因此，标杆职位必须将所确定的因素进行清楚的描述和分析。同时，标杆职位本身要能代表不同等级，并充分显示出每个因素的不同重要程度。在实际操作中，所选择标杆职位数量一般为15～30个，数量过多则会导致排列因素所需时间过长，过少则易产生误差。

2. 按因素排列标杆职位

标杆职位的排列，首先要由职位评价委员会中的成员各自单独做出，然后再集中统一意见，得出标杆的最后排列（见表6-2）。

表6-2 按因素排列的标杆职位

职位	智力条件	生理条件	技能条件	职责	工作环境
部门主管	1	3	1	1	4
秘书	2	2	3	2	3
打字员	3	4	2	4	2
门卫	4	1	4	3	1

注：1表示高，4表示低。

3. 给各因素分配薪资待遇

标杆职位排列完成之后，就需要将标杆职位的工资率按比例分配给各因素。这是因素比较法与其他方法相比较复杂的地方。

假设目前部门主管的工资标准是1 000个货币单位，那么，各因素在其工资标准中所占的比例有可能为：智力条件占30%，生理条件占10%，技能条件占20%，职责占

35%，工作环境占5%。按此方法，将所有标杆职位的工资标准都按因素进行分配，这样，标杆职位就可按每个因素所分配到的工资比例重新排列，表6-2中的四个职位重新排列后，结果就可能为表6-3。

表6-3　按薪资待遇排列的标杆职位　　单位：元

职位	工资标准	智力条件	生理条件	技能条件	职责	工作环境
部门主管	1 000	300（1）	100（3）	200（1）	350（1）	50（4）
秘书	830	200（2）	120（2）	150（3）	300（2）	60（3）
打字员	550	150（3）	50（4）	180（2）	100（4）	70（2）
门卫	530	50（4）	150（1）	100（4）	150（3）	80（1）

注：1表示高，4表示低。

需要注意的是，不同的职位评价委员可能对每个因素在职位中的价值做出不一致的评价，这就需要职位评价委员会进行协调，达成共识。

4. 比较上面两次排列的结果，删掉不理想的标杆职位

将按因素排列的结果与按照因素的薪资待遇所排列的结果进行比较，得出表6-4。

表6-4　比较两次排列结果

职位	智力条件	生理条件	技能条件	职责	工作环境
	A ￥	A ￥	A ￥	A ￥	A ￥
部门主管	1 1	3 3	1 1	1 1	4 4
秘书	2 2	2 2	3 3	2 2	3 3
打字员	3 3	4 4	2 2	4 4	2 2
门卫	4 4	1 1	4 4	3 3	1 1

注：A代表按因素排列的高低，￥代表按因素的薪资待遇排列的高低。

从两次排列结果的比较中，查看有无两次结果不一致的职位（表6-4中的结果是一致的），若有，就需要调整不同因素的薪资比例来消除差异。若无法消除，就必须将这一职位从标杆职位中删除。

5. 排列其他职位

在所有标杆职位排列确定之后，组织内的其他职位就可以通过与标杆职位相比较确定出自己的位置和工资水平。例如，财会人员对技术的要求可能介于打字员和部门主管之间，因此财务职位技术因素对应的工资也应为180～200个货币单位，其他因素依此类推。

在最后进行职位排列时，因素比较法还常常使用工作比较尺度表（job comparison scale），也就是将职位评价因素分为0～100个不同等级度，然后确定每个职位各个因素得分的总和，并换算为工资（见表6-5）。

因素比较法也是被广泛使用的职位评价方法，原因在于其大部分职位的排列是通过同标杆职位相比较得出的，是一种准确、系统的量化评价方法。此外，因素比较法赋予了各因素货币值，薪酬结构可以在评价中自然形成，减少了工作量。运作程序的复杂性是因素比较法的主要缺点，此外，因素比较法中的五因素不一定对组织中所有的工作都适用。

以上介绍的排列法、分等法、评分法、因素比较法是职位评价的四种基本方法。随着

表 6－5　工作比较尺度表

	智力条件	生理条件	技能条件	职责	工作环境
100					
…					
…					
…					
55					
50					
45					
40					
35				部门主管	
30	部门主管				
25					
20			部门主管		
15					
10		部门主管			
5					部门主管

职位评价技术的发展和计算机技术的广泛应用，一些专业的人力资源管理顾问公司设计出了一系列更精确化的评价方法，并秘不外传，但大都是这四种方法的结合与演变。

本章小结

工作分析、职位评价是人力资源管理活动的起点，也是其他人力资源管理活动客观性和有效性的保证，在人力资源管理中占有重要地位。本章以描述和阐述工作分析、职位评价的运作方法为重点，首先介绍了工作分析的内容与方法，其次对职位评价的主要方法——排列法、分等法、评分法、因素比较法等进行了详细的介绍，旨在使学习者对工作分析、职位评价的整个过程有全面的把握，并掌握其中的一些基本操作方法。

关键术语

工作分析　职位评价　组织图　工作说明书　工作规范　职位评价方法

复习思考题

1. 在人力资源管理中，工作分析、职位评价的作用是什么？
2. 职位评价排列法的主要内容是什么？
3. 分等法的主要内容是什么？
4. 因素比较法的主要内容是什么？
5. 工作说明书包括哪几项内容？

附　录

表 A6-1　工作分析表

你的职称______________________代号______________日期______________

等级______________________部门______________________

你的名字______________________使用设备______________________

主管的职称______________________编表人______________________

主管的名字______________________工作时间________ AM ________至 AM ________

PM ________至 PM ________

1. 你的工作的一般性目的是什么?

2. 你以前的工作是什么？请写出以前公司的名称。

3. 你希望自己担任怎样的工作?

4. 如果你有部属的话，请列出他们的名字及职称。

5. 如果你有部属的话，下列哪些活动是你工作中的一部分：

______任用	______教导	______晋升
______引导	______辅导	______奖励
______训练	______编列预算	______惩罚
______排定工作进度	______指挥	______解雇
______培养	______评估绩效	______其他______

6. 你的工作怎样才算是做得成功?

7. 工作职责——请简略描述你所做的工作，以及如何做这些工作；请指出其中最重要以及最困难的部分。

(a) 每天的职责________

(b) 定期性职责________（请说明是每星期、每月、每季等等）

(c) 不定期职责________

(d) 你承担这些职责多长时间了?

(e) 你目前是否承担了一些不必要的职责？如果是，请说明。

8. 教育程度——请勾选该工作应具备的学历水准（并非指你的学历背景）。

(a) ______不需要正规学历
(b) ______高中文凭以下
(c) ______高中文凭或同等学力
(d) ______两年大专文凭或同等学力
(e) ______ 四年大学文凭
(f) ______ 四年大学文凭以上或拥有专业执照

请指出何种学历或何种专业执照。

请说明你当初担任该工作时的学历。

9. 经验——请勾选需要多长时间的经验才能担任你目前的工作。

(a) ______不需要
(b) ______ 1个月以下
(c) ______ 1～6个月
(d) ______ 6个月～1年
(e) ______ 1～3年
(f) ______ 3～5年
(g) ______ 5～10年
(h) ______ 10年以上

请说明你当初担任该工作时具备了多长时间的经验。

10. 技能——请列举该工作所需要的所有技能（例如准确、专心的程度、方法等），请说明你当初担任该工作时具备哪些技能。

11. 设备——你的工作需要使用到设备吗？是______否______

如果是，请列举设备名称及使用的程度。

	设备	很少	有时	经常
(a)				
(b)				
(c)				
(d)				

12. 生理条件——请指出该工作有哪些不适的生理条件及其要求的程度。

		很少	有时	经常
(a)	______举重物	______	______	______
(b)	______不良工作姿势	______	______	______
(c)	______过度的工作速度	______	______	______
(d)	______超额的感官要求（看、听、摸、闻、说）	______	______	______
(e)	______震动性设备	______	______	______
(f)	______其他	______	______	______

13. 情绪条件——请指出该工作有哪些不适的情绪条件及其要求程度。

		很少	有时	经常
(a)	______与一般大众接触	______	______	______
(b)	______与客户接触	______	______	______
(c)	______密切监督	______	______	______
(d)	______赶工压力	______	______	______
(e)	______不规律的工作进度	______	______	______
(f)	______单独工作	______	______	______
(g)	______长途出差	______	______	______
(h)	______其他______	______	______	______

14. 工作场所——请指出该工作有哪些舒适及不舒适的工作场所。

		舒适	不舒适
(a)	______室外	______	______
(b)	______室内	______	______
(c)	______地面	______	______
(d)	______地下室	______	______
(e)	______台架	______	______

15. 工作环境——请说明你工作环境的条件优劣。

差　　　好　　　极好

主管评语

你的部属对于工作条件与职责的描述是否正确？______是______否。如果不正确，请加以说明及补充。

表 A6-2　编拟工作说明书前的工作分析问卷

员 工 问 卷

工 作 说 明 书 问 卷

日期__________

单位__________________________目前的工作职称与等级__________

部门__________处（科）__________主管姓名______________

1. 请描述你的工作的主要职责。

2. 其他较不重要的工作职责为：

3. 请列举你所使用的机器或设备。

	一直使用	经常使用	有时候使用
________________	______	______	______
________________	______	______	______
________________	______	______	______

4. 该工作最低学历资格要求是（勾选一项）：

□高中以下　　□高中加上 2～3 年其他学历

□高中　　□大学（4 年制）主修______

□高中加上 1 年其他学历　　□大学加上其他学历

该工作所需要的额外特殊训练（在一般高中或大学不容易学到）为：

5. 担任该工作的人员需要具备多长时间的相关经验？

□不需要　　□1～3 年

□3 个月以下　　□3～5 年　　□______

□3 个月～1 年　　□5～10 年

6. 合乎上述条件的新进员工需要多久才能进入角色？

□2 个星期以下　　□6 个月　　□2 年

□3 个月　　□1 年　　□______

7. 该工作需要主管监督的程度是（请勾选一项）：

□ 经常性：所有异常状况均须向主管报告。

□ 每天向主管报告若干次，听取其指示。

□ 因为大部分的工作内容都是重复性的，所以遇到重大异常状况时才向主管报告。

□ 监督有限。工作指派之后，大部分的工作内容决定于任职者，有时候甚至由任职者自己来决定工作方式。

□ 只列出工作目标，由任职者自行决定工作方式。

□ 直接监督几乎没有。在组织一般政策的指导下，工作方式与协调均由任职者自行负责。

8. 该项工作所能做的决策，其性质与范围如何？

____

____

你决定核准前是不是要经过请示？________如果是的话，向谁请示？________

你决定驳回前是不是要经过请示？________如果是的话，向谁请示？________

9. 该工作需要何种智慧？

例子：____

____

____

10. 该工作会出现何种过失？____

____

____

上述过失如何发现？____

____

____

如果上述过失未被发现的话，会有什么后果？____

____

____

11. 处理事务时，与别人接触的情形：

	一直	经常	有时	从未	方式（电话、书信等）
单位其他部门的工作人员	____	____	____	____	____
客户或代理人	____	____	____	____	____
一般大众	____	____	____	____	____
政府机构	____	____	____	____	____
其他	____	____	____	____	____

接触的目的与例子____

____

____

12. 如果该工作需要注意的程度超乎寻常，在下列项目中勾选一项：

□密切注意　　□有时候在短期内需要密切地注意

□高度专心　　□经常需要注意，但有时候并不需要

□需要保持稳定的注意程度

13. 工作所产生的异常疲倦会导致何种肌肉动作、身体移动、工作姿势？

____

14. 请叙述在工作中你可能会受到的灰尘、噪声、水、烟雾、热、意外事件等伤害：

____

____

在一个月当中，出差的次数与方式：____

____

在一个月当中，开车出差的次数：____

____

如果你有部属担任上述工作的话，请继续回答下列问题：

15. 请勾选你对上述工作负何种督导责任：

□指导
□指派任务
□检查工作内容
□规划其工作内容
□维持工作标准
□协调彼此间的工作活动

□分派人员
□解决员工问题
□甄选新人
□调职/晋升
（签呈？______裁决？______）
□惩罚
（签呈？______裁决？______）
□辞退
（签呈？______裁决？______）
□加薪
（签呈？______裁决？______）

请列出直接受你管辖的工作职称及员工人数：

____ ____________
____ ____________

属下员工人数合计：__________

评语：

____
____
____

问卷制作人：____________

主管人员请注意：你签名之后，表示你已经看过上面的工作说明书问卷。如果你认为有任何地方需加以修改，请用红色铅笔注上。最后完稿的工作说明书还会再让你审阅一遍。

你有多少员工担任上述工作？____________审阅人____________

职　务____________

资料来源：戴斯勒．人事管理．台北：晓园出版社，1992：39.

第7章

公共部门职位管理与人员分类管理

公共部门的任职人员是一支规模庞大的队伍，要对其实施一系列有效的管理，就必须按一定的标准将其划分成不同的类别，进行科学分类基础上的管理。人员分类确立了公共部门的职位序列和体系，也为不同类别人员的成长和发展提供了规律性的条件。

重点问题

- 公共部门职位管理演变的三个重要阶段
- 人员分类管理的必要性
- 品位分类的特征与优劣
- 职位分类的特征与优劣
- 现代人员分类管理制度发展的趋势
- 我国公务员分类管理的内容和特征

7.1 公共部门职位管理的演变

职位是公共部门的重要而稀缺的资源，其管理和分配方式的演变体现了政治体制和公共部门人力资源管理价值的变迁过程。

7.1.1 恩赐制度下的职位管理

在欧美国家政治恩赐制下，公共职位是统治权争夺中胜利者的战利品，是重要的“分赃物”。政府雇员之所以得到某一公共职位，不是因为雇员的资历和能力符合这一职位的要求，而是因为雇员是某一政治领袖的追随者，在争夺统治地位的斗争中出了力。贡献越大获得公共部门的职位级别也就越高。虽然一些公共职位也会有一定的任职资格要求，但其目的是维护政治官员在民众心目中的“形象”，或者因为分赃不均，只好用条件加以限制，而不是使公共利益更好地得到保障。所以，在政治恩赐制下，公共职位是不需要工作分析与分类这种管理手段的，任何人只要政治上忠诚，都可以胜任所有的职位，忠诚是任职资格的首要内容。

7.1.2 公务员制度下的职位管理

随着社会的发展，政治领袖们慢慢认识到，要想使自己或自己的集团长时间占据统治地位，就必须为社会的公共利益着想。为公共利益着想的重要体现，就是政府系统能一定程度上为民众服务，这就要求公职人员具备为公众服务的能力，由此，一部分公共职位就有了资格的要求，也就有了工作分析、职位分类的需求。

另外，公众对政治恩赐制的腐败的接受度也越来越低。在民权与统治权之间的争夺中，统治权越来越退缩。因此，当权者可以分赃的公共职位的范围也逐渐缩小，最后上升到用法律的形式来限制分赃的范围。

由于以上两方面的原因，公务员制度在西方应运而生。公务员制度的基础就是工作分析与职位分类。通过工作分析，确定每个公共机构的职位数量，并以法律的形式固定下来，也就是我们说的定编。同时通过工作分析，明确各个公共职位的任职者应具有的能力与资格要求，这在一定程度上限制了公共部门人员聘用的随意性。此外，西方国家还将公共部门的职位分为文职类和政治职位类，文职官员的录用严格按照职位规范进行，并附以职务常任，以保护文职官员的地位不受政党更迭的影响，而政治类官员任用则是政治分赃的结果。

7.1.3 人力资源管理下的职位管理

公务员制度是对公共系统职位法制化管理的体现，在一定程度上使公共组织摆脱了政治的压力。但琐细的法律条文也会对公共部门人力资源的管理带来负面效应。一方面，过细的法律条文会束缚公共雇员的微观行为，限制公共雇员的灵活与创新；另一方面，公共雇员习惯于对法律条文的依赖，放弃自己工作创新的想法与行为。

此外，公务员的职务常任，原本是为了保持公务员队伍的稳定，限制政治类官员对文官职位的干涉，但却演变为包庇懒惰、不称职官员的代名词，有悖于此项制度的初衷。

无论是恩赐还是法治，体现的都是对公共部门职位的控制，这也是政治领袖的最终目的。但政治领袖同时发现，只有发展才能更好地控制。因此，对公共部门运作的效率要求就越来越受到重视。这既牵涉职位管理的灵活性，又牵涉对公共雇员的激励。所以，从现代人力资源管理的角度对职位进行管理就成为公共部门职位管理的发展趋势，它体现为：对职位的分类相对宽泛化，在不影响公共雇员职业能力条件下的合理流动；对公共雇员雇佣关系的灵活性的强调，增加公共雇员雇佣中的竞争；对公共雇员进行绩效激励并提高其工作效率。这些都要求工作分析、职位分类的指导理念向人本化方向转化。

7.2　人员分类管理概述

7.2.1　公共部门的人员分类

人员分类是人力资源管理中的一项基础工作。所谓公共部门的人员分类是指，将公共部门中的工作人员或职位按工作性质、责任轻重、资历条件及工作环境等因素划分类别、设定等级，为人力资源管理的其他环节提供相应的管理依据。

由以上定义我们得出，人员分类的依据是工作性质、责任轻重、资历条件及工作环境等因素，而这些因素的相关内容是由工作分析、工作说明书、工作规范提供的，也就是说，工作分析和职位评价是人员分类的前提和基础，没有科学的工作分析和职位评价，公共部门的人员分类管理将成为空中楼阁。

由以上定义我们还可得出，人员分类的对象是公共部门中的工作人员或职位，由此形成了两种典型的人员分类制度：一是以工作人员的官阶为中心的品位分类；二是以职位为中心的职位分类。

7.2.2　人员分类的意义

人员分类是公共部门人力资源管理现代化的基础，其具体意义体现在以下三个方面：

1. 人员分类管理有助于公共部门人力资源管理的简明、高效

公共部门的任职人员是一支庞大的队伍，其涉及的工作任务性质也繁杂多样，没有一定的分类就无法实现管理的目标。从某种程度上讲，没有分类就没有管理。对公共部门的人员进行分类，可以使国家的公共部门人力资源政策做到有的放矢、政出有因、政出有果，实现公共部门人力资源管理的简明、高效。

2. 人员分类管理有助于公共部门人力资源管理的规范化

实行人员分类，无论是品位分类、职位分类，还是二者的混合分类，每种分类都有相应的分类标准，每等、每级设置都有客观的评价依据，工作本身又有工作说明书和工作规范，这就使公共部门人力资源管理的录用、考核、薪酬等管理工作可以做到有章可循，标准客观，势必有助于公共部门人力资源管理规范化程度的提高，使公共部门人力资源管理做到真正的客观、公正、高效。

3. 人员分类管理有助于公共部门人员的自我激励和开发

分类管理使人员的等级有了明确的划分，这样，公共部门的任职人员就可以清楚地了解到自己所处的等与级，进一步明确自己本身的升迁途径和升迁目标。一方面，可以激励其圆满完成现任工作；另一方面，也激励其为将来升迁后可能从事的工作做好知识、技能上的准备，进一步搞好自我开发，达到自我的不断完善。

7.2.3　人员分类制度选择的原则

一个国家、地区、部门的人员分类制度，是在品位分类、职位分类中选择一种，还是将二者相结合，这要依据下列原则：

1. 文化原则

文化是社会中的人们所共有的一种约定俗成的心理状态。它渗透在社会的各个层次和角落，影响社会的种种管理制度和管理方法。任何一种分类制度的产生和形成，无不深深打上文化的烙印。职位分类制度所推崇的精神，在录用、考核、薪酬等方面人人平等的规范，是与美国民主、平等、自由、向上的文化传统相吻合的。品位分类以人为中心对官阶进行分类分等，与英国讲究个人身份、等级的绅士型文化相一致。而我国传统文化积淀中的人本主义讲究万事以人为中心，理性主义推崇礼义、不逾规矩，中庸主义注重折中至当、从容中道，这就要求我国人员分类制度的选择既不能照搬美国的职位分类，也不能照抄英国的品位分类，而应吸收二者之精华，发展中国特色的公职分类体系。

2. 传统原则

任何一个民族的历史传统都是本民族的宝贵遗产。传统可能意味着保守，但并不意味着都是糟粕。人员分类制度的选择和革新也是如此。对传统的东西不能完全摒弃，而应在传统基础上推陈出新。当今美国公共部门人员分类制度的改革是在原传统职位分类基础上，吸收了一些品位分类的优点；而英国公共部门人员分类制度的革新则是在传统品位分类基础上，汲取了职位分类的先进经验。我国公共部门人员的分类制度选择和改革，也不能完全抛弃古代的品级分类和新中国成立后的干部分类方法，而应在此基础上，逐步实现我国公共部门人员分类制度的现代化。

3. 组织需求原则

任何分类制度和方法都要最终落实在具体的组织之中，不同的组织，其组织目标、组织职能、组织文化也不同，这就要求有不同的分类制度来对其工作人员或职位进行分类，在这方面没有放之四海而皆准的分类方法。在研究单位等开放型管理的组织中，实行品位分类最能促进其工作和管理的开展，而在经营性、服务性的社会公共组织中，职位分类可能更利于提高效率。总之，分类制度和方法的选择要以组织的需求为根本原则。

7.3 品位分类管理

7.3.1 品位分类

“品”指官阶，“品位”指按官位高低、职务大小而排列成的等级。品位分类是以国家公共部门工作人员的职务或等级高低为依据的人员分类管理制度。

品位分类在我国有悠久的历史。自魏晋以来，官阶就称品，朝廷官吏分为“九品十八级”，以后各代逐步完善，品级也逐步增多，且品级同俸禄挂钩。但是，在封建社会，品位主要是特权和身份的标志，同现代意义上的品位分类有着根本区别。

随着现代文官制度在西方的建立和发展，品位分类由封建社会的注重特权和身份过渡到注重任职资历条件，再到现代的工作内容和资历并重，逐步完善。英国是现代品位分类最典型的国家，其他实行品位分类的国家还有法国、意大利等。

7.3.2　品位分类的特征

品位分类作为人员分类的两大制度之一，其基本特征为：

1. 品位分类是以“人”为中心的分类体系

品位分类的对象是人、人格化的职务等级以及人所具有的其他资格条件。具体而言，在人员任用方面过分重视人员的学历、资历、经验和能力，个体的背景条件在公职录用和升迁中起着至关重要的作用。任职年限、德才表现等通用资格条件是晋升的主要依据。可见，品位分类是人在事先。

2. 分类和分等相互交织

在品位分类中，分类实际上同职务、职级、级别的分等同时进行，因此，品位分类通常采用先纵后横的实施方法，也就是先确定等级，然后再分类别。

3. 品位分类强调公务人员的综合管理能力

品位分类注重“通才”，不注重公务人员所具备的某一方面的特殊知识和技能。人员的调动、交流、晋升受所学专业以及以往工作经历的限制较少。

4. 官位和等级职位可以分离

在品位分类规则中，官等是任职者的固有身份，可以随人走，官等和所在职位不强求一致。薪酬取决于官等而不取决于所从事的工作。

品位分类在等级观念比较深厚的国家较为盛行。

7.3.3　品位分类评价

从品位分类管理的历史来看，其具有以下优点：

(1) 人员分类的分类线条粗犷，方法简单易行，结构富于弹性；

(2) 公务人员的流动范围广，工作适应性强；

(3) 有利于“通才”的培养，便于人员培训；

(4) 强调年资，官职相对分离使公务人员不致因职位调动而引起地位、待遇的变化，有利于公务人员队伍的稳定；

(5) 注重学历背景，有利于吸收高学历的优秀人才。

品位分类的缺点是：

(1) 人在事先，易出现因人设岗、机构臃肿的现象；

(2) 分类不系统、不规范，不利于严格的科学管理；

(3) 限制了学历低、能力强的人才的发展；

(4) 轻视专业人才，不利于工作效率的提高；

(5) 强调年资，加剧了官员的保守性，并易形成官本位倾向；

(6) 以官阶定待遇，导致同工不同酬，不利于对人员的激励。

7.4 职位分类管理

7.4.1 职位分类

所谓职位分类，就是在工作分析的基础上，依据工作性质、繁简程度、责任轻重和所需资格条件，区分若干具有不同特色的职位，并加以分类。它是公共部门人力资源分类中的一种重要的管理制度。职位分类的程序一般如下：

1. 职位调查

职位调查也就是工作分析，这是实施职位分类的第一步。

2. 职系区分

在调查的基础上，依照工作性质的异同，将各种职位划归为若干类别，这便是职系。职系是工作性质相同的职位汇集。在职系的基础上再形成职组和职门。职组是工作性质相似的职系汇集，而职门是工作性质相近的职组汇集。这一步骤是职位的横向划分。

3. 职位评价

职位评价也称职位品评，就是运用我们第 6 章所讲的职位评价方法，对各职系的职位进行纵向的职级、职等的认定。职级是指同一职系内工作性质、繁简难易、责任轻重及资格条件充分相似的职位集合；职等是指工作性质不同，但工作难易繁简、责任轻重及所需资格条件程度相当的各职级的集合。同一职等的所有职位，无论其属于何职系，其薪酬均相同。

4. 制定职级规范

职级规范是人员录用、监督、考核的依据。

职位分类最早产生于 19 世纪的美国，后被许多西方发达国家所效仿，被认为是现代公共部门人力资源管理比较理想的分类制度。

7.4.2 职位分类的特征

职位分类作为理想的分类制度，其具体特征为：

1. 以“事”为中心的分类体系

职位分类首先重视职位工作的性质、责任大小、繁简难易程度，其次才是人所具备的资格、条件。职位分类是事在人先。

2. 分类方式先横后纵

即先进行横向的职系、职组、职门区分，然后再依工作的难易、繁简、责任大小的程度提取纵向等级。

3. 注重人员的专业知识和技能

职位分类注重“专才”，人员的任职调动、交流和晋升，一般在同一职系，至多在同一职组范围内进行，跨职系、跨行业的流动和升迁极少。

4. 官等和职等相重合

在职等分类中，官位与职位相连，不随人走，严格实行以职位定薪酬的规则，追求同工同酬。职位变了，官等薪酬均取决于新职位的工作性质。

5. 实行严格的功绩制

在职位分类制度中，功绩是其人员升迁和薪酬增加的唯一标准。如美国一般职务类（GS）人员，薪酬的增加有两种方式：一是工作年限增长自动提升等级，表现突出奖励提升一级；二是职务提升，薪酬相应提高。并且规定，一个人每年只能提一级，且必须有几个人同时竞争，才能最终选出一人提升。

职位分类比较适合于民主平等观念浓厚的国家。

7.4.3　职位分类的评价

任何一种分类制度都有其长处也有其短处，职位分类也有其相应的优缺点。

其优点体现为：

（1）规范化的分类管理体系，为各项人力资源管理活动提供客观依据；

（2）有利于贯彻专业化原则；

（3）有利于定编人员，完善机构建设；

（4）官等与责任、报酬相联系，进一步促进了同工同酬和官员能上能下；

（5）有利于在职培训和适才适用。

职位分类的缺点是：

（1）职位分类工程庞大，成本高，推行困难；

（2）人才发展和流动的渠道局限性大，易造成人才流失；

（3）整个体系过于强调量化，缺乏弹性；

（4）官等、工资随人的变动而变动，使其激励性减弱；

（5）不利于综合管理人才，即“通才”的培养。

7.5　人员分类管理制度的发展趋势与中国公共部门的人员分类

7.5.1　人员分类管理制度的发展趋势

随着政治经济环境的不断变化，人员分类管理制度也在不断变革。纵观世界人员分类制度的发展，呈现出以下两大趋势：

1. 品位分类和职位分类出现融合、互补趋势

随着专业化分工的不断发展，许多专业性、技术性工作进入政府领域，品位分类原有的注重“通才”的粗犷型分类方法已不能适应现代社会的需求。因此，原来实行品位分类的国家纷纷吸收职位分类的先进方法，使分类管理更加系统化、规范化。典型的品位分类国家英国，于 20 世纪 70 年代对原来的公务员分类制度进行改革，引入职位分类方法，把公务员分为 10 个职类、26 个职组、84 个职系，提高了分类的科学化程度。日本则改革过去的品位分类，实行了介于职位分类和品位分类之间的名义上的职位分类，人们称为“工资分类”。

职位分类管理制度不利于“通才”培养、不利于人员流动的缺点也随着经济的发展变得愈加突出。最早实行职位分类的美国也于 20 世纪 70 年代对其职位分类制度进行了改革，将一般职务类中的 GS15～GS18 职等改为品位分类，取消了职等，只设工资级别，实行级随人走，以便于高层官员的职位流动。同时，改变了原来人员只能在职系内流动的状况，允许公务人员像品位分类那样跨职系流动，竞争上岗。

2. 人员分类管理制度呈逐步简化趋势

当今世界的竞争是科技与管理的竞争，效率的高低越来越成为衡量政府绩效的主要标准，因此，许多国家都着力于简化人员分类制度，以提高公共部门人力资源管理效率。加拿大原来的公务员系统原有72个职组、102个分组，每个职组都有一套分类标准和工资标准，操作起来很烦琐，无法适应当今社会发展的需要。因此，加拿大政府本着通用、简化的原则对职位分类制度进行了改革。废除了原有的72套分类标准，代之以一种能够适应所有公共部门工作特征的评价体系，使人员分类更加简易，更具灵活性，大大降低了成本，提高了公共部门人力资源管理效率。

美国政府也一直在为人员分类管理制度的简化而不懈努力。里根政府早在1986年就提出了旨在以职业通道来代替400多个职系的《文官制度简化法案》，但未被国会通过。20世纪90年代的克林顿政府也一直致力于"简化职位分类"，也就是将原来过细的职位设置、狭窄的职位定义、烦琐的分类程序进行简化。但由于受联邦公务员法律的限制，只能在小范围内进行试点。南卡罗来纳州取消了70%的公务员职位，纽约州把职位总数由7 200多个减为5 400多个，佐治亚州甚至取消了职位分类。这一连串的职位改革的共同宗旨是：简化职位分类程序，改变过去由政府统一进行职位划分的做法，由更了解组织状况的用人单位自己进行职位划分和分类。

7.5.2 中国公共部门的人员分类制度

自新中国成立到20世纪80年代，我国人力资源管理体制一直是与计划经济相适应的集中统一的管理体制。人员分类制度也呈现出集中统一的特征，无论是党的机关、政府机关、权力机关、司法机关的工作人员，还是事业单位、企业单位、群众组织的工作人员都统称为"干部"。人员的等级划分主要依据职务职级、资历深浅、学历高低和工资多寡，实际上是一种特殊的"品位分类"，这种分类管理制度导致的直接结果是官本位与效率低下。

随着改革开放和市场经济的发展，原来的分类体制已不能适应现代管理的需要。我国于1993年8月颁布了《国家公务员暂行条例》，明确规定国家行政机关实行职位分类制度。在确定职能、机构、编制的基础上，进行职位设置，制定职位说明书，确定每个职位的职责和任职资格条件，作为国家公务员录用、考核、培训、晋升等的依据。在政府机关实行职位分类后，党的机关也参照政府公务员的分类办法实行了职位分类。检察机关、审判机关、公安系统也实施了各具特色的分类方案。我国公共部门人员分类的宏观结构大致形成。原来的国家干部被分成：（1）行政机关工作人员（公务员）；（2）党务机关工作人员；（3）国家权力机关工作人员；（4）国家审判机关工作人员；（5）国家检察机关工作人员；（6）国有企业单位管理人员；（7）人民团体工作人员；（8）事业单位工作人员。

2005年4月27日，全国人大通过的《中华人民共和国公务员法》，对公务员的内涵进行了新的界定，在第二条中指出："本法所称公务员，是指依法履行公职、纳入国家行政编制、由国家财政负担工资福利的工作人员。"这样，原来的干部分类制度就有了较大的变化。公务员所涵盖的干部范围有了大幅度的扩充，党务机关工作人员、权力机关工作人员、审判机关工作人员、检察机关工作人员等与原公务员所指的行政机关工作人员一起纳入了新的公务员范畴之中。除公务员外，我国的“干部”还有国有企业中属于干部编制的人员、事业单位中属于干部编制的人员。

2019 年 6 月施行的《中华人民共和国公务员法》第十六条规定，国家实行公务员职位分类制度。公务员职位按照职位的性质、特点和管理需要，划分为综合管理类、专业技术类和行政执法类等类别。根据该法，对于具有职位特殊性，需要单独管理的，可以增设其他职位类别。

7.5.3 中国公务员职务职级设置

1. 公务员职务设置

2019 年 3 月，中共中央办公厅印发《公务员职务与职级并行规定》，对公务员晋升做出了新的制度安排，施行职务与职级并行、职级与待遇挂钩。新的制度设计提高了基层公务员职务晋升的天花板，进一步调动了公务员的工作积极性，为政治生态的优化提供了制度基础。

公务员领导职务层次分为国家级正职、国家级副职、省部级正职、省部级副职、厅局级正职、厅局级副职、县处级正职、县处级副职、乡科级正职、乡科级副职，合计共 10 个层次（见图 7－1）。

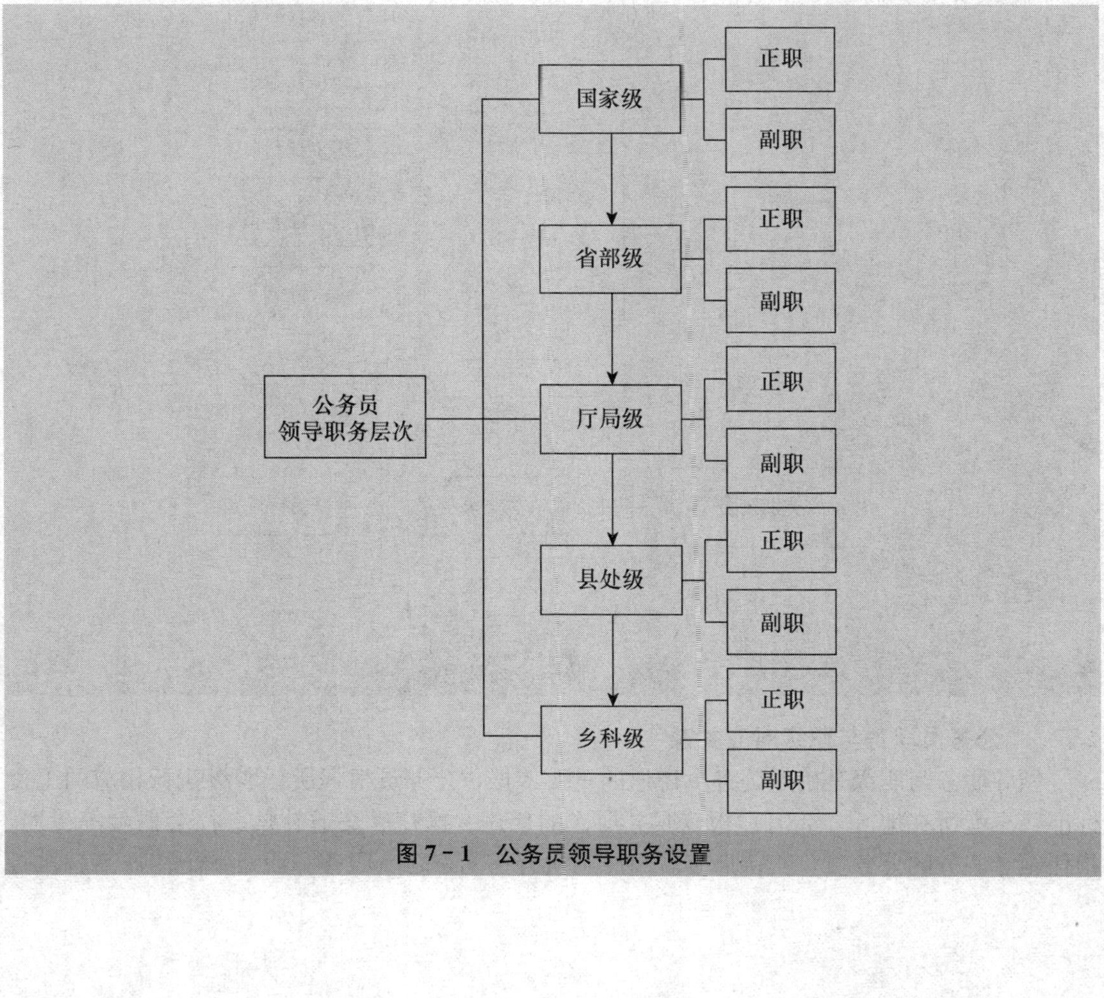

图 7－1 公务员领导职务设置

2. 公务员职级设置

职级序列按照综合管理类、专业技术类、行政执法类等公务员职位类别分别设置。其中，综合管理类公务员职级序列分为：一级巡视员、二级巡视员、一级调研员、二级调研员、三级调研员、四级调研员、一级主任科员、二级主任科员、三级主任科员、四级主任科员、一级科员、二级科员。综合管理类以外其他职位类别公务员职级序列另行规定（见图 7-2）。

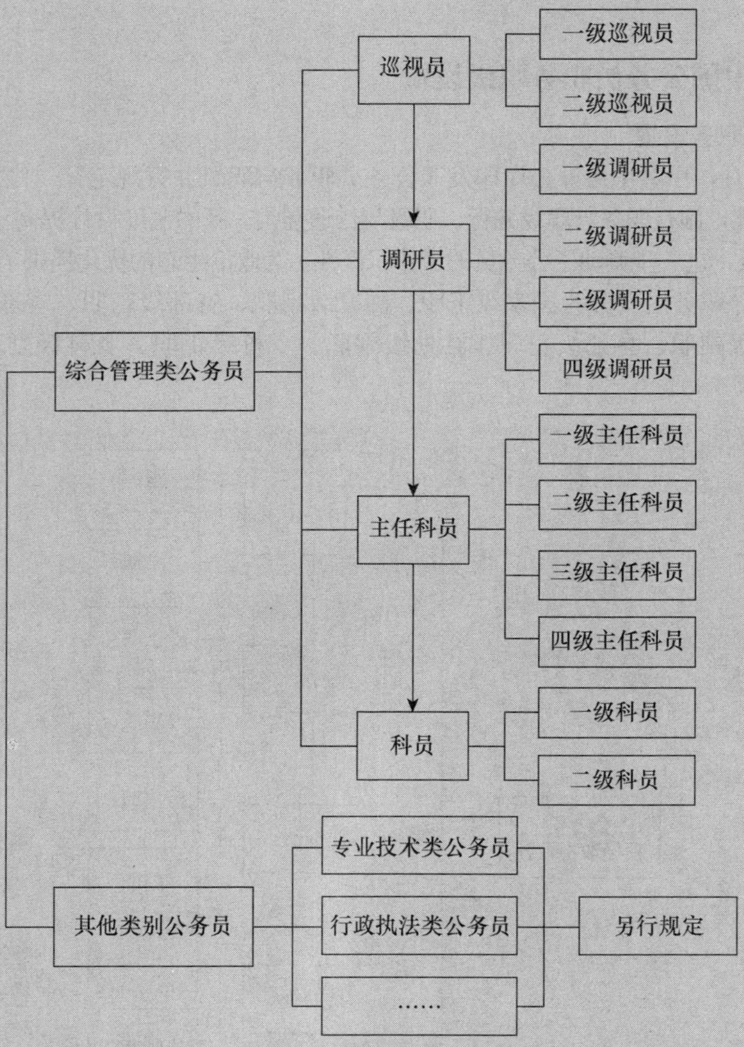

图 7-2　公务员职级设置

3. 公务员职务与职级对应关系

领导职务与职级是确定公务员待遇的重要依据，公务员根据所任职级执行相应的工资标准，享受所在地区（部门）相应职务层次的住房、医疗、交通补贴、社会保险等待遇。担任领导职务的公务员，其待遇按就高原则执行；换言之，职务和职级哪个待遇高就执行那个。公务员领导职务、职级对应的级别如表 7－1 所示。

表 7－1　公务员领导职务、职级对应相应的级别

	综合管理类公务员职级序列	对应级别	领导职务对应的综合管理类公务员最低职级（厅局级以下）
1	一级巡视员	十三级至八级	厅局级正职
2	二级巡视员	十五级至十级	厅局级副职
3	一级调研员	十七级至十一级	
4	二级调研员	十八级至十二级	县处级正职
5	三级调研员	十九级至十三级	
6	四级调研员	二十级至十四级	县处级副职
7	一级主任科员	二十一级至十五级	
8	二级主任科员	二十二级至十六级	乡科级正职
9	三级主任科员	二十三级至十七级	
10	四级主任科员	二十四级至十八级	乡科级副职
11	一级科员	二十六级至十八级	
12	二级科员	二十七级至十九级	

7.5.4　中国公务员的职级职数比例

编制管理是控制机构人员规模的主要途径。县级以上政府设有机构编制委员会办公室，负责公共部门的编制管理。编制既包括机构级别、人员规模，也包括领导职数核定。财政部门依照公共部门编制规模提供相应的资金支持。编制之外雇用人员的经费由雇佣单位自行筹措。职级和职务都涉及公共财政负担问题，所以，都必须接受编制管理的规则约束。

1. 综合管理类公务员职级规格设置

（1）中央机关，省、自治区、直辖市机关设置一级巡视员以下职级；

（2）副省级城市机关设置一级巡视员以下职级，副省级城市的区领导班子设置一级、二级巡视员；

（3）市（地、州、盟）、直辖市的区领导班子设置一级巡视员，市（地、州、盟）、直辖市的区机关设置二级巡视员以下职级，副省级城市的区机关设置一级调研员以下职级；

（4）县（市、区、旗）领导班子设置二级巡视员、一级调研员、二级调研员、三级调研员，县（市、区、旗）、乡镇机关设置二级调研员以下职级。

公务员职级设置规格如表 7－2 所示。职级职数按照各类别公务员行政编制数量的一定比例核定。

表 7－2　公务员职级设置规格

	工作所在单位等级	对应最高领导层次	对应公务员职级
	中央机关，省、自治区、直辖市机关	省部级	设置一级巡视员以下职级
直辖市	直辖市的区领导班子	厅局级	设置一级巡视员
	直辖市的区机关	厅局级	设置二级巡视员以下职级

续表

	工作所在单位等级	对应最高领导层次	对应公务员职级
副省级	副省级城市机关	省部级	设置一级巡视员以下职级
	副省级城市的区领导班子	厅局级	设置一级、二级巡视员
	副省级城市的区机关	厅局级	设置一级调研员以下职级
地市级	市（地、州、盟）	厅局级	设置一级巡视员
	市（地、州、盟）、区机关	县处级	设置二级巡视员以下职级
县级	县（市、区、旗）领导班子	厅局级副职	设置二级巡视员、一级调研员、二级调研员、三级调研员
乡镇级	乡镇机关	县处级	设置二级调研员以下职级

2. 综合管理类公务员职级职数核定比例

（1）中央机关。

中央机关一级、二级巡视员不超过机关综合管理类职位数量的12%，其中，正部级单位一级巡视员不超过一级、二级巡视员总数的40%，副部级单位一级巡视员不超过一级、二级巡视员总数的20%；一级至四级调研员不超过机关综合管理类职位数量的65%（见表7-3）。

表7-3　中央机关综合类公务员职级职数比例

中央机关综合类公务员职级职数比例	
总数比	一级、二级巡视员不超过机关综合管理类职位数量的12%
其中	正部级单位一级巡视员不超过一级、二级巡视员总数的40%
	副部级单位一级巡视员不超过一级、二级巡视员总数的20%
	一级至四级调研员不超过机关综合管理类职位数量的65%

（2）省、自治区、直辖市机关。

省、自治区、直辖市机关的一级、二级巡视员不超过机关综合管理类职位数量的5%，其中一级巡视员不超过一级、二级巡视员总数的30%；一级至四级调研员不超过机关综合管理类职位数量的45%（见表7-4）。

表7-4　省、自治区、直辖市机关综合类公务员职级职数比例

省、自治区、直辖市机关综合类公务员职级职数比例	
总数比	一级、二级巡视员不超过机关综合管理类职位数量的5%
其中	一级巡视员不超过一级、二级巡视员总数的30%
	一级至四级调研员不超过机关综合管理类职位数量的45%

（3）副省级城市机关。

副省级城市机关的一级、二级巡视员不超过机关综合管理类职位数量的2%，其中一级巡视员不超过一级、二级巡视员总数的30%；一级至四级调研员不超过机关综合管理类职位数量的43%，其中一级调研员不超过一级至四级调研员总数的20%（见表7-5）。

表7-5　副省级城市机关综合类公务员职级职数比例

副省级城市机关综合类公务员职级职数比例	
总数比	一级、二级巡视员不超过机关综合管理类职位数量的2%
其中	一级巡视员不超过一级、二级巡视员总数的30%
	一级至四级调研员不超过机关综合管理类职位数量的43% （其中一级调研员不超过一级至四级调研员总数的20%）

（4）市（地、州、盟）、直辖市的区领导班子。

市（地、州、盟）、直辖市的区领导班子，其一级巡视员不超过领导班子职数的15%。市（地、州、盟）、直辖市的区机关二级巡视员不超过机关综合管理类职位数量的1%；一级至四级调研员不超过机关综合管理类职位数量的20%，其中一级、二级调研员不超过一级至四级调研员总数的40%，一级调研员不超过一级、二级调研员总数的50%；一级至四级主任科员不超过机关综合管理类职位数量的60%，其中一级、二级主任科员不超过一级至四级主任科员总数的50%（见表7-6）。

表7-6　市（地、州、盟）、直辖市综合类公务员职级职数比例

市（地、州、盟）、直辖市综合类公务员职级职数比例		
总数比	区领导班子一级巡视员不超过领导班子职数的15%	区机关二级巡视员不超过机关综合管理类职位数量的1%
其中	一级至四级调研员不超过机关综合管理类职位数量的20% （其中一级、二级调研员不超过一级至四级调研员总数的40%，一级调研员不超过一级、二级调研员总数的50%）	
	一级至四级主任科员不超过机关综合管理类职位数量的60% （其中一级、二级主任科员不超过一级至四级主任科员总数的50%）	

（5）副省级城市的区领导班子。

副省级城市的区领导班子的一级、二级巡视员不超过领导班子职数的15%，其中一级巡视员不超过一级、二级巡视员总数的40%；副省级城市的区机关一级调研员以下职级职数，参照表7-6的内容（见表7-7）。

表7-7　副省级城市的区领导班子、区机关综合类公务员职级职数比例

副省级城市的区领导班子、区机关综合类公务员职级职数比例	
区领导班子一级、二级巡视员不超过领导班子职数的15% （其中一级巡视员不超过一级、二级巡视员总数的40%）	副省级城市的区机关一级调研员以下职级职数，参见表7-6的内容。

（6）县（市、区、旗）领导班子。

二级巡视员不超过领导班子职数的10%，一级、二级调研员不超过领导班子职数的20%。县（市、区、旗）、乡镇机关二级调研员不超过机关综合管理类职位数量的2%；三级、四级调研员不超过机关综合管理类职位数量的10%，其中三级调研员不超过三级、四级调研员总数的40%；一级至四级主任科员不超过机关综合管理类职位数量的60%，其中一级、二级主任科员不超过一级至四级主任科员总数的50%（见表7-8）。

表 7-8　县（市、区、旗）综合类公务员职级职数比例

县（市、区、旗）综合类公务员职级职数比例	
总数比	县（市、区、旗）领导班子二级巡视员不超过领导班子职数的 10%，一级、二级调研员不超过领导班子职数的 20%。
细分	县（市、区、旗）、乡镇机关二级调研员不超过机关综合管理类职位数量的 2%
	三级、四级调研员不超过机关综合管理类职位数量的 10% （其中三级调研员不超过三级、四级调研员总数的 40%）
	一级至四级主任科员不超过机关综合管理类职位数量的 60% （其中一级、二级主任科员不超过一级至四级主任科员总数的 50%）

中央和省级机关垂直管理的机构、地市级以上机关的直属单位或者派出机构，根据机构规格，参照以上规定，设置职级和核定职数；直辖市的县领导班子和县、乡镇机关，副省级城市的乡镇机关，根据机构规格，由省级公务员主管部门参照以上规定，研究确定职级设置和比例。

7.5.5　中国公务员职级确定与升降

新录用公务员按照有关规定确定一级主任科员以下及相当层次的职级。从国有企业、事业单位、人民团体和群众团体调任的人员，按照公务员调任有关规定，综合考虑其原任职务、调任职位和工作经历确定职级。机关接收的军队转业干部，按照国家军转安置有关规定确定职级。

1. 晋升职级基本条件

根据 2019 年 6 月起施行的《公务员职务与职级并行规定》，公务员晋升职级，应当在职级、职数内逐级晋升，并且具备以下政治、任职基本条件：

（1）政治素质好，拥护中国共产党的领导和社会主义制度，坚决维护习近平总书记核心地位，坚决维护党中央权威和集中统一领导；

（2）具备职位要求的工作能力和专业知识，忠于职守，勤勉尽责，勇于担当，工作实绩较好；

（3）群众公认度较高；

（4）符合拟晋升职级所要求的任职年限和资历；

（5）作风品行好，遵纪守法，自觉践行社会主义核心价值观，清正廉洁。

2. 晋升职级资格

公务员晋升职级需具备基本资格（见表 7-9）。晋升巡视员须任低一级职级 4 年以上。晋升一级调研员须任低一级职级 3 年以上。其余职级要求低一级任职 2 年以上。本科毕业进入机关，从二级科员开始，按部就班须经历 21 年才能晋升为一级调研员。

表 7-9　公务员晋升职级资格

晋升职级	晋升资格
晋升一级巡视员	应当任厅局级副职或者二级巡视员 4 年以上
晋升二级巡视员	应当任一级调研员 4 年以上
晋升一级调研员	应当任县处级正职或者二级调研员 3 年以上

续表

晋升职级	晋升资格
晋升二级调研员	应当任三级调研员 2 年以上
晋升三级调研员	应当任县处级副职或者四级调研员 2 年以上
晋升四级调研员	应当任一级主任科员 2 年以上
晋升一级主任科员	应当任乡科级正职或者二级主任科员 2 年以上
晋升二级主任科员	应当任三级主任科员 2 年以上
晋升三级主任科员	应当任乡科级副职或者四级主任科员 2 年以上
晋升四级主任科员	应当任一级科员 2 年以上
晋升一级科员	应当任二级科员 2 年以上

公务员晋升职级与人考核结果直接挂钩。所要求任职年限的年度考核结果均应为称职以上等次，其间每有 1 个年度考核结果为优秀等次的，任职年限缩短半年；每有 1 个年度考核结果为基本称职等次或者不定等次的，该年度不计算为晋升职级的任职年限。

3. 不得晋升、降低职级情形

假如公务员存在下列情形，不得晋升职级：

(1) 不符合晋升职级基本条件和晋升职级资格的；

(2) 受到诫勉、组织处理或者处分等影响期未满或者期满影响使用的；

(3) 涉嫌违纪违法正在接受审查调查尚未做出结论的；

(4) 影响晋升职级的其他情形。

能上不能下是公务员管理的瓶颈，也是形成“彼得陷阱”（美国学者劳伦斯·彼得认为，组织习惯于对称职的人员进行晋升，直到不能胜任的等级为止。最后，每一个人都处在自己不能胜任的岗位上）的主要缘由。新的《公务员职务与职级并行规定》试图在这方面有所突破，列出了降低职级的情形：

(1) 不能胜任职位职责要求的；

(2) 年度考核被确定为不称职等次的；

(3) 受到降职处理或者撤职处分的；

(4) 法律法规和党内法规规定的其他情形。

4. 晋升职级程序

程序正当是管理法治化的必然要求。公务员晋升职级需严格遵循晋升程序（见图 7-3）。领导干部管理的组织原则是下管一级，职级相对弹性化。晋升职级须上级审定批准。中央机关公务员晋升职级由本机关（党委）党组及其组织（人事）部门审批，一级、二级巡视员职级职数使用等情况按年度报国家公务员主管部门备案。省级以下机关公务员晋升职级的审批权限，由省级公务员主管部门提出意见，报省、自治区、直辖市党委审定。

5. 职级与待遇

公务员职级变动，其工资、福利随之变动，但政治待遇与职级不挂钩。

(1) 担任领导职务且兼任职级的公务员，按照就高原则享受有关待遇。

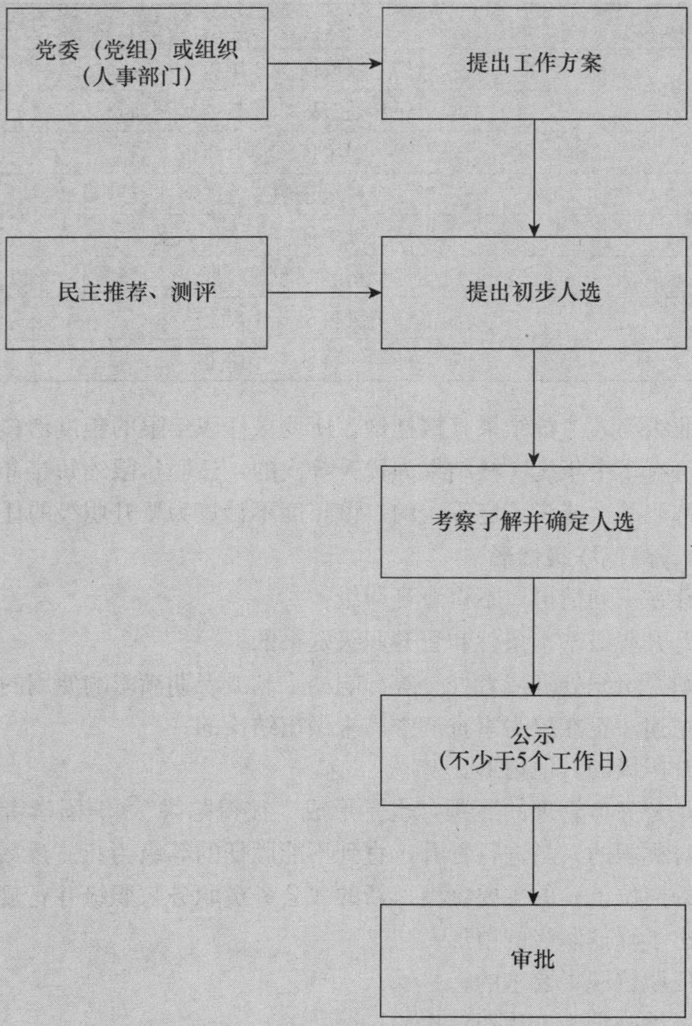

图 7-3　公务员职级晋升程序

（2）公务员晋升职级，不改变工作职位和领导指挥关系，不享受相应职务层次的政治待遇、工作待遇。因不胜任、不适宜担任现职免去领导职务的，按照其职级确定有关待遇，原政治待遇、工作待遇不再保留。

（3）公务员因公出国出差的交通、住宿标准以及办公用房标准等待遇，不与职级挂钩。

担任领导职务且兼任职级的公务员，主要按照领导职务进行管理；不担任领导职务的职级公务员一般由所在机关进行日常管理。

本章小结

本章首先介绍了职位管理的发展沿革，其次阐述了人员分类的原则，进而详细介绍了品位分类与职位分类的内容与优缺点，并对人员分类的发展趋势进行了分析。最后，本章介绍了中国现行的公务员职务与职级并行制度。

关键术语

人员分类　职位管理　品位　品位分类　职位分类　职系　职组　职门　职级　职等　通才　专才　领导职务序列

复习思考题

1. 人员分类制度选择的原则有哪些?
2. 职位管理的历史沿革是怎样的?
3. 品位分类与职位分类管理的特征是什么?
4. 人员分类管理制度呈现了怎样的发展趋势?
5. 我国公共部门人员分类管理制度的演变历史是怎样的?
6. 我国现行公务员职务与职级的对应关系是什么?
7. 公务员在什么情形下会被降级?

第8章

公共部门人员招募与甄选

人员招募（recruitment）与甄选（selection）是公共部门人力资源管理的一项基本任务，它是指在人力资源规划与预测的基础上，为组织吸收、任用和提升新的合格人才，以维持组织人员自然循环的需求，保证组织任务的完成和目标的实现。招募和甄选是雇员进入公职系统的“入口”，其制度设计一方面关系到能否将社会中的精英人才选拔到公共部门中，体现着公共部门人力资源管理政治价值、管理价值的平衡；另一方面则关系到使用的人员在知识、能力和技能上是否能够达到公共部门的要求。人力资源管理的诸多制度创新都与招募、甄选紧密相关。

重点问题

- 公共部门人员招募计划的必要性和内容
- 人员招募中需求、供给预测方案
- 公共部门人员招募甄选的方式与程序
- 人员招募甄选的技术方法
- 公共部门人员考试录用的重要性与原则
- 我国公务员公开考试录用的条件和程序

8.1 人员招募计划

人员招募计划的目的是分析组织在不同情况下的人力需求，使组织内部有充足的人力资源保障，以实现组织的长期或短期目标。人员招募计划包括：估计现有的人力资源数量、质量与结构，预测未来的人力需求与供给。人员招募计划可以使组织充分了解组织未来发展对员工资格、技能的需求，进一步做好人员招募甄选工作。

8.1.1　人员需求预测

人员需求是指满足组织未来需要所应配备的人员数量及其所应具备的技能条件的组合。组织对人力资源的需求大小，受到内部和外部许多因素的影响。

1. 影响需求的因素

影响组织人员需求的因素有以下几方面：

第一，整体经济环境。一个国家、地区乃至全球的经济环境，直接影响到具体组织的经营、管理状况，在经济蓬勃发展时期，对人员的需求就会增加，而在经济衰退甚至经济危机期间，对人员的需求就会大大减弱，社会的失业率也会大大增加。

第二，社会及政治压力。对于公共部门来讲，社会及政治压力也是影响人员需求的重要因素。比如失业人数过多，就会带来社会治安、社会保障、失业保险等一系列社会问题，那么，公共部门就不得不慎重考虑自己的增员或减员计划。

第三，技术的改进。新的科技成果转化、技术革新，直接影响到组织的人员需求结构和需求数量的变化。如计算机技术的普遍应用和推广，就会使公共部门增加对管理技术型人才的需求，减少对可以被计算机替代的人力的需求。

第四，组织政策。组织职能目标的转变，对人员的需求会产生重要影响。如我国政府职能由微观管理向宏观调控转变，由全面干预向全面服务转变，就造成了国家机关大幅度减员。原来由政府包办的研究、辅助性质的国家事业单位向社会化的、自谋生路的社会中介组织转变，也会造成人员需求数量的减少和人员结构的变化。另外，组织文化、管理方式的变革也会对人员需求产生影响。如组织由原来的集中管理向减少中间层次的分权管理转变就会直接影响到对中间管理层人员的需求。

2. 需求预测的技术和方法

人员需求预测的技术和方法主要有：

第一，趋势预测法（trend projection forecasts）。根据过去组织对人员的需求状况，推测出组织未来的人员需求结构和数量的方法，叫趋势预测法。例如，可以通过计算过去 5 年内每年年底组织的员工数量和各个部门的员工数量，得出组织人员需求趋势，进而推测出未来的人员需求。趋势预测法是一种逻辑推理方法，简便易行。但时间因素往往不是影响人员需求的唯一因素。

第二，比率预测法。比率预测法是通过某种因果因素与人员需求数量之间的比率来推测组织未来的人员需求。例如，某研究机构的用人比率为 3∶1，即每 3 位研究人员需要 1 位辅助研究人员，假如需要增加 6 位研究人员，那么就需要另外录用 2 位辅助研究人员。对于经营性组织来讲，比率法同样适用。比率法的缺点是没有考虑到规模经济的因素。比如，尽管每 3 位研究人员需要 1 位辅助人员，但在一个有 30 位研究人员的研究机构，辅助人员可能只需 7 人。这是因为辅助人员在团队工作条件下，或由于他们各自精于某一方面的工作，总体效率会有所提高。

第三，工作负荷预测法。先进行工作分析，再预测组织未来的工作量，进而推算出对人员的需求。

第四，电脑软件分析法。利用人员需求分析软件对组织的人员需求进行预测是一种现代、快捷的分析方法。也就是将组织的工作量等相关因素输入电脑，通过计量模型计算出组织各层次人才的需求量，这是现代专业人力资源管理咨询公司常用的一种方法。

无论运用什么方法对人员需求进行预测，都离不开管理人员的主观判断。这是因为各种分析方法所依据的都是历史资料，而未来许多可变因素对人员需求的影响还要靠管理人员的主观判断。

8.1.2 人员供给预测

人员的供给分内部供给和外部供给两方面。

1. 内部供给

当组织以内部现有任职人员补充人员空缺需求时，我们称为内部供给。对组织内部供给进行预测，通常需要做以下几方面工作：

第一，了解组织内部人员状况，包括年龄、级别、学历、经历、技能、绩效等，这些信息可以通过人事档案来获取。了解内部人员的这些特征，就可推算出未来人员的自然退职数量，进而了解职位空缺数。同时，还可以知道组织内哪些人员可以顶替空缺。

第二，建立职位置换卡。也就是将每个职位都编成一张卡片，标明哪些人可能适合这项职位，并指出这些人目前的绩效水准、晋升的可能性，以及所需的训练。这样，在组织出现职位空缺时，就可以通过职位置换卡找出合适的人选，若无合适人选再考虑外部招募。

第三，计算组织的人员变动率。在分析内部供给时，不可避免地牵涉人员的变动率，因为这不但关系到组织内部的人员供给和职位空缺状况，还关系到组织内部的管理是否合理的问题。计算人员变动率通常使用鲍文的稳定性指数（stability index）。

$$\text{稳定性指数}=\frac{\text{现有人员在}N\text{时段的服务月份数之和}}{\text{人员齐备时在}N\text{时段的可能服务月份之和}}\times 100\%$$

若稳定性过低，就需要分析造成问题的原因和以后的发展趋势。

采用组织现有人员作为人力需求的供给源有多种优势：一是组织现有人员对组织的运作机制和组织文化有很好的了解和适应；二是组织对现有人员的各方面情况有一定的了解，能够选到比较恰当的人选；三是对组织内部人员进行提升，对其他人员有激励作用。

但内部招募也存在一定的劣势：一是由于对组织现有人员了解过多，相关候选人的某些缺点会影响其提升，而外部人员则可较好地掩饰其某些缺点；二是组织现有人员往往受到组织文化同化，缺乏创新思想。

2. 外部供给

在组织内部供给不能满足组织需求时，就需要考虑从组织外部招募人才。外部人员供给的分析，需要考虑以下因素：

第一，人口因素。人口因素的变化直接影响着劳动力的外部供给。一是国家或地区人口数量的多寡影响人员的外部供给。在人口密度大的国家、地区，人员的外部供给就相对充裕；反之，则比较紧缺。二是新进入就业队伍的年轻人人数的变化影响人员的外部供给。如我国20世纪60年代中后期是一个生育高峰，到90年代这些人就进入就业队伍，因此 90 年代的外部人员供给就比较宽松。三是劳动力结构影响着人员的外部供给。如在年龄结构老龄化的地区和国家，外部供给人员的年龄就偏大。性别结构的变化影响到人员外部供给的男女比例。劳动力素质结构影响到外部供给能否满足组织对专门人才的需求。

第二，经济因素。社会经济发展的景气与否，直接影响到失业率的高低，进而影响人员外部供给的紧缺程度。另外，地区间经济发展的差异，也会影响人员的外部供给。在我国东部沿海经济发达地区，劳动力供给就相对紧缺，而在西部经济落后地区，劳动力供给就相对过剩。当然，也可能出现结构性的紧缺。

第三，政策因素。一个国家或地区的管理政策、法规，对外部人员的供给有着重要影响，如我国的户籍管理政策对人口的跨地区流动有一定的限制，这样就影响到地区间的人员供给。另外，如平等就业法规、妇女儿童权益保护法、工作时间规定等都对人员的外部供给产生一定的影响。

总之，人员招募计划是公共部门人力资源管理的重要环节，它关系到对外部环境的前瞻性分析和现有人员的潜能开发。成功的人员招募计划能把握现有及未来劳动力构成的可能性，并预测相应成本，是组织人力资源管理战略运作的重要桥梁。

8.2　人员招募甄选

8.2.1　人员招募甄选的意义

招募甄选是指寻找、筛选及录用适当人选出任组织空缺职位的过程。招募甄选是人力资源管理的入口管理，即对进入公共组织的人员进行选择、把关，在人力资源管理中具有重要的意义。

(1) 有效的招募甄选能为组织不断充实新生力量，实现组织内部人力资源的合理配置，为组织发展提供人力资源上的保障。

(2) 有效的招募甄选可以增加组织人员的稳定性，减少人员的流失，因为成功的招募甄选可以为组织的每一个职位找到合适的人选，做到人尽其才，提高员工对工作的满意度。

(3) 有效的招募甄选可以降低人员初任培训和能力开发的费用，因为对高素质合格人员的培训开发要比使素质较低的人变得胜任工作的培训和开发更简单、有效。

(4) 有效的招募甄选能够提高组织的效率。第一，每一个职位都拥有合格的人才，整个组织的工作效率必定提高；第二，对员工的管理可能变得简单，管理者不再需要花很多的时间来纠正员工的过错或解决员工问题，而是花更多的时间、精力来考虑组织发展的关键性问题。

8.2.2　招募的方式

招募的方式有很多，究竟选择哪种方式要视成本和效益而定。下列几种方式是一般组织都会考虑的：

1. 刊登广告

刊登招聘广告是组织常用的招募方式。这是因为报纸、杂志、电视、网络的接触面广、流通量大，招募到理想人才的机会也较高。

在设计招聘广告时，要注意广告的独特创意，树立良好的组织形象，给读者和观众留下深刻印象。另外，还应把主要的招募内容展示出来，如工作内容、工作时间、工资收入、工作环境、资格条件等。利用广告进行招募的缺点在于，广告存留时间短、成本较高、信息容量少。

2. 学校招募

经由学校的学生工作处或毕业生分配办公室进行人员招募，是公共部门主要的、传统的人员招募方式。这种方式的优点是，应聘者的素质有一定保证，而且应征人数也会很多，可以有计划地进行招募甄选。缺点是只能在固定时间内进行总招募，不能临时录用。另外，学校毕业生由于急于找工作，通常会同时应征多份工作，结果是被选中者很可能同时也被其他机构录用，而临时拒绝聘约。

3. 转业军人的安置

在我国，转业军人的安置是公共部门的一项政治任务。因此，从转业军人中招募所需人员，也是公共部门招募人员的主要渠道之一。目前，转业军人已占公共部门工作人员相当大的比例，有一些还担任了重要领导职务，对公共部门的发展做出了重要贡献。转业军人的录用也应通过严格的甄选。

4. 人才交流中心和职业介绍所

人才交流中心和职业介绍所存有大量求职者的资料信息，组织在急需个别职位人才时，通过人才交流中心和职业介绍所招募也是一种简便的方法，但需要一定的费用。

5. 猎头公司

猎头公司（hunting company）专门提供引荐高级管理人员或专业技术人员的服务。当组织需要填补重要职位或很专业的职位空缺时，由于不易找到合适人选，就需要猎头公司的帮助。这类公司大都收费昂贵，但物有所值。

6. 由现有职员介绍

部分组织会通过现有职员或朋友介绍人选来填补职位空缺。这种方式的优点是：推荐人清楚组织的运作及职位要求，因此所推荐的人员大多符合要求。另外，应征者已于事前从推荐人那里了解到工作环境、要求及前景，加上碍于推荐人的情面，会在录用后努力工作，且不会随便离职。缺点在于：易形成小的私情集团，出现分党分派情况，影响组织利益。

8.2.3 招募甄选的程序

人员的招募甄选是一个复杂、完整而又连续的程序化操作过程，这一程序的每一组成部分都是为了保证组织人员招募甄选的质量，确保为组织录用到合格、优秀的人才。人员招募甄选的程序包括以下几个步骤：

（1）组织中出现职位空缺，由此提出人员增补需求，人员招募甄选工作开始。一般来讲，只有通过我们前面所讲到的人力资源规划，才能准确把握组织对各类人员的需求信息，确定人员招募的种类、数量和结构。

（2）确定招募甄选负责部门，制定招募实施计划。一般由人力资源管理部门来负责人员招募甄选，也可由业务部门负责实施计划，包括确定招募人数、招募标准、招募对象、招募经费预算、参与人员等。

（3）确定招募方式。也就是根据组织的具体情况，选择恰当的招募方式方法，可以几种方式结合使用。

（4）开展对应聘人员的考试、面试等甄选工作。一般由人力资源部门会同用人的业务部门共同来完成。在这一阶段，应依据具体职位的工作规范对应聘人员进行各种形式的知识、技能、能力考试和心理测验，从应聘人员的基本素质、心理特点、能力特长进行甄选，合格者参加面试。绝大多数组织都要通过面试评价来确定最后的录用人选。这是因为，面试评价所提供的关于应聘人员的信息最直观、真实、准确。因此，面试是人员甄选中最重要的环节。

（5）确定试用人员并进行任职培训。经考试、测验和面试，合格者成为组织的试用人员，在试用之前，需要进行初任任职培训。通过多种形式的任职培训，使试用人员充分了解组织和工作职位的状况，掌握工作所需的有关知识、技能。

（6）试用人员上岗试用。目的是通过工作实践进一步考察试用人员的工作适应能力，同时，也为试用人员提供深入了解组织和职位的机会。事实上，试用期间，组织与试用人员仍可双向选择，双方不受任何契约影响。试用期可为2个月至1年不等。

（7）试用期满后，对试用人员的工作绩效和适应性进行考核，合格者正式录用为组织人员，双方签订任用合同或其他契约。至此，整个招募甄选过程全部结束。

8.3　人员甄选方法与技术

甄选是人员录用过程中最关键的环节，因为它决定着录用的结果和质量。因此，在甄选过程中注重甄选方法的合理性就成为必然。

8.3.1　笔试

笔试是最古老、最基本的人员甄选方法。它是通过应征者在试卷上笔答事先拟好的试题，然后依据解答的正确程度和成绩进行测评的方法。

笔试的优点表现为：（1）试卷内容涵盖面广，容量大，对基本知识、技能和能力的测试信度和效度较高。（2）笔试可以对大量的应聘者同时进行，测评效率高。（3）成绩评定比较客观，考试材料可以保存以备待查，体现公平原则。笔试的缺点在于：不能全面地考查应试者的工作态度、品德修养以及组织管理能力、口头表达能力和操作技能。因此，笔试一般不能单独使用，还须配合以其他方法。

8.3.2　面试

面试是应聘者在主考人面前，用口述方式现场回答问题，主考人根据应聘者在面试过程中的行为表现及回答问题的正确程度来进行测评的一种方法。

通过面试，可以判断出应聘者运用知识分析问题的熟练程度、思维的敏捷性、语言的表达能力。并且通过应聘者面试过程中的行为举止，可以了解到应聘者的外表、气质、风度、情绪的稳定性等特质。此外，通过面试还可以核对应聘者个人材料的真实性。

1. 面试的种类

依据面试的方式不同，可以划分出多种类型的面试方法。

第一，非引导式面试。面试人员依自己兴趣所至，随意向应聘人员提出问题。这种方式可以广泛地发掘应聘者的兴趣所在。

第二，定型式面试。面试人员依据预先设计好的一系列问题向应聘者发问。

第三，结构式面试。面试人员所提的问题都是与工作有关的问题，且事先已确定应聘者可能提供的答案。面试人员依据应聘者的答复，当场做出不理想、普通、良好、优秀等结果评价。

第四，系列式面试。由组织不同层级的人员先后同应聘者进行面谈的面试方法，各个面试人员依个人观点提出不同问题并做出评价，最后进行综合。

第五，陪审团式面试。由多个面试人员（一般3～5个为佳）同时跟应聘者面谈。

第六，压力面试。由专业的面谈人员依据工作的重要特征，向应聘人员施加压力，测试应聘者如何应付工作压力。典型的压力面试是以穷追不舍的方式向应聘者发问，逐步深入，直至应聘者无法回答，以考查其机智和应变能力。

第七，模式化行为描述面试。由面试人员向应聘者描绘出一幅“时间图画”，要求应聘者描述其在这种特定情景下的行为方式，面试人员依据应聘者的行为是进取性的、武断性的还是被动性的，归纳出其行为模式，并与空缺职位所期望的模式进行比较，得出评价结果。“时间图画”中的行为模式可以是与职业选择有关的，也可以是与事业发展有关的。

2. 面试的问题与对策

在应用面试法进行人员甄选时，容易产生的问题是：

第一，缺乏训练的面试人员往往不能做出客观的评价。

第二，面试人员易受光环效应和触角效应的影响。光环效应是指面试人员喜欢应聘者或受应聘者吸引，从而对他们持肯定态度。结果是爱屋及乌，对候选人回答的问题采取宽容的态度，而不是客观评价答案本身。触角效应则正相反，面试人员会从应聘者所回答的问题中挑刺。

第三，面试人员往往过早下判断，即在见到应聘者的几分钟内就已经做出了判断，即使延长面试时间也不能改变其判断。

第四，面试人员过分重视负面资料。面试人员较容易受负面资料的影响。对应聘者的印象容易从好转坏，而不容易由坏转好。

第五，面试次序的对比误差，即应聘者接受面试的先后次序会影响面试人员的评分。研究表明，一位中等水平的应聘者若在几位不理想的应聘者之后接受面试，面试人员对他的评价会远远高出其原有水平。

要避免上面提到的五个方面的问题，就须采取以下措施：

第一，对参与面试的经理、主管或人事干部进行面试技术培训；

第二，确保面试人员在面试之前充分了解空缺职位的工作规范及应聘者的申请材料；

第三，选择适当的地点作为面试场所，并注意使家具的摆放符合面试的环境要求；

第四，合理安排面试时间，并使每位应聘者的受试时间基本相同；

第五，面试所提问题中，应包含开放式的有关职位的问题；

第六，一般在面试人员提问后，应给应聘者一些时间，允许他们问一些问题并自由发表一些评论；

第七，把面试法与其他方法结合使用。

8.3.3 心理测试

心理测试有许多种类型，但甄选过程中所用的主要是能力测试和个性测试两种，因为这两种测试的结果对预测未来的工作绩效有较大帮助。

1. 能力测试

能力测试分为普通能力测试、特殊能力测试和成就测试。

普通能力测试主要是测试应聘者的思维能力、想象力、记忆力、推理能力、分析能力、数学能力、空间关系能力及语言能力等。一般通过词汇、相似、相反、算术计算、推理等类型的问题进行评价。在这种测试中得高分者，被认为具有较强的能力，善于找出问题症结，能取得优良的工作业绩。

特殊能力测试用于对特定能力或才能的测试，如空间感、动手灵活性、协调性等，另外，还包括一些专业基础知识，常用的方法有斯特龙伯格灵敏度测验（Stromberg Dexterity Test）、明尼苏达操作速度测验（Minnesota Rate of Manipulation Test）、普渡插棒板测验（Purdue Peg Board）等。

成就测试是考察一个人已经拥有的能力，主要测试应聘者已经具备的有关的工作能力水平。韦克斯勒智力测验和瑞文标准推理测验是两种常用的能力测试工具。

延伸阅读

韦克斯勒智力测验

韦克斯勒智力测验（Wechsler Intelligence Scale）是目前世界上应用最广泛的智力测验量表。它是美国学者韦克斯勒（D. Wechsler）于 1955 年主持编制的智力测验量表——韦氏智力测验（WAIS-RC），它共有三套：成人（WAIS）、儿童（WISC）、幼儿（WPPSI）。韦氏成人智力量表包括 11 个分量表。言语量表 6 个：知识、领悟 、算术、相似性、数字广度、词汇。操作量表 5 个：数字符号、画图填充、木块图、图片排列、图形拼凑。

韦克斯勒智力测验可以计算人的智商，得到的智商是标准差为 15 的离差智商 IQ，具体公式为：

$$IQ=100+15Z=100+15(X-M)/S$$

式中，X为某人实得分数；M为某人所在年龄组的平均分数；S为该年龄组分数的标准差；Z是标准分数，其值等于被测人实得分数减去同龄人的平均分数，除以该年龄组的标准差。

WAIS-RC 各分测验的主要功能如下：

（1）知识：韦克斯勒认为，智商越高的人，兴趣越广泛，好奇心越强，所以获得的知识就越多。故此测验主要测量人的知识广度、一般的学习及接受能力、对材料的记忆及对日常事物的认识能力。

（2）领悟：此测验主要测量判断能力、运用实际知识解决新问题的能力以及一般知识。该测验对智力的 G 因素（一般因素）负荷较大，与知识测验相比，受文化教育影响小，但计分难以掌握。

（3）算术：此测验主要测量数学计算的推理能力及主动注意的能力。该能力随年龄而发展，故能考查智力的发展，同时对预测一个人未来的心智能力很有价值。

（4）相似性：此测验设计用来测量逻辑思维能力、抽象思维能力与概括能力，是 G 因素的很好测量指标。

（5）数字广度：此测验主要测量人的注意力和短时记忆能力。临床研究表明，数字广度测验对智力较低者测的是短时记忆能力，但对智力较高者实际测量的是注意力，且得分未必会高。

（6）词汇：本测验主要测量人的言语理解能力，与抽象概括能力有关，同时能在一定程度上了解其知识范围和文化背景。研究表明，它是测量智力的 G 因素的最佳指标，可靠性很高。但其计分较麻烦，评分标准难掌握，实施时间也较长。

（7）数字符号：该测验主要测量一般的学习能力、知觉辨别能力及灵活性，以及动机强度等。该测验与工种、性别、性格和个人缺陷有关，不能很好地测量智力的 G 因素，但具有计分快、不受文化影响的特点。

（8）图画填充：此测验主要测量人的视觉辨认能力，以及视觉记忆与视觉理解能力。填图测验有趣味性，能测量智力的 G 因素，但它易受个人经验、性别、生长环境的影响。

（9）木块图：该测验主要测量辨认空间关系的能力、视觉结构的分析和综合能力，以及视觉-运动协调能力等。在临床上，该测验对于诊断知觉障碍、注意障碍、老年衰退具有很高的效度。

（10）图片排列：此测验主要测量被试者的分析综合能力、观察因果关系的能力、社会计划性、预期力和幽默感等。它也可以测量智力的 G 因素，可作为跨文化的测验。但此测验易受视觉敏锐性的影响。

（11）图形拼凑：此测验主要测量处理局部与整体关系的能力、概括思维能力、知觉组织能力以及辨别能力。在临床上，此测验可了解被试者的知觉类型，他对尝试错误方法所依赖的程度，以及对错误反应的应对方法。此测验与其他分测验相关度较低，对被试者的鉴别力不甚高。

韦克斯勒智力测验的注意事项如下：第一，在操作修订韦氏量表时，一定要按本量表的标准程序进行。这些程序在手册中均有规定，所以采用此量表的人员，一定要阅读手册。除非在临床应用时，因某些特殊情况，在不得已的情况下可进行适当变动。第二，主试者必须受过进行个别和团体测验的训练，掌握本量表的测量技术——提问技术、鼓励回答的技巧、书写回答格式、计分方法、计分标准、原始分（粗分）换算标准分（量表分）的方法、计算智商的方法、对结果做解释等。第三，测验材料有组织，以方便测验时取用，能得心应手，不致紊乱，不影响进行时间。主试者井井有条，则被试者操作自由；主试者忙乱不堪，则会对被试者的操作带来不良影响。第四，测验时间要选择恰当，这是与被试者建立良好协调关系所必需的。被试者应在精力充沛、身体舒适、没有急事的时候来接受测验。第五，主试者应努力取得被试者的合作，尽量使他们保持对测验的兴趣，用如下一些鼓励语言往往是有效的。如“好”，“这不花你许多时间吧”。

韦克斯勒智力测验是一个个别测验，花费的实际时间较长，而且往往只限于高级管理人员使用。它的实施、计分和解释都需要高素质的专业人员。

延伸阅读

瑞文标准推理测验

瑞文标准推理测验（Raven's Standard Progressive Matrices）由英国心理学家瑞文（J. C. Raven）于 1938 年创制，在世界各国沿用至今，用以测量一个人的观察能力及思维能力。它是一种纯粹的非文字智力测验，广泛运用于无国界的智力、推理能力测试。它的主要特点是适用年龄范围宽，测验对象不受文化、种族、语言的限制，并且可以用于聋哑儿童、文盲等特殊个体的测试。测验既可以个别进行，也可以团体实施，使用方便、省时省力，结果解释直观简单，具有较高的信度和效度。

整个瑞文标准推理测验一共由 60 张图组成，按逐步增加难度的顺序分成 A、B、C、D、E 五组，每组的主题和题型略有不同。从直观上看，A 组主要测知觉辨别力、图形比较、图形想象力等；B 组主要测类同比较、图形组合等；C 组主要测比较推理和图形组合；D 组主要测系列关系、图形套合、比拟等；E 组主要测互换、交错等抽象推理能力。可见，各组要求的思维操作水平也是不同的。测验通过评价被试者这些思维活动来研究他的智力活动能力。每一组中包含 12 道题目，也按逐渐增加难度的方式排列。每个题目由一幅缺少一小部分的大图案和作为选项的 6～8 张小图片组成。测验中要求被试者根据大图案内图形间的某种关系——这正是需要被试者去思考、去发现的，看小图片中的哪一张填入（在头脑中想象）大图案中缺少的部分最合适，主要用于对智力的了解和筛选。

该测验使用人员的范围：6～70 岁的不同职业、国家、文化背景的人都可以用，同样适用于聋哑人、丧失某种语言机能的人、具有心理障碍的人。瑞文标准推理测验一般没有时间限制，但在必要时也可限制时间，在个别测验时，如果记录下测试所用时间，并分析其错误的特性，还可以有助于了解被试者的气质、性格和情绪等方面的特点，一般人完成瑞文标准推理测验大约需要半小时，最好在45分钟之内完成。

最后根据答题正确率来计算智商水平，通常用百分比等级表示。一级：测验标准分等于或超过同年龄常模组的95%，为高水平智力；二级：测验标准分在75%～95%，智力水平良好；三级：测验标准分在25%～75%，智力水平中等；四级：测验标准分在5%～25%，智力水平中下；五级：测验标准分低于5%，为智力缺陷。另外，A、B、C、D、E五个项目的得分结构，一定程度上有助于了解被试者的智力结构。

对分数做解释时应注意，瑞文标准推理测验强调推理方面的能力，并非完全的智力，但目前仅用于智力方面的筛选。

2. 个性测试

一个人的工作能否做好，不仅仅取决于能力高低，个性品质也会对工作绩效的好坏起很大的影响作用。因此，把对应聘者的个性测试纳入招募、甄选过程中就十分必要，尤其是对于那些需要比较多人际交流的职位更是如此。个性品质主要包括人的态度、情绪、价值观、性格等方面的特性。对个性品质的测试主要有影射法、个性品质问卷调查法和兴趣盘存法等。

影射法是让应聘者看过一项不明的刺激物，如图片、墨迹等之后，要求他们诠释其意义或观察他们有何反应。因为刺激物相当模糊，所以应聘者所做的诠释，事实上是他们内心状态的一种影射，他们会将自己的情感态度及对于生活的理想要求融入诠释中，由此测试出应聘者的个性品质。此外，属于影射性的测试方法还有：要求应聘者编造或创造出一些东西或故事；图画的构造法；要求应聘者完成某种材料，如句子的完成法；要求应聘者依据某种原则对刺激材料进行选择或排列的选择排列法等。

个性品质问卷调查法是通过应聘者对个性品质调查表中的问题进行回答，依据得分统计来判断应聘者的个性品质倾向。调查表中的问题一般包含了与行为、态度、感觉、信仰等有关的陈述式问题。典型的调查表有明尼苏达多项人格测验、爱德华兹个人偏爱顺序表、卡特尔16种人格因素测验等。

兴趣盘存法是将应聘者的兴趣和各种人士的兴趣做一比较，判断应聘者适合从事什么工作。其理论依据是，假如应聘者在兴趣方面与绩效优异的在职人员雷同的话，应聘者将来也可能有良好的表现。

延伸阅读

明尼苏达多项人格测验

明尼苏达多项人格测验（Minnesota Multiphasic Personality Inventory，MMPI）是由明尼苏达大学教授哈撒韦（S. R. Hathaway）和麦金利（J. C. Mckinley）于20世纪40年代制定的，是目前应用极广、颇富权威的一种纸-笔式人格测验。除用于临床之外，它还可以用于评价个人或集体的人格特点，为聘用人才及选择职业提供参考。在人员甄选录用中，MMPI 作为心理及性格测验的一种手段也有许多方面的探索。例如 MMPI 中的社会内向量表（SI），作为正常人个性倾向的量表应用广泛。MMPI 中的四个效度量表，被应用于其他量表之中，用以检验反应是否真实。

MMPI 有 566 个自我报告形式的题目，其中 16 个为重复题目（主要用于检验被试反应的一致性，看作答是否认真）。题目的内容范围很广，包括身体各方面的情况、精神状态以及对家庭、婚姻、宗教、政治、法律、社会等问题的态度。MMPI 适用于 16 岁以上的成人，被评价者应具有小学毕业以上的文化水平，被评价者可以根据测试指导语的要求完成测试，测试无时间限制，但应尽快完成，可个别施测，也可以团体施测。

一般而言，在结果计分解释中主要使用 10 个临床量表、4 个效度量表和 5 个附加量表。

MMPI 的 10 个临床量表是：疑病（Hs）；抑郁（D）；癔症（Hy）；精神病态（Pd）；男性化—女性化（Mf）；妄想狂（Pa）；精神衰弱（Pt）；精神分裂（Sc）；轻躁狂（Ma）；社会内向（Si）。其中 Mf 与 Si 量表只能说明人格的倾向，与疾病无关，从上述 10 个量表中可得到 10 个分数，代表 10 种个性特质。

MMPI 的 4 个效度量表，用于鉴别不同的应试态度和反应倾向。如果在这些量表上出现异常分数，则意味着其余量表分数的有效性值得怀疑。

说谎分数（L）：共 15 个题目，在此量表上分数较低，说明诚实、自信、富于自我批评精神。

诈病分数（F）：共 64 个题目，在此量表上得分高可能是蓄意装病、回答不认真或真的有病，如妄想、产生幻觉、有思维障碍等。

校正分数（K）：共 30 个题目，主要反映自我控制、家庭问题和人际关系等方面的内容。其主要功能在于校正临床量表的测验偏差，K 量表得分高，表明被试者有较强的自我防御倾向。以 K 量表得分校正临床量表分数，能提高 MMPI 的测验效度。

疑问分数（Q）：表示漏答，无法答或"是""否"均做回答的题目数，超过 30 题则答卷无效。

延伸阅读

卡特尔 16 种人格因素测验

卡特尔 16 种人格因素测验（Catell 16 Personality Factor Test）是美国伊利诺伊州立大学人格及能力测验研究所卡特尔教授（R. B. Catell）经过几十年的系统观察和科学实验，以及用因素分析统计法慎重确定和编制而成的一种精确的测验。这一测验能以约 45 分钟的时间测量出 16 种主要人格特征，凡具有初三以上文化程度的人都可以使用。本测验在国际上颇具影响力，具有较高的信度和效度，广泛用于人格测评、人才选拔、心理咨询和职业咨询等工作领域。

16 种人格因素是各自独立的，相互之间的相关度极小，每一种因素的测量都可以对被评价者的某一方面的人格特征有清晰而独特的认识，也能综合了解被评价者人格的 16

种不同因素的组合，从而全面评价其整体人格。具体来说，16 种人格因素测验直接测量的 16 种人格特征为乐群性、聪慧性、稳定性、支配性、兴奋性、责任性、敢为性、敏感性、怀疑性、幻想性、世故性、忧虑性、开放性、独立性、自律性、紧张性。

除直接测量 16 种人格特征外，卡特尔等人还发展出了一系列的公式，利用 16 个量表的分数以及这些公式，可以计算出一些二元人格特征，主要包括：焦虑性，描述对现在环境的适应程度，是否感到焦虑不满；外向性，描述性格特征的内向或者外向程度；安详机警性，描述个体的情绪困扰程度，以及进取精神；果敢性，描述做事情时的犹豫和果断程度。

16 种人格因素测验已经被译成多种文字，是世界上使用非常广泛的人格测验。我国研究者也对测验进行了修订，使之适合我国的国情。经检验，该测验具有良好的信度和效度，可广泛运用于心理咨询、人员选拔和职业指导等各个环节，为人事决策和人事诊断提供个人心理素质的参考。

总之，个性品质测试的根本目的是通过对应聘者个性品质的考察，判断应聘者工作动机、工作态度、情绪的稳定性、气质、性格等素质是否与空缺职位的要求相近或相同，若是，就是合适的人选。

8.3.4 行为模拟测试法

行为模拟测试法亦称情景模拟法，是指通过在一种情景下应聘者所表现出的与职位要求相关的行为方式，来判断应聘者是否适合空缺职位的一种测试方法。比较适合于评价具有某种与职位相关的潜能，但又没有机会表现的应聘者。通常所采用的行为模拟方式有：

1. 文件筐处理

要求应聘者对文件筐中的各类信件、便笺等进行处理，并做出决定，制定计划，组织资源和安排工作，要求合作，撰写回信和报告。以此测出应聘者的工作主动性、独立性、敏感性、组织规划能力、合作精神、分析判断能力、决策能力等。

2. 分析模拟

分析模拟是给应聘者提供有关某种情况的资料，要求其进行分析并提出合理的行动程序，以此观察应聘者筛选数据、分析问题、进行决策的能力，并进行评价。

3. 面谈模拟

面谈模拟是由应聘者扮演一个角色，评价员扮演与之相对的角色，来进行与工作相关的某种情景下的模拟行为和对话，依此来评价应聘者的组织能力、领导能力、灵活性、口头表达能力、控制能力及压力下的工作能力等。

并非所有的甄选都需要采取行为模拟测试法，它一般是作为面试法的补缺，另外还要取决于甄选的时间及预算的许可度。

8.3.5 工作抽样法

工作抽样法是指将空缺职位所涉及工作的几个关键环节抽样出来，让应聘者在无预先准备和无他人指导的情况下，进行实地操作，以考查其实际工作能力和绩效。科学的工作抽样比其他甄选方法都有效，因为这种方法所得到的信息更直接、更真实，评价结果也更客观、更公正。

8.3.6　评价中心

评价中心在这里实际上是一个运作概念，而不是一个地理概念或机构名称。它是指将应聘者（若应聘者过多，可经筛选后进行）集中起来，采用多种评价方法进行集体评价，然后从中甄选出合格人员的过程。评价的地点可以是一间会议室，也可以是一间特殊的房间。评价中心要求有十多名评价员来参与，一是因为应聘人员多，需要多人进行评价；二是可以保证评价结果的公正性。评价员一般是在暗中进行评价，也可通过录像进行评价。评价的时间需要 2～3 天。评价中心一般包括下列项目：

（1）分内工作——让应聘者实际面对担任空缺职位时所要面对的一堆报表、备忘录、信件、电话以及其他文件，要求应聘者逐一处理，如写信、记备忘录、安排会议日程等。然后，再由经验丰富的评价员对其工作绩效予以评价。

（2）无领导小组讨论——给若干应聘者一个问题，让应聘者一起进行讨论，并做出群体决策。然后由评价员对应聘者的沟通技巧、领导能力、个人影响力以及群体接纳程度进行评估。

（3）管理竞赛——让应聘者各代表一个组织，模拟这些组织在市场上存在的激烈竞争，然后让应聘者依据所代表的组织的状况做出一系列管理决策，由此来评价应聘者的决策能力、组织能力、沟通能力及领导能力。

（4）口头报告——让应聘者就某一主题做一个口头报告或演讲，以此来评价应聘者的沟通技巧和说服能力。

（5）客观测试——对应聘者进行一系列的内心测试。

（6）面谈——每位应聘者至少都由一位评价员与其面谈，以发掘应聘者的背景、过去的工作绩效、目前的兴趣以及行为激励状态。

需要注意的是，评价中心一般费用较高，比较适合于规模较大的组织。

延伸阅读

无领导小组讨论

无领导小组讨论是评价中心技术中经常使用的一种测评技术，采用情景模拟的方式对被测评者进行集体面试。4～8 名考生组成一组，进行 1 个小时左右的讨论。讨论过程中，不指定由谁充当主持讨论的组长，也不布置议题与议程，只是发给一个简短案例，即介绍一种管理情境，其中隐含着一个或者数个待解决和处理的问题，以引导小组展开讨论。没有人告诉任何一个小组成员他应该坐在哪个位置上，一般只用一张圆桌，而不使用长方形的会议桌，以使每个座席位置具有同等的重要性。在小组讨论过程中，即使出现冷场、僵局的情况，甚至发生争吵，测评者也不出面干预，令其自发进行。

整个讨论可以分为三个阶段：一是面试官宣读试题，受测者了解试题，独立思考，列出发言提纲，一般规定为 5 分钟左右；二是受测者轮流发言阐述自己的观点；三是受测者自由发言，不但阐述自己的观点，而且对别人的观点提出意见，最后达成某一协议。

无领导小组讨论将自主形成三类角色：组织者、时间控制者和记录者、参与融入者。

讨论结束后，由观察者根据每人在讨论中的表现及所起作用，按既定维度给出评分。

1. 无领导小组讨论的题型

无领导小组讨论的讨论题一般都是智能性的题目，从形式上来分，可以分为以下五种：

（1）开放式。例如，您认为领导者应具备的特质有哪些？

（2）两难式。例如，您认为情商和智商哪个更重要？

（3）排序选择。例如，对一家上市公司而言，股东分红、投资、雇员奖励哪一个更为重要？

（4）资源争夺。例如，单位计划派出20位具有潜力的员工到美国学习，如何在各个部门中分配名额？

（5）实际操作。形成解决问题的具体方案。

2. 无领导小组讨论的评价标准

（1）参与有效发言次数的多少。

（2）是否能够及时消除紧张气氛，说服别人，调解争议；是否能够创造一个使每一个人都想发言的气氛，并最终使众人达成一致意见。

（3）是否能提出自己的见解和方案，敢于发表不同意见，支持或肯定他人的意见，弹性化地坚持自己的主张。

（4）能否倾听他人意见，并互相尊重，不强行打断他人。

（5）语言表达、分析问题、概括或归纳总结不同方面意见的能力。

（6）反应的灵敏性、概括的准确性、发言的主动性等。

3. 无领导小组讨论的特点

（1）适宜特殊的测评范围。

无领导小组讨论适合于考查被评价者在团队中的社会和人际方面的能力，比如沟通能力、说服能力、组织协调能力、合作意识、影响力、人际交往意识和能力、团队精神等；解决问题时的分析能力，诸如理解能力、分析综合能力、推理能力、想象能力、创新能力、信息搜集利用能力；被评价者的个性特征，诸如自信、独立性高、灵活性、决断性、情绪稳定性等。

（2）适宜人群为陌生人。

由于是无领导小组讨论，所以如果被评价者本身存在上下级关系，那么本质上就不是无领导小组讨论了。特别是在尊重长辈、尊重上级的文化浓厚的环境之中，在存在着正式或非正式关系的群体中运用无领导小组讨论的方式进行测评，很可能会导致结果出现偏误。

（3）被评价者的人际互动性强。

人际互动性强是无领导小组讨论与其他方法相比一个明显的特点。在讨论的过程中，能够观察到小组成员之间的互动细节，以及不同成员在人际互动方面的个性化表现。

4. 无领导小组讨论的优势和劣势

与其他测评工具相比，无领导小组讨论具有以下几个方面的优点：能测试出笔试和单一面试所不能检测出的能力或者素质；在测评指标上，能够考查求职者多种能力和个性；在测评模式上，能使求职者在无意中显露自己各方面的特点；在测评依据上，能真正对求职者的行为表现进行评价；在测评情景上，能观察个体之间的相互作用；在测评结果上，能使求职者有公平竞争的机会；在测评成本上，能节省时间，便于比较。

无领导小组讨论的劣势是：对测试题目的要求较高；对考官的评分技术要求较高；对应试者的评价易受考官主观意见的影响；应试者存在做戏、表演或者伪装的可能性；指定角色的随意性，可能导致应试者之间地位的不平等；应试者的经验可以影响其能力的真正表现。

总之，招募中的甄选方法有很多，至于选择何种方法，要依组织的具体情况而定，这包括组织的目标、招募的规模和时间、预算的许可度等影响因素。但有一个问题是所有甄选方法都需要注意的，那就是测试的效度和信度。效度是指测试的结果与工作相关的程度，也就是测试的结果能否预测出任职后的工作绩效。信度是指测试的稳定性和一致性，也就是对同一应聘者用内容相似的测验再去测试他，所得到的分数也应相似。没有效度和信度的测试是不能在招募甄选中采用的。

8.4 中国公务员的录用制度

8.4.1 考试录用制度的历史沿革

考试录用作为政府录用人员的一种制度，最早起源于我国古代的科举制度。科举制度即分科举士，形成于我国的隋朝。它同以前各朝代主要通过推荐的方式来选拔政府官员不同，是通过分门别类的考试来确定官吏的选拔和任用的。考试成绩是录用的主要标准，这改变了过去只重门第不重才能的录用弊端，是政府录用制度的一大进步。科举制被以后各朝代沿袭并发展。唐朝的科举制分为常科和制科两类。常科每年由礼部定期举行，考试科目有秀才、明经、俊士、进士等多种科目。常科考试合格者，只是具备了担任官职的资格，还须经吏部考试合格后，才能授予官职。制科是皇帝根据需要临时下诏举行的、旨在选取非常之才的考试。考试科目多达上百种，制科考试通过者可直接授予官职。

明清时期科举制度发展到鼎盛时期，考试办法也十分完备，分为童试、乡试、会试和殿试。童试是一种基础资格考试，只有通过童试的人员（称秀才）才能参加乡试、会试和殿试，后三试是科举的正式考试。乡试为省一级考试，每两年一次，多在秋季举行，又称秋闱，考中者称举人；会试是中央一级考试，每三年一次，多在春季举行，又称春闱，考中者称贡生；殿试由皇帝亲自主持，在会试后一个月举行，考取者称进士，分三甲录取，一甲仅取三名，赐进士及第，第一名为状元，第二名为榜眼，第三名为探花。二甲取参试人数的1/3左右，赐进士出身。其余通过者为三甲，赐同进士出身。通过后三级考试者，都可成为级别不同的官员。

科举制度在当时是一种先进的政府官员选拔制度，但由于晚清时期考试内容被限制在“四书”“五经”之内，并采用八股文体进行考试，限制了人的独立思考和创新意识，再加上社会衰退，假科举之名，行舞弊之实，最终把科举制度引向了末路。

科举制在中国走向了衰落，但其公开考试、择优录用的精髓却被西方国家吸收和发扬。1870 年，英国政府颁布枢密院令，规定凡未经考试并持有合格证书者，一律不得任事务官职，标志着英国文官制度的初步形成。从此，英国文官中常务次官以下的文官，均须经考试合格后方可录用。1883 年，美国也实行了公开考试录用的文官制度。第二次世界大战以后，公开考试制度在世界许多国家的政府人员招募中得到推广，考试录用的范围越来越大，内容和方法也越来越科学。

新中国成立之后的前 30 年，我国的干部录用一直是按计划接收国家统一分配的大中专毕业生和军队转业干部，或从企事业单位有经验的工作人员中推荐选拔。直到 1982 年，我国原劳动人事部才制定颁布了第一个关于干部录用工作的综合性文件——《吸收录用干部问题的若干规定》，首次提出国家机关、企事业单位吸收录用干部要实行公开招收、自愿报名、进行德智体全面考核、坚持考试、择优录用的考试录用办法。但只适用于从全民所有制和集体所有制单位的工人中吸收干部以及从社会上的城镇知识青年、闲散专业技术人员、自学成才人员中录用干部，而干部录用的主流仍是接受大中专业毕业生和军队转业干部。

1987 年，党的十三大决定建立国家公务员制度，强调凡进入业务类公务员队伍，应通过法定公开考试，公开竞争。1988 年，七届全国人大一次会议再次强调，今后各级政府录用公务员，要按照国家公务员条例的规定，通过考试，择优选拔。同年，开始了一次大规模的招收干部考试工作，主要是为政法、税务、工商行政部门和银行、保险系统招收干部，此次参加考试的人员有百余万人，录取了 8 万人。此次干部录用的考试尝试，开创了干部录用的新局面。1989 年初，中共中央组织部、人事部联合发出《关于国家行政机关补充工作人员实行考试办法的通知》，要求县及县以上国家行政机关补充工作人员，要贯彻公平、平等、竞争的原则，通过考试考核，择优录用。这意味着考试录用将作为国家机关录用工作人员的主要途径和方法。1989 年，有 37 个国家部委，27 个省、自治区、直辖市进行了干部的考试录用工作，收到良好的效果。1993 年，我国颁布的《国家公务员暂行条例》规定，国家行政机关录用担任主任科员以下非领导职务的国家公务员，采用公开考试、严格考核的办法，按照德才兼备的标准择优录用。1994 年，人事部颁布的《国家公务员录用暂行规定》规定了考试录用的程序和原则。至此，考试录用作为国家公务人员的录用制度在我国得到确立。2005 年 4 月 27 日通过的《中华人民共和国公务员法》，将公务员的考试录用制度以法律的形式固定了下来，明确规定，录用担任主任科员以下及其他相当职务层次的非领导职务公务员，采取公开考试、严格考察、平等竞争、择优录取的办法。2019 年 6 月实施的新《公务员法》，根据公务员管理实践的需要，进一步对公务员的考核方式相关内容做了修订，规定“考核应当按照管理权限，全面考核公务员的德、能、勤、绩、廉，重点考核政治素质和工作实绩”，突出和新增了对“政治素质”方面的考核。

8.4.2　考试录用的原则

公务员考试录用，除按照编制、工作需要及德才兼备标准来选拔外，还遵循以下原则：

1. 公开原则

公开原则是指录用主管部门将计划招募的职位、资格条件、时间、地点及招募结果，通过各种媒体向社会发出公告；招录机关根据考试成绩、考察情况和体检结果，提出拟录用人员名单，并予以公示。公示期满，中央一级招录机关将拟录用人员名单报中央公务员主管部门备案；地方各级招录机关将拟录用人员名单报省级或者设区的市级公务员主管部门审批。公告与公示的目的在于增加政府部门招募、甄选的透明度，接受社会监督，防止人员招募甄选过程中的不正当行为。

2. 平等原则

平等原则指对所有应聘者应一视同仁、平等对待，不得因民族、性别、出身、宗教信仰、婚姻状况等对应聘者实行歧视和给予不平等待遇。这一原则在我国政府部门人员招募甄选的实际操作中，还受到一定的限制，如地域条件的限制、婚姻状况的限制等。此外，在公共部门的人员招募中也不能做到男性与女性完全平等。

3. 竞争原则

竞争原则首先是指录用要在全社会范围内公开竞争，通过考试进行。要按照应聘者的素质条件优劣对比进行甄选，不得按照主管人员的主观好恶来取舍。其次，应吸引更多的人员来进行应聘，只有人多，才有竞争，才能从社会中获得精英人才。

4. 择优原则

择优原则指通过各种甄选方法，选择真正优秀的人才到政府中来。这一原则适用于社会上任何组织的招募甄选。这里的择优不是盲目地要求高素质，还要考虑是否符合空缺职位的工作规范要求。

8.4.3　考试录用的条件

依照《公务员法》的规定，录用担任一级主任科员以下及其他相当职级层次的公务员，采用公开竞争考试、严格考察、平等竞争、择优录取的方法。主任科员以上职位的录用不一定采用公务员考试录用，而主要靠推荐、选拔、调配等方式委任，但在某些省、市，副局长以下的主要领导职位也逐步开始采用考试竞争录用的方法。

无论是通过公开竞争考试，还是通过简化程序进入政府公务员系列的人员，都必须具备下列条件：

第一，具有中华人民共和国国籍；

第二，年满十八周岁；

第三，拥护中华人民共和国宪法，拥护中国共产党和社会主义制度；

第四，具有良好的政治素质和道德品行；

第五，具有正常履行职责的身体条件和心理素质；

第六，具有符合职位要求的文化程度和工作能力；

第七，法律规定的其他条件。

《公务员法》第二十六条规定，下列人员不得录用为公务员：

第一，因犯罪受过刑事处罚的；

第二，被开除中国共产党党籍的；

第三，被开除公职的；

第四，被依法列为失信联合惩戒对象的；

第五，有法律规定不得录用为公务员的其他情形的。

8.4.4 考试录用的程序

1. 发布招考公告

招考公告应当载明招考的职位、名额、报考资格条件、报考需要提交的申请材料以及其他报考须知事项。招录机关应当采取措施，便利公民报考。

2. 资格审查

招录机关根据报考资格条件对报考申请进行审查。报考者提交的申请材料应当真实、准确。

3. 公开考试

公务员录用考试采取笔试和面试的方式进行，考试内容根据公务员应当具备的基本能力和不同职位类别分别设置。

4. 严格考察

招录机关根据考试成绩确定考察人选，并对其进行报考资格复审、考察和体检。

5. 录用公示

招录机关根据考试成绩、考察情况和体检结果，提出拟录用人员名单，并予以公示。

6. 审批录用

公示期满，中央一级招录机关将拟录用人员名单报中央公务员主管部门备案；地方各级招录机关将拟录用人员名单报省级或者设区的市级公务员主管部门审批。

7. 试用

新录用的公务员试用期为一年。试用期满合格的，予以任职；不合格的，取消录用。

《公务员法》第三十三条规定，录用特殊职位的公务员，经省级以上公务员主管部门批准，可以简化程序或者采用其他测评办法。

8.4.5 公务员任用形式

由于各个国家政治体制、行政体制存在着差异，所以各个国家公务员所涵盖的人员范围也必然有所差异。但具体的任用制度大同小异，主要有四种形式：选任制、委任制、考任制和聘任制。

1. 选任制

选任制，是指由选民或选民选出的代表，选举和决定任职人选的任用形式。国家和政府的领导者由公民选举产生，这是现代民主国家的基本政治理念。其前提假设是，国家和政府的权力来源于公民，公民为了彼此利益的共赢而将一部分权力让渡给政府，委托政府进行管理，因此，公民有权力集体选择权力的行使者。所以，政府的核心领导应实行选任制。由于各个国家政治制度不同，存在着直接民主和间接民主的区分，即实行直接民主的国家的领导者是由公民直接选举产生的，而实行间接民主的国家的领导者是由民众选举出来的议会或代表大会间接选举产生的。我国《宪法》规定，各级政府核心领导者和主要职能部门的领导者由同级人民代表大会选举决定，即实行选任制。所以说，选任制是我国公务员任用中最为核心的任用形式。

《公务员法》第四十一条规定，选任制公务员在选举结果生效时即任当选职务；任期届满不再连任或者任期内辞职、被罢免、被撤职的，其所任职务即终止。

选任制的优点在于民主价值的体现。其前提条件是选举程序的合理、公开、公平。如果候选人产生办法不合理、非竞争性等额选举、选举过程暗箱操作，那么，选任制也就无法达到其民主的制度主旨。

2. 委任制

委任制，是指任免机关或个人依照干部管理权限直接委派干部担任领导职务的一种任用形式。在西方国家，其政务类官员是由总统直接委任的，但公务员基本不适用委任制。我国党政机关职能部门内部领导职务大多数实行委任制，职能部门的负责人实行的是委任制和选任制的结合，即由党和政府的主要领导者提名，代表机构通过。所以，委任制是我国公务员领导职务任用中最为普遍的任用形式。

《公务员法》第四十二条规定，委任制公务员试用期满考核合格，职务、职级发生变化，以及其他情形需要任免职务、职级的，应当按照管理权限和规定的程序任免。

委任制的优点在于领导者可以选用自己认可的、对自己忠诚、具有相似价值观的下属来担任系统内部的领导职务，有利于权力的集中和指挥的高效。但是，委任制是现代行政制度所极力限制的一种领导任用形式，因为，委任制在西方文官制度建立之前为政党分肥提供了极大的方便。所以，委任制易于带来用人过程中的任人唯亲、权力寻租等问题。

3. 考任制

考任制，是指通过公开的竞争性考试来甄选、任用人员的任用形式。“逢进必考”是现代公务员制度的基本准则之一。前面所介绍的考试录用制度，就是考任制在我国公务员管理中的具体实践。

考任制的优点是公平、高效。它是委任制的主要替代性制度。对考任制的争议主要在于考试的效度，即有可能出现高分低能。但是目前也没有更好的替代性制度，所以，公开的考试竞争仍需坚持和推广，我们需要关注的是考试形式和内容的多样化与完善。

4. 聘任制

聘任制，是指通过双方平等协商，达成共同认可的关于职位、职责、薪酬、津贴等方面的聘用协议，从而形成一定时间范围内的劳动雇佣关系。此类任用形式被称为聘任制。

我国新修订的《公务员法》规定，机关根据工作需要，经省级以上公务员主管部门批准，可以对专业性较强的职位和辅助性职位实行聘任制。涉及国家秘密的职位，不实行聘任制。机关聘任公务员可以参照公务员考试录用的程序进行公开招聘，也可以从符合条件的人员中直接选聘。机关聘任公务员应当在规定的编制限额和工资经费限额内进行。机关聘任公务员，应当按照平等自愿、协商一致的原则，签订书面的聘任合同，确定机关与所聘公务员双方的权利、义务。聘任合同经双方协商一致可以变更或者解除。聘任合同的签订、变更或者解除，应当报同级公务员主管部门备案。聘任合同应当具备合同期限、职位及其职责要求、工资、福利、保险待遇、违约责任等条款。聘任合同期限为1～5年。聘任合同可以约定试用期，试用期为1～12个月。聘任制公务员按照国家规定实行协议工资制，具体办法由中央公务员主管部门规定。

聘任制的最大优点是弹性化。一方面，它突破了公务员管理的传统的职务常任理念，国家机关可以依据工作任务的实际需要，弹性化地确定雇佣期限；另一方面，聘任制实行薪酬待遇协议化，突破了普通公务员的薪酬架构和制度限制，对于公共部门所需要的高级专业人才，可以支付与外部市场接轨的薪酬待遇，有利于吸收和留住公共部门所需要的特殊专业人才。其负面作用是：在一定时期内，聘任制的推行会影响公共部门已有专业人才的工作积极性。

8.4.6 竞争上岗

竞争上岗主要适用于选拔任用国家机关内设的司局级、处级机构领导成员，县级以上地方各级党委、人大常委会、政府、政协、纪委、人民法院、人民检察院机关或者工作部门的内设机构领导成员。涉及重要机密和国家安全的职位，按照法律、法规不宜公开竞争的职位，不列入竞争上岗的范围。通过竞争上岗选拔党政机关内设机构领导成员，一般在本机关内部实施，也可根据需要允许所属机关、事业单位符合条件的人员参加。竞争上岗的一般程序如下：

1. 制定实施方案

竞争上岗应当制定实施方案，内容包括指导原则、竞争职位、任职条件、选拔范围、方法程序（含遴选方式）、时间安排、组织领导和纪律要求等。实施方案应当征求干部群众的意见，由党委（党组）讨论决定。实施方案确定后，应当将主要内容在本机关及所属有关单位公布。

2. 报名与资格审查

参加竞争上岗人员的基本条件和资格应当符合《党政领导干部选拔任用工作条例》的有关规定以及竞争职位的要求。报名参加竞争上岗的人员，自愿填报竞争职位，可只报一个志愿，也可兼报其他志愿。报名时应填写是否服从组织安排。在报名过程中，应当允许报名人员查询各职位报名情况，报名人员可在规定时间内调整所报职位。仅有个别人报名，无法形成有效竞争的职位，可不列入本次竞争上岗的范围，允许报考该职位人员改报其他职位。干部（人事）部门按照竞争上岗实施方案规定的条件，对报名人员进行资格审查并公布结果。

3. 笔试与面试

竞争上岗应当进行笔试、面试并量化计分。笔试、面试可依据《党政领导干部公开选拔和竞争上岗考试大纲》命题。

笔试主要测试竞争者履行竞争职位职责所必备的基本知识以及调研综合、办文办事、文字表达等能力。笔试一般由本单位组织实施。有条件的地方，可由党委组织部门和政府人事部门统一组织。

面试主要测试竞争者履行竞争职位职责所必备的基本素质和能力，应当根据需要采取适当的测评方法进行。面试由面试小组实施。面试小组一般由本单位领导、干部（人事）部门和相关单位领导及专家组成，一般不得少于 7 人，其中外单位人员应占一定比例。面试小组成员应当挑选公道正派、政策理论或者专业水平高、熟悉相关业务的人员担任。面试小组成员要实行回避制度。面试前应当对面试小组成员进行培训。面试应当允许本单位人员旁听。

4. 民主测评与组织考察

对竞争上岗人员应当进行民主测评并量化计分。民主测评主要对竞争者的德才表现及其对竞争职位的适应程度进行评价。地方党政机关一般在机关全体工作人员中进行；单位规模较大、竞争者所在内设机构人员较多的，可在该内设机构中进行；中央、国家机关一般以司局为单位进行。参加民主测评的人数必须达到应参加人数的 80%以上。

民主测评内容包括德、能、勤、绩、廉等项，每项可细分为若干要素，每个要素划分为若干档次，每档确定相应的分值，由参加测评人员无记名填写评价分数，由干部（人事）部门汇总计算每位竞争者的平均分数。

考察对象一般通过综合遴选的方式择优确定，即竞争者参加笔试、面试、民主测评各个环节的竞争，依据总分高低，按照一定比例择优确定考察对象并公布名单以及最低入围分数。笔试、面试成绩和民主测评结果应当按照一定比例计入总分。

参加竞争的人数较多时，可通过逐轮遴选的方式择优确定考察对象。采用逐轮遴选方式，应当公布每轮遴选入围者的名单以及最低入围分数。民主测评在笔试、面试之后的，可与组织考察结合进行。确定考察对象时，可适当考虑竞争者的资历、学历（学位）及近年来年度考核情况等因素。对民主测评分数过低的人员，可不列为考察对象。民主测评在笔试、面试之前的，对民主测评分数过低的人员，可取消其参加笔试、面试的资格。

列入考察对象的人选数，应当多于竞争职位数。考察工作由干部（人事）部门组织进行。考察要坚持德才兼备原则，考察内容包括考察对象的德、能、勤、绩、廉情况及其政治业务素质与竞争职位的适应程度，注重考察工作实绩和群众公认程度。

5. 任职

党委（党组）根据竞争者笔试、面试、民主测评的结果和考察情况，集体讨论决定拟任人选。决定人选拟任职位，应当尊重本人所报志愿。必要时，在听取本人意见的基础上，可由组织统一调剂。对没有合适人选的职位，党委（党组）可决定暂时空缺。对拟任人选要按照任前公示的有关规定进行公示。对通过竞争上岗任职的人员，需要进行任职试用的，按任职试用期的有关规定办理。

6. 纪律与监督

竞争上岗必须严格执行《党政领导干部选拔任用工作条例》，并遵守下列纪律：要确保竞争上岗的公开、公平、公正，不准事先内定人选；要严格执行竞争上岗实施方案，不准在实施过程中随意更改；有关人员要严格遵守保密纪律，不准泄露考试试题、考察情况、党委（党组）讨论情况等；面试小组成员要客观公正，不准打人情分；参加考察的人员要公道正派，不准隐瞒或者歪曲事实真相；参加竞争的人员要正确对待竞争，不准弄虚作假，搞拉票等非组织活动。

对竞争上岗工作中的违纪行为按照有关规定予以组织处理或者纪律处分。情节严重的，可宣布竞争上岗结果无效，并追究有关人员的责任。党政机关竞争上岗工作必须接受上级党委及其组织（人事）部门的监督，接受上级纪检（监察）机关的监督，接受本单位机关党组织和纪检（监察）机构的监督，接受干部、群众的监督。干部、群众对竞争上岗工作中的违纪行为，有权向党组织或者组织（人事）部门、纪检（监察）机关检举、申诉。受理部门应当按照有关规定及时进行调查核实。

本章小结

公共部门人力资源招募和甄选是人员“入口”管理的重要环节，直接影响到公共部门人力资源的质量和工作绩效水平。实施与组织人力资源战略管理相配套的职位设定和招募计划势在必行。为此，本章首先介绍了人力资源招募计划的制定方法；其次，介绍了招募的常用方式和甄选的常用技术；最后，对我国公职人员考试录用制度的沿革、我国现行的公务员考试录用制度、干部任用形式进行了详细介绍。本章的学习重点是人员招募甄选的技术与方法。

关键术语

职位空缺　招募计划　需求预测　供给预测　内部招募供给　外部招募供给　招募甄选　工作抽样法　评价中心　考试录用　科举制　选任制

复习思考题

1. 人员招募计划的作用以及内容是什么？
2. 人员招募甄选的含义、意义及方式是什么？
3. 人员甄选的技术、方法有哪些？
4. 我国公务员考试录用制度的原则及其程序是怎样的？
5. 评价中心指的是什么？
6. 公务员的任用形式有哪些？
7. 竞争上岗的一般程序有哪些？

第 3 篇

公共部门人力资源的激励与开发

第9章

公共部门员工绩效考核

近年来，绩效管理作为公共部门实施战略管理、引导组织行为的一体化管理工具，已在我国公共部门普遍应用。绩效考核是绩效管理系统的重要组成部分，它依照绩效设置并表达的组织战略导向和规划目标，提高员工的认知水平，评价员工的态度、能力及其贡献，激励员工的进取心、责任感和组织归属。公共部门绩效考核创设了以结果为导向的（result-oriented）组织文化，透过员工产出、效益、满意度等指标评价，反馈管理流程的问题，改进员工工作行为，同时为组织晋升、薪酬、奖惩、培训与职业发展等人事管理活动提供客观依据，将员工行为协同到组织发展目标上来，造就组织与员工共同发展的机制。

重点问题

- 理解绩效管理中的绩效考核
- 公共部门绩效考核的功能
- 绩效考核的内容与方法
- 绩效考核的基本流程
- 绩效考核的偏差控制
- 绩效考核的成果应用

9.1　公共部门员工绩效考核的含义与作用

9.1.1　理解绩效与绩效管理系统

伴随组织绩效管理实践的发展，“绩效”概念的内涵不断丰富和扩展，体现为多维度、多因性、动态性特征。最初，受新公共管理运动结果导向价值观影响，依循英文词语原意，绩效（performance）被界定为“结果”（result），即通过努力工作，履行职责所达到的工作产出及其成绩，它反映任务目标、事务数量、责任、质量的水平。但仅关注结果，存在忽视人际因素、行为过程、环境因素、公平性和量化困难等局限性，绩效的边界被推展。“绩效乃行为”观念进入管理实践，与组织目标密切相关的员工行为以及特定行为熟练性对组织目标的贡献，成为绩效关注点，形成了“结果-行为”二维框架。之后，随着知识经济的到来，知识型员工和知识性工作给组织绩效管理实践提出了新挑战，“能力本位”取向的员工素质与胜任力对组织绩效的影响日甚，绩效概念再度发展，将工作胜任能力纳入其中，建立起“结果-行为-能力”三维框架。由此，结果、行为、能力三要素便成为时下绩效考核、评估的基本结构①。

员工绩效考核管理并不孤立存在。组织构建的整体性绩效管理系统是员工考核的基石，将考核作为公共部门绩效管理系统的重要环节（见图 9－1）。绩效管理系统在组织内居于战略地位，为组织把握部门、项目、员工行为的评价方向。如同大海中航行的巨轮，需要航标和船舵的指引，组织绩效管理便为组织行动掌舵。一方面，组织整体性绩效管理建立在战略管理基础之上，其基本任务在于，通过组织内外环境分析和评估，界定组织的使命、愿景及其核心价值观，明确组织的增殖目标、业务板块、资源配置、公众和顾客、外部期望，把握组织及员工努力的方向，形成围绕战略展开的整体性组织规划；另一方面，绩效管理系统定义了组织评价的基本导向，它通过目标分解与绩效沟通，给部门、项目、员工的行动提供指南，从而将员工工作要求、组织承诺、职业发展与组织战略发展方向有机连接起来，将战略目标转化为员工的实际行动②。绩效考核在绩效管理系统中承担考察、评价部门、项目、员工的贡献力、工作行为和履职能力的责任，据此激励预期行为、反馈绩效状况、改进工作行为，支撑组织战略目标的实现。组织绩效考核包括组织绩效、项目绩效和员工绩效等类型，这里，我们从人力资源管理视角出发，将阐述重点放在员工绩效考核方面。

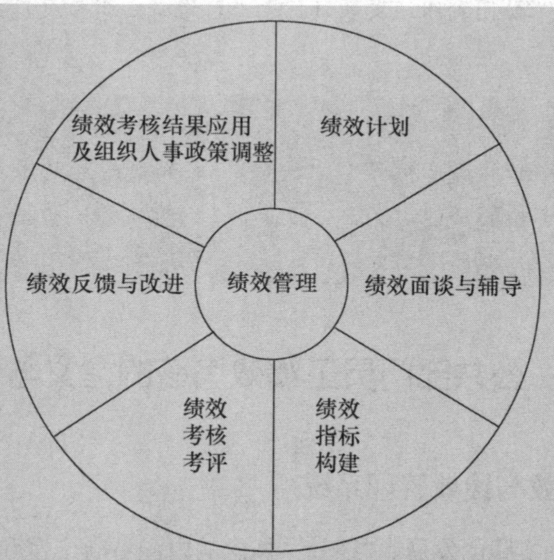

图 9－1　公共部门绩效管理系统

---

① 罗帆，卢少华. 绩效管理. 北京：科学出版社，2016：2-4.

② 卡普兰，诺顿. 平衡计分卡：化战略为行动. 广州：广东经济出版社，2013.

9.1.2　员工绩效考核的内涵

员工绩效考核，又称员工绩效考评，是指公共部门内外相关考核主体依据组织目标、绩效标准，在采集员工绩效信息的基础上，运用科学的考核方法，对一段时间内的员工工作业绩、行为和能力进行测度和评定，客观记录和品评员工工作履职和投入程度，将评定结果反馈给员工，并作为员工晋升、奖惩、薪酬、培训、职业发展依据的管理制度及管理过程，是公共部门绩效管理的有机组成部分。作为组织人力资源管理的正式制度，它包含以下要件：

（1）员工绩效考核包含多种类型。绩效考核在现代组织管理中的作用日趋重要，促使考核技术日益发展，与组织战略和职位管理相关联的精细程度不断提高，以保证考核适才适用和公正合理。组织绩效考核分类分层，制度设计多样化。例如，按照职位属性、职簇类型、职级高低，依据不同的战略地位、能力要求、任务目标，采用不同的考评结构、重点、权重、方式；按照考核的目标不同，可以使用不同的考评维度和测量方法，确定有利于考核结果应用的经济的、有效的方法。

（2）员工绩效考核主体构成是多元的。绩效考核的主体构成十分多元，且从单一性持续向多元性发展。早期实践主要采用人力资源部门或业务主管自上而下考察、鉴定方法，而现代实践更加注重考核的全面性、公正性和参与性，从多角度观察。根据不同类型考核的要求，上级、下级、同事群体会组合成不同形式，介入考核过程。同时，绩效考核越来越强调“用户导向”和顾客感受，赋予外部顾客参与评价绩效质量的权利，使绩效考核过程更加开放、民主。

（3）员工绩效考核的任务是综合测量体现员工履职的多种因素。由于员工绩效水平高低既受到主体因素，如能力、动机、价值观和态度的影响，也受制于外部环境因素，如工作场所条件、技术条件、管理对象的性质和幅度等，因此，公共部门考察员工的绩效状况，立足于对员工工作行为及其周延要素做全面、综合的分析和评价，包括结果、行为过程、能力、态度等维度，以保证员工绩效考核的客观性和公正性。

（4）员工绩效考核过程使用多种测量、评估技术工具。绩效考核技术是一个试错和不断精细化的过程。随着心理学、行为科学和操作主义的发展，为了实现对组织成员客观、公正的评价，组织人力资源管理开发、使用多种与员工绩效测量目标相适配的评估方法，既包括传统的以员工个体行为切入的非系统性绩效考核办法，如个人述职、业绩评定法、交替排序法、强制分布等，也包括建立在组织战略和业务增值基础上的、组织目标与个人绩效连接的绩效考核方法，如平衡计分卡、关键绩效指标法、360 度考核法等。

（5）员工绩效考核目的在于促进组织与员工的共同发展。员工绩效考核并非为考核而考核，而是致力于创设公共部门与员工相互协同、共同发展的机制。考核的价值内核在于倡导组织对员工的评价基于努力与报偿平衡以及业绩导向的公正原则，将员工对组织的贡献力视为组织发展和员工职业成长的来源。绩效考核成为公共部门引导员工努力方向、明确职业生涯成长的重要介质。

9.1.3　员工绩效考核功能

（1）定向与控制功能。公共部门绩效考核最重要的功能是引导员工工作行为，使其与组织期望达到的目标相一致。如前所述，绩效考核通过设定员工产出、行为和能力标准，定义并表达组织对员工工作行为的期待，据此评价员工绩效的高低得失，保证员工的履职按照组织计划的目标规范行进。在绩效定位的基础上，公共部门还将职务晋升、奖惩、调配、薪酬和培训等管理事务联系起来，将绩效考核结果作为这些人力资源管理环节的客观依据，为公共部门选人用人提供重要的判断标准。

（2）激励功能。组织绩效考核制度最突出的作用在于激发和鞭策员工积极向上的进取精神，引导员工做到组织期望的履职行为。考核通过一定指标的评价及其测量结果体现、排序，给员工带来比较强烈的对比、自我认知、自省等心理效应，让员工争先奋进。绩效考核制度设计本身具有三重目的：一是导向。显示组织对员工工作行为的要求，说明员工工作的着力点和产出形式。二是督促。激励员工勤奋工作，恪尽职守，服务民众。三是肯定。组织肯定员工付出的努力和获得的贡献，并明确员工努力与其获得报偿的关系，彰显以能力和贡献为本的组织正义观念。

（3）沟通与改进功能。绩效考核并非为考核而考核，考核更关注员工的行为改进和能力提升。早期绩效考核强调考核的行为控制功能，而现代组织管理将员工视为组织的资源和工作伙伴，故而，更多将绩效考核看作是诊断、发现组织现存问题，改进员工行为能力的信息基础和渠道。通过将绩效考核结果与员工反馈，能够有针对性地辅导员工认识自身及其工作职责，帮助员工检视努力的方向和方法，并听取员工的想法和建议。建立于组织与员工双向持续沟通过程的绩效考核制度，有助于进一步完善绩效计划，弥补绩效指标和标准的不足，促进管理共识的达成。

（4）生涯发展功能。绩效考核结果成为员工职业生涯发展的重要基础和动力。一方面，绩效考核结果显示的行为、能力不足之处就是组织提升员工能力的培训需求来源，即以期望的素质构成与实际绩效产出间差距为依据，制定组织员工素质培养的培训计划；另一方面，绩效考核呈现的结果也能够反映员工价值观、个性等主体性特征，清晰其职业锚取向，为员工岗位调配、轮换提供依据，保证员工职业发展适才适用。

9.2 公共部门员工绩效考核的主体与内容

9.2.1 公共部门员工绩效考核的主体

随着绩效考核功能从控制、激励转向到诊断、沟通、行为改进和服务公众，参与绩效考核的主体也由上级领导、部门主管扩展到同事、下级乃至服务受众，绩效考核形式则从自上而下评价走向自上而下、平行、自下而上、内部和外部，按照一定比例、权重有机结合的360度考核法。在现代组织管理中，绩效管理制度设计纳入了多元化的考核主体。

1. 上司

组织中对中低层员工的绩效考核，95%是由他们的直接上司来做的，即直线领导是考核员工的直接主管。组织认为好的主管比其他任何人更了解下属的工作和行为表现，因此在绩效考核中最有发言权，但有些组织已经认识到这种考核方式的缺陷。例如，许多上司感到要对每个下属的独特贡献做出考核，他们对此难以胜任。有些上司则抱怨自己被迫在员工的职业生活中扮演“上帝”的角色。20 世纪 90 年代，由于许多组织开始引入自我管理团队、电子通信和其他组织手段，这就拉长了上司与其下属之间的距离，因此，员工的直接上司对员工的绩效考核评估就不一定可靠了。尽管上司考核有诸多不足之处，但实际工作中，上司考核往往是最普遍、最不可缺少的。

2. 自我

让员工自己考核他们的工作绩效，是与自我管理和授权观念一致的，而且这通常是目标管理的一个重要组成部分。自我考核法得到了员工的高度评价，它有助于消除员工对考核过程的抵触，能有效地刺激员工和他们的上司就工作绩效问题展开讨论。但是，这种方法的考核结果易被夸大，且难免存在自我偏见。而且，自我考核结果也往往与上级的考核结果不一致。因为问题较多，自我考核更适用于员工的自我开发计划，而不是评价。

3. 同事

同事考核是最可靠的考核信息来源之一。这是因为：第一，同事之间的行动密切相关，日常接触使他们对与自己一起工作的同事的绩效有全面的认识。第二，同事的考核提供了许多独立的判断。一方面，一个上司对下属只能提出一种考核意见，而同事们则可以提供多种考核意见，把它们加以综合和平均肯定比单一评价更可靠，另一方面，同事之间可能不愿意相互考核，而且也可能存在朋友之间的偏袒现象。

4. 下属

第四种绩效考核主体来源是员工的直接下属。下属考核一般不常用，但是这种考核方法与诚实、透明以及向员工授权等诸多价值观是一致的。直接下属考核能够提供关于管理者行为的准确翔实的信息，因为考核者与被考核者的接触比较频繁。这种评价方式所存在的明显的问题是：员工害怕因为给上司的评价太低而受到上司给他们施加的不利影响。所以，如果想得到准确的考核结果，在考核中就应采取匿名形式。在今天，团队合作是一个越来越突出的行为方式，这提出的挑战是：尽管操作难度大，但考核系统仍将朝着强调同事和自我考核的方向发展。越强调团队合作，就越要求重视“同他人合作”，以及其他特定的同团队有关的个人行为。

5. 服务受众

公共部门的服务对象是广大社会公众，绩效管理的民主化，直接推动了公众参与的绩效管理模式，使得公众满意度评价成为公共部门绩效管理的重要标准，折射到员工的个体业绩考核。虽然公众不能完全了解行政管理工作的标准和要求，但是他们能够从被服务对象角度出发，针对公共部门员工是否有效提供了服务、服务是否令人满意、服务要素是否欠缺等，提供有用的考核信息。公众根据自己的期望、经验及感受考核公职人员，考核会更加务实、公正。然而，在具体操作过程中，公众考核存在一定的难度。由于公众不是组织的员工，因此在考核上比较费时费力，考核成本较大且存在信息不对称问题，故这种考核适用于与公众有密切接触、直接服务于公众的行政岗位。

9.2.2　公共部门员工绩效考核内容及其变化

考什么是公共部门绩效考核的核心，它显示组织绩效考核的实体目标，呈现组织的价值导向。组织不同阶段的战略目标定位、管理原则、业务重点乃至产品结构、技术工具的变化与更新，影响员工绩效考核的内容构成、权重分配和评估方法的选择。故而，组织绩效考核内容既包含一系列稳定的评价要素，又包含组织与时俱进变动的、发展的评价指标，考核内容与组织管理目标及原则存在同构性。

20世纪70年代以前，组织考核内容主要针对员工自身的品质、性格特征等主体因素，如忠诚、勤奋、判断力、分析力、与人共事能力和创造力等。考核中，测评者一般列出15个左右的个人品质特征，然后依据品质可能的表现方式，纵向划分不同等第（优、良、中、差或者五级评分制）。这种方法的考核内容比较恒定、通用，且操作上较为简单易行，节约成本，能在一定程度上反映员工的素质。但在以功绩制为本的人事管理体系中，它存在不尽如人意的地方：首先，个人品格只代表个人行为方式的趋向，实践中特定品质与员工工作行为和工作结果间并不一定呈现正相关关系。其次，主体因素考核结果的信度不高。因为考核者对品质内涵和标准理解有出入，如忠诚，这就影响对考核尺度的把握，可能造成对员工评价的双重甚至多重标准。最后，比较性的个性特征考核在对员工提出改进建议也没有太多建树，建议流于空泛。

为了建立全面、客观、统一的员工考核指标系统，近年来，现代组织管理不断探索员工考核制度，采用了改进后的考核指标体系，即将个人绩效评价取向纳入考核中，实行个人品质与绩效考核相结合的考核方式。

（1）继承传统个人品质考核的优势，仍将其内容作为考核指标体系的组成部分。同时，将注意力更多地放在对品质、性格特征的理解和界定统一上。

（2）改进后的指标以测量员工与工作相关的各种行为及行为的结果为中心。考核内容更多集中于员工在公务活动中实际的工作表现及其工作的成果，重视实际成果的管理，以彰显功绩制精神。换句话说，组织依据员工的工作态度和工作的质量等级对其做出鉴定。而工作质量等级的标准又来源于工作分析对职位工作要求的具体描述，这使得测量标准比较统一而客观。

（3）将员工个人考核与组织目标管理结合在一起。现代公共部门人力资源管理将绩效管理纳入目标管理的体系，使其成为组织管理系统中的有机组成部分。目标管理不仅吸纳员工参与管理，而且它引导着员工行为的方向，促进组织—个人—目标—行为—发展之间的一体化进程，也推进了绩效管理的发展、完善。

概括起来，当前组织绩效考核执行是由多种因素组合的复合结构，既包括结果、贡献的评估，又包括行为、过程的评估；既包括能力评价，也包括态度评价。

1. 工作能力

工作能力是员工从事本职工作必须具备的知识、技术和胜任力，指向员工对完成其职责范围内工作所能使用方法的多寡和好坏。主要内容有：（1）体能。包括年龄、性别和健康状况等因素。现代社会快节奏的工作环境，往往要求员工精神高度集中，反应敏捷，判断准确，同时还要求员工具有较强的耐力。（2）知识。包括学历、专业知识水平、工作经验等。（3）智能。包括记忆、逻辑分析、综合、判断、创新等能力。（4）技能。包括操作、表达、组织等能力。（5）潜在能力。强调员工潜能与绩效的关系，调动员工胜任力素质，以人力资源开发促进组织可持续发展。

2. 工作业绩与贡献

工作业绩是员工职务行为的直接结果。在功绩制原则下，考核制度设计时对工作业绩和效果指标的考量比重越来越大。这一考核过程不仅要说明员工工作完成情况，更重要的是据此指导员工有计划地改进行为，提高能力。主要内容有：（1）责任（应负责任）。指职位或部门应承担的为部门或组织目标服务的任务，它的重点是结果。（2）目标。它直接反映工作的先后顺序，是对在一定条件下、一定时间范围内所达到的结果的描述。（3）工作任务。员工应该完成的工作项目及总和。（4）关键成果。员工努力工作所形成的量、质及产生影响、效益的可视的结果。

3. 工作态度

工作态度主要指员工之于组织的纪律性、协作性、积极性、主动性、服从性、执行性、责任性、归属性、敬业精神、团队精神等性向，是影响工作能力和工作业绩发挥的个性与价值内驱力因素。员工工作能力强并不一定能产生高绩效，个体必须在良好工作态度的驱动下、在获得内外部条件支持时，才能取得高绩效。因此，绩效考核中增加对员工工作态度的考核，以鼓励员工建立进取、负责、合作的价值观和工作动机充分发挥现有的工作能力，避免出现“出工不出力”的消极行为。

9.2.3　我国公务员绩效考核的内容构成

我国公务员考核制度具有公职绩效考评管理的一般特征，与此同时，又具有适应中国国情的独特特征。具体而言，公务员绩效考核体系及其内容是在干部管理体制框架下形成的，“党管干部”原则要在公务员考核中得到充分的贯彻，据此制定公务员“德才兼备”“德才适配”的总体目标，建立起全面的公务员考核系统。一方面突出公务员的品德要求，强调公务员的政治意识、政治素养，坚持党的政治领导，与此同时，也注重公务员在实际工作中体现的能力和贡献，从而形成了我国公务员考核内容的要素构成及其权重比例。按照新修订的《公务员法》，公务员的考核应当按照管理权限，全面考核德、能、勤、绩、廉，其中，政治素质和工作实绩是考核的重点。

根据中组部 2007 年颁发的《公务员考核规定（试行）》[中组发 2 号] 的界定，德，是指政治政治素质及个人思想品德、职业道德、社会公德等表现；能，是指履行职责的业务素质和能力；勤，是指责任心、工作态度、工作作风等表现；绩，是指完成工作的数量、质量、效率和所产生的效益；廉，是指在廉洁自律等方面的表现。其中，思想素质高，业务精通、工作能力强，工作责任心强，勤勉尽责、工作作风好，工作实绩突出和清正廉洁的公务员为优秀等第，依次则分别为称职、基本称职和不称职共四个等第。

我国公务员考核内容设定虽然全面，但在实施中却遇到了一些操作化的问题。主要表现为考核指标设计粗糙，缺乏细化或行为化的指标定义和维度设定，存在“定性有余而定量不足”，分类考核指向和精细化考评技术有待进一步跟进。我国公务员队伍庞大，人数众多，职位种类繁多，职务层级复杂，职类、职簇之间的工作性质、工作特点差异大，部门之间、被考核者之间建立通则的、可比对的绩效标准实属不易。如果不能对各个维度进行充分细化与具体化，以此考核各个层级的各类公务员，就会导致考核过程粗糙、模糊、无所适从，考核结果流于形式，缺乏客观性和公平性。对此，近年来公共部门在人力资源管理制度学习和完善的过程中，同步不断开发和使用有效的员工考核技术方法，针对人员分类，采取适才适用的考核工具和实施方案，以保证公共部门员工绩效考核质量。

9.3 公共部门员工绩效考核的方法

9.3.1 以组织战略与目标为基础的绩效考核办法

以组织战略与目标为基础的绩效考核方法是指在组织战略管理视角下，以组织整体性绩效管理为基础的，通过定位、明晰组织战略发展目标、增殖业务、工作重点来分解、确定员工绩效指标、权重分配的考核方式，其目的在于将员工的努力方向与组织发展诉求相关联，引导员工的工作行为。此类绩效考核办法可以将绩效考核工具看作是组织将目标不断细化、分解到岗位的过程，它包括目标管理法、标杆管理法、关键绩效指标法和平衡计分卡等四种主要方法。

9.3.1.1 目标管理法

目标管理（management by objectives，MBO）由美国著名管理学家彼得·德鲁克于1954年提出。其管理思想的核心要义在于，通过组织目标的分解，使组织使命和任务转化为员工的具体目标和行动，以目标的引导实现组织分权和“自我控制”，从而激发员工内在的工作驱动力，创造优秀业绩，推进人的价值与工作意义的有机结合。在此管理哲学基础上，目标管理形成了一套操作化的管理程序，既是工作执行方法，又是员工考核方式，即目标管理法。按照其操作流程，目标管理法包含以下环节：

1. 制定与分解目标

制定组织总体目标，盘点并厘清组织发展方向、行动方针。据此，各个部门依据总目标的原则，提出部门目标，继而员工提出最终实现组织目标中个人努力的目标。在这个环节，目标管理法强调两个要点：一是鼓励下级员工自主提出目标，增强员工认知水平，挖掘员工的潜力和内驱力；二是制定目标的过程是组织、部门与员工之间相互讨论、互动协商、建立共识的过程，据此，组织目标的推进能够获得广泛认同，执行更为有效。

2. 目标实施的“自我控制与调节”

目标管理法倡导依据目标的自我和自主管理，反对“X”理论的人性假设和一味自上而下的控制。即目标设定后，以目标驱动的部门和员工，有能力自己制定工作计划，对工作执行进程负责。上级应协助下级实现目标。为此，第一，适当授权，使下属拥有一定的决定权来确定在组织化目标方针下选择有效地实施目标的措施和手段；第二，下属“自主控制和调节”，使下属对自身的目标、任务自觉负责，自行判断处理问题，实现自我教育和自我提高；第三，协助、支援下级，上级需根据下级工作任务和工作条件，给予必要的人力、物力支持，在横向专业部门间存在目标冲突时，应通过沟通、交换意见，协调其间关系，促进团队合作，共同达到目标；第四，员工参与组织文化，倡导员工参与管理过程，加入组织管理协商、讨论，促进管理的民主化。

3. 目标的成果评价与管理

鉴于目标管理法强调管理过程的员工“自我控制”，它更注重员工实际的工作成效，属于一种成果管理方式，将员工目标实现程度作为重要的考核依据，并由员工的业绩提高推展到重视员工的知识、能力、工作态度，将组织目标实现与个人利益、成长力有机结合起来。

4. 目标管理考核的程序与规范

按照目标管理考核法的操作设计与其管理思想脉络一致，其流程分为四个阶段：第一，设定业绩考核目标，将目标自上而下逐级分解后形成可以测量、判断的指标，就考核标准和测量方式达成共识；第二，确定指标的重要性以及目标实现的实践界限，针对目标要求，明确各个绩效指标的重要程度排序及其权重，确认绩效目标完成的时间节点；第三，反馈绩效信息并进行目标修正，根据反馈，甄别员工实际绩效成果与目标期望绩效之间的差距，寻求产生业绩异常情况的原因，一方面促使员工改进工作行为，另一方面调整目标考核指标的适用性，组织就员工绩效改进达成共识；第四，定义新的绩效考核目标，根据组织战略要求和考核结果，调整、界定员工业绩考核的新标准和指标体系，进入新一轮的管理循环。

9.3.1.2 标杆管理法

标杆管理法（benchmarking），又称基准法、基准考核法或水平对比法，是20世纪80年代施乐公司创造并实施的管理方法。它指组织通过横向比较，以管理卓越的组织为学习对象，寻求其重要的最佳管理实践标记（mark），以此作为基准和参照系，与本组织运营状况相比较，通过系统、持续的评估过程，获得本组织结构、流程改进的最优策略。简单来说，这一方法便是“榜样的力量”，通过比较、学习、借鉴，建立本组织绩效考核的定性、定量标准。

标杆管理法的核心在于界定“标杆”，即识别组织绩效基准标尺的来源和水平要求。按照标杆的管理内容及其使用功能等维度，标杆可以划分为如下类型：第一，战略标杆管理。主要通过学习其他组织的战略性决策，如长远发展方向、竞争策略等，从中发现影响组织战略实现的关键绩效因素，树立组织的目标标杆，为高层管理者制定决策提供重要依据。第二，内部标杆管理。是以组织自身内部操作为基准的管理办法，其操作最为简单易行。它主要聚焦于组织内部绩效标杆的标准设定，即辨别组织内脱颖而出的最佳职能或流程实践，从中提取关键的绩效影响因素，建立标杆的基准，将其推广到其他工作部门学习，以改进组织结构、改变流程或改变员工的行为方式。第三，竞争标杆管理。第四，功能标杆管理。第五，流程标杆管理。

标杆管理法通过一系列的操作步骤（如图9-2所示），来推动组织绩效管理的实施：

第一步，从“我”出发，研究组织内部运营，发现组织绩效的瓶颈。标杆管理法立足于组织自身现状“体检”，倡导“知己知彼”。标杆管理流程的起点始于对组织运行状况进行一系列分析，包括审视组织业务、诊断组织内部业务的关键流程以及策略实施、发现短板与问题。据此，梳理本组织内部可以师法的标杆内容或重点，厘清组织应该学习什么以及向谁学习，建立标杆管理的目标。

第二步，确立目标，寻找并定位标杆，明确标杆对照的内容和方式。标杆管理并非为标杆而标杆，其管理意义在于改进绩效，优化业务流程，增强服务顾客的满意度，实现组织发展。故此，按照组织绩效管理目标要求，有针对性地选择学习、参照的“榜样”，是标杆管理法关键的一步，关系到榜样示范与组织自身发展目标之间的适配程度以及标准高低。组织需要精细地选择、把握标杆管理拟要参照的具体内容，即确定标杆基准、关键比较指标、标杆来源以及标杆使用方式，如内部标杆、最优标杆或竞争标杆等，确定标杆管理的方向。

第三步，依照目标确定标杆，对应比较指标维度，收集标杆数据。选择并确定某些类型的最佳实践者作为标杆，成为管理伙伴，剖析其管理成功的秘钥，获得学习的关键点。收集和分析标杆管理信息数据，明确标杆实践的特征、优势与值得学习的突出方面。

第四步，寻找差距，发现问题及原因，设定组织拟实现的绩效管理目标。学习标杆，目的在于通过审慎、详细了解标杆组织管理流程最佳实践的信息，分析促成其成功的关键因素，如战略布局、组织制度、资源匹配、员工激励等。与此同时，找到本组织与标杆实践绩效管理的差距，发现存在的问题与管理缺陷，分析差距形成的原因。依据分析，形成本组织对标绩效的基准。

第五步，促进标杆学习，形成组织认同，进行绩效沟通，确认绩效标准。一方面，以标杆为典范，自上而下推进组织学习，借鉴其先进经验和优势启示，将其中的管理价值传导到组织内部；另一方面，通过有效沟通，将基于标杆管理形成的绩效标准和目标导向，在组织内部门间、层级间、员工间进行讨论和意见征询，以调整和确认绩效标准的可行性。

第六步，制定具体的绩效管理实施方案，确定绩效评估指标及其权重，执行绩效方案。依据绩效标准，制定绩效管理操作实施方案，据此优化组织关键流程，反馈实践信息，不断调适、改进实施方案，保证组织绩效管理顺利推进。

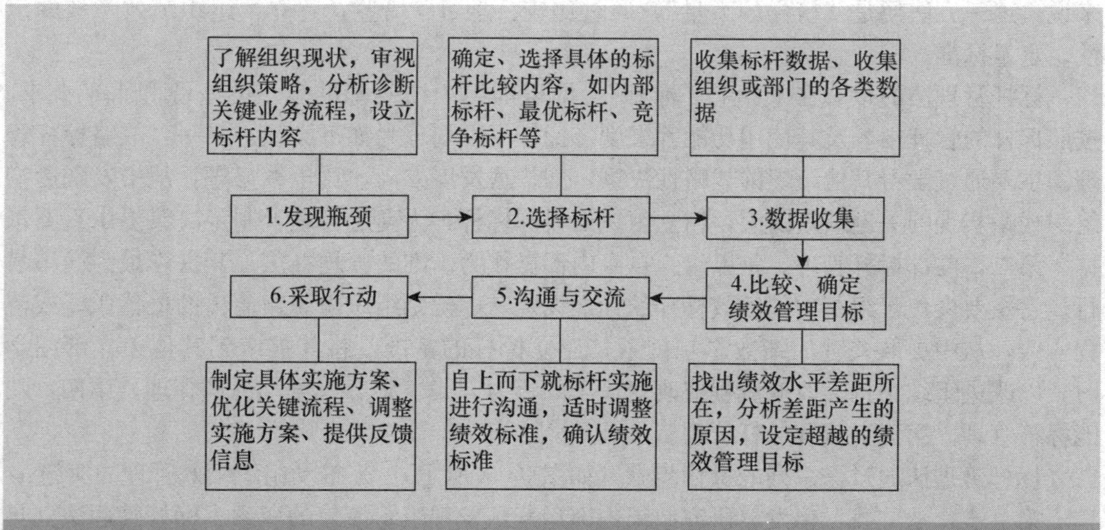

图 9－2　标杆管理法的操作程序

资料来源：作者自制。

9.3.1.3　关键绩效指标法

关键绩效指标（key performance indicators，KPI），是基于帕累托二八法则理论基础，在战略目标层层分解的过程中产生并实施的能够体现战略目标实现状况的关键性指标体系，由此形成衡量部门和员工绩效水平的目标式量化管理标准。KPI 体现二八法则精神，指在创造组织价值的过程中，部门和员工 80%的工作任务是由 20%的关键行为完成的，因此，KPI 也反映了组织期望的核心工作目标及其努力行为导向，使管理者不必事无巨细，而应抓住适应战略要求的关键环节、关键领域和关键行为等。KPI 法有以下特征：

（1）以组织目标为导向，关注外部公众需求。KPI 体系是在组织目标分解和流程设置的基础上建立的，其最重要的特征是 KPI 能够提炼、归纳组织战略目标及其关键的成功，体现组织价值观，呈现组织战略发展的要点，据此，使其成为驱动部门和员工实现组织愿景的推进工具。与此同时，KPI 设置也反映外部公众对组织的需求和期待，将 KPI 评价视为公共部门为外部公众创造服务价值的过程。

（2）执行 SMART 原则。KPI 法的本质在于指标少而精，既凝聚组织核心目标，又可控和具体明确，故此，执行过程遵循 SMART 原则，是对 KPI 设置的基本要求。表 9-1 表现了 KPI 设计的基本原则：S 代表的是 specific——“具体的”，是指绩效指标要切中特定的工作目标，应适度细化，并且随情境的变化而变化；M 代表的是 measurable——“可度量的”，是指绩效指标或者是数量化或行为化的，验证这些指标的数据或信息是可以获得的；A 代表的是 attainable——“可实现的”，是指绩效指标在付出努力的情况下可以实现，避免设立过高或过低的目标；R 代表的是 realistic——“现实的”，是指绩效指标是现实存在并可验证的，并不是假设的；T 代表的是 time-bound——“有时限的”，是指在绩效指标中要使用一定的时间单位，即设定完成这些指标的期限。

表 9-1　KPI 设计的基本原则

原则	正确做法	错误做法
S（具体的）	● 切中目标 ● 适度细化 ● 随情境变化	● 抽象的 ● 未经细化 ● 复制其他情境中的指标
M（可度量的）	● 数量化的 ● 行为化的 ● 数据或信息具有可得性	● 主观判断 ● 非行为化描述 ● 数据或信息无从获得
A（可实现的）	● 在付出努力的情况下可以实现 ● 在适度的时限内实现	● 过高或过低的目标 ● 期限过长
R（现实的）	● 可证明的 ● 可观察的	● 假设的 ● 不可观察或证明的
T（有时限的）	● 使用时间单位 ● 关注效率	● 不考虑时效性 ● 模糊的时间概念

资料来源：武欣. 绩效管理实务手册. 2 版. 北京：机械工业出版社，2011：73.

（3）指标量化或行为化。关键绩效指标是组织用于评价员工绩效水平的定量化或行为化的标准体系。也就是说，它以量化的指标测量为基础，如果指标难以定量化，也要以行为化指标为测量工具，同时，评估手段也必须采用量化方法，据此为组织提供客观、可以观察、可以证明、可靠的绩效信息数据。

KPI 法操作具有比较严格的要求，如果实施不当，不仅会遗漏组织系统的、关键的或潜在增值的目标，而且可能扭曲组织关键目标的内涵。故此，KPI 法实施的关键点在于按照精细的工作构建 KPI 体系，可归纳为五步法：

第一步，确定组织绩效的关键成功领域。通过鱼骨图分析，锁定对组织竞争力和绩效成果产生影响的最关键领域或岗位，诸如业务与产品、人力资源、组织流程、技术支持等，发现关键领域成功的原因及其经验，提取促成组织成功的驱动因素，确定组织未来战略发展与驱动因素之间的关联性，作为 KPI 法指标获取的重点目标。

第二步，清晰绩效考核部门和岗位工作的增值产出关键点。依据工作属性，划分员工所在的岗位类型，例如知识含量较高的岗位和知识含量较低的岗位，基于组织对不同类型岗位的目标要求，自上而下逐级确定部门和岗位上员工增值性工作产出的关键评价因素。特别要注意的是，KPI 法强调员工工作产出对于组织增值价值链的贡献，也格外重视成果导向，以员工工作业绩或者员工工作的关键行为，作为 KPI 法的绩效考核指向。

第三步，提取每项增值工作的关键产出绩效指标和标准。在确定部门和员工的关键工作产出之后，便需要将 KPI 绩效考核的评价因素转换为可观察、可测量的指标体系，说明员工需要评价什么，从而形成规范考核内容。KPI 法着重考察部门和员工的四类关键结果或行为，即数量、质量、成本、时限。数量考察员工的工作量产出；质量反映员工工作的准确性和独特性，与满意度高低密切相关；成本体现投入的资源、时间数量以及获得的效率之比；时限关注员工工作的及时性及便利性。标准设定则反映员工工作的高低水平，说明员工关键产出的“多少”与“怎样”状况。一般情况下，组织将标准设定为基本标准和卓越标准。基本标准乃为组织期望员工达到的基础要求，可以视为底线要求，不具有激励功能，多为任职的基本条件或提供非激励性人力资源待遇依据。卓越标准则为组织设置的工作上限状态，员工努力可以达到，但组织并不强制要求实现，主要作为激励员工的理想绩效参照目标，促成员工发挥创造力和主动性。

第四步，比较、筛选、排序各项增值工作产出的相对重要性等级。依据各个部门和岗位的关键产出绩效指标和标准，根据 KPI 法操作原则，对指标进行筛选，获得那些能够体现组织目标关键点、促使员工努力投入与目标要求趋于一体化的指标和标准，经过比较、分析，按照重要性排序，赋予各项指标合理的权重，表明指标在绩效评估体系中的相对位置，以此指引员工的工作行为。

第五步，实施绩效指标和标准，采集、追踪考核部门和员工的实际绩效状况。将 KPI 运用于员工绩效考核过程，其间，一方面，采集员工绩效状况信息，了解员工工作执行情况以及对组织目标的实现程度和贡献，对员工绩效做出客观评价；另一方面，在考核实践中修正、完善 KPI 体系，使其能够更加科学、客观、公平地体现组织目标与员工工作产出的关键点，突出 KPI 法的内涵及其优势。

KPI 法在应用过程中需要注意一些问题：首先，KPI 既要反映组织战略目标，同时又要满足 SMART 原则，因而，考核指标形成和选择不能与目标脱节，使考核脱离了应有的正向激励，扭曲了员工工作行为；其次，KPI 指标需要针对不同岗位的特点，总结出反映岗位特点和重点的评价指标，以此，组织 KPI 体系应有不同的应用组合；最后，KPI 一旦设定和稳定下来，有时就难以体现组织目标焦点的变化，故 KPI 法要在维持指标规则稳定与指标调整、跟进之间取得平衡。

9.3.1.4 平衡计分卡

平衡计分卡（balanced score card，BSC）作为一种战略管理和绩效管理的方法，20 世纪 90 年代发源于美国，是在欧美国家较为广泛使用的战略性绩效管理模式。它指组织以其发展战略为核心，通过描述、呈现与组织战略目标意图密切关联的关键维度设置，将组织战略与绩效管理有机联系起来，使绩效管理成为推进战略愿景实现的战略管理工具。平衡计分卡超越了组织以财务业绩考核为主导的传统绩效管理，将影响组织可持续发展能力的无形资产要素纳入绩效指标体系计分的方式，以进一步挖掘组织绩效提升的因果驱动因素，从而将战略愿景转化为现实行动。其代表人是卡普兰和诺顿，代表作为《平衡计分卡：驱动业绩的衡量体系》。

如图 9-3 所示，平衡计分卡的基础内容建立在对组织四个重要角度（dimensions）的界定上，这四个角度分别是：财务、客户、内部流程和学习与成长，综合反映了组织战略全貌，解释了业绩驱动的重要因素。(1) 财务角度。界定组织短期和长期的财务目标，明确关键的财务绩效要素，并将财务要素与其他三个角度平衡。(2) 客户角度。考察外部公众对组织的满意度，对政府，它反映公众对组织显性和潜在的信任和支持；对企业，它反映企业的市场占有率及其利润获得。同时，它是组织流程改造和员工学习成长驱动的来源。(3) 内部流程角度。关注组织结构、职能配置以及运营管理活动的有机组合，通过改善业务运营、客户管理、能力创新、信息资源等流程，保证组织整体运行更加高效，提高客户的满意度水平。(4) 学习与成长角度。描述组织无形资产或非财务资本，尤其是人力资本对提升组织绩效的重要性，重点关注人力资源的成长力，激励员工的积极性和主动性，构建符合战略发展导向的组织文化。

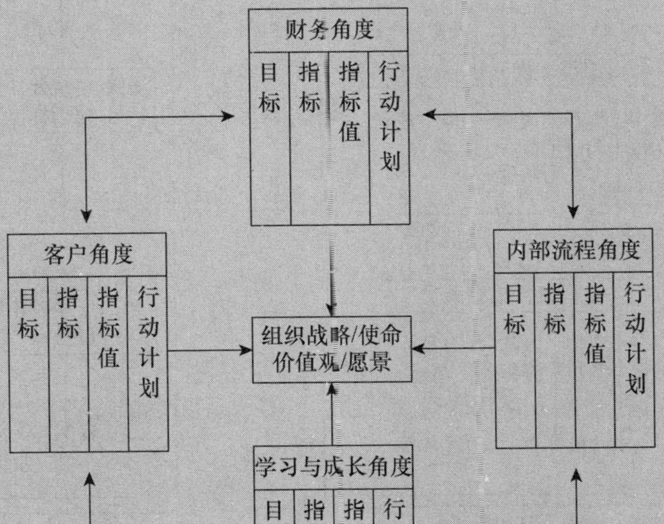

图 9-3　平衡计分卡的基本角度构成

资料来源：秦杨勇．平衡计分卡与绩效管理：中国企业战略制导．北京：中国经济出版社，2005：14.

作为组织的一套整体、综合战略与绩效管理方法，平衡计分卡的形成经过周密的规划和设计程序，经历从战略描述到角度界定再到指标、指标值设定等环节，最后导入部门和员工的工作行动中。其操作步骤如下：

（1）描述组织目标愿景，描绘组织战略地图。组织以形象的图示，系统勾勒出组织战略、发展愿景及其业务增值方向，明确展现组织关注的管理关键点和管理层次。战略地图的框架由使命与价值观、愿景与战略和四个角度关键点解释构成。使命和价值观解决组织究竟要创造怎样的价值以及遵循怎样的信仰和态度，它是组织行动的根本方向；愿景和战略指向组织的中长期的目标界定，描述组织拟选择和确定的关键业务发展领域；界定与组织战略发展密切相关的四个角度的关键内容，例如客户关系、组织内部流程的构成等。

（2）分解组织目标到部门和员工层面。平衡计分卡绩效管理系统得以实施，有赖于将使命和战略关键点传导到业务部门和员工，在共识形成中将目标转换为行动。组织按照战略地图，依托计分卡工具，将战略目标逐级逐层分解到业务部门和员工岗位，建立部门和员工的绩效计划（见图 9-4），通过指标体系，将平衡计分卡的关键角度落实到部门和员工，保证分解绩效目标与组织整体的协同和一体化。

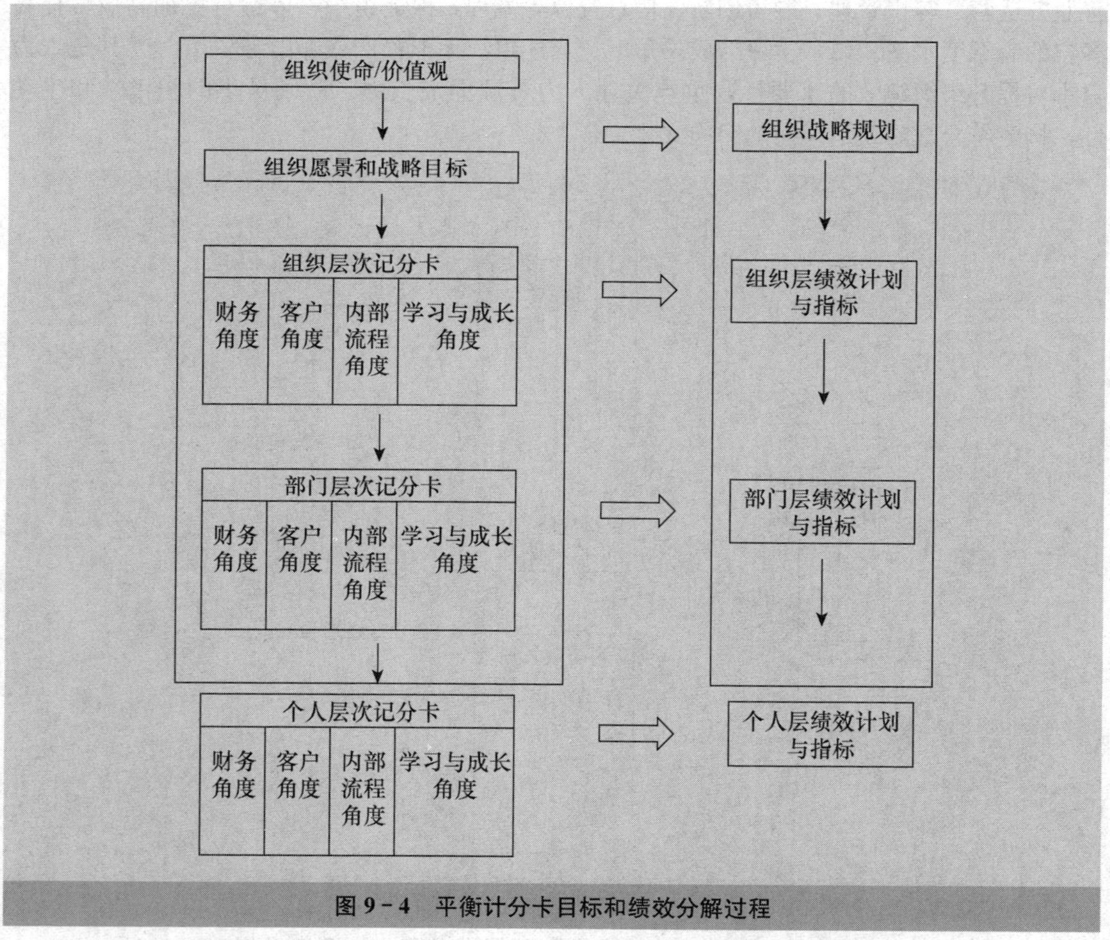

图 9-4　平衡计分卡目标和绩效分解过程

资料来源：秦杨勇．平衡计分卡与绩效管理：中国企业战略制导．北京：中国经济出版社，2005：35.

（3）构建四个角度的绩效目标、目标值和指标体系，形成分地图。如图9－3所示，在顶层战略设计的基础上，围绕平衡计分卡财务、客户、内部流程、学习与成长四个角度，分别设立绩效管理的分目标、指标系、目标值和行动计划，这成为“分地图”。分目标是依据组织四个角度的总体战略目标，建立部门和岗位的梯次分解的目标，明确分目标与总目标的内在逻辑和联系，作为部门和员工的行动指南。之后，根据目标导向，选择、制定可以观察、测度的绩效指标体系，划分不同的指标类型，应用于部门与员工考核。与此同时，为体现对部门和员工的期望，组织要为绩效指标设定在时间限度下期望达到的标准，以监测部门和员工履行职责、完成任务的程度高低，形成目标值。绩效指标与目标值相互支撑，前者解决部门和员工应该做什么，目标值则解决量化的期望水平。在指标体系与目标值设定完成后，对绩效考核方案的实施进行规划，形成具体的行动方案。

（4）执行绩效考核，掌握员工绩效状况。依照组织规划，平衡计分卡绩效管理系统投入运营。组织时时评估和监控运营过程中的产出结果，包括数量、增长、质量、满意度、成长力、竞争力等，借助绩效指标与目标值实现状况，监测部门与员工行动是否有效支撑了战略目标，是否有效地改进了组织流程并维系了客户关系，据此，获取员工绩效信息，发现员工工作中存在的“短板”和问题，这为平衡计分卡中的员工学习和成长角度提供了改进动力，促进了以人为本的员工职业生涯发展能力的提高。

（5）反馈绩效管理信息，调整评估指标或目标值，完善绩效管理系统。通过绩效管理的信息反馈，把握绩效管理系统的运营状况，确定实际运行与理想设计之间的差距，改进平衡计分卡绩效管理系统的设置。其中，包括评估指标的安排及其权重分配、目标值的改进以及与此之相关的组织预算、人力资源等配置方案调整等，寻求组织更加完善的基于平衡计分卡的绩效管理方案。

平衡计分卡绩效管理系统的有效运行，依赖于一些组织条件支撑：首先，平衡计分卡应将公共部门的绩效管理与组织的战略管理紧紧地联系在一起。它应以一种明确而又简单一致的责任描述，使战略在组织各个层面得以具体体现，使组织上下的焦点都集聚在战略上。因此，平衡计分卡从实质上来看首先是一个战略管理系统，然后才是业绩评价系统。运用平衡计分卡前要层层分解组织的战略目标，并能够与组织内部的部门、工作组、个人的目标达成一致，其中个人的利益要服从组织的利益。其次，平衡计分卡所揭示的四个方面的指标存在明确的因果驱动关系。但在公共部门内部针对不同类别的职位系列或个人分别列出这四方面的指标并不容易。所以，不必每个职位系列都涵盖这四方面的指标。最后，实施平衡计分卡前，要建立与之相配套的制度。这些制度包括财务核算体系的运作、内部信息平台的建设、岗位权责划分、业务流程管理以及与绩效考核相关的人力资源管理等其他环节。

9.3.2　以职位职责为基础的员工绩效考核方法

与以战略及目标为基础的绩效考核方法相比，以职位职责为基础的员工绩效考核方法更加注重评价组织最微观的单位——职位及其员工履职行为、行为产出与贡献。它指在组织目标框架下，围绕职位履行责任的要求，对工作人员的履职结果状况以及产生结果的价值观、态度、能力等驱动因素进行考察、评估的多种技术和工具。在组织绩效考核实践进程中，管理者不断总结和发展了由简单到复杂的考核方法，包括简单排序、交替排序、配对比较、强制分布、自我报告、业绩评定表、特征导向评估、行为导向评估和结果导向评估等。以下择其中常用方法加以介绍。

9.3.2.1 以业绩报告为基础的员工绩效考核方法

1. 自我报告法

自我报告法，在我国通常称为“述职”，利用书面形式对自己的工作进行总结及考核的一种方法，一般在年终以一年为周期进行。这种方法多适用于对管理人员的考核，并且测评人数不宜太多。自我考核方法操作程序简单，主要是员工对自己在一段时间内的工作结果做出总结，主动对自我的表现加以检视和反省，为自己的工作绩效做出评价。自我报告法通常让被考核人填写一份自我鉴定表，对照岗位要求，回顾一定时期内的工作状况并列出将来的打算，列举出在考核期内的1～3件重大贡献事例及1～3件失败事例，分析原因，并进一步提出下一步改进建议。自我报告法有调动自我觉悟和内驱力的优势，可以观察员工主要的行为特征，但存在着主观化、形式化的问题，使得考核不够客观和全面。

2. 业绩评定表法

业绩评定表法因简单易行而被组织广泛应用。这种方法通过建立一个五级或七级的等级量表，将组织为员工设定的绩效考核因素进行界定和纵向分等，对应于等级量表，从而对员工业绩给出判断并做出等级评价，通常使用优秀、一般、较差、差等形容词来定义。我国公务员现行的考核制度就采用这种方法，划分为优秀、称职、基本称职和不称职四等。运用业绩评定法设计的评价要素主要包括两类：一是与工作有关的因素；二是与个人特征有关的因素。前者主要指工作质量和工作数量；后者则包含个人行为特征与绩效高度相关的指标，例如依赖性、积极性、主动性、适应能力和团队合作精神等。评价者通过阐述最能体现员工及其业绩的关键因素的权重来实施评价。当评价者为被评价者打出最高或最低等级时，一般要求给予特别说明。如对一名员工的积极性评价为不满意，则评价者需要提供这种较低评价结论的书面意见。提供这种书面要求的目的在于避免武断或草率的判断。为了更加客观地进行评价，业绩评定表通常也要对每个考核因素和每一等级做出明确定义，对各种因素和等级定义得越精确，评价者就会越准确地评估被评价者的业绩状况。当每个评价者对每个因素和等级都有同样的理解时，组织便能够使用统一的标准对员工进行公正、客观的评价。相反，如果因素的含义和采用的标准模糊、存在歧义，则会在评价过程中过度依赖评价者的个人感知和好恶。

9.3.2.2 以员工比较为基础的相对绩效考核方法

1. 交替排序法

交替排序法（alternative ranking method），是指评估者按绩效表现从好到坏的顺序，依次为员工绩效状况排序，这个方法既可以考核员工总体绩效，也可以考核某项特定工作的绩效。其操作过程是：第一，将需要进行评价的所有员工名单列示出来，然后将不太熟悉因而无法对其进行评价的员工名字划去；第二，运用表格进行显示，在拟被评价的某一特征要素上，分别列出哪位员工表现最好，哪位员工表现最差；第三，以此类推，在剩下的员工中挑出最好的和最差的，直到所有必须被评价的员工都被排列到表格中为止。由于采用的是相对比较的办法，操作比较容易。但这种绩效排序方法比较适用于中、小型组织，当组织员工数量太多，其行为过程难以观察和控制时，以这种方法区分员工绩效比较困难。

2. 配对比较法

配对比较法（paired comparison method）是将每一位员工按照拟考核的所有要素（工作数量、工作质量、行为特征等）与部门所有其他员工进行逐一比较，根据配对比较的结果，分别排列出员工的绩效名次。这种相对比较绩效的方法比较精细，不是简单将被考核者笼统排队。操作规程是：如果要对 5 名员工进行绩效考核，评估者首先要列出一张表，标明被考核员工的姓名以及需要考核的所有工作要素；然后，将所有员工根据某一类要素进行配对比较，用“+”（好）和“−”（差）标明谁好一些，谁差一些；最后将每一位员工得到的“好”的次数相加汇总。在考核时，评估者一般先采用排列组合法决定对数，再对每对员工的工作分别做出评价和比较，区分谁优谁劣。各对员工一一比较后，以得优次数或得分高低排列高低次序。

配对比较法的准确性较高，但操作过程烦琐，一般只适用于人数较少的组织，否则工作量非常大。如组织有 7 名员工，就要排列组合 21 对（配比的次数按 $[n(n-1)]/2$ 的公式增长，其中 n=人数）。因此，许多组织中将配对比较法推广为人与人比较法，不是两个人，而是几个人为一组，参照考核标准，由高到低地依次排列考核成绩。这种方法使考核标准具有相对性，考核结果取决于特定比较群体的整体状况，可能或多或少地偏离考核标准本来的要求。

3. 强制分布法

强制分布法（forced distribution method）与“按照一条曲线进行等级评定”的含义基本一致。组织为了避免出现大多数员工都得到比较高的评价而无法真正将绩效优秀的员工区分出来的问题，往往采取强制分布的方法，即事先对各个等级的人数比例做出限制，也就是通常所说的“分蛋糕”。一般来说，各个绩效等级的分布比例应该接近正态。以表 9-2 为例，按照强制分布法规则，对员工绩效表现“杰出”“很好”“好”“需改进”“不令人满意”五个等级的比例分布如下：

表 9-2　按强制分布法设定的绩效等级比例

等级	杰出	很好	好	需改进	不令人满意
比例	10%	20%	45%	20%	5%

强制分布法的比例规定只是一个对总体比例的控制，具体到各个部门，可以根据部门工作性质有一定的上下浮动。这种方法的缺陷是，员工真实绩效状况不能适配到组织设定的等级内。如果大部分员工的绩效都比较好，一定要把一定比例的员工归入“较差”或“差”等，绩效考核方案就不尽合理了，反之亦然。基于此，解决问题的办法是尽量把比例分布与部门整体的工作任务完成情况结合起来。

9.3.2.3　针对员工行为及个性特征的绩效考核方法

1. 图解式考核法

图解式考核法（graphic rating scale）是运用最为普遍的组织绩效考核技术，它主要指在一个等级表中对员工业绩状况以给分的方式进行记录。图解式考核法由两部分组成：一是一系列组织所期望的或者是不期望的工作要素和特征，组级对其内涵加以界定；二是在每个要素和特征旁边设定的作为业绩和行为基准的评价尺度（scale），如表 9－3 所示。运用图解式考核法进行工作绩效评价时，首先要针对每一位员工从每一项评价要素中找到最能反映其绩效状况的对应分数，然后将每一位员工所得到的分数进行加总，即得到其最终的工作绩效评价结果。

表 9－3　图解式评定量表

一般性工作绩效评价要素	评价尺度（分值）		分数	评价事实依据或评语
（1）质量：所完成工作的精确度、彻底性和可接受性	O□	100～90		
	V□	90～80		
	G□	80～70		
	I □	70～60		
	U□	60 以下		
（2）生产率：在某一特定的时间段内实际完成的工作量	O□	100～90		
	V□	90～80		
	G□	80～70		
	I □	70～60		
	U□	60 以下		
（3）工作知识：实践经验和技术能力以及在工作中所运用的信息	O□	100～90		
	V□	90～80		
	G□	80～70		
	I □	70～60		
	U□	60 以下		
（4）可信度：某一员工在完成任务和听从指挥方面的可信任程度	O□	100～90		
	V□	90～80		
	G□	80～70		
	I □	70～60		
	U□	60 以下		
（5）勤勉性：员工上下班的准时程度、遵守规定的工作间隔休息/用餐时间情况和总体出勤率	O□	100～90		
	V□	90～80		
	G□	80～70		
	I □	70～60		
	U□	60 以下		

续表

一般性工作绩效评价要素	评价尺度（分值）		分数	评价事实依据或评语
(6) 独立性：完成工作时不需要监督和只需要很少监督的程度	O□	100～90		
	V□	90～80		
	G□	80～70		
	I□	70～60		
	U□	60 以下		
评价等级说明： O：杰出（outstanding）。在所有方面的绩效都十分突出，并且明显比其他人的绩效优异得多。 V：很好（very good）。工作绩效的大多数方面明显超出职位要求。工作绩效是高质量的并且在考核期间一贯如此。 G：好（good）。是一种称职的和可信赖的工作绩效水平，达到了工作绩效标准的要求。 I：须改进（improvement needed）。在绩效的某一方面存在缺陷，需要进行改进。 U：不令人满意（unsatisfactory）。工作绩效水平总的来说无法让人接受，必须立即加以改进。绩效评价等级在这一水平上的员工不能增加工资。				

资料来源：德斯勒．人力资源管理：第六版．北京：中国人民大学出版社，1999：335-336.

图解式考核法的优点是实用且开发成本低，因此应用比较广泛。但这种方法也存在缺点，比如其典型问题是量表不能有效指导员工行为。也就是说，评定量表不能清楚地指明员工必须做什么才能得到某个确定的评分。除此之外，图解式评定量表多数指标指向的是定义模糊的个人特征（如表 9－3 中的“可信度”），而不是集中在具体行为上，精确度不高。此外，由于评定量表中的分数未被明确规定，所以很可能得到不准确的评定，在一定程度上存在主观判断的偏见。

2. 行为定位评定量表

行为定位评定量表（behaviorally anchored rating scales，BARS）是基于关键事件法形成的一种量化的评定方法。具体来说是，评估者为每一项工作开发出一系列可能的标准，然后对每一个等级运用关键事件进行行为描述，将业绩评价过程聚焦于员工的具体的行为过程及其特征，因此，这种方法结合了关键事件法和图表等级考核法的优势。当然，为了满足与工作相关性的效度要求，行为定位评定量表必须要通过工作分析来证实这些以绩效为导向的行为描述。行为定位评定量表的优点在于：首先，工作绩效考核标准更为明确，等级尺度上所附带的关键事件有利于考核者更清楚地理解各绩效等级上的工作绩效到底有什么差别。其次，行为定位评定量表能通过关键事件给被考核者提供有效反馈，有利于被考核者在今后的工作中改进，使员工知道他们被期望表现哪些类型的行为。最后，工作绩效的计量更为精确，因为行为定位等级体系是由那些对工作及其要求最为熟悉的人编制的。表 9－4 是一个对教师课堂教学技巧进行考核的行为定位评定量表的例证。

表 9-4 教学技巧评定量表

考核要素：课堂教学技巧	
定义：课堂教学技巧主要是指教师在课堂上有效地向学生传授教学内容的技巧。	
等级	描述
9	• 使用多样化的教学方法，提高学生的自我学习能力。例如，有些内容采取让学生上来讲解、教师点评的方法。
8	• 鼓励学生提出不同的意见，引导学生进行创造性的思考。
7	• 能将具有关联性的问题前后联系起来讲解，使学生形成完整的知识体系。
6	• 讲解某些问题时，使用恰当的例子。
5	• 讲解问题时重点突出。
4	• 使用清楚、容易理解的语言讲课。
3	• 对稍有难度的问题讲不清楚，并且对学生的不同意见不接纳。
2	• 讲课乏味、枯燥，照本宣科。
1	• 经常讲错一些重要概念。

资料来源：武欣．绩效管理实务手册．2版．北京：机械工业出版社，2005：166.

行为定位评定量表主要用于评定那些明确的、可观察的、可测量的工作行为。由于采用了以具体行为为基础的相对客观的标准，因此，其操作比较易行。但是，这些量表对行为观察要求全面、具体体现，因而开发过程比较费时费力，成本较高。与此同时，由于员工行为和个性特征之间的差别并不像想象的那么明显，当评估者尝试从量表中选择一种员工绩效水平的行为时，会发现员工表现出了量表两端的行为，所以，测量结果也存在一定的缺陷。

9.3.2.4 其他绩效考核方法

1. 360 度考核法

360 度考核法又称全方位全视角考核法，最早由英特尔公司提出并加以实施运用。它的基本原理是：员工的工作是多方面的，工作业绩也是多维度的，不同评估主体对同一工作具有的印象是不尽相同的。因此，在赋予不同考核权重的基础上，通过上级主管、同事、下属和顾客等主体来进行 360 度全方位考核，更能全方位、准确地考核员工的工作业绩。同时，员工通过评价知晓各方面的意见，更能清楚自己的长处和短处，了解来自组织内外不同评价者对自己职位与素质的要求、期待。与传统的上级评价相比，360 度考核法更能体现多层次、多维度的评价，可以综合不同评价者的意见，得出一个相对全面、公正的评价。360 度考核法是员工参与管理的方式，在一定程度上能增加他们的自主性和对工作的控制，员工的积极性、满意度会更高，对组织会更忠诚。

2. 情景模拟考核法

情景模拟考核法是一种模拟工作考评法。它要求员工在考核小组人员面前完成类似于实际工作中可能遇到的活动，评价小组根据完成的情况对被考核者的工作能力进行考核。这种方法能有效地测量出员工的工作潜力。情景模拟考核法适用范围并不广泛，比较适于公共部门中直接向公众提供服务的员工和事务性工作人员。

9.4　公共部门绩效考核实施及其结果应用

9.4.1　员工绩效考核的组织实施程序

绩效考核并非只有获取考核指标、标准，据此对员工进行测量，它是组织一套相互衔接的连续程序，只有稳妥操作绩效考核流程，才能使考核达到预期结果，获得员工理解，减少考核中的纷争和摩擦。

1. 准备

准备阶段包括四个方面：第一，制定考核计划。包括确定考核的目的和目标、考核时间、考核对象、考核范围、考核方法等。第二，确定考核主体。依据考核目标，确定考核主体的组成，成立绩效考核小组，明确负责人以及成员的责任分工。第三，培训考核主体。正式实施绩效考核之前，对所有考评者进行业务培训，目的是使考评者了解绩效考核的目的、作用和原则，了解绩效考评的内容，掌握考核操作方法和考核沟通技巧，识别和预防考核中的误差。第四，公布考核信息。让组织与员工在绩效考核问题上达成目标共识，使被考核者有充分的思想准备，积极参与绩效考核过程。

2. 衡量绩效

任何绩效衡量要发挥效用，必须符合三个基本要求①：第一，衡量工作必须与绩效标准密切相关；第二，对于某一样本的衡量必须足以代表整个总体结构；第三，衡量必须明确、具体且有效。这一阶段关键是绩效标准的建构，一般情况下，绩效标准在上一轮绩效考核后就已制定出来，通常为员工的工作计划、工作目标或工作任务书。在接下来的考核中，须将上一轮考核结果之后的绩效改进计划等作为绩效标准，参照这一标准对员工进行考核。

3. 绩效反馈面谈

绩效反馈面谈是考核流程非常重要的环节，其主要任务是让被考核者认可考核结果，客观认识自己并促进工作改进，这反映了绩效考核的根本目的。绩效反馈面谈给予被考核者申辩或补充说明的机会，让其了解自身表现与组织期望之间的匹配程度。在实际中，很多组织忽视了反馈面谈，从而影响了绩效考核的最终效果。绩效反馈面谈一般由考核者和被考核者单独进行，沟通的程序建议采用“三明治法”，即先对被考核者的工作成绩进行肯定，对被考核者的表现达成双方一致的看法；然后提出一些不足，指出员工有待改进的地方；最后再对被考核者进行一番鼓励，使其认识到自己的闪光点，从而对员工起到积极的激励作用，以改进不足。

4. 制定绩效改进计划

前三个阶段绩效考核主要是发现问题，第四个阶段的任务是解决问题，即寻求绩效改进的方案。绩效沟通主张上级与下属一起制定下属的绩效改进计划，使员工明晰自身努力

---

①　吴琼恩．公共人力资源管理．北京：北京大学出版社，2006：112.

的方向，为下一阶段自身绩效计划提出目标。

在我国，公务员绩效考核采取平时考核与定期考核相结合的方法。年度绩效考核是最重要的考核环节，与晋级、晋升、奖惩等生涯发展密切相关。《公务员法》对其程序进行了明确规定：先由个人按照职位职责和有关要求进行总结，再由主管领导在听取群众意见后提出考核等次建议，由本机关负责人或者授权的考核委员会确定考核等次。定期考核结果要以书面形式通知公务员本人。考核结果要存入本人档案，作为公务员奖惩、培训、辞退及调整职位、职务、职级、级别和工资的依据。

9.4.2 员工绩效考核中的偏差及其控制

绩效考核作为主体对客体的评价过程，尽管人事主管部门确立了客观、量化的考核指标，但实施过程还是受到考核主体的主观知觉影响，即考核者的价值观与态度、思维方式、知觉特征与局限性等，都会影响考核过程。这使得人们对考核因素的认识和界定有所出入，给予因素的权重也不相同。

1. 从众心理

由于过多地考虑与被考核者的利害关系，或受外部环境压力的束缚，考核主体在考核中，放弃自己对被考核者的意见，而采用“随大流”的方式，人云亦云。这种现象较多地出现在下属对上级领导进行的考核中。这种误差造成的结果是，多谈优点，少谈缺点甚至不谈缺点，使考核流于形式。被考核者无法了解人们真实的想法和意见，也不能够以积极的态度改进工作中的不足。避免这种误差的办法通常是加强考核前培训，对考核者的顾虑进行疏导，或者在下级考核上级时采取匿名方式，当然这要避免下级报复性的扭曲真实绩效。

2. 趋中误差

考核主体不愿或没有将被考核员工工作业绩的差异性表现出来，而是把被考核者的成绩集中在同等水平的分数界限内，从而导致考核结果的平均化倾向。这种误差出现的原因，一方面是客观上公共部门产出的群体合作性与难以测量性；另一方面则是主观上考核者害怕突出差异并因此带来矛盾，热衷于平衡，“你好，我好，大家都好”，谁也不要太突出。其结果是使考核应有的激励作用丧失殆尽。为了克服这种误差，应对各种考核要素和等级明确加以定义，必要时应预先规定考核成绩分布率，采取成绩分布限制法进行考核。

3. 优先与近因效应误差

这是人在判断事物时，由于知觉局限性而自觉或不自觉出现的误差。优先效应是将最先获得的信息作为重要信息，而忽视以后得到的信息的价值。近因效应则是不考虑时间范围，而将最近发生的事情和自己记忆最清晰的事情，看作最为重要的信息。这些知觉偏差在考核中会带来一些负面影响。它将视点聚焦在某一方面，因而妨碍考核者客观、全面地认识与评价被考核者，偏离了被考核者的真实表现，可能导致对被考核者不公平的结果。要避免这种误差，考核者一定要了解和掌握被考核者整个考核期的相关资料，对其整个考核期的表现进行全面、综合的评价。

4. 光环效应误差

当一个人有一个显著优点的时候，人们会误以为他在其他方面也有同样的优点，这就是光环效应，又称以点带面效应。由于思维定式和价值观等影响，判断者往往偏重于事物的某一方面的特征，并人为地放大它的作用，甚至将这一特征泛化到事物的其他方面甚至全部，还自以为抓到了事物的本质。这不仅会犯上述与优先和近因效应同样的错误，而且还会人为地夸大或贬低事实，扭曲真实的情况，使得考核结果缺乏可靠性和真实性。要避免这种误差，考核者对被考核者工作的每一方面都应做认真评价，避免以偏概全，同时也要提高考核者的考核技能。

5. 刻板印象误差

刻板印象误差俗称偏见，是指将以往的经验和观念不顾时间、空间地推移，并带到现实环境中，在考核中，以固有的概念，笼统、僵化地判断和评价他人。它反映了对人认识上所抱有的顽固、僵化的观念，使考核者不能以发展的眼光看待被考核者，这同样影响了对被考核者的正确、客观、真实的评价。为了避免这种误差还是要加大考核前的培训力度，从而提高考核者的考核技能。

6. 自我比较误差

考核者不自觉地将被考核者与自己进行比较，以自己作为衡量被考核者的标准，这样就会产生自我比较误差。这种误差可能放大被考核者的缺点或者夸大其优点。考核者进行自我比较时，对与自己某一方面（民族、籍贯、学历、专业、母校、志趣）相类似的人有偏好而给予较有利的评价。避免这种误差的办法是将考核内容和考核标准细化和量化，并要求考核者严格按照考核要求进行考核。

7. 盲点误差

考核者由于自己有某种缺点，而无法看出被考核者也有同样的缺点，这就造成了盲点误差。盲点误差的解决办法与自我比较误差的解决办法一样。

为了弥补人们在知觉上的局限性，降低考核误差的发生率，在员工的考核中，一方面，考核者应当寻求更为科学的考核方法，综合运用多种标准，加大以绩效为导向的考核标准的比重；另一方面，应当更为合理地组织实施考核，针对不同的考核对象选取不同的考核者，并对考核者进行培训。

9.4.3　员工绩效考核结果应用途径

1. 员工绩效考核结果合理应用的理论依据

绩效考核结果能否被合理使用，关系到绩效考核本身的价值。如果绩效考核结果不能有效地转化为对组织员工进一步培养、发展的依据，那么，绩效考核的激励、竞争和行为引导作用会变得徒有其名。行为科学和组织行为学从多个角度为绩效考核结果的使用提供了依据。

第一，期望理论。人有多层次的需求，希望获得需求满足，这是构成其行为动力的一个重要方面。组织可以为员工提供多种需求的满足，而通过考核结果的合理使用，为员工个人发展提供路径，可以使员工的需求，特别是高层次的需求得以实现。如果期望与行为努力的结果没有建立相关的关系，人们对组织的管理手段就会失去信心。只有合理使用考核结果才能将期望—行为努力程度—激励结果有机地统一起来。

第二，强化理论。个体的行为可以得到不断强化。组织可以使用和改变外部刺激的方法或环境，使个体行为出现相应的反应。正是行为的强化措施，出现“组织目标—个体行为—行为强化（正强化与负强化）—组织目标”的循环。借助绩效考核结果的使用，组织积极强化职员的优异行为，以提高此类行为发生的频率；同时，消极惩罚组织不欢迎的行为，降低其发生的频率。可见，正是绩效考核结果的使用，使绩效考核具有了示范、引导和激励的功能。

第三，公平理论。根据公平理论，可以看到，一个人对其所得的报酬是否满意、认为是否公平，不是看绝对值的多少，而是在比较过程中看相对值的多少。具体地说，是自己的报酬程度与努力程度之比和他人的报酬程度与努力程度之比的比较。如果他认为，自己的努力程度高于他人，而未获得相应比例的报酬，就会感到不公平，从而失去进一步努力的动力。绩效考核过程的公平性以及考核结果的合理使用，无疑对所有员工都将产生巨大的激励效果。

2. 员工绩效考核结果的应用途径

第一，用于报酬的分配和调整。这是绩效考核结果的一种非常普遍的用途。一般来说，为了增强报酬的激励作用，在员工的报酬体系中应当有一部分报酬是与绩效挂钩的。另外，薪酬的调整往往也由绩效来决定。考核结果比较令人满意的公职人员，可以得到工资增加的奖励。根据不同情况，既可以晋升工资档次，又可以晋升职务工资和级别工资。在我国，公职人员在现任职务任期内，年度考核连续两年被确定为称职以上等次的，在本职务工资标准内，晋升一个工资档次。同时，晋升职务和晋升级别的公职人员，相应提高职务工资和级别工资。对不称职的公职人员则要降低相关的工资。

第二，用于级别的调整。优秀员工可以晋升行政级别，工作不合格者可以降低行政级别。公职人员的级别工资部分也做相应调整。公务员领导职务应当逐级晋升，特别优秀的或工作特殊需要的，可以按照规定破格或越级晋升。

第三，用于职务的变动。绩效考核的结果也为职位的变动提供一定的信息。员工在某方面的绩效突出，就可以让其在此方面承担更多的责任。如果员工在某方面的绩效不够好，也很可能是目前他所从事的职位不适合他，可以通过职位的调整，使他从事更加适合他的工作。职务升降对公职人员的激励作用最大，因为它具有复合性，会影响到公职人员的权力、荣誉、地位、级别、工资等一系列因素。一般而言，职务晋升，相应的行政级别也会提高，工资会随之调整；反之亦然。

第四，作为员工选拔和培训的效标。绩效考核的结果可以用来衡量招聘选拔和培训的有效性。如果组织选拔的员工实际的绩效考核结果良好，那么就说明选拔是成功的；反之，则说明选拔的标准或方法存在问题。绩效考核的结果同样可以用来检验员工接受培训之后的效果。如果培训之后一段时期内绩效提高了或提高得很显著，就说明培训确实有效果；如果绩效没有什么变化，就说明培训没有达到预期的效果。

第五，用于奖惩。绩效考核结果与奖惩措施联系在一起。员工的奖惩直接影响到员工的名誉，不仅如此，惩罚措施将影响到今后对受罚员工的评价，严重不满意的绩效水平甚至将影响到国家与员工之间的雇佣关系。

第六，用于员工培训与发展的绩效改进计划。通过绩效考核，员工可以知道自己哪些地方做得好，哪些地方做得不够好，这些做得不够好的地方就是今后培训和发展的空间。

而绩效表现优秀的员工，甚至可以得到更好的培训机会，这同时也可以视为是一种奖励。

本章小结

以绩效管理为导向的组织人力资源管理已经成为公共部门战略管理的重要组成部分，员工绩效考核则构成组织绩效管理的关键一环。绩效考核对于组织管理作用重大，它与人力资源规划、任用招募、培训发展、薪酬管理、改善员工关系等都存在密切的关联性。公共部门要改进激励与监督机制，强化政府全面绩效管理，必须科学地进行绩效考核，让公务员能够从绩效考核的结果中得到成就感，并以绩效决定晋升、奖惩等，进而以绩效来决定培训、培育，发掘公务员的潜能，全面提升公务员的素质。

关键术语

绩效管理　　战略绩效　　员工绩效考核　　考核主体　　目标管理法　　标杆管理
关键绩效指标法　　平衡计分卡　　持续的绩效沟通　　绩效考核知觉偏差

复习思考题

1. 员工绩效考核在组织管理中的作用是什么？它与组织绩效管理的关系是什么？
2. 组织绩效管理的主体如何构成？
3. 以战略管理与目标制导的四种绩效考核方法是什么？
4. 以职位职责为基础的员工绩效考核方法有哪些？
5. 员工绩效考核的基本流程包括哪几个方面？
6. 绩效考核中的知觉偏差有哪些？如何控制绩效考核中出现的知觉偏差？
7. 员工绩效考核结果如何合理应用？

第 10 章

公共部门员工的职业发展管理

员工是组织的资源和财富。在很多情况下，员工与组织间心理契约的建立，员工对组织的投入、奉献精神和归属感，不仅依靠组织为员工提供较高的薪酬、福利水平来维系，更重要的是看组织能否为员工创造发展的条件，使员工有机会在其自我职业生涯发展中，在为组织贡献其青春、才华、知识、智能的过程中，获得成就感和自我实现感。职业发展管理就是指公共部门积极鼓励员工不断获得职业成长，发挥其工作兴趣和潜质，激励与开发员工的全部潜力并为员工提供成功机会。而组织有关职业生涯发展规划的决策行为，人员晋升和流动调配政策的制定与实施，对于公共部门的职业发展管理具有重要的影响和意义。

重点问题

- 职业发展的内涵
- 职业发展管理的意义
- 个人职业生涯发展的基本阶段
- 影响职业选择的重要因素
- 组织通过哪些手段帮助员工促进职业发展
- 与职业发展管理密切相关的人力资源管理政策与策略

10.1 职业发展管理的含义与意义

10.1.1 职业发展与职业发展管理的含义

职业发展又称“员工职业生涯”或“职业生涯计划”（career planning and development)。这个概念是由美国人事管理专家施恩（Edgar H. Schein）教授在20世纪60年代首先提出并系统阐述的①，后被纳入人力资源管理研究范围，成为重要的人力资源开发与发展手段。

职业生涯是指一个人一生从事工作经历的总称，特别包括其职位变迁、职务变化以及个人通过工作实现理想和愿望的发展历程，反映个人在人生不同阶段行为的取向和态度、价值观。其中，个人工作期间从事的各种活动和表现的各种行为，是一个人的“外在职业生涯”，而个人在工作中体现的价值观、态度、兴趣、需求、动机、气质和能力，则形成一个人的“内在职业生涯”。

尽管职业生涯发展状况是个人兴趣、偏好、知识背景、家庭、社会环境和组织需要等因素综合作用的结果，一个人的自我设计、计划和决定对于职业生涯发展具有关键作用，然而，组织人力资源管理在员工职业生涯发展过程中的意义也不可忽视。因为，一方面组织职业发展的规划与管理为员工设计了职业发展的阶梯，能够为员工开辟适于其个性和能力发挥的发展途径；另一方面，组织的职业发展管理，强化了员工对自我职业价值观、需求、兴趣、目标和行为的认知程度，能使员工更加明确职业生涯发展的方向，也更加清晰地认识到组织对员工能力的要求，从而能够自主地发展和提升自身的某些潜能。

职业发展管理就是指一个组织根据自身的发展目标和发展要求，通过咨询和指导等手段，强化组织员工对个人能力、潜质和个人终生职业计划的自我认知，加强员工对组织目标与个人发展之间联系的认识，以鼓励员工在达成组织目标的同时实现个人的职业发展目标。同时，组织通过有计划的培训、工作设计、选拔晋升、交流调配等政策和活动，以及适才适用的工作职位安排，解决员工职业发展过程中面对的多种问题，为员工提供必要的职业发展机会与途径，促使员工个人的优势、长处、潜能得到充分的施展和发挥。

职业发展管理与工作分析、人力资源规划、招募和晋升、绩效评估、教育培训等人力资源管理活动之间存在着密切的联系，是人力资源管理体系中的有机组成部分。图10-1描述了职业发展管理与其他人力资源管理活动的动态匹配过程。

10.1.2　公共部门职业发展管理的意义

公共部门积极介入员工个人职业生涯发展计划，是一种全新的人力资源管理观念的结果。传统管理学总是将个人与组织对立起来，从中延伸出两种比较极端的认识，使得人事行政管理也陷入某些误区：第一，个人只是组织目标实现的工具，个人对组织只有义务，员工是在被监控甚至是被强制的条件下为组织工作的；第二，管理者从“经济人”假设出发，认为组织是个人需求满足实现的工具，即个人从事工作的目的是获取利益。这些极端的认识使组织或个人以消极的方式面对对方，严重地限制了管理的效率和资源使用效率。

现代公共部门对人力资源职业发展管理的重视则基于一个重要思考，即员工是组织的财富和活水之源，组织有义务最大限度地利用员工的能力，最有效地保护员工的兴趣和潜

① 施恩．职业的有效管理．北京：生活·读书·新知三联书店，1998.

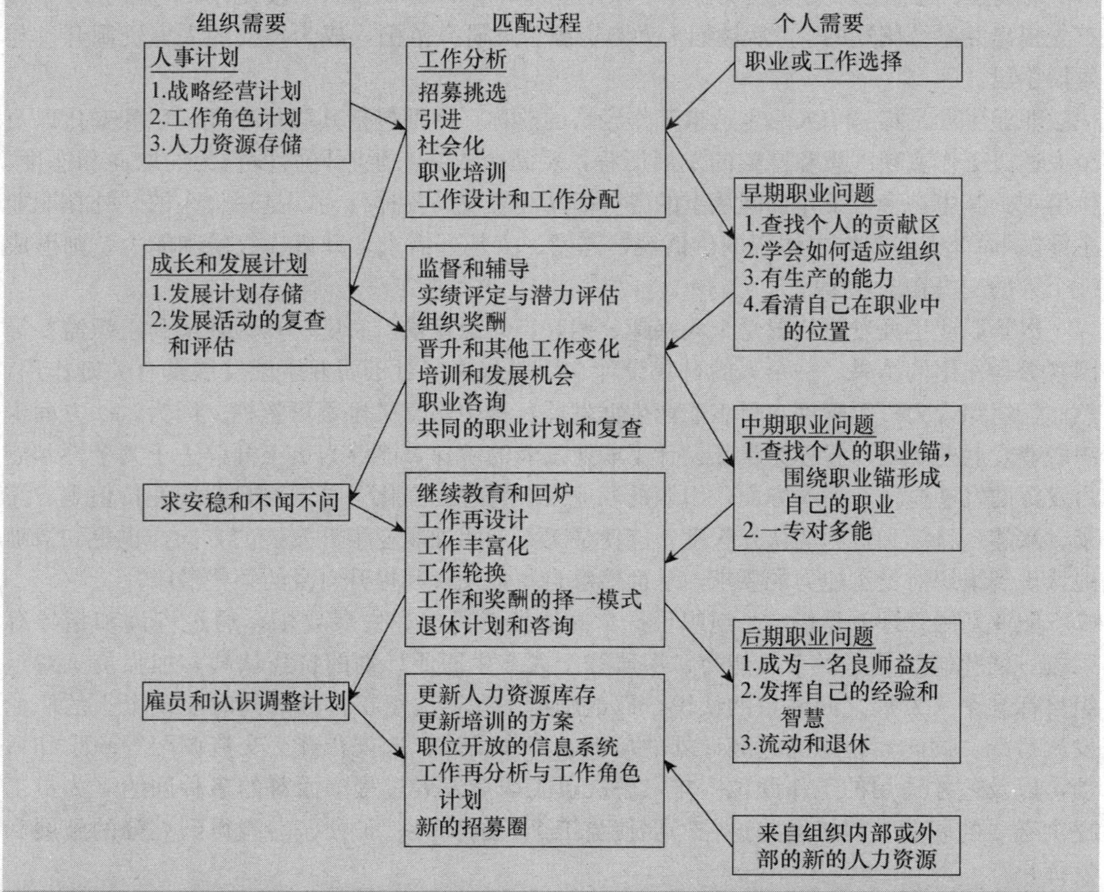

图 10-1　职业发展管理与其他人力资源管理活动的动态匹配过程

资料来源：施恩. 职业的有效管理. 北京：生活·读书·新知三联书店，1998：208.

质，并且为每一位员工提供一个不断成长以及挖掘个人最大潜力和建立成功职业渠道的机会[①]。实现和充分发挥员工个人成就与价值的过程，也是组织获得优异绩效的过程，两者相互依赖，是一体化的。因此，职业发展管理对于培养造就高素质的公职队伍、完善公共部门人力资源管理具有重要意义。

（1）公共部门参与公职人员职业生涯发展计划的过程，是开发、发展人力资源这一现代管理观念的具体体现，它强化了公共部门的培训目标。传统人事管理假定，人的能力是一定的，管理的目标就是在此条件下更有效地控制和使用人。而现代人力资源管理则从积极的态度出发，认为人具有潜质，组织创造的环境如何，能够刺激或阻碍其潜在能力的发挥。组织对人力资源的培训就是不断地挖掘人的潜质，提高组织生产力的有效手段。组织之所以将参与职业生涯发展计划作为人力资源管理的一项新职能，是因为在职业生涯发展计划设计过程中，组织通过参与和配合，可以更多地了解员工的认知、价值观、期望与自我判断，从而根据组织环境和目标，有针对性地制定人员培养与开发计划，检视人员培训

---

① 德斯勒. 人力资源管理：第六版. 北京：中国人民大学出版社，1999：373.

政策，更好地引导员工为完成组织目标而发挥自己的聪明才智。可以说，这一过程就是组织洞察员工培训需求的过程，也是为员工提供适宜的发展动力的过程。

（2）公共部门参与公职人员职业生涯发展计划，有助于使公职人员在组织环境中明确地认识自身的角色和努力的方向，不断发展自己，提高自身的成就感。职业生涯发展计划从本质上说，是员工个人在其工作经历中做出的自我角色定位。这种自我意识极其重要，它使员工明了自己的主体特征，既知己所长又知己所短，客观评价自身的能力、专业知识和技能以及家庭背景，争取在职业生涯发展中扬长避短，充分发挥潜能，避免不必要的职业危机，同时也可以避免组织出现人才流失、离职率高的现象。而组织指导和参与员工的职业生涯发展计划，不仅可以使员工更加明确工作环境特性与自我定位的关系，而且可以在个人与组织的不断匹配过程中，将工作与员工个人特长有机协调，提高工作绩效。所以，职业发展管理的一个重要目标在于促进员工的成长和发展，增加员工的满意度和成就感，留住组织的优秀人才。

（3）将公职人员职业生涯发展计划与人力资源规划结合起来，有助于人力资源的合理使用和合理流动，实现人与事的最佳组合，在完成组织目标的同时，使公务员个人获得事业的成就感，最终形成组织利益与员工利益双赢的局面。组织人力资源规划要对未来员工的数量和种类需求进行预测，而职业生涯发展计划则描述出个人的职业偏好和能力特征。两者的结合，可以为组织判断人才的来源或人才的培养方式提供重要依据，同时，人力资源规划也为个人职业生涯发展计划指明了方向，从而保证组织和个人都可以取长补短，合适的人才被用在应该用的地方，而不胜任工作或无法得到自我满足的员工，可以通过正常的渠道和方式流动到其他岗位或单位，也可以通过有计划的再培训，提高绩效水平。这使得组织给个人提供更多的发展机会，并形成开放的人力资源管理系统，使人才得到充分的使用，不至于造成人力资源的浪费。

（4）在公共部门职业生涯发展规划与人力资源管理活动的相互匹配过程中，组织与个人不断调整各自的价值观，有助于形成组织和谐的文化氛围和良好的人际关系，形成团结的组织气氛。组织参与员工职业生涯发展计划或指导员工制定计划，是双方相互作用的过程，也是双方相互调适的过程。在调适中，双方可以加深彼此的了解和沟通，增强对彼此的信任，从而有助于形成一种良好的组织气氛。

10.1.3 组织职业发展管理的角色和工作任务

组织职业发展管理是一项专业化程度较高的管理活动，它涉及心理探询、访谈、问卷调查、咨询、评估等一系列行为科学和管理咨询技术。在职业发展管理过程中，有多个管理角色介入。其中，在组织内部，管理过程是由员工本人、人力资源管理部门、职业生涯委员会（职业生涯指导顾问）、部门主管、高层决策管理者共同参与的，在管理过程中，这些人员和部门分享信息、分工负责、各司其职。高层决策管理者负责战略决策规划与组织职业发展方向的界定；部门主管通过业务上的指导加强员工对其能力性向的认知程度；人力资源管理部门通过一些方法和政策使员工关心自身的职业生涯发展；职业生涯委员会具体制定有关职业管理政策；职业生涯指导顾问进行职业生涯管理的具体协调和咨询，直接与员工就个人职业生涯发展进行沟通、洽谈并提供帮助；员工个人在职场发展中的作用表现为显示自身能力、收集有关信息、与管理者商讨职业发展的规划。表 10－1 归纳了员工、管理者和组织在职业发展管理中各自的责任。

表 10－1　组织职业发展管理中员工、管理者和组织各自的责任

员工的责任	管理者的责任	组织的责任
● 承担职业发展的责任 ● 帮助建立并达成当前工作目标和绩效要求 ● 进行实际的自我评价 ● 获得并运用反馈进行职业选择以及发掘现实的潜力 ● 与管理者沟通职业兴趣，讨论发展需求 ● 积极地、坚持不懈地实现职业发展计划	● 支持员工承担其职业发展责任，包括必要时与他人交流员工职业信息 ● 确定并交流工作要求及职责 ● 经常坦率、诚恳地提供有关工作绩效的反馈和辅导 ● 提供组织中的职业信息并对员工的职业期望提供真实的反馈 ● 适当的时候与下属进行职业发展讨论	● 交流组织使命、目标和战略，以便员工能够得到切实的职业发展 ● 提供有关职业要求、组织选择与机遇以及开发制度的信息 ● 设计和组织上下级职业发展讨论会 ● 训练管理者，使之能指导、评价员工并组织开展员工职业讨论会 ● 为员工提供发展所需的资源，包括在岗工作经验、培训和教育 ● 确保将职业发展的各组成部分整合成一个全面的系统 ● 评价和承认管理者在员工职业发展方面的作用和成功

资料来源：沃克．人力资源战略．北京：中国人民大学出版社，2001：170.

从组织外部来讲，在参与组织职业发展管理的角色中，外部人力资源和行为科学专家的责任是辅助组织人力资源管理部门和职业生涯委员会制定规划，为其提供咨询建议，为员工提供心理和行为辅导；员工家庭则需要为员工职业发展提供必需的理解、支持、帮助和安慰，解除员工的后顾之忧。

在职业生涯设计、规划管理中，组织需要承担的基本工作任务有：

（1）制定与组织人力资源战略发展目标和人力资源规划相一致的员工职业生涯发展计划；

（2）完善职业生涯管理的组织体系；

（3）对员工的职业发展性向和特征进行追踪、统计分析和研究；

（4）建立有关组织员工职业发展情况和预测的信息库；

（5）设计组织职业生涯管理的流程和操作方案；

（6）发展员工与组织共同参与式的职业发展管理沟通和互动；

（7）回应员工职业生涯中出现的危机问题，通过职业咨询和职业锚定位，加强员工对职业发展目标的认知，指导、帮助员工解决问题，摆脱困境；

（8）发展组织培训策略，不断提高员工职业生涯成功的能力。

10.2　职业生涯规划

10.2.1　职业生涯的重要发展阶段

一个人一生的职业生涯大致经历四个阶段，这些阶段构成了一个人的职业周期。从员

工的角度讲，每一个阶段的认知能力、需求、价值观、态度和工作行为之间存在一定的差异，面对由不同的需要决定的发展问题。研究表明，员工对其职业生涯发展的认知水平，直接关系到其能力的发挥和个人成就感的高低，进而影响其对工作的满意度和工作绩效。从组织角度看，针对员工每个职业生涯阶段，组织需要设计不同方向、不同重点的开发活动，完成特定的开发任务，以使员工的潜力和发展取向与组织目标和任务要求相一致。所以，充分认识员工职业生涯发展阶段及其性质、特点，把握不同职业阶段员工的需求和行为、心理特征，对于组织开展职业发展管理活动，采取相应的人事选拔、调配政策和激励措施至关重要。

1. 成长探索阶段

在这个时期，个人关于职业的概念来自媒体、家庭、学校和书本，有了职业梦想，对自己的职业需求进行了大概的评估，已经能够意识到自身的长处和弱点，并通过学习，选择职业发展的路径。此时，职业生涯发展的主要任务是学会自我洞察和自我判断，寻找有关职业和工作角色的信息和机会，初步确定一定的职业方向。在人的社会化进程中，这一任务主要是在家庭和学校组织中完成的。

2. 早期职业确立阶段

在这个时期，个人角色发生了重大变化，找到了人生中的第一份工作。随着其进入组织，个人由求职者变成组织的成员。此时，个人职业生涯发展的主要任务是获得最初的职业体验，接受第一项工作任务；发现和处理职业梦想与现实之间不吻合所带来的问题和焦虑；调整自己的态度和价值观，尽快熟悉组织文化，学会"圈子"里独特的语言，遵从其行为模式，与领导和同事建立良好的人际关系；学会享受第一项工作带来的成功感或克服可能出现的挫折感；评价自我的工作能力与适应性，判断自己的选择是否正确；建立与组织的心理契约；思考进一步的个人职业发展道路，即决定是积极地调整自我与工作的适应程度，寻求获得提拔、晋升的方式，还是混日子，抑或是跳槽到新的工作领域。

3. 职业发展中的持续阶段

包括个人职业生涯的中期（35～45 岁）和后期（45～60 岁）或维持期。在职业发展中期，由于经验的积累，有些人被组织委以比较重要的工作责任或担任了比较重要的职务，感到在组织中的地位比较安全、稳固，绩效水平比较稳定并且持续地提高；而有些人的工作情况则与其原有的职业梦想差距较大，他们会选择转岗或跳槽等方式，寻求更适合自身的职业环境。此时职业发展的主要任务是：处理好自我发展与家庭发展的矛盾，使家庭与工作协调起来；进一步学习，发展自己的职业绩效标准，稳固自己在组织中的地位；认识或评价职业对自己未来发展的意义，抑或做出新的职业选择；学会使用权力的技能和技巧，树立良好的公众形象等。

而在职业发展的维持期，员工具有了以经验为基础的判断力，以其资历和贡献，向组织证明其对组织已提供价值，希望得到组织的认同和重视。在行为上，员工已经减少了工作流动的期望，比较安心于现有的工作，但也害怕随着年龄的增长、出现机会的减少面临被裁员的风险。此时，职业发展的主要任务是希望稳定地延续组织工作，并期待组织发挥其经验，尊重其资历身份，或者被组织挑选、发展为管理骨干。

4. 退休阶段

在这个时期，个人逐步从组织中退出，收缩了原有的责任和权力。此时的主要任务是：要认识和接受退休的现实，学会在家庭和社会活动中寻找新的满足源；学会用已有的知识和技能从事自己的“职业后生涯”，平静地度过晚年。在这一阶段，家庭、朋友和社区能够发挥重要作用。

10.2.2 员工个人职业生涯设计的过程

职业发展管理是一个连续的过程，由一系列活动和工作组成。其中，员工个人职业生涯设计是管理中关键的一环，它通过自我认知，使得个人在组织工作中的发展目标不断地清晰化。个人职业生涯包括职业生涯意识、自我评价、实际检验、职业发展战略目标和行动计划五个方面。

1. 职业生涯意识

职业生涯意识产生于职业设计的最初阶段，是个人内心对自我未来职业目标和行动计划进行的深思熟虑的思考和判断，有助于员工做出职业生涯发展决定，明确自身的使命。这种意识的重要性在于使个人对自己和职业之间的关系予以深度考虑，而不是顺其自然，随波逐流。在人生职业发展中，个人职业生涯意识的思考会多次出现，而每个职业生涯发展阶段的思考定位方向不同。

职业生涯意识关注的重要问题包括：我一生奋斗的目标是什么？我适于什么样性质的工作？我的职业生涯发展目标是什么？我目前的背景和处境是怎样的（学历、资历、家庭、工作组织状况等）？我下一步将采取什么行动？

2. 自我评价

自我评价指员工通过各种信息和知识，确定和描述自身的职业价值观、职业兴趣、人格与职业性向和行为倾向的活动。它往往在职业专家的指导参与下，通过心理测试或咨询的方法，帮助员工建立对职业发展的意识和洞察能力，力求寻求到个人职业兴趣、能力、专业与工作性质、工作发展机会的匹配点。

自我评价的基本内容包括：第一，员工进行自我深入剖析，了解自己的专长、技能水平以及上级、同事对自己的评价等，以充分了解自我；第二，考察自己的工作动机和需求，明确自己所面对的需求压力；第三，考察自己的能力状况；第四，预测自己在职场中的发展空间和机会。一个比较完备的自我评估或自我诊断表格设计，需要包含一些重要的问题，例如，我个人发展的目标和考虑的因素是什么？我现在处于什么样的位置？我喜欢做什么以及我未来一年中的理想和计划是怎样的？我个人的优点体现在什么地方？现在的工作职位理想吗？我理想的工作是什么？我自己认为下一个恰当的工作和时间应该是什么？在现职上我的发展空间和阻碍有哪些？在现职上我的发展计划是什么？

3. 实际检验

实际检验指员工在从组织获得的有关自我评价的反馈信息中，了解到组织对其的评价和相关潜在的职位变动（如晋升和交流调配等）政策或安排。员工通过获取这些信息来判断组织能否为其提供个人职业发展需求与组织工作职位之间相互匹配的途径和方式。在组织比较完善的职业生涯规划体系中，实际检验程序往往借助于专门的绩效评估、有关的职业发展讨论和职业生涯计划面谈、咨询等手段进行，以这些共同参与和对话的方式，讨论员工的职业兴趣、优势以及有针对性地组织开发活动。

4. 职业发展战略目标

制定个人的职业生涯发展战略目标要求员工能够形成对自己长短期职业生涯目标的定位。目标设定需要员工就自己理想的职位安排、技能运用水平、工作职位上升或流动以及知识和技能获取的来源、上下级关系和人际关系网络等做出思考，并在发展目标的角色定位中尽可能清晰地呈现出来，以明确自己职业生涯的阶梯。

在一个沟通良好的开放性组织中，员工职业发展的目标设定是在与组织业务部门经理和人力资源管理部门的讨论和互动之中建立的，而且，个人职业发展计划作为一个重要因素被组织充分考虑，并被纳入组织的人力资源开发计划。通过彼此的调适，组织力图将组织发展目标与个人发展目标有机地协调起来。

5. 行动计划

行动计划指员工为实现其长短期的职业生涯发展目标而采取的可操作性的、有针对性的行动措施。这一过程既包括员工为具备达到目标的能力而采取的个人行动，如自我学习、进一步接受学历教育、拓展人际关系、自觉提高工作绩效等，也包括组织为人力资源开发而进行的课程培训、信息交流、空缺职位开放、职业通路规划和人事交流活动等管理行为，以使职业生涯管理与具体的人力资源管理活动结合起来。

10.2.3 职业性向和职业锚的分析

指导、帮助员工认识职业发展需求和目标，向员工提供一些必要的分析以及咨询意见、建议，对于员工来说十分重要。职业研究和分析专家认为，如果一个人能够比较清晰地认识自己的人格和职业性向，了解自身的职业锚倾向，那么，他比那些对此一无所知的员工有多得多的成功可能性和职业满足感。职业专家应该为此做出贡献，指导员工掌握较多的有关职业性向和职业锚的知识，以便员工更好地开发自己的能力和潜质。

美国霍普金斯大学教授约翰·霍兰德（John Holland）等职业专家开发了多种员工职业兴趣和性向调查表，对员工的职业价值观、职业性向、职业锚等进行测试与评估。职业性向是指存在于个人心理和行为中的“人格倾向”，它在一定程度上形成了个人职业的价值观、动机和需求，从而使得个人具有比较明显的适于从事某一类职业、有助于其职业成功的倾向。表10-2即为霍兰德素质类型与相宜职业选择的匹配表，从中可以看到，尽管大多数人并非只有一种职业性向，但是，在相邻类型的相容性中，人们会选择一种职业性向以及与之比较匹配的职业。

表10-2　霍兰德素质类型与相宜职业选择的匹配表

素质类型	素质特征	相宜职业
现实主义型（感觉思维型）	真诚坦率，讲求实利；有坚持性、稳定性；易懂，善于理解	手工技巧的、机械的、农业的、电子的、技术的——适于体力劳动者、机器操作者、飞行员、农民、卡车司机、木工等
调查研究型（直觉思维型）	分析性、批判性，好奇心；理智、内向，有推理能力	科学的、数学的——适于物理学家、人类学家、化学家、数学家、生物学家、心理学家、研究开发人员、工程师等

续表

素质类型	素质特征	相宜职业
艺术型（直觉情感型）	感情丰富，理想主义，富于想象力，有主见，易冲动	语言的、艺术的、音乐的、戏剧的、书法的——适于诗人、艺术家、小说家、音乐家、雕刻家、剧作家、作曲家、导演、公使、公共关系专家、发言人等
社会型（感觉情感型）	富于合作精神，友好，肯帮助人，和善，爱社交，易了解	与人有关的、人际关系技巧的、教育工作的——适于临床心理学家、咨询者、传教士、社会科学教师、社会工作者、精神健康工作者等
创新型-企业家型（直觉思维型）	喜冒险，有雄心壮志，精神饱满，乐观自信，健谈	领导的、人际关系技巧的、具有影响他人能力的——适于经理、汽车或保险推销员、政治家、律师、采购员、工商管理教师、商会行政管理人员、房地产商等
常规型-传统型（感觉思维型）	谨慎，有效，无灵活性，服从，守秩序，能自我控制	办公室工作的、电子计算机技术的、营业系统工作的——适于出纳员、统计员、图书管理员、行政管理助理、邮局邮政员等

资料来源：德斯勒. 人力资源管理：第六版. 北京：中国人民大学出版社，1999：375-377.

职业锚（career anchor）是指在一个人持续探索职业发展的过程中，如果不得不进行职业选择，他无论如何不会放弃的某种职业中对他至关重要的价值观和需求。职业锚是人们选择和发展自己职业时围绕的中心、考虑的因素和最为重视的价值。职业锚的确定有助于员工清晰地发现和认识自我，以描绘出职业生涯发展的目标和路径。

施恩根据对自己学生的统计分析，提出了五种职业锚：第一，技术或功能型职业锚。具有这种职业锚特征的人倾向于选择特定的技术或功能领域的职业，不愿意从事一般管理的、通才性质的职业。第二，管理型职业锚。具有这种职业锚特征的人有强烈的从事管理职业的动机，愿意将承担责任作为终身职业目标。具有这种职业锚特征的人一般具有比较明显的分析问题与解决问题的能力、人际沟通能力和情感激励能力等。第三，创造型职业锚。具有这种职业锚特征的人倾向于选择具有一定风险性，追求创业、创新，获取较高挑战性与成就感的职业，如企业家、知识与艺术创造职业等。第四，自主与独立型职业锚。具有这种职业锚特征的人倾向于选择一种可以自己决定和更多由自我支配的职业，避免受到其他人的摆布或依赖于他人，如自由职业、大学教授、小型零售公司的所有者等。第五，安全型职业锚。具有这种职业锚特征的人倾向于选择具有长期职业稳定性和工作保障性，并预计有可靠的经济来源、体面的收入，甚至是有良好的退休计划和退休金保证的职业，如政府公务员职业。表 10－3 是施恩给出的职业锚自我评价表。

表 10－3　施恩职业锚自我评价表

为了帮助你确定自己的职业锚，可以找几张白纸写下你对以下几个问题的答案：
1. 你在高中时期主要对哪些领域比较感兴趣（如果有的话）？为什么会对这些领域感兴趣？你对这些领域的感受是怎样的？ 2. 你在大学时期主要对哪些领域比较感兴趣？为什么会对这些领域感兴趣？你对这些领域的感受是怎样的？

3. 你毕业之后从事的第一份工作是什么（如果相关的话，服役也算在其中）？你期望从这份工作中得到些什么？ 4. 当你开始自己的职业生涯的时候，你的抱负和长期目标是什么？这种抱负或长期目标是否曾经出现过变化？如果有，那是在什么时候？为什么会变化？ 5. 你第一次换工作或换公司的情况是怎样的？你指望下一个工作能给你带来什么？ 6. 你后来换工作、换公司或换职业的情况是怎样的？你怎么会做出变动决定？你所追求的是什么？（请根据你每一次更换工作、公司和职业的情况来回答这几个问题。） 7. 当你回首自己的职业经历时，你觉得最令自己感到愉快的是哪些时候？你认为这些时候的什么东西最令你感到愉快？ 8. 当你回首自己的职业经历时，你觉得最令自己感到不愉快的是哪些时候？你认为这些时候的什么东西最令你感到不愉快？ 9. 你是否曾经拒绝过从事某种工作的机会或晋升机会？为什么？
现在请你仔细检查自己的所有答案，并认真阅读关于五种职业锚（技术或功能型、管理型、创造型、自主与独立型、安全型）的描述。根据你对上述这些问题的回答，分别将每一种职业锚赋予 1～5 的某一分数，其中 1 代表重要性最低，5 代表重要性最高。
得分：技术或功能型（　　　）；管理型（　　　）；创造型（　　　）； 自主与独立型（　　　）；安全型（　　　）。

资料来源：SCHEIN E H. Career dynamics. Addison-Wesley Publishing Company，1978：128-129.

10.2.4　公共部门职业发展管理活动

1. 建立职业发展的信息与预测系统

员工个人职业生涯发展计划的设计要符合时代发展和社会的需要，必须依赖于与职业有关的一切信息。而个人由于精力、财力、空间以及认知能力的限制，其所掌握的职业信息的来源和通道是有限的。组织在这方面则具有巨大优势。它在确立组织目标和进行组织人力资源需求预测的同时，要广泛收集职业发展本身的信息，预测职业发展的趋势。因此，建立有关职业的信息系统，是非常经济，也是非常重要的事情。职业发展信息内容包括某职业的性质、职业在社会中的地位和发展方向、从事职业必备的资格条件、职业的收入水平、职业生涯发展要求的知识结构与素质、职业晋升的通道等。

2. 提供职业咨询和职业管理指南

组织可以通过面谈、问卷、讲授等多种形式，由组织的领导者、部门主管和职业研究专家，为所属的员工进行职业咨询，解释其在职业问题上的困惑和难题，理清其职业发展的思路。职业咨询的内容包括：第一，帮助员工分析自身的特性、职业锚、长处、短处和发展需要。第二，帮助员工学习职业生涯发展的知识，使其能够更积极地管理职业生涯。第三，提供组织内外部的可选择职业。第四，帮助员工克服职业生涯发展中出现的各种问题。通过职业咨询，使员工明确发展方向，树立职业信心，发挥自我才智。为此，组织需要投入管理的资源。表 10－4 展示了一个组织投入的职业发展管理资源。

表 10-4　职业发展管理资源投入个案

职业资源中心 媒体图书馆：备有评价工具、计算机化程序、技能盘点、指导职业计划训练、图书、杂志、视听节目等，帮助员工制定职业发展计划。 **职业计划软件** 是将员工的价值观、兴趣、爱好和技能与工作数据库中的职位相匹配的一种自我评价工具；它还有助于员工建立职业目标，制定行动计划，撰写个人简历。 **职业计划讨论会** 使员工能在利用可得到的资源制定切合实际的职业生涯计划并了解自身的同时，向其他人学习。 **管理人员的职业发展讨论会** 帮助管理人员建立他们自己的职业目标和计划，帮助他们理解自己在支持员工职业发展计划方面的角色。 **工作参考书** 参考资料包括组织结构图、组织使命说明、组织中每个单位的目标、人员情况数据以及有关影响职业选择趋势的信息。 **职业向导** 人力资源部以及组织培训与开发部的职能人员担任职业向导。他们很熟悉职业发展资源，并可以帮助员工计划其职业发展的开始步骤。 **职业顾问** 顾问活动包括一对一的面谈，专业职业顾问现场帮助员工进行自我评价，设定目标和制定计划。顾问们有责任保守员工的秘密和隐私。

资料来源：沃克．人力资源战略．北京：中国人民大学出版社，2001：171.

3. 制定职业生涯通路计划

职业生涯通路（career path）是对前后相继的工作岗位和经验所做的客观描述，表明在一种职业中个人发展的一般路线或理想路线。它建立在将职业角色放在一个不断变化和发展状态的基础上，为员工合理使用和拓展能力提供各种发展机会，包括确定某一职业进口和出口通道、职业的纵向流动通道、职业的横向流动通道三大方面。组织可以按照职业生涯通路的设计，寻找机会安排员工的工作变动和人事流动，从而使个人在此过程中得到应有的训练，具备担任更高职务或胜任其他岗位的能力。职业生涯通路设计的内容是：比较和分析工作的性质，对工作进行分类，并确定胜任工作必备的条件；描述流动进步的条件，详细说明在职业生涯通路进程中需要的学历、工作经历、知识结构和技能；规定垂直流动中逐级上升的逻辑次序与最低服务年限；等等。

4. 向员工开放工作岗位

将组织内每个工作岗位的信息向员工开放，要求员工或求职者根据自己的条件和职业期望选择适当的岗位，工作建立在自愿的基础上。这是组织与员工之间双向选择的过程。同时组织凭借这一过程，可以得到或反馈员工工作绩效信息，并完善可供员工选择的职业标准。

5. 回应和解决员工在职业生涯发展中遇到的典型性问题，采取积极的应对措施

组织在为员工提供必要的职业发展通路的同时，也需要回应员工在职业生涯不同阶段遇到的一些问题，甚至是职业危机问题，以促进人力资源的开发。在员工的职业生涯中，可能存在一些典型的职业危机情况。一是职业生涯高原（plateauing）。这是指一个员工在其职业中期由于个人能力不够或分配不公、组织成长程度低导致的发展机会少等原因，已经不太可能晋升到更高的职位上或承担更多的责任了，从而产生“中年危机”。组织面对产生了“中年危机”的员工，可以针对特定的原因，鼓励员工参与组织的开发活动，并采用培训、职务转换、短期任职等方式，尽可能为员工提供发展机会。二是技能老化。这是指员工在完成一次教育培训的相当一段时间后，由于知识和技能的更新跟不上组织发展的要求而导致工作能力和绩效下降。所以，在员工职业生涯发展中，组织为了防止员工知识、技能老化，需要积极采取一些应对措施，包括强调终身学习、共同探讨技能发展问题、让员工承担具有挑战性的工作任务、对创新活动予以奖励等。

6. 教育、培训计划

组织可以针对职业发展的要求和员工素质的缺陷，进行有计划的教育、培训。教育、培训包括两方面：第一是工作经验、技能等实际才干的培养。一般以师傅带徒弟或以榜样示范等方式实现。第二是当工作经验不足以有效提供更多的知识时，员工就要接受正规的课程学习和教育，以此丰富或更新知识结构，适应社会和组织提出的各种挑战，满足个人职业生涯发展的资格要求。

7. 建立以职业发展为导向的工作绩效评价体系

一方面，将职业发展要求纳入员工工作绩效的评估标准，以激励和提升员工的绩效水平；另一方面，依据员工真实、可靠、客观的绩效水平状况和有关信息，管理者可以判断员工是否能够担任一定的工作职务和承担相应责任。

10.3　促进员工职业生涯发展的政策与策略

作为人力资源管理的重要环节，公共部门职业发展管理过程还依赖于一系列工作再设计及雇员开发、流动、发展的政策措施，这些资源配置的政策直接关系到员工的职业生涯通路和发展机会，影响着员工职业生涯发展规划的实现。所以，职业发展管理与组织内的若干人事政策密切相关。其中，工作再设计、管理人员的开发、员工晋升、交流调配、离职率评估等制度显得尤其重要。

10.3.1　组织工作设计与再设计

工作设计与再设计（job design & redesign）是组织用于满足多方面人事管理功能的策略和措施。工作再设计可以促使员工在更有挑战性的环境下更有兴趣和动机地进行工作，以增强其工作满意度与职业锚的需求。所以，组织为了促进员工职业生涯的发展，往往会采用组织工作再设计的方法，调整职位工作的性质以及工作类型的组合形式。

工作设计与再设计是指为了提高员工的生产力水平，而对组织一系列工作职位上的工作内容、工作职责、工作关系等进行变革和设计。早期的工作设计是在工作分析的基础上按照职能划分的劳动分工过程，工作设计的目标是追求简单化、标准化和专业化，认为操作的单一化和专业化有助于提高员工的熟练度，提高工作流程的清晰度，并降低培训的成本。但是，这使得员工在职业生涯中长期被限制在狭隘的工作空间里，工作的懈怠和厌倦最终可能导致生产率的降低。

在倡导人力资源不断开发的公共组织中，人事管理理念主张职位工作的设计体现以下原则：第一，工作任务重要性。要求一个职位的工作设计能够使员工明确这个工作为别人的工作带来的意义和影响，使员工意识到从事这一工作的价值。第二，工作任务整体性。表明在工作设计中，尽可能保证一个职位能够完成一系列完整的工作，即能够包含完成一个产品的多个具体环节。第三，工作技能多样性。表明对员工从事不同类型工作所应具备的多样化技能要求和员工实施技能手段的丰富性。第四，工作自主性。这意味着在进行工作设计时，需要考虑员工在工作内容和完成程序方面的自主程度和独立空间。第五，工作反馈。表明任职人员在多大程度上可以比较直接地获得有关自己工作绩效的明确信息，以便改进自身工作生产率。为了更好地、更科学地进行工作设计，一些组织还围绕上述五个反映工作任务特性的核心维度，设计了调查问卷（参见本章附录1）。

员工职业生涯成长经验性研究表明，工作设计的工作任务重要性、工作任务完整性、工作技能多样性三个维度对员工体验组织工作的意义和价值十分重要。工作自主性维度强化了员工的挑战意识和责任体验，而工作反馈维度则提高了员工对自我工作实际结果的理解力。故此，工作设计在总体上带来的积极效果表现为员工工作积极性的提高、高质量工作绩效的实现、工作满意度的提升、员工职业成长需求的强化、缺勤率和离职率的降低等。

工作再设计采用三种基本手段和方法，增强员工职业生涯发展的机会。

1. 工作扩大化

通过单位内工作任务或程序的重新归并，将工作任务和工作内容做横向扩展，增加员工工作职位任务的内容含量，扩容员工的技能多样性，从而使得员工工作兴趣增强，工作热情也随之提高。

2. 工作丰富化

与工作扩大化不同，工作丰富化的目的在于提高一项工作的挑战性、完整性和自主性，是工作向纵深方向发展的结果。它可以通过组建工作团队、增加工作反馈、改变工作流程、整合工作程序、加强参与管理和自主控制等管理手段来实现。

3. 工作轮换

通过将员工轮换到水平、技术要求相近的工作岗位的方式，增加变化和挑战性对员工工作绩效提高的影响，增强员工在转岗过程中的技能，促进其间的交叉培训和员工潜能的开发。

10.3.2 晋升政策

组织晋升政策是影响和决定员工职业生涯通路的重要方面。公平的、以能力和业绩为本位的晋升途径有助于提升员工的工作热情，激励其承担责任与面对挑战。与此同时，组织应有计划地设计和寻求与组织发展相匹配的晋升资源和通道。

第一，设计员工晋升的基本途径。

职务晋升是员工晋升的基本通路。但随着职务上升，晋升资源会变得越来越稀缺，中间层会积压一些人才，这增强了晋升的人员竞争能力，提高了晋升的标准，但同时也可能导致一些人才的流失。

在公共部门，职务晋升是组织激励最为有效的手段，也是员工自我发展评价最倚重的因素。所以，组织在设计晋升通路时，往往通过建立职务晋升（position promotion）途径和级别晋升（rank promotion）途径，并通过职务体系和级别体系的交叉对应，增加晋升通路的可容性。此外，有的国家还在公共部门建立与领导职务序列相平行的非决策性的职务晋升序列（可参见中国国家公务员制度的职位分类设计——领导职务序列和非领导职务序列），以拓展组织晋升通路，为员工提供更多的发展机会。

第二，公开和公示员工晋升的基本标准。

建立公开化的员工晋升标准，一方面有利于强化公平竞争，增加晋升过程中的透明度，防止不利于组织发展的暗箱操作；另一方面有利于使员工清楚地认识到组织的期望，更加明确自身的发展目标。本章附录 2 例示的美国公共部门采用的员工职业发展计划书，第一部分就是测评员工与组织发展和职业发展要求匹配的能力资格。

第三，采取适合于职位要求的晋升类型和晋升方法。

根据职位空缺状况和职位本身要求，管理人员选择一定的考评晋升手段，达成晋升管理的目标。在晋升措施上，可以使用委任晋升、考试晋升、招聘晋升、功绩晋升或年资晋升等方法，或者将上述晋升方法的优势结合起来，采用综合考评的晋升方法。同时，管理人员还要根据组织的需要和发展要求，考虑是选择外补晋升制还是内升晋升制对组织更为有利。

外补晋升制是指当组织领导职位出现空缺时，由本部门以外的公职人员进入补缺的方式。其优势在于：扩大了选择范围，可以吸收卓越人才；能够因事择人，促进组织创新，提高工作效率。问题是：新任人员对工作环境不熟悉，与原组织成员融合需要时间，外补过程对原部门公职人员的情绪将产生一定的影响。内升晋升制是指当领导职位出现空缺时，由本部门内职务较低的公职人员晋升补缺的制度。其优势在于：能够维持本部门工作的稳定性和连续性，激励和鞭策本部门其他的公职人员。问题是：选才视野小，限制新鲜血液流入，易使组织变得封闭，缺乏活力。

第四，重视晋升过程中的反馈和沟通，不断完善晋升制度的标准和程序。

10.3.3 人员交流调配和人才流动政策

如果说，晋升政策是组织人员的纵向流动行为和过程，那么交流调配和人才适度流动则可以看作员工在组织内以及向组织外的横向流动行为和过程。这项政策设计为组织选择和获取优秀人才，增强生机与活力提供了制度上的支持，同时，也为组织员工的职业生涯发展开辟了道路。借助于组织工作再设计和员工轮岗制度，员工可以在不晋升职位，不改变薪酬等级的情况下，从一个工作职位转换到另外一个职位。

1. 设计人员交流调配和人才内外有序流动的政策，是要满足员工个人生涯发展的多个目的

通过交流调配，可以使员工丰富自身的职业发展经历，得到自我成长锻炼的机会，开阔视野，增长才干；通过人员调动，可以使员工从事个人更有兴趣的工作，促进用人与治事的统一，或为个人生活提供一些便利条件（如保障家庭的稳定），从而为员工提供发挥自身潜力的机会，也为留住优秀人才提供组织保证。

2. 组织可以将员工职业发展计划与组织内转岗、交流计划有机地结合起来

组织需要对特定岗位发展状况有所预测，并积极开发职位的需要，统筹岗位配置的合理性。

3. 在公共部门，公职人员交流调配的途径是多种多样的，以适应组织不同的发展目的和要求

在我国，公共部门人力资源交流调配有以下方式：第一，调任，是指为了广泛地获取人才，国家行政机关通过一定程序将其他政权组织或企事业单位的人员调入国家行政机关担任领导职务的人事调配活动，也指行政机关领导人员调出担任其他政权组织或企事业单位领导职位的人事交流行为。第二，转任，是指公职人员因工作需要和其他正当理由，在行政机关内部进行的跨部门、跨组织或跨地区的平级职位调动活动。第三，岗位轮换，是指在公共组织中担任领导职务的或某些具有特殊工作性质职位（财务、人事、审计、计划、物资等）的公职人员，有计划地交流轮换岗位的制度安排。第四，挂职锻炼，是指为了使年轻的公职人员增长才干，在一段时间内安排其到基层部门实地担任一定职务的内部交流活动。

10.3.4 离职率分析、评估

离职率是指在一定时期内员工流出组织的数量及其占在职员工数量或甄选录用员工数量的比例。离职可以是由组织单方面的行为引起的，如组织裁员、辞退、开除等，也可以是由员工个人单方面的行为引起的，如辞职、跳槽、调出等，还有因退休、退职等客观原因引起的组织人员的正常更新。无论如何，离职率均涉及组织内人员的更迭状况。

离职率指标具有两方面的意义。一方面，一定的离职率，反映了组织内人员更新的速度，说明了人才流动的活跃程度，一定的人才更新速度，有助于组织吸收更加优秀的人才，给组织带来新的生机和活力；另一方面，如果组织在常规时期的一段时间里存在过高的离职率，特别是员工选择离岗的现象过多，就可能给组织带来一些问题和麻烦，组织需要反思自身的人力资源开发、管理政策。

过高的离职率给组织带来的问题与危害是：损害了某些组织工作的连续性，降低或割断了员工对组织的记忆，加剧了员工因职业安全问题带来的心理焦虑和恐惧，动摇了员工与组织之间的心理契约，给组织投入的培训成本带来损失。在企业中，人才流失还可能带走组织客户与潜在的客户。所以，对组织离职率进行定期分析、评估、追踪，找到人才流出的原因，有针对性地采取有效的管理措施是非常关键的。

外部劳动力市场的人才供求状况和内部组织气候都会影响离职率。就职业发展管理而言，为了将常态时间里组织的离职率控制在合理范围内，并防止“想要留住的人留不住，想让走的人走不了”的局面出现，组织需要将离职率分析与其他人事管理制度（如公平原则、薪酬设计、绩效考评等）配合，根据评估信息，不断修正和坚持更为适合员工职业生涯发展的开发规划，为员工提供更加完善的职业咨询服务，更加迅速地回应员工职业发展中出现的危机状况，为员工创造更多的能力提升与发展机会，使得员工能够将自我职业生涯的不同发展阶段与组织的发展联系在一起，从组织人文关怀和心理联结的意义上，增强对组织的认同感和归属感。这正是现代公共组织“人本主义”管理思想追求的目标。

本章小结

在现代公共组织中，员工个人的职业生涯发展已经不仅仅是员工自己及其家庭的事情。为了更加有效地开发组织人力资源，使员工发展目标与组织目标能够有机结合，稳固员工与组织的工作和心理契约，给员工更多的施展个人才能的空间和条件，留住组织优秀人才，组织将积极的员工职业发展规划纳入人力资源开发与管理的过程中，作为与其他人事管理活动相配套的、服务于组织人力资源战略管理的重要工作内容。组织对员工职业发展的关怀，体现了现代人力资源管理"以人为本""人本主义"的基本精神。

组织在人力资源职业发展管理方面承担着一些重要的责任：了解员工职业生涯的自我分析和职业锚定位、建立职业发展的信息与预测系统、提供职业咨询和职业管理指南、制定职业生涯通路计划、回应和解决员工在职业生涯发展中遇到的典型性问题，以及建立以职业发展为导向的工作绩效评价体系等。

同时，为了给员工个人职业生涯发展提供良好的组织环境和制度保证，组织还需要制定一系列相关的人力资源发展政策。围绕职业管理制定和实施的工作再设计、内部晋升计划、人员交流调配和人才流动、离职率分析与评估以及员工退休等政策和策略，为员工个人兴趣、潜能的发挥及员工自我价值的实现创造了重要的机会，从而稳固员工与组织间的心理契约，提高员工的满意度及其工作绩效。

关键术语

职业发展　　职业生涯计划　　职业生涯阶梯与通路　　职业发展管理　　职业锚
职业咨询　　工作设计与再设计　　心理契约

复习思考题

1. 通过你对员工个人职业生涯发展阶段的认识，说明组织实施员工职业发展管理的意义。

2. 你怎样看待员工职业生涯发展管理与人力资源其他管理活动匹配的过程？

3. 公共组织在员工职业发展管理方面扮演着什么样的角色？履行着什么样的管理任务？

4. 公共组织为实现组织发展目标和员工个人发展目标的相互协调，在职业发展管理方面应该开展哪些重要的活动？

5. 请讨论，公共组织人力资源的一些开发、管理政策为什么会对员工职业发展产生重大影响，组织会制定哪些涉及职业发展管理的政策和策略。

附录 1

有关工作任务特性的调查问卷①

下面这些问题与你目前所从事的工作的特点有关，请就每一题目，根据你的实际情况进行选择。对每一题目都请你做出两次评定，第一次是针对你目前工作的实际情况进行选择，第二次按照你所希望的情况进行选择。

针对每一个问题，都按照以下 5 个等级进行评定：

5——很大程度或具备很多这种特性。

4——较大程度或具备较多这种特性。

3——中等水平。

2——较少程度或具备较少这种特性。

1——很小程度或具备很少这种特性。

自我测试题目

1. 你的岗位在多大程度上能让你每天都做许多不同的工作，工作是否有些变化？
实际情况（　　　　）希望情况（　　　　）
2. 在完成自己工作时，你有多大程度的自主权？
实际情况（　　　　）希望情况（　　　　）
3. 要是别人不对你说，你能在多大程度上判断自己的工作做得怎么样？
实际情况（　　　　）希望情况（　　　　）
4. 在多大程度上你觉得自己是一部大机器上的一个小零件？
实际情况（　　　　）希望情况（　　　　）
5. 在多大程度上，你的工作是别人干完后，你才接着干下去的？
实际情况（　　　　）希望情况（　　　　）
6. 在你的职位上，工作有多大的多样性？
实际情况（　　　　）希望情况（　　　　）
7. 在工作时，你能在多大程度上不依靠领导而独立行事？
实际情况（　　　　）希望情况（　　　　）
8. 看到了工作结果，你能很清楚地了解你的工作干得怎么样吗？
实际情况（　　　　）希望情况（　　　　）
9. 你的工作对整个工作单位的重要性有多大？
实际情况（　　　　）希望情况（　　　　）
10. 在多大程度上你能看到工作任务从头到尾完成的全过程？
实际情况（　　　　）希望情况（　　　　）
11. 在多大程度上，你的职位要求你整天反复做同一种工作？
实际情况（　　　　）希望情况（　　　　）

---

① 郑晓明，吴志明. 工作分析实务手册. 北京：机械工业出版社，2002：281-284.

12. 你有多大的自由可以决定自己用什么样的方式来进行工作？

实际情况（　　　　）希望情况（　　　　）

13. 工作本身能在多大程度上告诉你工作做得好坏？

实际情况（　　　　）希望情况（　　　　）

14. 你在多大程度上能感到自己是在为单位做出有意义的贡献？

实际情况（　　　　）希望情况（　　　　）

15. 你干的工作在多大程度上是别人已经开过头的？

实际情况（　　　　）希望情况（　　　　）

计分方法

根据每道题目所评定的等级进行计分，评定为哪个等级就计为几分。例如，选择了等级“5——很大程度或具备很多这种特性”，那么，这道题就被计为5分。

各个题目在5个关键工作任务特性维度上的分布以及各个工作任务特性维度的计分公式如下：

技能多样性：题1＋题6－题11

工作任务完整性：题10－题5－题15＋题12

工作任务重要性：题9＋题14－题4＋题6

工作自主性：题2＋题7＋题12

工作反馈：题3＋题8＋题13

附录2

美国公共部门的员工“职业发展计划书”(Career Development Plan)①

姓名：	部门：
小组：	职位名称、头衔：
日期：	

评估标记

“＋”强烈认同，“√”满意，“－”需要改进，“○”没有被察觉

第一部分：分析技能。

请充分考虑员工完成工作所适用的方法与手段的程度，充分考虑员工贡献于他的工作效能所具有的技能。请使用上述评估标记，或呈现出恰当的例子。

1. 领导能力：承担责任的能力——指挥和协调他人的活动；在适当的时候，承担领导责任；获得他人的尊重和信任；激发和调动下属在实现既定目标过程中的最大努力；选择和分配工作任务并与下属的发展需求相协调。

---

① 美国公职人员教育开发协会管理文件汇编．2001.

2. 监控-追踪能力：监督实现既定目标的能力——运用绩效考评标准以促进评估和反馈；以适当的方式授权工作；等等。

____

3. 组织与计划能力：系统构建工作任务的能力——规划和目标选择；目标优先次序安排；将信息分类和分目。

____

4. 决策能力：在选择特定行动或过程时使用逻辑与判断的能力——可选择、可替代的行动方案的设计；高质量决策的制定。

____

5. 决定性能力：决定采取行动以回应组织工作需要；表现出创新能力和勇气。

____

6. 感知和分析能力：确定、消化和理解有关在特定环境下一些关键性的影响因素；概括和解释决策行动的内涵，或者说明问题的细节（包括所涉及的数据以及与人员有关的事务）。

____

7. 人际关系能力：对其他人的感情和需要保持敏感性的能力——发展友善的关系和信任；理解和接受人际间的差异；不管地位高低，有效地处理和他人的关系。

____

8. 灵活性：根据呈现的附加信息改变常规方式的能力——当环境出现变化的时候，适当改变行动；具有在特定环境中采用多种可能方案的能力。

____

9. 口头沟通能力：有效地、清晰地用口头方式呈现和表达信息的能力——通过口头表述，说服和影响他人。

____

10. 书面沟通能力：有效地、清晰地用书面方式呈现和表达信息的能力——通过书面表述，说服和影响他人。

____

第二部分：员工的职业发展偏好。

指明员工个人近期和长期的工作目标、工作类型、岗位等。

____

第三部分：员工轮换或转岗的可行性和限制（如果需要，检查和解释评论部分）。

转岗的可行性	转岗限制性的原因	转岗限制性是
1. 在部门内	1. 健康原因	1. 永久的
2. 在组织内	2. 个人偏好	2. 暂时的
3. 其他组织	3. 配偶和其他家庭成员的要求	3. 不知道

第四部分：测评发展的能力。

1. 在决定是否晋升或具备潜能前，需要更多的时间。这一等级评价不应该给那些在同一职位上已经工作超过一年的员工。

2. 在员工个人过去的绩效和可观察到的工作行为的基础上，评价其是否可以晋升。以你的判断，该员工在未来3～5年内是否可以被晋升到更高的职位上去，以及判断他未来的工作绩效。

3. 正确地定位。描述一个已开发其潜能或接近于其潜能的员工是否有能力得到晋升，或者是否可以接受同一等级的其他职位。以你的判断，这个员工是否可以在未来3～5年内得到晋升。

4. 不能晋升的。这是一个危险的信号。以你的判断，你是否认为某员工所在岗位工作职责已达其能力的上限，不适合再晋升。

5. 高度可晋升的。在员工个人过去的绩效和可观察到的工作行为的基础上，判断他是否可以在未来适当的时间内晋升到更高的职位上。

如果员工表现出继续发展的个人愿望，填写下列指明下一步潜在职位发展的表格：

指明下一步的职业发展		
现在已经准备好了	1～2年内	3～5年内

第五部分：开发、发展的需要。

总结这一职业发展规划的行动，帮助可能晋升的员工准备晋升到更高职位上或取得进一步发展所需要的资格：特殊的工作经历、技能发展、培训项目以及其他促进员工发展的计划。

1. 员工应该经历的特殊自我发展台阶（self-development step）是什么？

____

2. 主管帮助员工改进和发展应该采取的行动是什么？

____

3. 特殊的培训项目推荐。

____

4. 预期的结果。

____

第六部分：其他评价。

____

第七部分：

准备____________，职衔____________，日期____________

赞成____________，职衔____________，日期____________

第 11 章

公共部门人力资源的培训与开发

在人类社会飞速发展的今天，人力资源开发成为组织适应社会、接受挑战的重要途径。而开发的需要赋予现代人力资源培训不可推卸的责任。在公共部门人力资源管理中，人力资源的培训与开发担当着极为重要的角色，它促进员工素质的提高与发展，满足公众对政府及公共部门服务水平和质量的期望。随着培训功能的不断强化，公共部门人力资源的培训与开发已走上法制化和规范化的进程，建立起了系统化、专业化的培训内容、种类、方式、机构、教学等制度，发展了培训需求分析、培训教学、培训评估的方法和技术，形成了公职培训的职业化队伍。

重点问题

- 公共部门人力资源培训的重要性
- 公共部门人力资源培训的目标
- 公共部门培训需求分析
- 公共部门培训体系构建
- 公共部门培训与开发的技术方法
- 公共部门培训项目评估

11.1 公共部门人力资源培训的重要性

11.1.1 公共部门人力资源培训与开发的含义

人力资源培训与开发是公共部门人事管理系统一项基本的管理职能，它是指公共部门为了使其员工获得或改进与工作有关的知识、技能、动机、态度和行为，提高员工的绩效，增强员工对组织目标的贡献而做出的所有有计划的、有系统的各种努力。这些努力通常通过法律、法规固定下来，并在组织内有计划、有步骤地实施。

作为一种继续教育，公共部门人力资源培训与一般的学校常规学历教育有所区别。首先，公共部门人力资源培训是以提高员工的工作效率、改进工作方式为核心的，因此它的针对性较强，培训的内容与方式基本围绕着公职人员从事行政活动所必备的政治素质、职业道德以及知识、能力和技巧来设计。其次，公共部门人力资源培训是一种终身的、回归的继续教育，是常规教育的发展和延续，属于“第二教育过程”的再教育，它伴随着公共部门员工个人职业生涯发展的始终。再次，公共部门人力资源培训是根据职位或职务的具体要求，向受训者灌输专门的知识和特殊的技能，以工作需要为着眼点。从长远和整体看，培训被作为提高整个公共组织绩效和战略发展能力的基本途径和手段。最后，公共部门人力资源培训的形式灵活多样，伸缩性较强，在教育时间、范围和方法上，都针对员工的工作需要，不像常规教育那样整齐划一，统一性很强。

虽然培训与常规教育存在着诸多区别，但是随着社会的发展和培训观念的转变，培训发展的趋势使得培训与教育两者的界限变得越来越模糊。公共部门人力资源发展不仅要适合工作需要，同时也要注重员工的综合素质培养，拓宽职业适应的领域。

11.1.2　公共部门人力资源培训与开发的目标

1. 科技革命、信息社会与知识经济时代的到来，使公共部门人力资源面临着前所未有的挑战

科技革命引领我们进入了信息社会和知识经济社会。它意味着人类社会知识更新的速度大大加快；人类传统的学习、工作方式已逐步被方兴未艾的电脑操作和网络化替代，劳动变得日益智能化；而人们手中掌握的知识将成为经济、社会发展的主要工具。正如约翰·奈斯比特所说的：“在信息经济社会里，价值的增长不是通过劳动，而是通过知识实现的。‘劳动价值论’诞生于工业经济的初期，必将被新的‘知识价值论’所取代。”① 这些特征也已渗透到公共部门与公共事务管理工作中。

社会的剧烈变迁给所有从事各类工作和即将从事各类工作的人力资源，包括公共部门的员工提出了严峻的挑战。对于公共部门员工而言，他们要回答一系列新问题，即如何进行自身的学习革命，如何形成有机的学习型组织，如何改变陈旧的知识结构，如何掌握快速学习和更新知识的方法，如何用新的工作方式从事公共事务管理活动，如何用自己的知识为政府和公众服务，等等。员工必须接受终身的教育和培训，不断地学习，不断地进行知识与技能的更新，只有这样才能适应社会发展的需要，跟上时代前进的步伐。

2. 日益严峻的社会问题强化了公共管理者接受培训的客观需要

与半个世纪以前相比，今天政府面临的种种社会问题要复杂得多，如犯罪、吸毒、失业、环境污染、假冒伪劣产品泛滥、危机冲突等。这些问题往往带有多因、相互连带和性质难以判断等特征，解决社会问题的难度在不断加大。政府及其工作人员在面对这些社会问题时，必须通盘考虑，并善于把握问题的轻重缓急。这使公共部门员工也必须增强准确

① 奈斯比特. 大趋势：改变我们生活的十个新方向. 北京：中国社会科学出版社，1984：15-16.

判断事物和有效解决问题的能力，同时还要能够用自己掌握的先进技术手段处理各种问题。作为公共事务的管理者与社会问题的解决者，公共部门员工只有根据形势与发展的需要，通过培训途径不断地完善自我知识、能力和素质，才能出色地履行国家和人民赋予的责任。

3. 行政改革与行政发展对公共部门人力资源的素质提出了严格的要求

行政改革与发展是21世纪政府治理不可避免的趋势。行政发展意味着政府将成为服务的政府，而不是单纯统治的政府。行政管理将由目标管理的模式，进一步发展到绩效管理或全面品质管理。这些管理方式演进不仅要求政府提供的服务是高效率的，而且要求这些服务以顾客为导向，以满足顾客需求为目标，大幅度提高对顾客的承诺和服务质量。另外，行政发展还意味着政府的组织形式与管理角色也将发生重要变化。在政府与市场、政府与中介组织和居民自治组织的关系中，政府将更多地成为指导者，而不是直接管理者。如奥斯本和盖布勒所言，政府应是“起催化作用的政府，掌舵而不是划桨”①。如何掌舵是对其员工素质的考验。毫无疑问，公共部门人力资源培训将在这个转型中充当至关重要的角色。培训将直面行政发展的前景，给员工全方位地灌输新的管理理念、管理思想、管理原则、管理方法和管理技术。

4. 从战略高度看，国家已将公共部门人力资源培训与开发纳入整个社会、经济发展的长期规划之中

人是事业发展的根本保证，国家社会、经济的发展离不开优秀的人才。公共部门人力资源作为维护政权稳定、促进社会进步的精英力量，其发展方向和结构模式势必成为公共部门长期宏观规划的重要组成部分。因此，对公共部门人力资源进行培训是一项战略性的任务，它关系到国家、民族的前途和命运。为此，公共部门确立了一系列人力资源培训活动的目标（见表11-1）。

表11-1 公共部门人力资源培训活动的目标

- 培养公共部门跨世纪中高层员工的领导能力。
- 全方位培养员工的认知、思维方法，拓展其价值和理想、信念。
- 培养员工学习知识的方法和分析问题、解决问题的能力，逐步走向综合的素质教育。
- 培养员工积极竞争、进取的意识，同时培养员工在组织中合作的精神。
- 提高员工的生活水平和质量，培养健全的人格。
- 培养员工学会思考自我职业生涯发展的计划，促进个人的发展和价值的实现。
- 努力改进工作方式，提高公共部门的服务质量与工作绩效。

11.2 公共部门人力资源培训的基本类型

11.2.1 公共部门人力资源培训的类型

根据不同的需要和目标，组织应选择适宜的人力资源培训类型。

① 奥斯本，盖布勒．改革政府：企业家精神如何改革着公共部门．上海：上海译文出版社，1996：1.

1. 初任培训

对新录用人员进行的理论和实践教育培训。它是人员被录用后试用期内的必经环节。初任培训一般采取两种方式：第一，工作实习。在有经验的员工的指导下，了解公共部门管理的基本性质和程序，熟悉工作环境，明确任职所必需的素质。第二，集中进行理论、业务培训。在此期间，要求员工了解国家的大政方针和法律、法规，懂得自身的使命和责任，建立努力工作的理想、抱负和信念；学习从事公共管理工作应有的知识技能，努力提高业务水平。培训考核合格者才能被正式任用。

2. 在职培训

对象是已经在公共部门服务若干年的员工。这类培训根据社会经济环境的变化，以及公共部门某些职能的转变，进行员工知识结构的更新，以调整公职人员的知识技能，提高管理绩效。其培训方式以离职学习为主。

3. 晋升培训

对员工中高层次的人员和拟晋升到更高职位的员工进行的培训。此类培训有明确的针对性，它根据职务所要求的理论、政策水平、组织能力和业务素质，给予员工在政治、业务、技能等方面的教育，使其能够胜任更高一级的领导职位的工作。

4. 专门业务培训

员工在从事某项专门性的业务工作或临时性业务工作之前接受的培训。其目标是掌握专业工作所要求的特殊知识、技能和注意事项等。

11.2.2　公共部门人力资源培训的方式

按照不同的标准，可以将公共部门人力资源培训分成多种方式。如依据培训时间长短，可分为长期培训、中期培训和短期培训；依据员工是否脱离职位，可分为脱产培训和不脱产培训；依据培训机构的性质，可分为学校的培训、国家行政学院或文官学院的培训、政府机构自身组织的培训等。总体上，公共部门人力资源培训方式包括以下几种：

（1）学校培训。由员工管理机构或行政部门选送有培养前途的人员，通过考试进入国内外的高等院校或国家行政学院接受专业脱产培训或进修的方式。

（2）部内培训。由公共部门内部自设的机构，根据专业和工作需要组织的培训。培训的时间、课程设置和培训要求均由部内培训机构确定。

（3）部际培训。由若干公共部门横向联合举办的培训。参与部门共同承担培训费用，为相同专业或同一层级的员工提供某些共同的课程。

（4）交流培训。通过员工在公共部门之间以及在公共部门与其他机构之间进行的交流调任过程中的培训，使员工扩大知识面，增长才干，提高能力。

（5）工作培训。在实际工作中对员工的能力进行的有意识的培训。主要通过领导者或有经验的员工在实践中的言传身教和具体帮助指导，使员工在行政实践中积累知识。

（6）选择培训。允许员工根据自己的知识结构和个人兴趣，制定自己的培训计划，自由选择培训的专业和课程。选择培训的方式又主要有两种：一是鼓励员工利用闲暇时间到附近的学校或夜校补习、进修；二是由员工向组织申请假期，脱产学习。

11.3 公共部门人力资源培训需求评估

开展培训活动的第一步是要确定需不需要进行培训，需要进行什么培训，而这个过程是通过人力资源培训需求评估来完成的。广义地讲，人力资源培训需求评估是指，组织在从事培训活动之前，从长远的发展目标或近期目标出发，采用各种方法和技术，对组织及其成员的现有素质构成、知识和技能种类等进行的系统鉴别与分析。人力资源培训需求评估的第一步是培训需求的确认。人力资源培训需求评估的目标见表 11－2。

表 11－2　人力资源培训需求评估的目标

长期目标：	• 确定政府和公共部门培训工作的战略目标 • 确定培训内容的总体框架 • 建立测量政府组织培训活动的标准或指标体系
近期目标：	• 了解员工现有的能力素质状况 • 了解员工是否需要培训 • 确定培训内容和培训方式

11.3.1 培训需求的确认

初任培训需求的确认是相当简明的事情，对于一批刚刚上任到新岗位的工作者来说，为了明确自身的任务和掌握所需的技能，培训是一项必经的程序。而在岗人员培训需求的确认可能比较复杂一些。管理者需要决定要不要进行人员培训、如何进行人员培训。在决定进行培训之前，首先应该回答以下几个问题：

- 什么是组织的目标？
- 什么是达成这些目标的工作？
- 什么行为对于负有工作完成责任者来说是必需的？
- 什么是负有工作完成责任者在从事应有行为时所缺乏的？是技术、知识还是态度？

很明显，与绩效有直接关系的现象是最足以让管理者觉察到的现象。一般说来，培训需求的确定应从以下几点来论证：

1. 员工行为或工作绩效差异是否存在

行为或工作绩效差异是指实际行为或工作绩效与计划的行为或工作绩效之间的差异。组织可以通过单位生产、单位成本、安全记录、缺席率、能力测验、个人态度调查、员工意见箱、员工申诉案件、工作绩效评估等指标，了解组织现有员工的行为、态度及工作绩效与组织目标之间的差异。如有差异存在，就说明有培训之必要。

2. 绩效差异的重要性

只有绩效和行为差异对组织有负面影响时，这个绩效和行为才值得重视。绩效层面的重要性自然要根据组织的目标和发展方向而定。当绩效差异影响到组织目标的实现与组织的未来发展时，就必须分析影响绩效的原因和根源：是欠缺适当的知识技能，是环境上的限制或制约，是缺乏适当的诱因或动机，还是员工的身心健康状况不佳，这主要由组织的领导者来分析，并确认是否有进行培训的必要。

3. 培训员工是否是最佳的途径

如果绩效和行为差异是因为个人能力不足，或员工态度信念不合，或主管不积极参与员工培训所引起的，员工或主管的培训便可能是最好的方法。因为培训不仅仅能提高员工的技术和工作能力，更重要的是能够改变员工的工作态度和观念。

4. 培训是否是经济的解决办法

虽然培训可能是解决组织绩效问题的一个适当的方法，也可能在改变员工行为方面是有效的，但是，除非培训计划的成本低于问题本身的成本，或低于其他可供选择方案的成本，否则，它不具备成本有效性。一项培训计划的成本有效性是由扣除了培训的问题成本来决定的。

11.3.2　公共部门人力资源培训需求分析的基本要素

包括公共部门在内的各种组织，都需要在三个层次进行培训需求分析，这三个层次构成了培训需求分析的三大基本要素，即个人的培训需求情况、组织的培训需求情况和战略的培训需求情况。

1. 个体层次的培训需求分析

在这个层次上，需求分析的主要任务是：了解组织为每个员工个体现有的知识、能力素质的状况，找出与应有状况之间的差距。在此基础上，确定谁需要和应该接受培训，以及应该接受什么种类和方式的培训。管理者分析的重点是评价工作人员实际工作绩效以及工作能力。其中包括：

第一，员工工作绩效的评价。必须首先确定期望的员工工作绩效是什么样的，而他目前的工作绩效又是什么样的。以下是具体范例：

> 组织期望员工每天都能准时出勤，但是某员工总在规定时间的 5 分钟之后才到岗。
>
> 某位员工呈交的报告质量总是不能达到要求，主管常常不能从报告中了解到想要了解的信息。

第二，员工对自我的评价。自我评价是以员工的工作清单为基础，由员工针对每一单元的工作成就、相关知识和相关技能真实地进行自我评价。一般而言，员工个人都有比较强烈的接受培训的欲望，他们知道培训与自我发展的关系，因此会认真地进行自我测评。但员工的自我评价可能过分以自我为导向，或过分倚重自我需要，忽视了组织或社会的需求。

第三，员工态度的评价。员工的工作绩效分析的核心是区分不能做和不想做的问题，因此，其态度对于解决问题十分关键。员工的工作态度不仅影响其知识技能的学习和发挥，还影响与同事间的人际关系，影响与顾客的关系，这些又直接影响其工作表现。运用定向测验或态度量表，就可帮助了解员工的工作态度状况。

2. 组织层次的培训需求分析

在这个层次的培训需求分析的基本任务是，通过对组织总体目标、资源和环境等因素的判断，发现组织在培训工作上存在的问题，明确组织员工现有的实际素质状况与应有的素质结构状况之间的差距，并说明培训是否是解决现有缺陷的最有效的方法。组织培训需求分析的具体环节有：

第一，组织在一定时期内的发展目标与方向。这一点与人力资源规划中的组织目标确定过程相同。组织目标也同样决定了培训的目标和培训的内容。通过目标的确定，组织培训需求分析力图掌握以下重要信息：为实现既定的组织目标，现有员工的总体素质结构是否存在着差距，换句话说，通过培训是否真的能够弥补差距（必要性分析）；如果对上述问题的回答是肯定的，那么，组织需要什么类型的培训来解决问题，培训的规模、速度和培训支出的费用情况如何（现实性分析）；在各种可选择的解决问题、弥补差距的方案中，培训方法是否有效，即是否存在着其他更有效、更经济的途径可以替代培训（充分性分析）。

第二，组织可提供给培训活动的资源分析。确定组织可利用的培训资源，是培训工作目标确立的现实基础。资源分析应包括组织可用于从事培训工作的金钱、时间和人力等。

（1）金钱。组织所能提供的经费将影响培训的范围和深度。

（2）时间。对组织而言，时间就是金钱，培训是需要相当的时间的，如果时间紧迫或安排不当，极有可能造成不理想的培训结果。

（3）人力。对组织人力状况的了解非常重要，它是决定是否培训的关键因素。组织的人力状况包括工作人员的数量、工作人员的年龄、工作人员对工作与单位的态度、工作人员的技能水平和知识水平、工作人员的工作绩效等。

第三，组织特质与环境分析。组织特质与环境对培训的成功与否也起重要的影响作用，因为，当培训规划和组织的价值不一致时，培训的效果很难保证。组织特质与环境分析主要是对组织的系统结构、文化、资讯传播等情况的了解。主要包括如下内容：

（1）系统结构特质，指组织的输入、运作、输出、次级系统互动以及与外界环境间的交流特质，使管理者能够系统地面对组织，避免组织分析中出现以偏概全的问题。

（2）文化特质，指组织的软硬件设施、规章、制度、组织经营运作的方式、组织成员待人处事的特殊风格，使管理者能够深入了解组织，而非仅仅停留在表面上。

（3）资讯传播特质，指组织部门和成员收集、分析、传递信息的分工与运作，促使管理者了解组织信息传递和沟通的特性。

3. 战略层次的培训需求分析

以往，由于组织的变革速度缓慢和变革程度微弱，人们比较重视个人和组织层面的培训需求分析，将它们作为设计培训规划的依据，而组织的需求分析一般也定位于过去和现在的状况，对未来情况的分析投入精力较少。但是，随着社会变迁的加剧，组织变革的状况与以前大不相同，组织在外部压力下常常面临着突变的可能性。于是人们就必须回答，当组织在未来发展中发生了巨大的变化时，培训工作应该怎么办。这将培训的需求分析引到战略发展的层次。培训需求的战略分析，主要包括以下几个方面：

第一，组织优先权的改变。引起组织优先权改变的因素是多种多样的：

- 新技术的引进；
- 财政上的约束；
- 组织的撤销、分割或合并；

• 各种临时性、突发性任务的出现。

以上因素的变更，要求培训部门在进行培训需求分析时不能仅仅考虑现在的需要和建立在过去状况基础上的服务提供，它必须是前瞻性的。它必须决定未来的需要，尽管这些需要可能同现在的需要完全不同。

第二，人事预测。由于组织的大部分预算是花在人事部门上，因此，人事预测很重要。人事预测主要包括需求预测和供给预测。需求预测主要是考察一个组织所需要的人员数量以及这些人员必须掌握的技能。供给预测不但要考察可能参加工作的人员的数量，而且要考察这些人员所具有的技能状况，以便为人员的雇用、培训与再培训提供依据。

第三，组织态度调查。在培训需求的战略分析中，收集全体员工对其工作、补偿金、救济金、同事等的态度和满意程度，能够帮助分析出组织内最需要培训的领域，找出和确认那些阻碍改革和反对培训的领域（见表 11－3）。一般来说，了解员工对组织的态度及满意程度应立足于利益领域。例如，根据员工对组织满意程度的不同，就可以了解他们对组织的不同态度。

表 11－3　组织态度调查

态度	评价
我收到的补偿金是可观的	考察组织和个人利益是否被认为是一致的
我向汇报的人设置了清晰的问题	考察组织是否被认为观念和目标比较复杂
在我的工作团体中有一种信任和开放意识	考察组织是否缺乏和谐的人际关系和管理技能
告诉别人为组织工作我感到很自豪	考察组织中的个人对团体是否充满忠诚

根据对表 11－3 这些问题的不同回答，就可以进行不同的培训与组织开发。如果是技术能力方面的问题，那么进行传统的培训是适宜的；如果是人际关系方面的原因，则需要进行管理培训；如果是观念认同的问题，就需要重新确定组织目标；如果是员工与组织之间的一致性较差，就需要加强职业生涯的开发。总之，组织态度的分析对组织的培训规划是非常重要的。

11.3.3　公共部门人力资源培训需求分析的技术方法

人力资源培训需求分析依赖于一定的技术方法。在决策理论和行为科学快速发展的今天，培训需求分析从中借鉴了大量的分析方法。

1. 培训需求的问题分析法

问题分析法又称绩效差距分析法（performance gap approach）。它是被广泛运用于各个层次的培训需求分析的一种比较有效的方法。如其名称所显示的那样，问题分析法主要集中于组织或组织成员存在的问题。具体而言，是在分析组织及其工作人员现有状况和理想状况之间差距的基础上，确认和提出造成差距的症结与根源，明确培训是否是解决这些问题、提高组织绩效的有效途径。它十分类似于决策过程中认定决策问题的 KT 分析法。

培训需求的问题分析法在应用中一般经过以下环节：第一，发现和确认问题阶段，即找出组织现有实际绩效与理想绩效之间的差距，在此基础上，认定和筛选造成差距的各种可能的问题，进行初步的分类分析。如组织生产力水平不高，可能是由于组织的设备、资金等“硬件”存在问题，也可能是工作人员的态度、士气以及技能手段等“软件”有问题。认识差距，开始寻找问题，是这种分析法的起点。第二，收集资料或直接观察，进一步确定存在问题的性质。组织和培训主管人员可以通过一系列手段收集资料，如使用绩效评价报告、工作总结等文献资料，或采取观察、面谈和问卷等技术，明确造成差距的主要问题所在。组织要抓住问题的性质和根源，必须充分了解和说明问题的四个方面的状态，即何种问题、何处发生、何时发生、何种程度。只有详尽掌握了这些资料，才能切实分析造成问题的原因。第三，分析、判断和证实造成问题的主要原因。问题的出现，可能是由多种复杂的原因联系在一起造成的。组织需要去粗取精、由表及里地分析，找到主要原因，为明确培训需求的必要性奠定基础。第四，培训需求的分析。发现和判断造成问题的原因与组织的培训工作是否存在着必然的联系，即组织通过问题原因的查询，认识到对公共部门员工培训是改善目前绩效不理想状况的重要途径，是实现组织需要和员工个体满足的手段，从而论证培训活动的必要性。第五，说明培训需求分析的结果。从工作需求、个人需求和组织需求三个方面出发，提出员工培训的种类、内容和方式，建立培训的详细目录。

2. 培训需求的全面分析方法

培训需求的全面分析方法（comprehensive approach）指通过对组织内部各个层面进行全面、系统的调查、分析，确定现实状态与理想状态的差距，从而进一步决定是否进行培训以及培训的内容和方法。与问题分析法相比，全面分析方法偏重于组织运转中的方方面面，而不是针对某些问题。其分析结果也可以运用于人力资源开发的许多环节，而不单是培训工作。

全面分析方法的一般程序是：第一，进行工作分析，研究组织工作的性质。以此制定出组织岗位评价标准和职位规范。这个过程实质上就是前面论述的工作分析的具体内容。第二，编写出组织任务和所需技能的目录清单。把任务分解成一个个分析单位，描述出每一项任务的内容和所需资格条件。在此基础上，对任务的性质与技能的性质进行比较、分析，得到其理想的绩效水平标准。第三，分析组织现实的绩效水平状况，找出差距，认识问题的性质和造成问题的原因，这样又回到上述问题分析方法的过程。第四，培训规划设计。针对全面分析的结果，制定出培训方案，选择有效的培训途径，然后加以实施，并在培训实施过程中不断修正和完善。

全面分析方法的优势在于：能够获得多功能的分析资料，能够比较全面地认识问题。但是由于它要顾及各个层次，需要组织投入大量的资金和时间，而又因此受到限制，容易导致分析工作搁浅，并转向使用更为简单易行、切中要害的问题分析法。另外，全面分析方法工作浩繁、头绪较多，在分析之前，组织还需要制定比较周密的计划，通盘考虑各方面因素。从全面分析方法的适用性看，在任务简单，程序性、操作性强和人际关系不太复杂的组织中使用它尤其有效。

3. 引入行为科学或社会调查的一系列方法

在进行培训需求分析的过程中，组织和培训主管部门还常常采用一些具体的方法，包括直接观察法、民意测验或问卷调查法、关键人物访谈法、文献调查法、小组讨论或专家讨论法（如德尔菲法）、工作样本法等。

11.3.4 公共部门人力资源培训规划与设计

公共部门人力资源培训规划的含义是，组织根据发展的目标和对公共部门员工未来培训需求状况的预测，制定专门的计划，设计组织近期与未来培训活动的方案。培训规划使组织的培训需求不再局限于了解和思考，而是通过合理安排和资源投入，将培训付诸实际行动之中。

人力资源培训规划设计中考虑的各种因素，构成了培训规划的基本内容。包括：

(1) 组织工作性质、技能要求、组织绩效水平的实际状况与理想状况的差距等因素，明确它们是如何决定培训的必要性的。

(2) 接受培训学员的类型。培训需求分析为组织提供的最优先信息是：谁需要接受培训。换句话说，是培训规划确定了组织为谁、进行何种类型的培训。在公共组织中，要明确培训对象的来源、知识背景以及培训目的，以确定针对不同培训对象采用的不同培训内容和方式。例如，初任培训与晋升培训的对象不同，培训的内容和方式也截然不同。前者主要是了解政府组织的基本运行情况，明确作为一名公务员的最基本的素质要求，其培训方式主要是课堂教育和老职工的经验传授等；后者以提高公务员的政策水平和领导能力为主，其教学内容要比初任培训深入得多，教学方式也主要采用自学、研讨、案例分析和社会调查等方法。

(3) 培训主管部门所接受的培训对象的组织范围，即确定在一项培训任务中，培训对象来自哪些单位、部门或行业，这有助于培训机构进一步明确培训的内容，例如，是偏重理论性、知识性，还是偏重技能性、操作性。

(4) 培训对象的规模。培训对象的规模通常决定了培训的费用、培训的师资力量搭配，以及培训设备的使用和培训方式等。

(5) 培训工作的费用支出。其中要考虑许多因素。最简单的培训成本计算方法是将培训中支出的各种直接费用（教师、设备、教材、管理费等）相加，得出总额，但这种计算只能是大致的估计，精确性不高，因为它没有考虑培训对象因参加培训而需要支付的机会成本。成本统计专家认为，机会成本最保守的计算方法，是将培训对象培训期间的工资数额翻一番。

(6) 承担培训的教育机构。针对培训对象的需求状况，决定由什么机构来承担培训任务。如对需要加强理论素养的人员来说，高等学校是比较理想的选择。

(7) 教师的素质。培训的需求同时也决定了承担培训工作的教师队伍的结构、专业分类和知识水平等，主管部门需要组织一支与培训需求相适应的师资队伍。

(8) 培训是采用集中还是分散的形式进行。根据培训群体的知识背景和经验构成、组织经费等状况，可规定相应的培训方式。一般可区分为集中式和分散式两种。集中式就是将不同单位的学员集中在一起，进行统一规划、培训；分散式则以一个单位的学员构成为主体。培训方式要服从于培训内容的要求。

11.4 公共部门人力资源培训体系的构建

11.4.1 公共部门人力资源培训的主管机构

公共部门人力资源培训的主管机构是管理国家公职人员培训的综合机构，它的基本职能是：制定公共部门员工培训的法规和政策，拟订相关培训管理的标准和总体规划；在员工培训过程中进行宏观协调与政策解释；按照分类分级管理的原则，对培训的教育机构进行指导和控制；组织培训者的培训和培训理论研究；等等。在各国，根据人事管理体制和对培训的重视程度，政府人力资源培训的主管机构有以下设置方式：

1. 由一级政府的人事主管机构进行统一管理，各级政府的工作部门负责本部门的国家公务员培训管理工作

世界上大多数国家都采取这种设置方式，即一方面将培训的立法、控制、协调等职能赋予政府中的人事主管部门；另一方面又根据集中控制与分散管理相结合的原则，由政府部门内的人事部门具体负责培训工作。如日本的政府人力资源培训工作的主要管理部门是国家人事院，而各省厅的人事管理部门实施本部门的人力资源培训活动。我国目前实行的公务员制度规定，国家人事部履行公务员培训的统一管理职能；国务院各部委及其人事管理部门和各级地方政府及其人事管理部门，是本系统或本地区所辖公务员培训的管理机构，具体运作培训事项，并拥有对参加培训，经考试、考核合格的公务员发给相应培训证书的权力。

2. 在政府首脑之下或首脑领导的委员会下设立专门主管公务员培训的部门

这种设置体现了政府对培训工作的重视，如法国 1977 年成立国家职业教育部，美国在文官委员会下设立培训局等。

3. 将公职人员培训主管机构设在一级政府的某个职能部门中

如英国在 1968 年以前，就是实行在财政部下设立培训教育司的方法，1968 年建立文官部后，才在该部中设立了人事管理培训司。

4. 公共部门内部的自主性培训主管体系

一些公共服务机构和实行企业化管理的公共部门依照国家有关培训法律的规定，由本组织制定培训规划，设立各种类型的培训项目，实施对员工培训的指导性管理。它们往往通过外包等形式，将培训项目委托给一些专业的培训教育机构，具体实施培训项目。

11.4.2 公共部门人力资源培训的教育机构

随着公共部门人力资源培训工作的不断强化，承担培训工作的组织系统建设也日趋完备并走向职业化。在我国，围绕“党管干部”原则，公务员培训系统形成了以中央党校（国家行政学院）到各级地方党校（地方行政学院）为主导的、多元主体参与的、协同的公务员培训组织体系。

1. 中共中央党校（国家行政学院）以及各级地方党校（地方行政学院）

从中共中央党校（国家行政学院）到各级地方党校（地方行政学院）是我国公务员培训的主体教育机构和主导力量，在政治思想、政治理论、形势教育和业务知识各方面，为不同层级与类型的公务员提供全方位的教育培训课程与实践教学资源。

中共中央党校（国家行政学院）以及各级地方党校（地方行政学院）在公共部门公务员教育培训体系中具有优势，发挥主渠道作用。第一，加强党对培训工作的集中统一领导和统筹谋划，有计划地对各级党政机关的领导干部、优秀中青年干部等学员进行马克思列宁主义、毛泽东思想、邓小平理论、“三个代表”重要思想、科学发展观、习近平新时代中国特色社会主义思想教育和党性教育，开展重大理论研究和实践问题学习。第二，平台高。统筹指导，整合资源。中共中央和各级地方党委统筹指导中共中央党校（国家行政学院）以及各级地方党校（地方行政学院），党校（行政学院）地位重要，突出了公共部门公务员培训的重大意义，便于协调各方面关系，保证培训目标与原则得到贯彻。在国外，公务员培训机构也由高层设置，如法国国立行政学院受总理府直接领导，美国联邦政府高级行政官员学院隶属于总统下设的人事管理办公室。第三，党校（行政学院）教育培训适应公务员职业培训的特点。与高等院校教育体系相比，公务员培训具有切中要点、形式多样、方法灵活、时间弹性等特征。党校（行政学院）培训采用的是理论联系实际、实践性极强的教学方案，课程内容有的放矢，适合公务员实际工作需要。因此，在教学方法上，极少采用单纯灌输方法，而是采用理论研讨、案例分析、情境教学、社会调查等形式，培训时长也根据学习需要而定。第四，党校（行政学院）教师是专任与非专任相结合。专任教师在长期教学中摸索出继续教育的规律，归纳出比较系统的教学方法，有助于提高教学规范化水平；非专任教师来自政府部门，他们用丰富的工作经验指导受训学员，加强其对行政管理的认知程度，开阔视野、增长才干。第五，党校（行政学院）培训运行保障基础精良。党校（行政学院）培训系统的财力支撑比较雄厚，教学设备先进，培训硬件设施完备，可以有效完成高级别水平和规模的培训任务。

2. 管理干部学院

它们是由中央政府各职能工作部门在受到人事主管部门的资格认可后，建立的培养本系统或本行业公务员的教育机构。作为部内培训基地，管理干部学院的特点是针对性强，培训的内容专业性也强，能够比较迅速地使公务员掌握本行业的最新知识和信息。同时部属的管理干部学院一般实行双重管理体制，在人事行政关系以及财务关系上直接隶属于上级职能部委，而业务上和一些管理事项，如教师职称评定，带有学位、学历性质的培训证书发放，受到国家教育主管机构的指导和控制。值得注意的是，管理干部学院的建立有比较严格的审批程序，其设施、教师资格、教学体系应通过一定的标准测定，以此来防止管理干部学院交叉、重复建立，争夺培训资源，降低培训质量，败坏培训工作的声誉。此外，对管理干部学院发放证书的资格、种类也应严格控制，避免证书泛滥，降低其应有的价值。

3. 高等院校

普通高等院校在公共部门人力资源培训体系中也扮演着重要角色。各国政府都借助高等学校丰富的知识资源和教学经验、较雄厚的师资力量等，培养政府中的优秀人才。如美国著名的哈佛大学肯尼迪政府学院就承担着培养政府高级官员的任务，它提供公共管理硕士、公共政策硕士、公共哲学博士和政府管理博士四种学位，同时每年接收 600 名来自国会及行政部门的议员和官员，对他们实施短期培训。在我国，普通高等院校在经过组织部、人事部，以及省（区、市）人事部门的批准，通过了执行培训资格认可制度后，可成为实施公务员培训的教育机构，承担公务员综合性知识和专业化知识的培训任务。

延伸阅读

中组部会同教育部确定13所高校成干部培训基地

2009年10月，中共中央组织部会同教育部联合出台文件，将北京大学、清华大学、中国人民大学、北京师范大学、复旦大学等13所高校确定为首批干部培训基地，从而将普通高等学校纳入干部培训的体系。

此次选择知名高校作为干部培训基地是我国探索干部自主选学新机制的结果。以前，我国干部培训采用组织部调训模式，即各级组织部门根据干部每年参加不少于110学时培训的要求，通过组织调训，安排干部到党校、行政学院、干部学院等机构进行培训。但是为了适应干部对新理念、新知识、新技能的需求，需要运用高等院校的培养资源。中组部对干部培训进行了改革，进行自主选学试点，探索干部教育培训以组织调训为主、自主选学为辅的新机制：规定50～70学时以理论武装和党性教育为重点内容，通过组织调训到党校、行政学院、干部学院等主阵地进行培训，余下的40～60学时可以通过自主选学灵活补充，可以由高等院校提供培训资源。

自主选学试点是一个新亮点。复旦大学党委书记秦绍德说，干部教育是一种终身教育，运用国民教育体系来培训干部是干部教育的新探索。可以依托各门类学科进行专业化训练，进行思维方式训练，进行人文素质培养。经由干部自主选学新模式的帮助，经由新知识、新技能、新信息的滋养，对于干部们来说，“开阔眼界、开阔思路、开阔胸襟”。

资料来源：中央集训2000司局级干部　13所高校成干部培训基地．人民日报，2010-05-28.

11.4.3　公共部门人力资源培训的保障支持系统

公共部门人力资源培训不仅需要一个有效的培训管理和教育机构体系，而且需要公共部门人力资源培训的保障支持环境。保障支持环境系统由制度设计与法律保障、培训的经费来源和保障、培训的组织保障、培训者状况、公共部门的支持与合作五方面构成，以下对前三个方面内容进行简要介绍：

1. 公共部门人力资源培训的制度设计与法律保障

各国政府对公职人员的培训给予了法律规定，力求将培训工作纳入法制管理的轨道。许多国家的公务员法明确规定，参加培训是公务员享有的权利和应尽的义务，这使公务员参与进修和培训活动得到了法律保障。

有关公务员制度培训的单行法规、条例，规定了培训的原则，明确了公共部门、培训主管机构和培训教育机构各自的职责、权限、程序以及培训的种类、方式等，完善了关于公职人员培训的立法和执法监督机制。通过上述规定，保证政府培训管理的正规化和法制化。

此外，在整个公务员管理的制度设计中，也确保了培训工作的地位。纵观世界各国，培训一般通过以下制度设计得到强化。第一，培训是公共部门必须进行的一项常规性工作。在一些国家，培训法律规定，以一个财政年度为单位，机关列支的培训的总费用必须占到同期工资总额（payroll）的一定比例。而对公务员也有明确的一年内必须接受培训的总时间的规定。第二，实行“先培训，后上岗”“先培训，后任职”的制度，对新录用的或拟晋升的员工，必须先行进行培训、教育，具备条件后方可上岗或提拔。第三，实行岗位工资制度与培训相结合的制度。通过培训达到标准的员工，可以得到相应的岗位工资。第四，将培训与考核制度结合起来。考核发现的差距是培训需求的重要来源，同时，也可以用于考察培训的成果。第五，建立培训证书制度。经过培训并考核成绩合格的员工，发给成绩合格证书或荣誉证书，以此作为确定工资和职务升迁的依据。

2. 公共部门人力资源培训的经费来源和保障

培训经费是培训工作开展的不可或缺的物质基础，是培训必需的教学场所、教学设施、教师和教材的资金保证。经费的来源、投入和合理的分配、使用，关系到培训的规模、水平和质量。国家、政府必须在资金上保障公职人员培训的到位。第一，随着人力资源发展观念的确立，对员工培训的投资，在战略意义上已被视为一种“生产性投入”，而不单纯是“消费性投入”。第二，培训的资金来源应由单一的国家和政府部门投资，转换为多渠道的投资。公共部门培训项目可以逐步走向“外包化”。第三，为了保证培训经费的合理分配与使用，需要建立严格的培训经费管理制度，如确定合理的培训规模及速度，制定培训经费的预、决算方案，明确经费使用的重点和方向，确定每种经费的使用范围，建立和加强培训经费的管理、审批制度等。

3. 公共部门人力资源培训的组织保障

培训工作能够有效实施，还要得到公共部门，尤其是部门主管领导的积极支持和密切合作。这要求组织上至领导者，下至一般工作人员都应该树立人力资源发展、开发的观念，明确人力资源继续教育的重要性，通过制度的激励，使公务员从内心支持组织的培训工作。同时，员工和组织支持培训工作还表现在，领导者和员工积极参与培训需求分析、培训规划设计、培训规划执行及培训规划评估等培训工作的全过程。

11.5 公共部门人力资源培训的技术方法

11.5.1 公共部门人力资源培训方法的类型

人力资源培训的方法是指，培训的教育机构在实施培训的过程中，按照一定的教育思想，设计和采用一定的教学形式或教学辅助形式，对员工进行知识与技能培养的一整套方法。现代人力资源培训中，方法可以划分为不同类型。包括：

（1）比较传统的教学方法。如课堂讲授、作业和课堂讨论等，它们更多是从正规学校教育中移植过来的。

（2）行为主义的教学方法。以行为科学理论为基础，强调行为的刺激—反应、行为强化的性质，将学员参与作为教学方法的设计之本，注重实践性，包括角色扮演、模拟与游戏、案例与程序教学、成就动机训练等具体方法。

（3）将现代科技手段运用于教学的方法。如视听技术培训方法和计算机教学方法等。

（4）以人格素质为中心的培训方法。主要是人格拓展训练。

11.5.2 公共部门人力资源培训采用的方法

1. 课堂讲授法

在任何一种教育中，课堂讲授一直是占有重要地位的知识传授方法。虽然它在今天受到越来越多的批评，但仍是大多数培训的首选方式。原因在于它的组织简单性、易操作性、经济性，以及讲课教师的习惯性。它是在一个空间（教室）中，由主讲教师根据一定的教学内容做准备，然后用一定的课堂时间向学习者单向地传授知识的过程。显然，课堂讲授法是一种以教师为中心的教学方式，它所传递知识信息的性质、知识重点、供给量和速率等均取决于处于主导地位的教师。学员在课堂中是被动的，与教师之间缺乏相互交流和反馈，这有时会影响到培训教育的效果。为了使讲授收到较好的效果，教师应遵循：

第一，选择合适的内容和对象进行讲授，如对于系统知识和理论体系的培养，课堂讲授法的优势就是其他方法不可替代的。它可以在较短的时间内，使员工把握知识和理论的精华，而如果某些技能通过直接体验比讲授更有效的话，则应选择直接体验。

第二，采用灵活多样的形式，而不只是单纯的灌输，可以以多种形式吸引学员参与教学过程。如可以通过引导、自学、提问等形式，给学员更多的学习自主权和积极性。教师引导的目的在于提高学员分析问题和解决问题的能力。

第三，讲授者本身在教学时应做充分的准备，根据事先准备的要点提示讲授，不要照本宣科。讲授者应当是清晰地记下整个讲授提纲，而不是背下整个讲课内容。

第四，在整个过程中一直与学员保持沟通。在讲授的过程中，至少应注意每一组学员的反应。注意学员的表现，将坐立不安、双臂交叉一类身体语言视为“结束”的信号。

第五，可以通过改变教室的布置提高学员的学习兴趣和效率。内容决定形式，但是形式的作用也不可小视。经验证明，通过运用新的教室布置形式，教学的结果可能大大不同。传统的课堂布置是学员前后分排就座，目的是便于教师控制。现代培训中可针对性地采用环形、V形、U形、臂章形教室座位安排①，增强教师和学员的互动。

2. 研讨法

研讨法是仅次于课堂讲授法而广泛使用的教学方式。它的优越性是，鼓励学员在提出问题的基础上，与教师进行双向的探讨。研讨方法可以教师为中心，也可以学生为中心，灵活性较大，是公共部门员工培训中极易采用的一种方式。因为员工已积累了相当的知识和实践经验，对一些问题已有了认识和见解，具备了与教师探讨和沟通的条件。

研讨法有多种形式，包括演讲-讨论式、小组讨论式、集体讨论式、系列研讨式、委员会式、攻关小组式、沙龙式等等。每一种形式都有它的特征和优势，如在集体讨论中，由于规模较大，教师对一些选题和发言要做控制，结构性较强。而沙龙式则倡导自由地、非正式地交谈，限制较小，非结构性较强，但它不适用于讨论和解决重大问题。可根据培训的目的、内容与教师水平选择适当的研讨形式，但无论运用何种形式，教师在研讨会组织实

---

① 张成福，王俊杰．现代培训理论与实践．北京：中国人事出版社，1999：226-230.

施时都要做好充分的准备，在研讨会进行中也应使用一些组织领导的技巧（见表 11－4）。

表 11－4　教学研讨会的技巧

● 制定研讨计划，明确研讨的目标和研讨的具体内容，设计研讨的具体方式
● 处理好研讨会的开始，良好的开始能够使学员迅速进入角色；了解研讨的规则，明确自己的责任，积极地参与研讨
● 主持人要避免首先讲出自己的观点，而且要避免问题过于泛化，保证研讨不偏离目标
● 注意倾听发言者的观点，并对其提出的观点加以强调
● 适当控制研讨信息和时间进度，处理好研讨中的冲突
● 对研讨进行总结，提出反馈信息，进一步提高学员在研讨中的满意度

3. 案例分析法

目前，案例分析法是公共部门人力资源培训中普遍受到重视和欢迎的一种教学方法。它根据一定的学习要求和培训目标，将实际生活中的真实情景或事件加以典型化处理后，让受训者真实地体验确定和分析复杂问题的过程。

案例分析法有五个主要特点：第一，运用组织的实际问题；第二，尽量让参加者陈述他们的看法，征求他人意见，正视不同看法并做出决策；第三，可以将学生对教师的依赖程度降到最低；第四，教师很少回答“对”或“不对”，那些不完善的案例才是以对错来判断的；第五，教师尽量通过创造适当程度的戏剧场面来推进案例研究。在案例分析法中，教师扮演着或应当扮演至关重要的角色。教师不应是解释教科书原理的讲师或说教者，而应是一种催化剂和教练。教师还应是有效的信息源，应提出探讨性的问题以引发学员之间热烈的辩论。

案例教学的难点和关键点是案例的编写。如果案例没有真实具体的情景，不具有典型性，甚至还存在着基本的常识性错误，则很难启发学员，甚至还会误导学员。因此，一个教学案例应该：提供事件发生的背景资料、发生的时间、人物关系；事件具有典型性，代表了行政管理中的一系列重要问题；能够引起学员的争论，并能贯彻培训的目标；具有相对独立和完整的情节；结构合理、语言流畅。

4. 角色扮演法

这种方法是培训的有效方法之一。管理人才的培养常常借助于这种手段。如现代测评中心，就是让受测者担任某一公司的部门领导，进行公文处理，组织协调各方面工作。角色扮演就是给出事先设计的一组情景，要求学员在情景中担任各个角色，出场表演，通过与其他角色的交往或博弈，体现出与培训有关的行为，达到培训的目的。图 11－1 是一个培训行为模拟和角色扮演的设计流程图。

角色扮演法具有多方面的功能和作用。通过角色扮演，可以发现学员的管理才能和解决问题的能力，还可以了解学员的个性特征和与别人交往、合作的能力。同时，通过角色扮演，培训者可以诊断学员存在的问题，指导他们修正行为。

同案例法的重点一样，角色扮演法的关键是设计和创造角色。角色应来源于现实生活，但又要避免与现存组织状况靠得太近，以防学员的消极防卫行为，最好是采用一些模拟的问题。

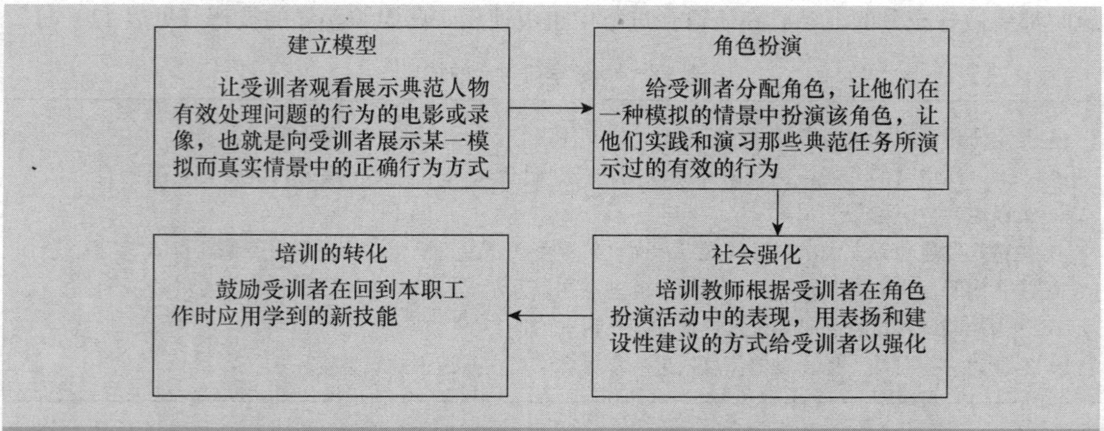

图 11－1　培训行为模拟和角色扮演的设计流程图

5. 合作研究法

在员工培训的中后期，由教师指定学员或学员自愿组合成一个研究小组，共同承担一个研究项目，经过一段时间的资料文献收集和社会调查后，写出对策性的研究报告。这是对学员培训后的一种综合性理论、智力、技能训练，是对学员培训结果的总结和成果反映。合作研究的课题应是具体而不是空泛的，应注重联系实际和解决问题，从中管理人员能够分析学员的理论素养是否提高了，分析问题和解决问题的能力是否加强了。

6. 人格拓展训练

又称挑战极限训练，是指教师设计出许多模拟的惊险情景或极限训练方案，让学员参与，在此过程中，考验学员的忍受能力以及克服障碍、实现目标的毅力与意志。它将学员的潜力升华到极致。心理极限的突破对学员的人格培养具有现实意义。

人格训练不提供任何具体的工作技术和技能，重在锻炼心理品质。它的假设是，教会人们如何适应环境，不如增强其素质，提高其环境适应性，以不变应万变；教给人们一种具体的职业技能，不如坚定其信心，提高其接受能力，让他们自己选择和学习；教育人们如何与他人相处，不如以独特的方式和情景告诉他们合作、团结是何等重要。它摆脱了传统教育的空洞说教，运用了体验式的教育方法，独特而富有意义。

7. 价值观培训

许多培训计划最提倡的是价值观的教育。组织通过培训极力让员工相信这些价值观也应该是他们内在的价值观。在培训中，受训者和施教者一起逐项学习组织的一些关键价值观，如团队精神、尊重和信任个人、顾客至上观等，说明每个观念的意义，并在此过程中做些小练习，比如，要新员工回答："如果你看见团队的一位同事过于以自我为中心，你会做些什么？"或者"如果你认为团队成员在实践这个价值观，你看到的是些什么？"

价值观培训的基本目的在于让工作人员熟悉组织的核心价值观念，并说明如何将这些观念从语言变为行动。培训应当运用生动的事例说明这些价值观的内涵（如"尊重人"的含义是什么，如何表现出对人的尊重），造就与组织融合在一起的组织观念的追随者。在价值观培训中，要提醒管理人员注意价值观与有关政策之间的不一致。比如，管理者如果在强调“信任”的同时，又强调考勤制度，就是自相矛盾的，因为考勤表本身似乎就在说“我们不信任你”。

11.6 公共部门人力资源培训的评估

11.6.1 公共部门人力资源培训评估的目的和标准

公共部门人力资源培训评估是贯穿整个培训过程的管理控制活动。它通过对从培训规划到培训实施、培训成果等各个环节的检查和审定，及时反馈信息，发现培训中存在的问题，改进培训方案，提高培训的绩效。

人力资源培训评估的目的在于：(1) 测量学员在接受培训后的结果，评估培训规划的总体状况；(2) 测量和追踪培训过程的各个环节，提出改进措施；(3) 研究培训中一些非量化的或不可测量的因素等。

人力资源培训评估标准的选择依据的是组织对评估目的的认定，即价值上认为人力资源的培训是做什么的，这在引导培训行为中具有重要意义。如中小学教育评估以升学率为导向，结果使得学校以考试分数为关键的甚至是唯一的评估标准。因此，公共部门人力资源培训评估首先要明确的是评估目标的选择。

比较直接的培训评估标准是培训的投资回报率。它通过计算培训所带来的节约和利润与培训所花费的时间和金钱之比，反映培训的成效。选择的评价标准包括：培训之后组织生产力水平是否提高了，工作中的错误率是否大大减少了，服务质量是否有了明显的提高等，并明确说明这些因素与培训存在着密切的关系。逆向思维就是，如果没有培训，组织生产率会降低和变糟，其付出的代价远比培训花费的代价大得多。在私营企业中，这些成果可以通过利润的增加和服务环境的优化来体现。但是，在公共部门，虽然投资回报法有一定的使用空间，然而，由于公共部门产出的非量化性、政治性和非标准化形态，此种方法的应用存在着较大的局限。

公共部门对培训结果层面的评估，主要是通过组织观察和考核员工在培训后的工作表现和工作业绩来实现的，包括理论素养和政策水平，执行行政活动中的能力，对公众服务的态度，对组织交办的各项工作完成的数量与质量等内容。通过员工工作行为的结果和对组织绩效提高的作用，体现培训的成果与效果，了解培训是否适应了公共部门组织工作的需要。

结果的评估只是培训评估的一个重要部分。同时，评估还必须贯穿培训计划、实施的过程中，这是培训的“过程评估”。在过程评估中，评估者要提出一些典型的问题，如：实施的培训计划是组织人力资源发展需要的吗？培训计划能起到基本的作用吗？培训过程实施得顺利吗？受训者对培训的内容和过程满意吗？培训会增加受训者的学识和技能吗？受训者对培训不满的原因是什么？培训计划的实施是否达成了预期的培训目标？评估者通过对培训实施中的各个相对独立部分的测定，发现问题，及时改进。

结果评估和过程评估同为人力资源培训评估不可分割的两个方面。前者控制着培训目标，后者控制着培训过程，使其不偏离目标。表11-5概括了培训评估的目标及相应的方法。

表 11-5　培训评估的目标与方法

我们想知道什么	衡量什么	衡量项目	获取数据的方法	获取数据的替代方法
Ⅰ. 受训者是否满意？如果不满意，为什么？ 1. 不适用的概念 2. 培训场所设计 3. 受训者安排得不合适	● 培训期间受训者的反应	● 与工作的关联 ● 是否主动 ● 学习的轻松程度	● 受训者的评论 ● 对教员的评论 ● 对练习的疑问 ● 对练习的行为方式	● 观察 ● 面谈 ● 问卷
	● 培训之后受训者的反应	● "值不值" ● 工作相关程度 ● 学习的欲望	● 对项目的行为方式 ● 关于项目概念的问题	● 观察 ● 面谈 ● 问卷
Ⅱ. 教学素材是否教会了概念？如果没有，为什么？ 1. 培训教室的结构 2. 课程 ● 表述 ● 例子 ● 练习	● 培训期间受训者的反应	● 理解 ● 应用	● 学习时间 ● 做练习的成绩 ● 表达	● 观察 ● 文件检查
	● 培训结束后受训者的表现	● 理解 ● 应用 ● 设施 ● 内容的衔接	● 未来的行动方案 ● 练习所使用的工具 ● 表达	● 观察 ● 文件检查 ● 面谈 ● 问卷
Ⅲ. 所学习的概念是否得到应用？如果没有，为什么？ 1. 概念 ● 不相关 ● 太复杂 ● 太含糊 2. 工具不适合 3. 环境不支持	● 绩效改进计划	● 分析行动计划结果	● 讨论 ● 文件 ● 结果	● 观察 ● 文件检查 ● 面谈 ● 问卷（关键事件）
	● 解决难题技术	● 提出的问题 ● 计划的行动 ● 采取的行动	● 讨论 ● 文件 ● 结果	● 观察 ● 文件检查 ● 面谈 ● 问卷（关键事件）
	● 管理方法	● 宣传的努力 ● 语言 ● 人员管理程序	● 讨论 ● 会议 ● 文件	● 观察 ● 文件检查 ● 面谈 ● 问卷（关键事件）
Ⅳ. 概念的应用是否积极地影响了组织？如果不是，为什么？	● 难题解决	● 问题的识别 ● 分析 ● 行动 ● 结果	● 讨论 ● 文件 ● 结果	● 面谈 ● 文件检查 ● 问卷（关键事件）
	● 危机的预测和预防	● 潜在危机的识别 ● 分析 ● 行动 ● 讨论	● 讨论 ● 文件 ● 结果	● 面谈 ● 文件检查 ● 问卷（关键事件）
	● 绩效衡量具体到一个特定的培训项目	● 产出的衡量 ● 诊断方法	● 绩效数据	● 文件检查

资料来源：MIKOVICH G T，BOUDREAU J W. Human resources management. New York：Erwin，1994：516-517.

11.6.2　公共部门人力资源培训评估的类型

1. 培训总体评估

培训总体评估着重于三个方面的考察，即培训需求、培训的最初设计规划和培训的机制。这一评估的导向是培训是否为组织需要的人力资源培养服务，培训需求是否能够保证培训有效地进行。培训需求有不同的层次（个人的、组织的、战略的），评估主要针对组织存在的问题和差距，认清培训需求的方向。最初设计规划评估主要监控规划的合理性和可行性。培训机制的评估则着重于考察培训的承担机构在管理与组织培训的过程中能否实现既定的培训目标。比如：培训中会不会出现偏离课程计划的情况，如果会，需要采取什么措施；培训的管理机构与教育机构之间的权限关系和管理范围等。总体评估的范围较大，涉及因素较多，它需要更加细化的评估方式。

2. 受训者反应评估

学员是接受培训的主体，他们对培训的内容和教学方式有一定的发言权。他们是培训中教学评估环节的重要信息来源。

受训者反应评估从三方面进行：第一，评估与培训内容有关的情况。如培训内容是否有用、清晰、有趣，培训教材的选择、培训的速度是否适当。第二，评估与讲授教师有关的情况。如控制教学内容的能力、讲课的方式能否调动学生的积极性、语言表达能力等。第三，评估教学中的后勤保障情况，如教学设备的准备、教室环境等。受训者反应评估一般采用调查表、面谈、公开讨论等多种形式获取信息，其中比较广泛使用的是“反应调查表”。将上述三个方面细化成问题，要求学员以匿名方式按照一定等级（如杰出、好、可以、差、不能接受五等）评价每一个教学环节。评估者根据这一信息了解培训情况，控制问题的进程，找到解决问题的方法。

受训者评估虽是提供评估信息的重要途径，但是，由于受训者的知觉、兴趣、价值观的差异，评价可能会带有较强的主观色彩。因此，评估者要全面了解情况，还要通过其他方式获得评估信息，不能将受训者反应作为唯一的、最终的评估信息来源。

3. 受训者知识、技能学习成果评估

这是在培训即将结束之前，通过对受训者在培训期间所学知识和技能结果的直接评价，进而掌握培训效果的方式。如正规学校教育中采用的考试方法。这项评估侧重于两个方面：第一，员工在培训中的学识增长情况，可通过书面考试或诊断性测试来进行。第二，员工行为方式的情况，可通过观察、角色表演、模拟环境、工作实例，表现测试等多种方法进行。此外，对员工综合能力的评价，还可以利用项目研究和论文写作等予以考查，在对学员学习成绩评价的基础上，判断培训的成效。

4. 工作表现评估

对员工学识的评价可以在培训结束之前进行，但工作表现评估的结果只能在培训结束之后才能获得，而且可能要等相当一段时间才能用它来发现培训的成效何在。但是，它仍是培训评估中至关重要的方法，因为它关系到培训最终目标是否达成，员工是否将培训出的学识和行为转化为良好的工作表现。

为此，组织采取的培训评估方法有：第一，运用领导、主管人员的直接观察，考察受培训员工在培训后的行为表现。第二，采取比较的方法。通过受培训员工培训前后的自我比较，或受培训员工和未受培训员工的比较，明确培训对受训人员是否产生了积极的效果。第三，通过问卷调查或与受训者面谈的形式，总结他们在培训前后行为的变化。

5. 组织绩效评估

提高组织绩效是组织投资培训人力资源所要达到的最终目标。组织绩效层次的评估是一项系统的工程，涉及的因素很多。我们大致使用两种评估方法：第一，客观指标测量法。确定一系列考查标准，以判断员工在培训后，标准等级是否提高了，包括工作准确率（出错率、返工率等）、质量（服务受抱怨比率、节约资源比率等）、生产力水平（工作完成率、工作完成准时率等）。第二，主观衡量法。由于评估不可能使全部的指标都量化，也不可能达到以完全客观的方式来体现业绩，因此，主观衡量也成为组织绩效评估的一种重要方式。如前所述，公共部门基于产出的特性，虽然也在不断寻求着评估指标的量化与标准化，但还是较多地使用了定性的评估方法，主要以部门主管和员工的主体观察为基础，感觉并发现员工个人及组织在绩效方面的变化，认识培训在其行为变化和组织效率方面所起的作用。评估也可以与人力资源管理中的考绩联系起来，间接地反映培训是否达到了预期的目的。

本章小结

培训是现代组织人力资源开发与发展的重要手段，是组织战略管理的重要组成部分。世界各国的政府组织都将公共部门员工的培训放在人力资源管理突出的位置上，并通过立法保证其获得培训的权利。培训工作的起点是培训需求分析和培训目标的确定。为了保证培训效果，组织必须在个人层次、组织层次、战略层次等方面对人力资源是否需要培训以及培训什么做出客观评估，以便为培训类型、培训形式、培训方法的选择提供基础，并由此形成组织可操作的培训计划。

培训需要组织及其资源的支持才能有效地实施。为此，在公共部门人力资源培训中，组织形成了职能分工的培训主管机构、教育机构和保障支持系统，使得公共部门人力资源管理日趋职业化。为了增进培训的有效性，公共部门不断地开发多样化的培训技术，力求针对特定的培训目标和内容，选择更加适用的培训方法，其中既包括传统的教学方式，也包括行为主义的培训方式。培训项目评估对于改进培训计划和活动具有重要意义，组织可从培训总体目标、受训者反应和受训者的工作绩效等方面直接或间接地评价公共部门人力资源培训活动。

关键术语

员工培训与开发　　培训需求的确认　　培训需求分析　　员工培训体系　　培训类型　　培训规划　　培训方法　　培训的评估

复习思考题

1. 简述公共部门人力资源培训的必要性和目标。
2. 公共部门人力资源培训有哪些主要类型?
3. 为什么需要做公共部门人力资源培训分析?
4. 公共部门人力资源培训分析包括哪些主要任务?
5. 公共部门人力资源培训的保障来自哪些方面?
6. 公共部门人力资源培训采用哪些技术方法?
7. 公共部门人力资源培训评估围绕哪些目标展开?
8. 公共部门人力资源培训评估的基本类型有哪些?

附　录

个人学习风格自测量表（the learning style inventory）①

该测量将用以描述你是如何学习的——你觉察和处理生活中各种观念和情势的方式。不同的人有适于自己的最佳的学习方式。该测量结果所显示的学习方式无优劣之分，我们的目标是描述你是如何学习的，而不是对你的学习能力进行评价。你可能会发现，要选择可以最为准确地描述你的学习风格的选项并不容易。记住：答案并无对错之分——所有的选择都是可以接受的。

这个量表中有 9 组描述，每组有 4 个选项。在每个单词前面标记出，何者与你的学习风格最为相似、基本相似、不太相似或最不相似。在与你最为相似的描述旁边标记 4，基本相似的描述标记 3，不太相似的描述标记 2，最不相似的描述标记 1（4＝最为相似，1＝最不相似）。注意：每组的 4 个单词前面的数字不能相同；不要赋以相同的值。参见下例：

4happy　　　3fast　　　1angry　　　2careful

有些人会觉得，最简单的方法是先确定何者最为相似（happy），然后确定何者最为不相似（angry）。接下来你就可以在剩下的一对选择项中与你较为相似的描述（3fast）前面标上 3，在剩下的那一个词（careful）前面标上 2。

1. __ discriminating	__ tentative	__ involved	__ practical
2. __ receptive	__ relevant	__ analytical	__ impartial
3. __ feeling	__ watching	__ thinking	__ doing
4. __ accepting	__ risk taking	__ evaluative	__ aware
5. __ intuitive	__ productive	__ logical	__ questioning

① KOLB D A, Osland J S, RIBIN I M. (eds.) The Organizational Behavior Reader. Englewood Cliffs, NJ, Prentice-Hall Inc., 1975; KOLB D A. Experiential Learning: Experience as the Source of Learning and Development. Englewood Cliffs, NJ, Prentice-Hall Inc., 1984.

6. __ abstract	__ observing	__ concrete	__ active
7. __ present oriented	__ reflective	__ future oriented	__ pragmatic
8. __ open to experience	__ observative	__ conceptual	__ experimental
9. __ intense	__ reserved	__ rational	__ responsible
CE（具体经验型，concrete experience）	RO（批判观察型，reflective observation）	AE（积极实验型，active experimentation）	AC（抽象概念化型，abstract conceptualization）

将每一竖栏的所有横线上的分值进行加总，把结果写在底端的空白处。四栏中的词语对应着对四种学习风格的衡量：具体经验型（CE）、批判观察型（RO）、积极实验型（AE）、抽象概念化型（AC）。将AC减去CE，将AE减去RO，就计算出了两栏的组合分数。如果出现负的结果则须把它保留下来。

AC－CE：□－□＝（AC CE）　　　AE－RO：□－□＝（AE RO）

要解读评分结果的含义，需要先阅读说明。然后，在下面的圆形中找到你的四种学习方式对应的数值点，将四个数值点用实线连接起来，看看是一个怎样的方形。

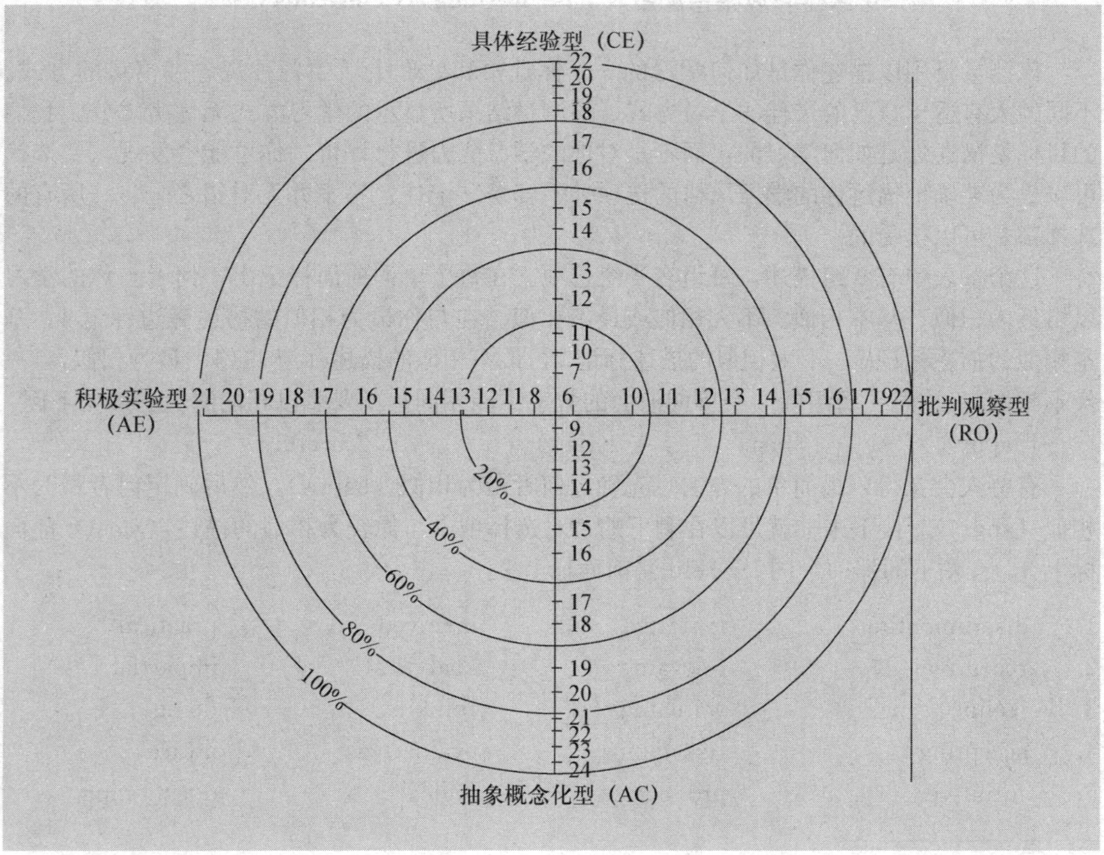

第 12 章

公共部门人力资源的薪酬设计与管理

薪酬设计与管理是人力资源管理的核心环节之一。它不仅是人力资源保障的基本措施，而且涉及组织战略的实现、人员激励与发展，甚至关系到社会的稳定。在公共部门中，政府公务员的薪酬有相关的法规明确规定，一体化程度高，管理确定性较大，变化和难度相对较小，而公共部门雇员的薪酬管理则涉及比较复杂的结构设计和管理技术。

重点问题

- 薪酬以及薪酬的功能
- 薪酬制度设计的原则
- 薪酬等级制度
- 薪酬形式
- 激励薪酬制度
- 高级管理人员的薪酬制度

12.1 薪酬概述

12.1.1 薪酬的含义

“薪酬”的中文含义是煮饭用的柴火和水，英文“compensation”指平衡、弥补、补偿。它是员工因完成任务或工作而得到的内在薪酬（intrinsic compensation）与外在薪酬（extrinsic compensation）的总称。内在薪酬是指员工因完成某项任务或工作而得到的心理满足。外在薪酬是指员工因完成某项任务或工作而得到的组织给予的货币报酬和非货币报酬。薪酬又称工资、薪水。

内在薪酬是员工工作或任务的内在激励。任务特征理论（job characteristic theory）

认为，技术多样性、任务特性、任务的意义、自主权、反馈五种因素是影响员工内在满足感的主要因素，这些因素决定着员工的内在薪酬。

技术多样性（skill variety）指完成某项任务所需技术的复杂多样程度。

任务特性（task identity）指此项任务相对于其他任务或工作来讲，在任务序列或职位网络中的位置，也可称为相对重要性。

任务的意义（task significance）指任务本身对同事、组织或社会所施加的影响。

自主权（autonomy）指员工在完成任务或工作的过程中所拥有的自我处置权的大小。

反馈（feedback）指员工所获得的有关任务或工作进度、业绩状况的信息。信息既可能来自任务本身，也可能来自管理层。

这五种因素对内在薪酬的影响及其所对应的管理效果反映在图 12－1 中。

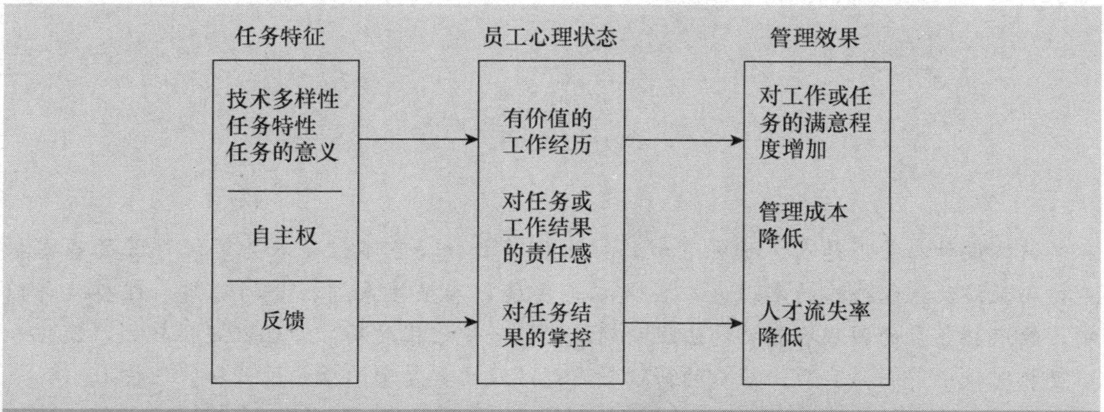

图 12－1　任务特征与内在薪酬、管理效果之间的关系

外在薪酬是人们通常认识中的薪酬。在正常的薪酬制度下，员工完成任务或工作所得的货币报酬是薪酬的核心组成部分，是核心的报酬，故此也称核心薪酬（core compensation）。非货币报酬通常是货币报酬的补充，属边缘性报酬（fringe compensation），也称福利（benefit）。

外在薪酬是传统薪酬制度所研究的主要内容，但内在薪酬由于维系着员工与组织间的心理契约，也逐渐成为人力资源管理所关注的重点之一。

12.1.2　薪酬的作用

薪酬的作用体现在以下几个方面：

1. 补偿作用

员工在工作过程中必然要消耗体力和脑力，只有得到补偿才能维持劳动力的再生产，才能使工作循环进行。同时，员工为了更好地完成工作，提高自身素质，需要进行自我教育开发投资，这笔费用也需要得到补偿，否则，劳动力素质就难以不断提高，进而影响组织目标的实现。另外，在职员工大多还承担着抚养孩子和赡养老人的责任。这些都不可能完全由社会来承担，有相当部分需要由个人解决，其解决的途径就是：员工以劳动取得薪酬，以薪酬换取物质、精神生活资料，使以上支出得到补偿。

2. 激励作用

薪酬是员工满足物质、精神生活需要的主要手段，要想提高生活水平，就需要努力工作以得到更高的薪酬。薪酬也是激励员工为组织战略目标持续奉献的物质措施。同时，薪酬的多寡往往与职位和社会地位的高低联系在一起，激励着员工不断积极向上。另外，从世界各国的薪酬管理经验来看，足够高的薪酬也是政府员工廉洁奉公的物质保障，即高薪养廉。因此，薪酬是人员激励的经济基础。

3. 调节作用

薪酬的调节作用表现为：第一，引导人才的合理流动。在人才市场中，人才供求的短期决定因素是薪酬。薪酬高，人才供给数量就大；薪酬低，人才供给数量就小。因此，合理地利用薪酬经济参数，就可以引导人才向合理的方向流动，使其从不急需或过剩的行业、部门、地区，流向急需或紧缺的行业、部门、地区。第二，通过薪酬关系（薪酬差别）的调整来留住组织发展的关键人才，并吸引优秀人才到组织中来。第三，薪酬能调节组织内部的报酬分配关系，协调个人、组织、国家三者间的利益关系。

12.1.3　公共部门薪酬确定的基本原则

在确定公共部门人员薪酬时，一般应考虑以下几项原则：

1. 与组织战略一致原则

薪酬的制定应围绕实现组织的战略目标来进行，这应是薪酬制度制定时的总体指导思想之一。对实现组织战略目标贡献大的职位或个人，理应得到薪酬分配上的倾斜。

2. 按劳付酬原则

按劳付酬原则即按劳动量付酬，也就是在确定员工薪酬时，应以其工作职责和贡献大小为基本依据，并适当考虑年功积累贡献、受教育程度和地区环境等因素。我国新《公务员法》第七十九条规定，公务员工资制度贯彻按劳分配的原则，体现工作职责、工作能力、工作实绩、资历等因素，保持不同领导职务、职级、级别之间的合理工资差距。

3. 比较平衡原则

比较平衡原则是指在确定员工薪酬时，应参考同一地区企业职工的薪酬水平，力求使员工的薪酬水平与企业职工的薪酬水平大体平衡。大多数市场经济国家都十分重视和强调比较平衡原则。但在实际执行中，公共部门薪酬状况除技术性问题外，还受政府财力和管理体制的影响。我国新《公务员法》规定，国家实行工资调查制度，定期进行公务员和企业相当人员工资水平的调查比较，并将工资调查比较结果作为调整公务员工资水平的依据。

4. 同工同酬原则

同工同酬原则是指在确定员工薪酬时，对担任相同职务与从事相同工作的人员，应给予大致相同的薪酬待遇，不应因其性别、民族、出身等不同而有所不同。这实际上也是薪酬管理的公平与公正原则。这一原则在职位分类国家执行得相对好些，而在品位分类国家则相对差些，品位分类国家看重的是公务员的级别，而不是其实际承担的工作职责。

5. 定期增薪原则

定期增薪原则是指依照社会经济发展水平和有关法律规定，政府财政预算必须保证一定的经费用于员工薪酬的定期增加，这是保持员工薪酬外部平衡关系和内部合理薪酬关系的机制，深受当今世界各国政府的重视，但常常受到国家经济状况和财政状况的影响而不能有效贯彻。我国的公务人员也实行定期增薪制度。我国新《公务员法》规定，国家建立公务员工资的正常增长机制。公务员的工资水平应当与国民经济发展相协调，与社会进步相适应。2015 年 1 月发布的《关于调整机关工作人员基本工资标准的实施方案》规定，今后基本工资标准原则上每年或每两年调整一次，依据工资调查比较结果，综合考虑国民经济发展、财政状况和物价变动因素确定调整幅度。

6. 法律保障原则

市场经济国家公务员的薪酬都有明确的法律规定，强调依法管理。我国虽然没有薪酬法，但新《公务员法》第八十四条也明确规定，任何机关不得违反国家规定自行更改公务员工资、福利、保险政策，擅自提高或者降低公务员的工资、福利、保险待遇。任何机关不得扣减或者拖欠公务员的工资。

12.2 薪酬等级制度

薪酬等级制度就是狭义上的薪酬制度。广义上的薪酬制度是指为进行薪酬支付而建立的一套薪酬收入分配的规章制度、措施和所采用的各种分配形式的总和，包括薪酬宏观管理制度、等级制度、调整制度、基金管理制度及各种薪酬形式和支付方式。狭义的薪酬制度是基本薪酬制度，也就是我们本节所谈的薪酬等级制度。公共部门的薪酬等级制度包括技术等级薪酬制、职务薪酬制、职等薪酬制、结构薪酬制、职务级别薪酬制、岗位技术等级薪酬制、宽带薪酬制七种。

12.2.1 技术等级薪酬制

技术等级薪酬制是将劳动技术和复杂程度等因素划分成不同的等级，并规定相应的薪酬标准，然后再对员工的技术水平、熟练程度进行评定，确定其相应薪酬水平的一种薪酬制度。劳动技术等级的确定一般采用职位评价的方法或培训时间、费用比较法进行确定，也可由国家主管部门进行统一考核认定。

实行技术等级薪酬制的人员，无论其从事什么工作，都按其薪酬级别计付薪酬。若本人技能有所提高，可经考核合格后相应地提升工资。此种制度有利于激励员工自我素质的提高，比较适合于对工作技能、熟练程度要求较高，工作内容不固定的组织。

12.2.2 职务薪酬制

所谓职务薪酬制，就是根据职务的工作特点与工作价值来决定薪酬标准的一种薪酬制度。具体地讲，就是依据该职务对人员的知识、技能需求及工作复杂程度、责任大小、工作环境等因素来确定薪酬标准。职务薪酬制的基础是职位评价。

1. 职务薪酬制的特征

第一，职务薪酬制依据员工所承担的工作支付薪酬，能较好地贯彻按劳付酬原则，做到同工同酬。但由于职务薪酬不考虑本职工作外的其他能力，不利于激励员工学习提高技能，同时也易出现频繁离职现象。

第二，根据职位评价的结果确定各类职务的相对价值，在一定程度上排除了薪酬标准安排的主观性，比较公正，易于被员工接受。

第三，薪酬与职务紧密挂钩，虽然有利于实现同工同酬，但不利于人员在职位间的流动。首先是因为，薪酬随职务变动而变动，人员能上不能下；其次是因为，在这种薪酬制度下，员工对工作变化的适应性较差。

2. 职务薪酬制的形式

按照确定薪酬标准的方式不同，职务薪酬制可以分为以下几种形式：

第一，单一型职务薪酬制，即每一个职务只对应一个薪酬标准。同一类型的职务执行同一类薪酬标准，员工只有在职务改变时，薪酬才得到调整。人员工龄、技能的增加都不是薪酬调整的考虑因素。这是一种极端型职务薪酬制，生硬、呆板，对同一职务不同劳动差别的人员来讲，不够公平，不能很好地体现按劳付酬原则。

第二，一职多级型职务薪酬制，即每一职务设有若干等级的薪酬标准。可依据工龄、工作熟练程度、劳动贡献的不同，对薪酬标准进行一定范围内的调整。这样就使职务薪酬制的适应性更强，更能体现按劳付酬精神，但这会给不同职务间薪酬关系的处理带来一定困难。

第三，职务间上下交叉型职务薪酬制，即在同一职务内设立不同等级薪酬标准的基础上，允许相邻不同职务间的薪酬标准上下交叉。这样，既具备了一职多级型职务薪酬制的优点，又妥善地解决了职务间的薪酬关系。需要注意的是，交叉幅度不可过大，否则就失去了职务薪酬制的根本意义。

12.2.3 职等薪酬制

职等薪酬制是西方职位分类国家实行的政府员工薪酬制度，以美国为代表。

职等薪酬制的实质是，在按照工作性质、繁简程度、资历条件和工作环境等因素进行职位分类的基础上，给每一职等和职级配以不同的薪酬标准，薪酬由职位决定，并依年资和考绩结果决定晋升。如美国一般行政人员（GS）的薪酬共分为 15 等（grade），每等内分为 10 级（step），1～3 级为工作满一年提升一级；4～6 级为每两年提升一级；7～10 级为每三年提升一级。经考核表现突出的员工，可奖励提升一级（见表 12－1）。

表 12－1 美国 GS 类公务员的等级年薪表（2020） 单位：美元

等	级 1	级 2	级 3	级 4	级 5	级 6	级 7	级 8	级 9	级 10	WITHIN GRADE AMOUNTS
1	19 543	20 198	20 848	21 494	22 144	22 524	23 166	23 814	23 840	24 448	VARIES
2	21 974	22 497	23 225	23 840	24 108	24 817	25 526	26 235	26 944	27 653	VARIES
3	23 976	24 775	25 574	26 373	27 172	27 971	28 770	29 569	30 368	31 167	799
4	26 915	27 812	28 709	29 606	30 503	31 400	32 297	33 194	34 091	34 988	897
5	30 113	31 117	32 121	33 125	34 129	35 133	36 137	37 141	38 145	39 149	1 004

续表

等	级 1	级 2	级 3	级 4	级 5	级 6	级 7	级 8	级 9	级 10	WITHIN GRADE AMOUNTS
6	33 567	34 686	35 805	36 924	38 043	39 162	40 281	41 400	42 519	43 638	1 119
7	37 301	38 544	39 787	41 030	42 273	43 516	44 759	46 002	47 245	48 488	1 243
8	41 310	42 687	44 064	45 441	46 818	48 195	49 572	50 949	52 326	53 703	1 377
9	45 627	47 148	48 669	50 190	51 711	53 232	54 753	56 274	57 795	59 316	1 521
10	50 246	51 921	53 596	55 271	56 946	58 621	60 296	61 971	63 646	65 321	1 675
11	55 204	57 044	58 884	60 724	62 564	64 404	66 244	68 084	69 924	71 764	1 840
12	66 167	68 373	70 579	72 785	74 991	77 197	79 403	81 609	83 815	86 021	2 206
13	78 681	81 304	83 927	86 550	89 173	91 796	94 419	97 042	99 665	102 288	2 623
14	92 977	96 076	99 175	102 274	105 373	108 472	111 571	114 670	117 769	120 868	3 099
15	109 366	113 012	116 658	120 304	123 950	127 596	131 242	134 888	138 534	142 180	3 646

政务类行政人员称为行政执行官员（executive civil service），其薪酬设计不同于普通文官。行政执行官员的薪等分为五个层级（level）（见表 12－2）。

表 12－2 美国行政执行官员的基本工资（2020） 单位：美元

层级 Ⅰ	191 300
层级 Ⅱ	172 200
层级 Ⅲ	158 500
层级 Ⅳ	149 000
层级 Ⅴ	139 600

普通公务员之上是高级执行官（senior executive civil service），也称高级文官，其薪酬制度另有不同，在本章第 5 节有进一步介绍。

此外，非领导管理岗位的高级文官的薪酬设置则自成体系。如高层科技、专业文官以及行政法律文官、合同诉讼局官员都有各自的薪酬等级制度安排。

职等薪酬制以职位的工作内容为中心确定薪酬标准，比较客观。在确定薪酬标准时，又严格贯彻比较平衡、内部平衡、同工同酬等原则，并以健全的薪酬法规为后盾，是一种规范化、现代化的员工薪酬制度。

12.2.4 结构薪酬制

结构薪酬制是按薪酬的各种职能将其分为相应的几个组成部分，分别确定薪酬额的一种薪酬制度。一般由基础薪酬、职务工资、工龄津贴、奖金四部分组成。结构薪酬制的优点为：符合按劳分配原则，能合理安排新老人员薪酬关系；有利于解决人才合理流动和人员相对稳定的矛盾；有利于激励员工努力学习，提高技术业务水平，搞好自我开发。

1985—1993 年，我国国家机关和事业单位统一实行结构薪酬制。与 1985 年之前的单一级别薪酬制相比，结构薪酬制在一定程度上体现了奖优罚劣精神和按劳分配原则。但是，由于未按机关和事业单位的工作性质分别制定结构薪酬制，因此无法体现不同工作性质的各类人员的劳动差别。此外，不同类别的工作人员实行同一水平的基础薪酬，有失公平。

12.2.5　职务级别薪酬制

1. 职务级别薪酬制的内容

职务级别薪酬制，简称职级工资制，是我国 1993 年工资改革后，机关工作人员（工勤人员除外）所实行的工资制度。2006 年公务员工资改革之前，职务级别工资由职务工资、级别工资、基础工资和工龄工资四项组成，其中职务工资和级别工资是职级工资的主体。2006 年的工资改革将四项调整为两项，即职务工资和级别工资。

（1）职务工资。职务工资主要体现公务员的工作职责大小。一个职务对应一个工资标准，领导职务和相当层次的职级对应不同的工资标准（见表 12-3）。公务员按所任职务执行相应的职务工资标准。

表 12-3　公务员职务工资标准*　　单位：元/月

职级	职务工资	职级	职务工资
正厅级领导	3 370	副科级非领导	940
正厅级非领导	3 150	科员非领导	780
副厅级领导	2 700	办事员非领导	640
副厅级非领导	2 530	硕研非领导	2 170
正处级领导	2 100	双学士非领导	1 940
正处级非领导	1 950	本科非领导	1 780
副处级领导	1 630	大专非领导	1 660
副处级非领导	1 510	高级工	910
正科级领导	1 260	中级工	750
正科级非领导	1 170	初级工	610
副科级领导	1 010		

注：2018 年 7 月起执行。

（2）级别工资。级别工资主要体现公务员的实绩和资历。公务员的级别共分 27 个（2006 年之前为 15 个）。一级为最高级别，二十七级为最低级别。每一个职务层次对应若干个级别（见表 7-1），每一个级别设若干个工资档次（见表 12-4）。高级别和低级别对应的工资档次相同，均对应 14 个工资档次。公务员根据所任职务、德才表现、工作实绩和资历确定级别和级别工资档次，执行相应的级别工资标准。

表 12-4　公务员级别工资标准表　　单位：元/月

公务员级别	一档	二档	三档	四档	五档	六档	七档	八档	九档	十档	十一档	十二档	十三档	十四档
一级	7 109	7 631	8 153	8 675	9 197	9 719	10 241	10 763	11 285	11 807	12 329	12 851	13 373	13 895
二级	6 546	7 003	7 460	7 917	8 374	8 831	9 288	9 745	10 202	10 659	11 116	11 573	12 030	12 487

续表

公务员级别	一档	二档	三档	四档	五档	六档	七档	八档	九档	十档	十一档	十二档	十三档	十四档
三级	6 028	6 445	6 862	7 279	7 696	8 113	8 530	8 947	9 364	9 781	10 198	10 615	11 032	11 449
四级	5 537	5 923	6 309	6 695	7 081	7 467	7 853	8 239	8 625	9 011	9 397	9 783	10 169	10 555
五级	5 082	5 448	5 814	6 180	6 546	6 912	7 278	7 644	8 010	8 376	8 742	9 108	9 474	9 840
六级	4 662	5 007	5 352	5 697	6 042	6 387	6 732	7 077	7 422	7 767	8 112	8 457	8 802	9 147
七级	4 296	4 609	4 922	5 235	5 548	5 861	6 174	6 487	6 800	7 113	7 426	7 739	8 052	8 365
八级	3 982	4 264	4 546	4 828	5 110	5 392	5 674	5 956	6 238	6 520	6 802	7 084	7 366	7 648
九级	3 705	3 959	4 213	4 467	4 721	4 975	5 229	5 483	5 737	5 991	6 245	6 499	6 753	7 007
十级	3 453	3 682	3 911	4 140	4 369	4 598	4 827	5 056	5 285	5 514	5 743	5 972	6 201	6 430
十一级	3 219	3 430	3 641	3 852	4 063	4 274	4 485	4 696	4 907	5 118	5 329	5 540	5 751	5 962
十二级	3 000	3 197	3 394	3 591	3 788	3 985	4 182	4 379	4 576	4 773	4 970	5 167	5 364	5 561
十三级	2 795	2 980	3 165	3 350	3 535	3 720	3 905	4 090	4 275	4 460	4 645	4 830	5 015	5 200
十四级	2 603	2 777	2 951	3 125	3 299	3 473	3 647	3 821	3 995	4 169	4 343	4 517	4 691	4 865
十五级	2 424	2 588	2 752	2 916	3 080	3 244	3 408	3 572	3 736	3 900	4 064	4 228	4 392	4 556
十六级	2 257	2 411	2 565	2 719	2 873	3 027	3 181	3 335	3 489	3 643	3 797	3 951	4 105	4 259
十七级	2 102	2 246	2 390	2 534	2 678	2 822	2 966	3 110	3 254	3 398	3 542	3 686	3 830	3 974
十八级	1 959	2 093	2 227	2 361	2 495	2 629	2 763	2 897	3 031	3 165	3 299	3 433	3 567	3 701
十九级	1 827	1 951	2 075	2 199	2 323	2 447	2 571	2 695	2 819	2 943	3 067	3 191	3 315	3 439
二十级	1 706	1 820	1 934	2 048	2 162	2 276	2 390	2 504	2 618	2 732	2 846	2 960	3 074	3 188
二十一级	1 595	1 699	1 803	1 907	2 011	2 115	2 219	2 323	2 427	2 531	2 635	2 739	2 843	2 947
二十二级	1 494	1 588	1 682	1 776	1 870	1 964	2 058	2 152	2 246	2 340	2 434	2 528	2 622	2 716
二十三级	1 403	1 487	1 571	1 655	1 739	1 823	1 907	1 991	2 075	2 159	2 243	2 327	2 411	2 495
二十四级	1 322	1 396	1 470	1 544	1 618	1 692	1 766	1 840	1 914	1 988	2 062	2 136	2 210	2 284
二十五级	1 250	1 315	1 380	1 445	1 510	1 575	1 640	1 705	1 770	1 835	1 900	1 965	2 030	2 095
二十六级	1 186	1 244	1 302	1 360	1 418	1 476	1 534	1 592	1 650	1 708	1 766	1 824	1 882	1 940
二十七级	1 130	1 181	1 232	1 283	1 334	1 385	1 436	1 487	1 538	1 589	1 640	1 691	1 742	1 793

级别工资的设置有三个作用：一是宽带制的职务级别设计（一个职务对应更多的工资级别），使受领导职位数限制和机构规格限制不能晋升的人员，通过晋升级别工资而提高待遇，有利于调动基层人员工作的积极性；二是担任同一职务，但资历、工作能力、贡献大小不同的人员，可通过级别工资在待遇上有所差别，更好地贯彻按劳分配原则；三是便于同军队的军衔制、公安系统的警衔制衔接，有利于人员的交流和管理。

2. 职务级别薪酬的特点

职级工资制同我国原来实行的结构工资制相比，具有两个显著特点：

第一，改变了工资构成。

在职级工资制中增设了级别工资，将过去结构工资制中的奖励性工资——奖金独立于工资标准之外。按照新的工资构成，员工职务不提升也可通过晋升级别提高待遇；职务工资、级别工资因人而异，拉开了工资差距，能更好地贯彻按劳分配原则，与过去的平均主义相比有了一定程度的改变。

第二，工资补贴纳入工资。

实行职级工资制后，原来平均发放的各种补贴不再独立于工资外而存在，员工除获得标准工资和按规定享受津贴外，不再享有各种物价补贴和其他福利性补贴，大大降低了工资分配中的平均主义成分。特别是 2006 年工资改革后，大大提高了公务员工资的阳光程度。

但是，阳光程度的提高也带来了新的悖论，即工资的一致程度越高，其弹性化程度就越低。虽然新的工资制度规定，对年度考核称职及以上的工作人员，发放年终一次性奖金，奖金标准为本人当年 12 月的基本工资，可是，公务员的部门和个体绩效在工资中体现不够，对公务员的激励作用相对较弱。

12.2.6　岗位技术等级薪酬制

岗位技术等级薪酬制，是在综合传统的技术等级工资制与职务工资制的基础上发展起来的。它是以工作技能、责任、强度、工作环境等因素为评价基础，以岗位工资和技能工资为主要单元的工资制度。我国公共部门的技术工人工资实行的就是岗位技术等级薪酬制。

我国政府机关所实行的岗位技术等级工资分为岗位工资和技术等级（职务）工资两项。岗位工资根据工作难易程度和工作质量确定，按初级工、中级工、高级工三个技术等级和技师、高级技师两个技术职务设置，分别设若干工资档次。技术等级（职务）工资根据技术水平高低确定，一个技术等级（职务）对应一个工资标准（见表 12－5）。

表 12－5　机关技术工人技术等级工资标准表　　单位：元/月

	岗位工资																		技术等级工资
	1	2	3	4	5	6	7	8	9	10	11	12	13	14	15	16	17	18	
高级技师	1 558	1 643	1 728	1 828	1 928	2 028	2 143	2 258	2 373	2 503	2 633	2 763	2 908	3 053	3 198				1 000
技师	1 317	1 387	1 457	1 527	1 611	1 695	1 779	1 878	1 977	2 076	2 190	2 304	2 418	2 548	2 678				720
高级工	1 128	1 185	1 242	1 299	1 367	1 435	1 503	1 582	1 661	1 740	1 832	1 924	2 016	2 121	2 226	2 344	2 462		585
中级工	1 011	1 057	1 103	1 149	1 206	1 263	1 320	1 388	1 456	1 524	1 603	1 682	1 761	1 852	1 943	2 046	2 149	2 252	475
初级工	920	956	992	1 028	1 074	1 120	1 166	1 223	1 280	1 337	1 404	1 471	1 538	1 617	1 696	1 775	1 866	1 957	385

资料来源：数据来自国办发〔2015〕3 号文件。

我国政府机关的普通工人实行岗位工资制，工资的多少由其所从事的岗位决定（见表 12－6）。

表 12－6　机关普通工人岗位工资标准表　　单位：元/月

	1	2	3	4	5	6	7	8	9	10	11	12	13	14	15	16	17	18	19
普通工	1 280	1 312	1 344	1 380	1 416	1 462	1 508	1 565	1 622	1 690	1 758	1 838	1 918	2 009	2 100	2 202	2 304	2 406	2 508

资料来源：数据来自国办发〔2015〕3 号文件。

政府机关工人基本工资的晋升办法为：机关工人年度考核合格及以上的，一般每两年可在对应的岗位工资标准内晋升一个工资档次。

2020 年工资制度改革后，将技术工人和普通工人工资标准合二为一，技术水平不同对应的工资档次也有所差异（见表 12－7）。

表 12－7　机关技术工人工资等级标准表

单位：元

工人	一档	二档	三档	四档	五档	六档	七档	八档	九档	十档	十一档	十二档	十三档	十四档	十五档	十六档	十七档	十八档	十九档
高级工	1 403	1 477	1 551	1 625	1 719	1 813	1 907	2 011	2 115	2 219	2 343	2 467	2 591	2 725	2 859	2 993	3 147		
中级工	1 250	1 315	1 380	1 445	1 519	1 593	1 667	1 761	1 855	1 949	2 053	2 157	2 261	2 385	2 509	2 633	2 767	2 901	
初级工	1 130	1 181	1 232	1 283	1 348	1 413	1 478	1 552	1 626	1 700	1 794	1 888	1 982	2086	2 190	2 294	2 418	2 542	
普通工	1 710	1 761	1 812	1 863	1 928	1 993	2 058	2 132	2 206	2 280	2 374	2 468	2 562	2 666	2 770	2 874	2 998	3 122	3 246

12.2.7　宽带薪酬制

宽带薪酬制始于 20 世纪 80 年代末到 90 年代初。宽带型薪酬结构作为一种与企业组织扁平化、流程再造、团队导向、能力导向等新的管理战略相配合的新型薪酬结构设计方式应运而生。

根据美国薪酬管理学会的定义，宽带型薪酬结构就是指对多个薪酬等级以及薪酬变动范围进行重新组合，从而变成相对较少的薪酬等级以及相应的较宽的薪酬变动范围。一般来说，每个薪酬级别的最高值与最低值之间的区间变动比率要达到 100％及以上。一种典型的宽带型薪酬结构可能只有不超过 4 个等级的薪酬级别，每个薪酬级别的最高值与最低值之间的区间变动比率则可能达到 200％～300％。而在传统薪酬结构中，这种薪酬区间的变动比率通常只有 40％～50％。

宽带薪酬设计就是在组织内用少数跨度较大的工资范围来代替原有数量较多的工资级别的跨度范围，将原来十几甚至二十几、三十几个薪酬等级压缩成几个级别，取消原来狭窄的工资级别带来的工作间明显的等级差别。但同时将每一个薪酬级别所对应的薪酬浮动范围拉大，从而形成一种新的薪酬管理系统及操作流程。宽带中的“带”意指工资级别，宽带则指工资浮动范围比较大。与之对应的则是窄带薪酬管理模式，即工资浮动范围小，级别较多。

在宽带薪酬体系设计中，员工工资不是沿着组织中唯一的薪酬等级层次垂直往上走。员工在自己职业生涯的大部分或者所有时间里可能都只是处于同一个薪酬宽带之中，他们在组织中的流动是横向的，随着能力的提高，他们将承担新的责任，只要在原有的岗位上不断改善自己的绩效，就能获得更高的薪酬，即使是被安排到低层次的岗位上工作，也一样有机会获得较高的报酬。

1. 宽带薪酬制的优点

（1）有利于对扁平化组织结构的支持。宽带薪酬体系打破了传统薪酬结构所维护和强化的等级观念，减少了工作之间的等级差别，有助于组织结构向扁平化发展，同时有利于组织提高效率以及创造学习型的组织文化，从而提升组织的核心竞争优势和整体绩效。

(2) 有利于引导员工重视个人技能的提高。在传统等级薪酬结构中，员工即使能力达到了较高的水平，但是若组织没有出现职位的空缺，员工仍然无法获得较高的薪酬。而在宽带薪酬体系下，即使是在同一个薪酬宽带内，组织为员工所提供的薪酬变动范围增大，员工只要注意培养组织所需要的技术和能力，并在本职岗位上不断提高绩效，也可以获得较高的报酬。

(3) 有利于职位轮换与促进员工的跨职能成长。在传统等级薪酬结构中，员工的薪酬水平与其所担任的职位严格挂钩，同级职位的变动并不能带来薪酬水平上的变化，但又给员工带来了新的知识和能力挑战。因此，员工往往不愿意接受职位的同级轮换。而在宽带薪酬体系下，由于薪酬的高低是由能力来决定而不是由职位来决定的，员工乐意通过相关职能领域的职务轮换来提升自己的能力，以此来获得更大的回报。

(4) 有利于对劳动力市场变化做出快速反应。宽带薪酬的工资水平是以市场调查的数据以及组织的工资定位来确定的，因此，薪酬水平需要定期调整。这将会使组织更好地把握其薪酬的市场竞争力。

(5) 有利于中层管理者人力资源管理职能的发挥。实行宽带型薪酬结构设计，即使是在同一薪酬宽带当中，由于薪酬区间的最高值和最低值之间的变动比率至少有 100%，因此，员工薪酬水平的界定留有很大空间。在这种情况下，部门主管就可以在薪酬决策方面拥有更多的权力和责任，可以对下属的薪酬定位提出更多的意见和建议。这种做法体现了大人力资源管理的思想，有利于促使直线部门的主管人员切实承担起自己的人力资源管理职责。

(6) 有利于组织绩效文化的塑造。宽带型薪酬结构将薪酬与员工的能力、绩效表现紧密结合起来，灵活地对员工进行激励。宽带型薪酬结构通过弱化头衔、等级、过于具体的职位描述、单一的向上流动方式等向员工传递一种个人绩效文化，同时还通过弱化员工之间的晋升竞争来增加员工之间的合作与共享，以此来培育积极的团队绩效文化，而这对于组织整体业绩的提升无疑是一种重要的推动。

2. 宽带薪酬制的缺点

(1) 增加晋升的难度。实施宽带薪酬制，会使员工职位晋升较以往更加困难。传统薪酬制度下的职位级别多，员工比较容易得到晋升，而宽带薪酬制度下的职位级别少，员工很可能始终在一个职级内移动，长时间内员工只有薪酬的变化而没有职位的晋升。而在我国，职位晋升对员工来说也是一种相当重要的激励手段，尤其对于知识员工或薪酬达到一定水平的员工来说更是如此，晋升机会减少可能导致员工士气低落而失去进取热情。

(2) 增加人工成本。在宽带薪酬制下，部门主管在决定员工工资时有更大的自由，因而使人力成本有可能大幅度上升。美国联邦政府的经验表明，在宽带型薪酬结构下，薪酬成本上升的速度比传统工资结构要快得多。

(3) 实施基础条件高。宽带薪酬制不像 360 度考核法、KPI 法、平衡计分卡那样，在具备一定管理基础的组织中就可有效实施。宽带薪酬制的入门门槛相对较高，要做好宽带薪酬，必须具备以下四个基本条件：组织发展战略必须明确、组织结构形式良好、组织治理结构相对合理、人力资源管理系统较为完善。

12.3 薪酬形式

在薪酬分配过程中，薪酬等级制度只是根据按劳付酬的原则，从工作质量方面确定一定时期的工作标准和薪酬标准。但员工在不同时期和不同工作条件下，所提供的工作质量与数量是不同的，因此，尚须采取各种具体的方法，将员工的实际工作贡献与工作标准和薪酬标准相对照，并加以核定，计算出员工应得的薪酬数额，这就是薪酬形式。薪酬形式是对员工实际劳动付出量和相应劳动报酬所得量进行具体计算与支付的方法。

薪酬形式有计时薪酬制、计件薪酬制，以及在此基础上派生出来的其他形式。

12.3.1 计时薪酬制

计时薪酬制是按工作人员的实际工作时间计付薪酬的一种薪酬形式。一般是先按薪酬等级制度为每位工作人员的职位确定出工资级别和相应的薪酬标准，然后再按实际工作时间计付薪酬。

计算公式为：

计时工资额＝单位时间薪酬标准×实际工作时间(制度工时内)

按照计算的时间单位不同，计时薪酬制可分为：

- 小时薪酬制，即按工作人员的实际工作小时数和相应的小时薪酬标准来计算薪酬。
- 日薪酬制，即按工作人员的实际工作日数和相应的日薪酬标准计算薪酬。
- 周薪酬制，即按工作人员的实际工作周数和相应的周薪酬标准计算薪酬。
- 月薪酬制，即按工作人员的月薪酬标准，以日历月为时间单位计算薪酬。若出现缺勤或加班，则按相应日数或小时数减发或加发薪酬。

计时薪酬制以既定的薪酬标准和工作时间来计算与支付劳动报酬，比较适合于下列情况：

(1) 质量比数量更为重要的工作，如科研、教学等。

(2) 不便以件数计算的工作，如公共部门的打字员工作，其工作任务时紧时松，不便以件计算。另外，许多管理工作也无法以件衡量，这样，采用计时薪酬制就比较合适。

(3) 组织规模较小，上级能对下级实施严密监督的组织，适合使用计时薪酬制。这是因为计时薪酬制简单易行，费用低。

(4) 工作周期过长，不便于计件的工作，如基础理论研究、国家重大课题等，需要几个月甚至几年的时间才能完成，最终还有可能失败，但这对国家乃至世界至关重要。这就要求以计时工资的方式，来保证此类工作人员的生活、学习，解除他们的后顾之忧，使其安心工作。

实行计时薪酬制需要同健全的考勤制度相配套，另外，还需要明确工作责任或定额任务，不然，就会出现“干与不干一个样，干好干坏一个样”的平均主义。

12.3.2 计件薪酬制

计件薪酬制是根据工作者在规定时间内所完成的工作量来计算与支付报酬的一种薪酬形式。它是按成果付酬体系的一种，属于刺激性薪酬制。计件薪酬制由工作等级、工作定额、计件单价三个要素构成。

工作等级又称工作物等级，是按照规定的技术等级标准，对工作的技术复杂程度、责任大小、繁重程度等因素划分等级，工作等级是确定计件单价的基础，工作等级不同，其计件单价也不同。

工作定额，是单位工作时间内所完成的合格工作量的标准尺度，它同工作等级一起决定着工作的计件单价，是计件薪酬制的关键。工作定额的确定，应科学合理。定额过低会加大薪酬支付成本，过高则会挫伤员工的积极性，起不到计件薪酬应有的作用。

计件单价，是完成单位工作量的薪酬标准，分个人计件单价和集体计件单价两种。计件单价的合理与否，主要取决于工作等级和工作定额的正确度。

计件单价的计算公式：

在工作量定额情况下，

$$个人计件单价=\frac{该工作等级的单位时间薪酬标准}{单位时间工作量定额}$$

$$集体计件单价=\frac{计件部门定员内各成员单位时间薪酬标准之和}{单位时间工作量定额}$$

在工作时间定额情况下，

$$个人计件单价=该工作等级的单位时间薪酬标准\times单位工作工时定额$$

$$集体计件单价=计件部门定员内各成员单位时间薪酬标准之和\times该计件部门完成单位产品的工时定额$$

有了计件单价之后，员工的薪酬所得就可由工作量乘以计价单价得出，集体计件的部门可在集体计件薪酬的基础上，按照每个雇员的薪酬标准、工作量、工作日等因素进行再分配。

按照计件薪酬制实施的方式不同，计件薪酬制可分为以下几种：

1. 无限计件薪酬制

无论员工完成或超额完成工作定额多少，都按同一计件单价计付薪酬，超额不受限制，亏额不保障标准薪酬。

2. 有限计件薪酬制

对员工在一定时间内的计件薪酬收入予以一定限制，主要方法有三种：第一，对员工的实得计件薪酬规定最高限额；第二，累退计件单位，即超额工作量达到一定程度，计件单价按一定比例分段累退；第三，对实行计件薪酬制的集体预先规定计件薪酬总额，计件单价在此总额范围内随工作量多少而浮动。实行有限计件薪酬，既可以保证组织效益，又可防止固定额不准造成员工薪酬过高，同时避免员工之间薪酬差别过大。

3. 分段单价计件薪酬制

根据员工工作数量的不同阶段，按一定差额比例规定不同的计件单价，分别计算薪酬额。具体做法有三种：第一，两种单价计件，即定额内工作量按标准单价计算，超额部分则按一个较高的单价计算；第二，累进计件，即定额内工作量按标准单价计算，超额部分按分段递增单价计算；第三，累退计件，即定额内工作量按标准单价计算，超额部分则按直接累退或分段累退单价计算。

4. 计时计件混合制

计时计件混合制是将员工完成的工作量分为定额内和定额外两部分，分别计付薪酬。定额内的工作量按雇员计时薪酬标准计付薪酬，而超定额部分按计件薪酬计付，这种方法也有助于缩小员工之间的薪酬差别。

5. 包工薪酬制

包工薪酬制即是将一定数量和质量的工作任务包给员工个人或集体，预先规定完成工作的期限和薪酬总额，在员工按期按质完成任务后，就可以获得全部包工薪酬。这种薪酬制，能促使员工提高工作效率，但需要配以严格的监督检查，以保证工作质量。

6. 定额薪酬制

定额薪酬制是指以操作、管理、服务等定额的完成程度来计付报酬的一种薪酬形式。这是在计件薪酬制基础上发展创新的一种薪酬制形式，比计件薪酬适用范围更广，适用于各类工作性质和各类人员。

总之，计件薪酬制是一种以劳动成果计付报酬的薪酬形式，过去在我国大多应用于经营性组织，但随着企业化管理精神在公共部门的推行，计件薪酬制必将在公共部门得到越来越广泛的应用。

12.4 激励薪酬

激励薪酬（incentive pay）是出于激励目的而设立的薪酬，也称活薪酬（variable pay）。激励薪酬通常是依据员工达到事先设立的目标的程度，给予员工的相应报酬。激励薪酬既适用于个人，也适用于团队和组织。

与传统薪酬相比，激励薪酬既可以将薪酬与实际绩效挂钩，又可以控制薪酬费用。因为，激励薪酬是依据预定目标的实现度来发放的，这就与业绩联系了起来。同时，激励薪酬通常是一次性的，不会造成固定薪酬支出负担。因此，激励薪酬在现代薪酬体系中得到了十分普遍的应用。

激励薪酬制度的基本假设是：

（1）员工个人和团队为组织所做贡献的区别，不仅在于做什么，而且在于做的质量。

（2）组织运转的结果很大程度上取决于组织内部员工个人与团队的工作状况。

（3）为体现薪酬的公平原则，以及能够留住、鼓励优秀员工，有必要依据员工的不同表现，给予不同的报酬奖励。

激励薪酬的确定，必须考虑任务和工作的数量、质量、创新性、合作精神等因素，单单考虑数量的激励薪酬是不能达到激励薪酬的目的的。

激励薪酬分为三类：个人激励、团队激励和组织整体激励。

12.4.1　个人激励

个人激励又称个人激励计划（individual incentive plans），旨在激励达到与工作相关的绩效标准的员工。绩效标准可以是产品的数量、产品或服务的质量、销售额、工作安全记录、出勤率等。这些标准可以单独使用，也可以多项标准同时考虑。

个人激励的有效实施有赖于三个前提条件：

（1）员工工作绩效的好坏，具有客观的评判标准。

（2）员工有足够的能力控制工作绩效。

（3）个人激励不会造成员工之间的不良竞争，不会有害于实施个人激励的初衷。

个人激励的常见种类有：计件制、管理激励计划、行为鼓励计划、推荐激励计划等。

计件制（piecework plans），类似于计件薪酬，只不过这里是用来衡量奖金而已。

管理激励计划（management incentive plans），旨在激励达到部门业绩目标的管理者。其绩效目标所包含的因素要比个人激励计划多，目标管理是典型的管理激励计划。

行为鼓励计划（behavior encouragement plans），旨在提倡和鼓励员工所做出的符合组织愿望的行为。

推荐激励计划（recommendation incentive plans），旨在激励为组织推荐人才、新客户的员工。

个人激励计划实施过程中有三个方面的问题必须引起人力资源管理者的关注：

（1）个人激励计划中的业绩考核标准十分关键。环境的变化很复杂，考核标准也须保持相应的变化。

（2）当个人激励计划只注重员工工作的某一因素时，会导致员工仅仅关注激励因素的改进，而忽视工作的其他因素，虽然其他因素也很重要。

（3）个人激励计划实行定额奖励时，有些员工在达到奖励标准后，就失去了进一步提升的动力。

12.4.2　团队激励

团队激励是对员工集体绩效的一种激励。常见的有两种：一种是小组激励计划；另一种是利润分成计划。

1. 小组激励计划

小组激励计划（team-based incentive）指小组成员个人的奖励必须在小组的整体目标达到后才能获得。小组激励计划与个人奖励计划的绩效标准类似，包括质量、安全记录、顾客满意度等。

小组奖金的发放方式依据情况的不同而不同：若小组成员对小组业绩的贡献大体相同，奖金就可平均发放；若小组成员对小组业绩的贡献有较大差异，就应依据贡献的大小来发放奖金，也可先拿出一部分奖金平均发放，剩余部分按贡献不同而区别发放。按小组成员基本薪酬的不同而发放不同奖金的方式也经常被采用，这是传统等级思想的延续。

2. 利润分成计划

利润分成（gain sharing）计划指由于团队的贡献，组织绩效有了明显的改善，组织给予团队一定奖励的薪酬激励制度。主要有三种形式：

（1）斯坎隆计划（Scanlon plan）。由约瑟夫·斯坎隆于 1935 年提出，其特点是强调员工参与，这也是早期斯坎隆计划的本意。后来，斯坎隆计划加进了货币奖励计划。斯坎隆计划包含三个组成部分：第一，在管理层提供组织有关运作信息的基础上，通过团队合作降低成本；第二，员工提出的降低成本的建议，由一个专门的管理委员会负责具体落实和监督；第三，依据组织业绩提高的程度对员工进行奖励，鼓励员工参与。

其利润分成通常通过斯坎隆比率来确定：

$$斯坎隆比率=\frac{劳动力成本}{产品销售价值}$$

通常是先计算出组织前三年的斯坎隆比率，作为参照系。若利润提升，斯坎隆比率降低，那么就应给予员工相应的奖励。

（2）拉克计划（Rucker plan）。由艾伦·W. 拉克于 1933 年提出，类似于斯坎隆计划。其不同之处是，拉克计划关注产品销售价值与原材料购买值之间的差价，即增加值。

$$拉克比率=\frac{增加值}{总雇佣成本}$$

拉克比率越大，对组织越有利。只有在拉克比率提高时，员工才能获得奖励。与斯坎隆计划只关注劳动力的成本降低相比，拉克计划的关注面要更加广泛。

（3）提高分享计划。由米歇尔·费恩于 1973 年提出，其方法是依据劳动时间比率来衡量生产力水平的高低，进而确定团体的奖励，即通过统计或历史资料分析，得出生产一件产品所需的标准时间，然后将实际劳动时间与标准时间相比较，以此确定员工每周的奖金。

提高分享计划之所以强调“提高”，还在于此计划包含回购规定，也就是说，组织对团体的奖励金额是有最高限额的，如果奖金超出这个限额，组织就将超出部分储存起来。假如，奖金重复超过限额，组织可以一次性向员工支付回购超过限额的储存部分，然后，组织可以增加标准劳动时间。

团队奖励与个人奖励相比，有其明显的优点：一方面，团队奖励有利于团队凝聚力的加强，有利于团队合作意识的培养；另一方面，团队绩效考核标准比个人绩效考核标准更容易设计，对管理来讲更方便。因此，团队激励适合于相互协作性比较强的工作，尤其是个人绩效很难准确考核的工作。

12.4.3 组织整体激励

组织整体激励是指在组织利润整体提升或效率提高时，对整个组织的员工给予奖励，使员工更加努力工作，促使员工目标与组织目标的协调一致。

政府机关的组织整体激励通常与组织完成公共任务的效率直接相联系。公共部门的组织整体激励与私人部门的组织整体激励类似，利润分享计划与员工持股计划是两种主要形式。

1. 利润分享计划

利润分享计划（profit sharing plan）也就是将组织的利润拿出一部分，与员工共同分享，分为现金制（current profit sharing）和递延制（deferred profit sharing）两种。现金制就是以现金的形式在季度末或年度末发放给员工奖金。递延制是指将员工应得的奖金存在组织为员工开立的专门账户中，作为员工退休后的收入。这两种方式的核心差别在于税率的不同，即员工退休后收入减少，所交个人所得税的比率自然随之降低。

利润分享计划的奖金额度一般通过三种方式来确定：

第一种是固定比例法。也就是依据组织目标的实现程度，以利润或收入的固定比例为员工奖金的发放额度。

第二种是升级比例法。也就是随着组织利润的增加，员工获得奖金的比例也在增加。

第三种是获利界限法。其前提假设是，员工的努力对组织业绩提升的作用是有限度的，超过这一限度的提升都是员工努力之外的因素带来的，如经济环境的改善、技术的创新、工具的现代化等。因此，规定只有在组织利润超过事先定好的最低标准，且低于最高标准时，才实施利润分享计划。

2. 员工持股计划

员工持股计划（employee stock option plan），是指为了使员工感觉到自己是公司的主人，更好地激励员工努力为组织的目标服务，公司赋予员工在一定期限之后，以一定的折扣价格购买一定量公司股票的权利。员工获得期权后，就可以在股票市场价格上涨时，获得买入价与市场价之间的差价。若股票市场价跌破折扣买入价，员工就要承担相应的风险。

12.5　高级管理人员薪酬

12.5.1　高级管理人员的薪酬组成

高级管理人员在经营性组织中的作用已越来越突出。当今市场中参与主体间的竞争，实质上是技术和人才的竞争，管理人才的价值有时是不可替代的，因此，高级管理人员的薪酬设计已成为现代薪酬体系中的重要组成部分。

高级管理人员薪酬的设计主要基于两个理论：一是社会比较理论，即高级管理人员的薪酬应经得起社会同类人员薪酬之间的比较，只有这样，高级管理人员才会有成就感，组织也才能留住所需要的高级管理人才。二是委托-代理人关系理论，高级管理人员是受股东的委托来进行组织管理的，怎样保障高级管理人员不损害股东的利益，怎样促使高级管理人员为股东的利益服务，这是高级管理人员薪酬设计的重要着眼点。在公共部门中，这种委托-代理人关系更为复杂，因为公共部门的直接委托人是国家，而最终委托人是民众。这种双重委托-代理关系，也使得公共部门高级管理人员的薪酬设计难度更大。

高级管理人员，特别是CEO的薪酬主要由四部分组成：年薪、金色降落伞、股票薪酬、各种保障计划和福利补助。其中，金色降落伞（golden parachutes）是指在组织所有权更换或被兼并重组时，组织给高级管理人员提供一定的薪酬和福利保障。金色降落伞旨在降低突发事件中高级管理人员的风险，意在凭借此类措施吸引和留住优秀管理人才。

股票薪酬是高级管理人员收入的主要来源，这也是解决委托-代理人关系问题的主要措施。

12.5.2 股票薪酬模式

国际上常用的股票薪酬模式主要有：

1. 高级管理人员股票期权

所谓高级管理人员股票期权（executive stock option，ESO），是指授予高级管理人员在未来以一定的价格购买股票的选择权，即在签订合同时向高级管理人员提供一种在一定期限内按照某一既定价格购买一定数量本公司股份的权利。

在股票期权计划过程中，一般包含受益人、有效期、购买额、期权实施等几个基本要素。股票期权是用来激励公司的高层领导者或核心人力资源的一种制度安排。因此，受益人一般是公司董事长、总裁以及一些高层领导人和核心技术、科研人员。期权的有效期一般为3～10年。购买额是指期权受益人根据契约可以购买股份的多少。企业规模不同，期权的数量也不同，一般而言，占总股本的比例较小，为1%～10%。

美国是期权制度比较完善的国家，根据美国国内税务法则，可以将股票期权分为两类：激励股票期权（incentive stock option，ISO）和非法定股票期权（non-qualified stock option，NQSO）。对于ISO，其收益中符合税务法则规定的部分可以作为资本利得纳税，而在美国，由于个人所得税与资本利得税的边际税率差别很大，因此，激励股票期权是美国政府鼓励企业使用股权激励的一种措施。但是要获得税收优惠，企业的股票期权计划必须满足以下条件：

第一，股票期权是授予公司的员工的，且股票期权获授人只能在在职期间或离职后三个月内行权（如果员工因伤残离职，行权期可延长至离职后一年）。

第二，股票期权计划必须是成文的，并明确计划包含的股票总额和有资格获授股票的受益人，该计划必须在采纳前后12个月内获得股东大会的批准。

第三，股票期权必须在股东大会同意或计划被采纳（以较早者为准）后10年内授予，且期权的执行期也应在这10年之内。

第四，期权的行权价（获授人按约定买入获授股票的价格）不得低于股票期权授予时的市场公平价格（fair market value，FMV）。

第五，员工在获授股票期权时已经拥有的公司股票不得超过公司发行在外股份总额的10%，除非该股票期权的行权价在获授时的市场公平价格的110%以上，且该股票期权的等待期（股票期权授予日与可执行日之间的时间间隔）在5年以内。

而非法定股票期权的实施则不受美国国内税务法的限制，可以由各公司自行规定，但是个人收益不能从公司所得税税基中扣除，且个人收益必须作为普通收入缴纳个人所得税。

此外，以下两种情况将会促使激励股票期权转变为非法定股票期权：

一是如果股票的市场价值（通常是赠予日的前一个交易日的收盘价或赠予日当日的最高价与最低价的平均价）累计超过10万美元，则超出部分的股票期权被视为非法定股票期权。

二是如果股票期权需要在等待授予期结束后方可执行，那么当某日可行权股票期权所指向的股票期权的价值（股票期权数×行权价）累计超过10万美元时，超出部分的股票期权同样被视为非法定股票期权。

2. 期股

期股（performance stock）是指高级管理人员为了获得一定数量的股票，不仅要在公司工作满一段时间，而且在期满后，公司的某个或数个业绩指标（可以预先设定）增长应达到一定比例。

3. 虚拟股票

公司给予高级管理人员一定数量的虚拟股票（phantom stock）的期权，即一个仅有购买名义而非真实股票的期权。对于这些虚拟股票，高级管理人员没有所有权，但与公司普通股股东一样享有股票分红权。这样，在高级管理人员任职期间，其收益就与股东收益联系了起来，其薪酬中虚拟股票的数量越大，分红在其总收入中所占的比重也就越大。虚拟股票一般伴随着两个条件：一是高级管理人员必须为公司工作达到一定期限，通常是5～20 年；二是高级管理人员必须从本公司退休。

4. 股票增值权

股票增值权（stock appreciation right）是指公司给予高级管理人员这样一种权利：高级管理人员可以获得规定时间内规定数量股票股价上升所带来的收益，但不拥有这些股票的所有权。对于上市公司来说，股票增值权可以与公司股票的市场价格挂钩，而对于非上市公司，为了确定不同时期公司股票的价格就需要聘请外部独立财务顾问对公司股票的价值进行评估。不过，为了保证股票增值权的激励作用，一般获得股票增值权的员工有权在规定期限内选择执行股票增值权的时间。

与以其他股权为基础的管理层激励方案不同的是，虚拟股票和股票增值权均不要求公司扩充资本发行实际的股票，因此，对股东权益的摊薄效应较小。

5. 股票奖励

在一些特殊情况下，如公司创建或业务转向时，公司常常会授予高级管理人员无偿的股票。一般出于以下两个原因：

一是由于公司在创建或业务转向时，股价都比较低．因此对公司来说，这种激励方法相对而言比较廉价。

二是公司在创建或业务转向时，资金比较薄弱，而且，此时特别需要招收并留住人才，要达到这种目的，比较好的激励办法就是股票奖励。

股票奖励通常分为两种：限制性股票奖励和延迟性股票奖励。

限制性股票是指高级管理人员出售这种股票的权利是受到限制的，只有符合一定的条件才能出售。通常限制的时间是 5～10 年。高级管理人员免费获得限制性股票奖励，但是在一个指定的时间内，不得支配这些股票。如果在此限制期内，高级管理人员辞职、被辞退或因其他原因离开公司，那么他将丧失这些股票。在限制期内，拥有限制性股票奖励的高级管理人员可以和其他股东一样获取股息，并拥有表决权。

延迟性股票奖励是限制性股票奖励的变通形式，即高级管理人员只有在公司工作一段时间后才可以免费获得一定数量的股票。

6. 储蓄-股票参与计划

储蓄-股票参与计划，是指公司允许激励对象预先将一定比例的薪酬存入专门为员工开设的储蓄账户，并将此资金按期初和期末股票市场价的较低者的一定折扣折算成一定数量的股票，在期末按照当时的股票市场价格计算此部分股票的价值，激励对象可以借此获得储蓄资金和期末市场价值之间的差价收益。无论公司股价是否上升，该计划参与者都能获得收益，股价上升时获益更多，股价下跌时也不会有损失。

7. 内部人收购

内部人收购是指公司内部人（主要是指经营管理者）利用杠杆融资购买本公司的股份，从而改变公司的股权结构、控制股权结构和资产结构，实现持股经营。

内部人在收购完成后成为公司股东，与其他股东风险共担、利益共享，并且可以进一步通过资产重组、业务重组、管理重组等途径提升公司业绩，获得预期收益。内部人收购一般需要动用大量的资金，存在一定的风险。

国外上市公司完成内部人收购后一般会选择退市，以摆脱严格的法律规范对上市公司的约束，在继续经营一段时间并获得良好的绩效后再次上市，内部人的利益得到兑现。

以股票期权为基础的高层管理人员薪酬制度是最富成效的激励制度，其主要优点为：合理反映经营绩效；提供长期有效的激励；共同承担企业风险；集聚优秀经营人才。但股票期权的推广必须有相应的外部环境条件。

12.5.3 我国中央企业负责人薪酬制度设定

2014 年 8 月 18 日，中央全面深化改革领导小组第四次会议审议了《中央管理企业负责人薪酬制度改革方案》《关于合理确定并严格规范中央企业负责人履职待遇、业务支出的意见》两个改革方案。经中共中央政治局审议通过和国务院部署，方案从 2015 年开始实施。方案规定，中央管理企业负责人，是指中央企业中由中央管理的负责人，包括由国务院代表国家履行出资人职责的国有独资或国有控股企业中，由中央管理的企业董事长、党委书记（党组书记）、总经理（总裁、行长等）、监事长（监事会主席）以及其他副职负责人。

1. 设置了央企负责人薪酬上限

央企负责人的薪酬结构由原来的基本年薪加绩效改为基本年薪、绩效年薪加任期激励收入。基本年薪将根据上年度 72 家在职员工平均工资的两倍确定。绩效年薪不超过基本年薪的两倍。任期激励收入不超过年薪总水平的 30%。总的收入不超过在职员工平均工资的 7～8 倍。

2. 明确了央企负责人履职待遇、业务支出范围

履职待遇明确界定为公务用车、办公用房、培训三项；业务支出明确为业务招待、国内差旅、因公临时出国（境）、通信四项。履职待遇和业务支出将严格按标准执行。此外，推出了四条禁令：一是严禁按照职务为企业负责人个人设置定额的消费，取缔企业用公款为负责人办理的运动健身和会所、俱乐部会员、高尔夫等各种消费卡；二是严禁用公款支付履行工作职责以外的、应由个人承担的消费娱乐活动、宴请、礼品及培训等的费用，坚决制止与企业经营管理无关的各种消费行为；三是严禁企业负责人向子企业和其他有利益关系的单位转移各种个人费用支出；四是企业负责人退休或调离本企业后，企业不得为其提供履职待遇、业务支出。

国有企业在中国经济中占据着主导地位，其经营效益的好坏受到垄断地位和运营能力的共同影响。国有企业的管理人员同政府机关管理人员一样拥有行政级别，二者之间的流动也愈加频繁。国有企业管理人员与政府机关的管理人员拥有相同的政治属性，主要的任用方式是任命制。但是，二者的薪酬福利却相差悬殊。缩小二者收入之间的差距应该是理性的制度选择。不过，国有企业管理人员中，也有一部分是通过市场竞争渠道聘用而来的稀缺性人力资源，假如他们的薪酬收入与其他性质企业同类管理人员的收入不平衡，国有企业的人才吸引力势必下降。因此，将国有企业管理人员进行分类管理，政治任命官员实施限制性薪酬，市场竞争聘用人员实施市场竞争性薪酬，这一分类管理是一项颇具价值的创新，能够兼具公平与效率。除此之外，限制履职消费的廉政作用显而易见。

12.5.4　国外政府部门高级管理人员的薪酬制度创新

进入 21 世纪之后，世界发达国家的公共部门高级管理人员的薪酬体系也进行了一系列的改革，典型的是英国和美国的高级文官薪酬制度。

1. 英国高级文官的薪酬设计

英国高级文官的薪酬管理由内阁办公室制定大的管理框架（见表 12－8），各部门没有决定权。其具体做法为：

表 12－8　英国高级文官工资框架　　单位：英镑

工资级别	最小值	最大值
1	70 000	117 800
1A	70 000	128 900
2	92 000	162 500
3	115 000	208 000
常务次官（permanent secretary）	内阁常务次官委员会单独确定	

（1）设立常务次官薪酬委员会，决定每位常务次官的薪酬级别。英国的高级文官薪酬分为三级，常务次官薪酬单列，每一级中都有不同的幅度变化。常务次官薪酬委员会决定每位常务次官薪酬的精确位置。

（2）高级文官的总体薪酬框架由内阁办公室决定，其薪酬级别的差异主要体现各部门之间的职责差异。各部门有权在内阁办公室的管理框架下，评定各个人员的工资级别，并且各部门可以根据工作评价的结果选择 1A 级别。

（3）高级文官有资格获得津贴和绩效奖金，但绩效奖金受制于高级薪酬评估委员会推荐的最小奖金额度。内阁办公室绩效与报酬处规定，每个人员的工资必须在 10%以内浮动。部门内部薪酬分配应当体现不同职位的相对贡献度。贡献度的设定比例可以分为：较高的部分占总人数的 25%，中间的部分占总人数的 65%～70%，较低的部分占总人数的 5%～10%。各部门可以对较高和中间部分的分配比例进行微调。各部门可以决定奖金总数，但受制于高级薪酬评估委员会所推荐的最小奖金额度。

2. 美国高级文官的薪酬弹性

美国《2004 财政年度国家防卫权利法案》（The National Defense Authorization Act for Fiscal Year 2004，公法 108—136，2003，11.24）为美国高级文官确立了一项新的绩

效工资体系。

（1）推行开放的高级文官薪酬范畴。新体系废除了之前的六级工资层级，取而代之的是一个开放的工资范畴。在新的工资支付体系下，高级文官最低基本工资等级等于一般文官序列级15等的第1级（GS-15，step 1）的120%，最高基本工资等级等于行政执行官员序列第Ⅲ级（executive schedule Ⅲ）。然而，根据5 U. S. C. 5307（d）法规规定，拥有绩效评估体系的机构，可以根据相关的绩效水平设计和使用新的工资方案，高级文官的最高基本工资可以达到行政执行官员序列第Ⅱ级（executive schedule Ⅱ）的水准。高级文官的工资分为两类：一类是具备认可绩效评估体系的机构的高级文官工资；另一类是不具备认可绩效评估体系的机构的高级文官工资。

	最低工资	最高工资
具备认可绩效评估体系的机构	131 239 美元	197 300 美元
不具备认可绩效评估体系的机构	131 239 美元	181 500 美元

（2）实施弹性的额外酬金制。此外，为了满足人员招募、重新分配和保留的需要，机构有权为高级文官提供三种额外的补偿：

一是用于招募和再分配的额外酬金。机构可以拿出一大笔资金，用作招募和工作再分配的额外酬金。为了吸引人才，可以付给新招募的高级文官一定数量的额外酬金。另外，现任高级文官调任新的职位，而新的职位没有额外报酬时，机构会付给他们高达基本工资25%的再分配奖金。条件是，他们必须与机构签署协议，承诺在新的岗位上至少工作6个月以上。这些酬金不属于基本工资的组成部分。

二是保留专门人才的酬金。机构为留住专门人才，可以支付给高级文官额外的酬金（两周一付），酬金数额可以达到基本工资的25%。但前提条件是：该员工应具有特别高的或非常专业的技术，并且机构特别需要该员工的工作；同时，机构必须确切知道，如果没有额外的酬金，该员工就可能离开联邦政府，不管其他的雇佣是否计划有额外酬金。这些酬金不属于基本工资的组成部分。

三是其他弹性酬金。为了招募新员工，机构可以支付给新的被雇用者面试开支、路费和调动费用。机构也可以为新任命人员提前发放至多两个工资周期的工资（除非被任命人员是该机构的领导）。

本章小结

人力资源的薪酬设计和管理是一项关系到资源分配、补偿与保障、激励与利益平衡的重要管理事项，其技术含量相当高。围绕着组织战略薪酬的制度设计和发展，本章首先介绍了薪酬的基本内涵与公共部门薪酬的原则，进而讲述了公共部门的薪酬等级制度，包括技术等级薪酬制、职务薪酬制、职等薪酬制、结构薪酬制、职务级别薪酬制、岗位技术等级薪酬制、宽带薪酬制七种。接着介绍了薪酬形式，着重讲述了激励薪酬的各种形式。最后，本章阐述了薪酬管理中的前沿问题，即高级管理人员的薪酬制度，特别是对股票薪酬进行了详细介绍与分析。

关键术语

薪酬　内在薪酬　外在薪酬　薪酬等级　职务薪酬制　职等薪酬制　结构薪酬制　职务级别薪酬制　薪酬形式　计时薪酬制　计件薪酬制　激励薪酬　股票薪酬模式　期权　管理层收购　高级文官

复习思考题

1. 薪酬的含义是什么？其作用是什么？
2. 薪酬确定的基本原则主要有哪些？
3. 什么是薪酬等级制度？其主要类型是什么？
4. 什么是职务薪酬制？其主要特征是什么？
5. 什么是结构薪酬制？其优点是什么？
6. 什么是职务级别薪酬制？其主要内容是什么？
7. 薪酬等级制度与薪酬形式的区别是什么？
8. 什么是计时薪酬制、计件薪酬制？其主要适合于哪类组织？
9. 常用的团队激励薪酬制度有几种？主要内容分别是什么？
10. 股票薪酬模式有哪些？
11. 金色降落伞计划的内涵是什么？
12. 管理层收购指的是什么？
13. 我国中央管理企业负责人薪酬制度安排是什么？
14. 美国高级文官薪酬改革的内容有哪些？

第 13 章

公共部门人力资源管理中的福利与保险

在现代组织中，优秀人才的获取、竞争与维持，不仅依靠有效的薪酬制度，而且越来越依赖于组织的福利项目计划的设计。它成为公共部门人力资源保障机制中的重要组成部分。福利与保险既有法定的，也有组织自主、灵活选择的，它同核心薪酬制度一样具有激励和保障作用，是人力资源管理不可忽视的环节。

重点问题

- 公共部门福利制度的意义和原则
- 我国公共部门福利制度的基本内容
- 公共部门津贴的必要性和内容
- 公共部门社会保险的种类
- 我国的养老保险和失业保险制度
- 我国的医疗保险和工伤保险制度

13.1 福利的含义与意义

13.1.1 福利的含义

福利有广义和狭义之分。从广义上讲，凡是有关改善员工生活质量的公益性事业和所采取的措施都可称为福利。它几乎概括了人们所享受的一切物质待遇，当然也囊括了社会保险、社会救助、社会优抚等内容，几乎成为社会保险的同义语。狭义的福利则专指社会保障体系中除社会保险、社会救济和社会优抚之外改善员工生活质量的诸种措施。公职人员的福利，就是指公共部门为改善和提高政府及公共部门员工生活质量，在工资之外给予经济帮助和生活照顾的一系列措施。

建立公共部门福利制度，有利于提高公职人员的生活水平，降低公职人员的流动率，提高公共部门的工作效率。福利与社会保险同属于社会保障体系，但存在着根本的区别：

（1）目标不同。社会保险的目标在于保障劳动者的基本生活，基本生活是指不超过原有的生活水平，而福利的目标在于使人们的生活水平在原有的基础上进一步提高。

（2）作用性质不同。社会保险一般由国家立法强制实施，而福利则既有法定的，也有组织依据实际情况自主建立和实施的。

（3）享受条件不同。社会保险以权利义务的对等为基本原则，要享受保险待遇，必须具备基本条件；而福利不需要享受者为之付出代价，也就是说，享受福利待遇是无特定条件的。

13.1.2　福利的实施原则

近几年，公共部门特别是国有垄断企业的员工福利受到了社会的广泛关注，这从另一个角度说明，公共部门员工的福利设置不是随意的，应当遵守合理的原则。

1. 公职人员的福利水平要与国家的经济发展水平相适应

公共部门工作人员的福利费用，大部分来自财政预算拨款，因此，国家经济发展水平决定着福利水平。另外，不论是以货币形式还是以实物形式，过多的福利支出都会形成对市场的冲击，尤其在通货膨胀较严重的情况下，过高的福利水平会对宏观经济产生破坏作用。

2. 福利要与组织承受能力相适应

福利虽然是员工普遍受益的事业，但毕竟需要经济投入，因此，福利水平必须与组织的经济承受能力相适应。过高的福利开支，会削减组织其他运转费用的开支，成为组织的包袱，进而影响组织目标的实现。

3. 要正确处理工资与福利的关系

工资在国民收入分配中占有主导地位，福利只是辅助分配形式。尽管福利具有工资所不具备的某些优越性，但也有与宏观经济管理目标相背离的弊端。比如，过多的福利发放会拉大社会成员的个人收入差距；福利是较典型的隐性收入，现有的税收手段难以对其进行有效追踪检查，工资向福利的转化会导致大量税源流失，影响国家财政收入；适当的公职人员福利具有激励工作动机的正面功能，但福利毕竟属于工资之外的收益，过多的福利发放必然削弱员工的工作动力。因此，必须确保工资在国民收入分配格局中的主体地位，员工福利只能是对工资的必要补充。

13.1.3　福利的内容

公职人员的福利是由各单位根据自身经济实力、管理目标和员工的不同需要自主建立的，因此，不同单位之间的福利内容可能差别很大。尽管如此，世界各国尤其是市场经济国家的公职人员福利制度有一定的规定，大致包括带薪节日与假期、各种补贴或补助、各种优惠服务等制度。

我国现行的公职人员福利主要有：

1. 福利补贴、补助

第一，生活补助。我国规定，国家机关、事业单位的工作人员可获得各种生活补助，包括书报补助、夏季防暑降温费、夜餐补助等。

第二，交通费补贴。交通费补贴的实施范围是省、自治区市人民政府所在地，以及人口 50 万以上的市和重要工矿区。补贴对象是家距工作地点 2 000 米以上，必须乘坐公共交通工具上下班的职工。经费在事业经费或行政经费中开支。

2014 年中共中央办公厅、国务院办公厅印发了《中央和国家机关公务用车制度改革方案》，按照节约成本、保证公务、便于操作、简化档次的要求，合理确定各职级工作人员公务交通补贴标准。具体为：司局级每人每月 1 300 元，处级每人每月 800 元，科级及以下每人每月 500 元。

第三，冬季宿舍取暖补贴。取暖补贴实施范围是：秦岭-淮河以北地区及以南地区个别海拔较高、气候寒冷的县、自治区。补贴对象是在单位工作满 1 年以上，与家属同住在一起的职员。住在有暖气设备住房内的职工，由国家免费供暖，不发给取暖补贴。从 2003 年开始，居民家庭直接向供热企业缴费，但采暖费用通过多渠道筹集，由政府、单位、个人共同承担。

第四，通信补助。科级以上公务人员都享受公务活动通信补助，级别不一样，补助标准也不一样。

2. 探亲制度

探亲假期是指公职人员与配偶、父母团聚的时间，另外，根据实际需要给予路程假。凡在公共部门工作满 1 年以上，与配偶不住在一起，并且不能在公休假日团聚的，可以享受探望配偶的待遇；与父母都不在一起且不能在公休假日团聚的，可享受探望父母的待遇。公职人员探望配偶的，每年给予一方探亲假一次，假期为 30 天。未婚人员探望父母，原则上每年给假一次，假期为 20 天。如果因为工作需要，本单位当年不能给予假期，或者公职人员自愿两年探亲一次的，可以两年给假一次，假期为 45 天。已婚职工探望父母的，每 4 年给假一次，假期为 20 天。

公职人员探望配偶和未婚公职人员探望父母的往返路费，由所在单位负担；已婚公职人员探望父母的往返路费，在本人月标准工资 30%以内的，由本人自理，超过部分由所在单位负担，年满 50 周岁，连续乘火车 48 小时以上的，可以报销硬席卧铺费用；中途必须中转住宿的，可以报销住宿费。

符合探望配偶条件的公职人员，因工作需要当年不能探望配偶，其不实行探亲制度的配偶可以到公职人员工作地点探亲，公职人员所在单位应按规定报销其往返路费。

国家机关、事业单位职工在探亲假和路程假期内，其工资按下列各项之和计发：

第一，机关工作人员，为本人职务工资、级别工资、基础工资与工龄工资；

第二，机关技术工人，为本人岗位工资、技术等级（职务）工资与按国家规定比例计算的奖金；

第三，机关普通工人，为本人岗位工资与按国家规定比例计算的奖金；

第四，事业单位职工，为本人职务（技术等级）工资与按国家规定比例计算的津贴（其中，体育运动员为本人体育基础津贴与成绩津贴）。

3. 休假制度

国家实行劳动者每日工作时间不超过8小时，平均每周不超过40小时的工作时间制度，元旦、春节、国际劳动节、国庆节及法律法规规定的其他休假节日为公职人员的法定休假日。

平常时间安排公职人员延长工作时间，每日不得超过1小时，如系特殊原因，则每日不得超过3小时，每月不得超过36小时，并须给付不低于正常工资150%的报酬；在休息日安排公职人员工作又不能安排补休的，须给付不低于正常工资200%的报酬；法定休假日安排公职人员工作的，须给付不低于正常工资300%的报酬。

公职人员连续工作1年以上的，享受带薪年休假（年休假）。国务院2007年通过的《职工带薪年休假条例》规定：

- 职工累计工作已满1年不满10年的，年休假5天；已满10年不满20年的，年休假10天；已满20年的，年休假15天。国家法定休假日、休息日不计入年休假的假期。
- 职工在年休假期间享受与正常工作期间相同的工资收入。
- 职工有下列情形之一的，不享受当年的年休假：职工依法享受寒暑假，其休假天数多于年休假天数的；职工请事假累计20天以上且单位按照规定不扣工资的；累计工作满1年不满10年的职工，请病假累计2个月以上的；累计工作满10年不满20年的职工，请病假累计3个月以上的；累计工作满20年以上的职工，请病假累计4个月以上的。
- 年休假在1个年度内可以集中安排，也可以分段安排，一般不跨年度安排。单位因生产、工作特点确有必要跨年度安排职工年休假的，可以跨1个年度安排。
- 单位确因工作需要不能安排职工休年休假的，经职工本人同意，可以不安排职工休年休假。对职工应休未休的年休假天数，单位应当按照该职工日工资收入的300%支付年休假工资报酬。

根据2012年国务院颁布的《女职工劳动保护特别规定》，女职工产假为98天，其中产前休假15天。难产的，增加产假15天。多胞胎生育的，每多生育一个婴儿，增加产假15天。

根据财政部《关于国营企业职工请婚丧假和路程假问题的通知》，职工本人结婚或职工的直系亲属（父母、配偶和子女）死亡时，可以根据具体情况，由本单位行政领导批准，酌情给予1～3天的婚丧假；职工结婚时双方不在一地工作的，职工在外地的直系亲属死亡时需要职工本人去外地料理丧事的，都可以根据路程远近，另给予路程假；在批准的婚丧假和路程假期间，职工的工资照发，途中的车船费，全部由职工自理。但不同地区的具体规定有所不同。如北京市规定：依法办理结婚登记的夫妻，除享受国家规定的婚假外，增加假期7天。假期均不包括公休、法定假日在内。工作人员的配偶、直系亲属、同住岳父母（公婆）去世的，可以请丧假，假期不超过5天。到外地奔丧的，可以酌情给路程假。假期工资照发。

根据国务院《国家机关工作人员病假期间生活待遇的规定》，公职人员因病休假在2个月以内的发给原工资。公职人员因病休假在2个月以上的，工作年限不满10年的，发给本人原工资的90%；工作年限满10年的，工资照发。公职人员因病休假超过6个月且工作年限不满10年的，发给本人原工资的70%；工作年限满10年及以上的，发给本人原工资的 80%。

对于公职人员的事假，国家没有统一规定，各地根据具体情况制定具体办法。如北京市规定：凡因私事必须本人办理的，可以请事假，事假全年累计在 15 天以内的，工资照发；超过 15 天的，可酌情扣发超假期间工资。

4. 集体生活福利设施

单位集体生活福利是公职人员福利的主要内容，其目的是尽可能减轻公职人员的家务劳动负担，使其有更充沛的工作精力和更充分的自我发展机会。

目前，我国主要的公职人员福利设施有：

第一，员工食堂。员工食堂主要实行收支差额补贴，不以营利为目的，但社会化是其发展方向。

第二，保育设施。保育设施是为了减轻女性公职人员的保育负担，保证人口再生产顺利进行，包括托儿所、幼儿园等。

第三，员工住宅。这是我国集体福利的主要成分，包括单身集体宿舍、家属住宅、低房租住房、集资建房、住房公积金以及购、租房补贴等。随着改革的深入，福利分房制度将逐步取消。《国务院关于进一步深化城镇住房制度改革加快住房建设的通知》中明确提出："深化城镇住房制度改革的目标是：停止住房实物分配，逐步实行住房分配货币化；建立和完善以经济适用住房为主的多层次城镇住房供应体系。"其中住房公积金是近几年实行的住房福利措施，其做法是：每月扣除公职人员工资的一定比例，单位再配之以相应的款额，双方共同筹资，积累一笔住房基金。积累到一定规模，个人可提取自由购置商品房，或由单位代购。除此以外，1999 年国务院针对公务员人群专门下发了《在京中央和国家机关进一步深化住房制度改革实施方案》，提出"从 1998 年底起，在京中央机关和国家机关停止住房实物分配，逐步实行住房分配货币化"，并明确规定了职工购房补贴建筑面积的标准。比如公务员：科级以下，60 平方米；正、副科级，70 平方米；副处级，80 平方米；正处级，90 平方米；副司（局）级，105 平方米；正司（局）级，120 平方米。

第四，其他设备。包括浴室、理发室、卫生室等。

第五，集体文化娱乐设施。

13.2 津贴制度

工作环境有好坏之分，在恶劣环境下工作的人员，不得不承受更多的生理与心理上的损害，这种劳动负效应就需要得到补偿。另外，有些工作场所、工作时间须比正常情况下支出更多的生活费用，也需要进行补偿，以保证实际生活水平不下降。这种补偿就是津贴。津贴是对员工在特殊工作环境下工作，以及在特定条件下工作的生活费用额外支出所给予的补偿。在习惯上，一般将前者称作津贴，后者称作补贴。

13.2.1 津贴的特点

津贴作为薪酬的辅助形式，具有以下特点：

(1) 津贴与工作者的劳动数量和质量不发生直接关系，其发放的主要依据是工作环境的优劣。

(2) 每种津贴都有特定的补偿目标，具有单一性、针对性的特点。津贴的发放条件、范围、对象、标准一般都有明确具体的规定。一旦支付津贴的条件发生变化，津贴也随之变化，甚至终止。

(3) 津贴具有均等分配的特点，即在同一工作环境下工作的员工，不论其贡献大小，均享受同等津贴待遇。

(4) 津贴一般在标准工资的 10%～40%幅度内浮动。

13.2.2　津贴的种类

作为合理调节薪酬关系的补充措施，目前国家机关工作人员的津贴主要有以下几种：

1. 地区附加津贴

地区附加津贴主要反映地区经济发展水平、物价消费水平等方面的差异。在基本工资之外，根据不同地区的经济发展情况、物价水平等因素，全面平衡，确定地区津贴标准，有利于在全国工资标准统一的原则下，保证不同发展水平的地区间公职人员的生活质量。

2. 艰苦边远地区津贴

艰苦边远地区津贴主要是根据自然地理环境、社会发展等方面的差异，对在艰苦边远地区工作生活的工作人员给予的适当补偿。考虑自然地理环境和人文社会发展等因素，建立科学的评估指标体系，合理界定艰苦边远地区津贴实施范围和类别，适当增设津贴类别，体现了地区之间艰苦边远程度的差异。应依据评估指标体系对各地区艰苦边远程度做出评估，综合考虑政策性因素，确定艰苦边远地区津贴实施范围和类别。建立艰苦边远地区津贴水平正常增长机制和实施范围、类别的动态调整机制；根据经济发展和财力增长及调控地区工资差距的需要，适时调整艰苦边远地区津贴标准；根据评估指标体系，定期评估并适时调整实施范围和类别。执行艰苦边远地区津贴所需资金，属于财政支付的，由中央财政负担。

目前我国实施的艰苦边远地区津贴制度以县级行政区域为单位，除国家机关工作人员外，列入范围的机关事业单位工作人员和离退休人员也同样享受该项津贴。艰苦边远地区由低到高分为一至六类，根据地区类别差异执行不同津贴标准。

3. 岗位津贴

在特殊岗位工作的人员，实行岗位津贴制度。岗位津贴根据公务员的岗位性质和劳动条件确定。国家对岗位津贴实行统一管理。现有各项岗位津贴主要发给那些在苦、脏、累、险岗位上工作的公务员，包括公安人员岗位津贴、税务人员岗位津贴、卫生防疫津贴等数十种。除国务院和国务院授权的部门外，任何地区、部门和单位不得自行建立岗位津贴项目或调整岗位津贴实施范围和标准。

13.3　社会保险制度

保险（insurance）是一种补偿风险损失，从而减轻损失程度的经济方法。它根据大数法则和概率论的原理，通过保险人与被保险人签订合同，或者按照国家有关法律规定，收取保险费，建立专门用途的后备基金，用于补偿自然灾害、意外事故等给被保险人带来的经济损失，从而维护和调节经济，使其正常运行，保证社会的安定和发展。保险有狭义和广义之分，狭义的保险指专门的保险公司按商业经营原则开办的商业保险形式，包括财产保险和人身保险两大类。广义的保险包含三个层面：一是商业保险；二是由被保险人集资合办，体现互保互助原则的合作保险；三是国家法定的强制性保险，即社会保险，这也是我们本节要谈的主要内容。

所谓社会保险，就是以国家为主体，通过立法对社会劳动者在暂时或永久丧失劳动能力，或者虽有劳动能力而无劳动机会，从而失去收入来源的情况下，给予一定程度的收入损失补偿，使之享有基本生活水平，从而保证劳动再生产和扩大再生产，维持社会安定的社会事业。

社会保险针对的风险是劳动者的收入损失；保障的程度是劳动者在失去收入来源时的基本生活水平，而不是百分之百的完全收入补偿；实施的主体是中央政府或地方政府；实施的手段是强有力的法制手段。一般说来，社会保险的项目主要有养老保险、失业社会保险、医疗社会保险、工伤社会保险、生育社会保险等。建立公务员保险制度，有利于完善我国社会保险体系，对于保障公务员的基本生活，调动其工作积极性，促进经济发展和社会稳定等，都有重要作用。

13.3.1 养老保险

养老保险是指劳动者达到国家规定的退休年龄，或因年老丧失劳动能力，退出劳动领域，由社会提供经济帮助，保障其基本生活，以安度晚年的社会保险项目。老年是每个社会成员生命周期的最后阶段，因而养老保险所覆盖的人数最多，被保险人享受待遇的时间也较长，与每个人的利益都密切相关。因此，养老保险是社会保险体系中最重要的险种。

由于经济发展水平、经济政策、社会保障目标要求等的不同，世界各国所采取的养老保险模式也各不相同。总的说来，可分为以下四种典型模式：

第一，投保资助型养老保险模式。

投保资助型养老保险模式又称自保公助型养老保险制度。它强调以被保险人自保为主，国家适当予以资助，政府通过相关法律，以此作为强制性实施的依据，社会共同负担，社会共享。其特点是：(1) 保障的范围是每一个工薪劳动者和未在职的普通公民。(2) 保障基金的来源有三个：在职企业雇员、非在职的社会成员必须缴纳的一定比例的保险费；企业或雇主为雇员缴纳的一定比例的社会保险费；作为保险基金一部分的政府财政拨款。(3) 养老金按投保情况分为高低不同的标准。美国、日本等属于比较典型的投保资助型的养老保险国。

第二，福利型养老保险模式。

福利型养老保险模式亦称普遍养老保险制度。这种养老保险制度贯彻“普遍性”原则，范围包括“从摇篮到坟墓”的各种生活需要。其特点是：(1) 养老保险是社会福利的一项主要内容，依法管理，并由主管法院监督执行；(2) 强调养老金待遇享受的普遍性，发放对象为所有老年人，同时退休人员还享受与收入有关的年金；(3) 养老金主要来源于一般税收，基本由国家和企业解决，个人不缴纳或缴纳低标准的养老保险费。这一养老保险制度需要有强大的经济实力作为基础。英国和瑞典是福利型养老保险模式的代表。

第三，强制“储蓄型”养老保险模式。

强制“储蓄型”养老保险模式也称自我保障模式。它是指国家依法要求雇主和雇员缴纳定额保险费，建立特别基金，专款专用，分别计入每个雇员的账户，由国家设立的基金会管理这些基金。当雇员年老或发生危险事故时，把其全部储蓄和利息一次返还给受保人。在少数情况下，受保人也可自行选择分期领取年金或将储蓄存款分别交给遗属。新加坡中央公积金制是此类模式的典型代表。实际上，这是一种强制储蓄制度。

第四，国家统筹养老保险模式。

国家统筹养老保险模式亦称国家保险型养老保险制度。这是社会主义国家以生产资料公有制为基础的一种社会养老保险制度。它的理论依据是马克思主义的社会保障学说，提倡“老有所养”。其特点是：(1) 工薪劳动者在年老丧失劳动能力之后，均可享受国家法定的社会保险待遇，养老金基本上都来自国家财政拨款，都纳入政府财政预算；(2) 工会组织参与养老金的决策和管理；(3) 领取人必须达到法定的退休年龄，具体领取标准还要看工龄的长短和职务的高低。

过去，我国机关事业单位实施退休养老金制度，资金来源模式为国家统筹。而企业实行养老保险和企业年金制度，资金来源为投保资助模式。养老保险制度的双轨制一直是改革的难点。2014 年终于啃下了这一改革的硬骨头，于 2015 年 1 月发布了《国务院关于机关事业单位工作人员养老保险制度改革的决定》。对按照《公务员法》管理的单位、参照公务员法管理的机关（单位）、事业单位及其编制内的工作人员的退休养老金制度进行了改革。其核心内容包括以下三个层面：

1. 实行社会统筹与个人账户相结合的基本养老保险制度

基本养老保险费由单位和个人共同承担。单位缴纳基本养老保险费的比例为本单位工资总额的 20%，个人缴纳基本养老保险费的比例为本人缴费工资的 8%，由单位代扣。按本人缴费工资 8%的数额建立基本养老保险个人账户，全部由个人缴费形成。个人工资超过当地上年度在岗职工平均工资 300%以上的部分，不计入个人缴费工资基数；低于当地上年度在岗职工平均工资 60%的，按当地在岗职工平均工资的 60%计算个人缴费工资基数。

2. 改革基本养老金计发办法

养老金计发办法新老有别。决定实施后参加工作、个人缴费年限累计满 15 年的人员，退休后按月发给基本养老金。基本养老金由基础养老金和个人账户养老金组成。退休时的基础养老金月标准以当地上年度在岗职工月平均工资和本人指数化月平均缴费工资的平均值为基数，缴费每满 1 年发给 1%。个人账户养老金月标准为个人账户储存额除以计发月数，计发月数根据本人退休时城镇人口平均预期寿命、本人退休年龄、利息等因素确定。

决定实施前参加工作、实施后退休且缴费年限累计满 15 年的人员，按照合理衔接、平稳过渡的原则，在发给基础养老金和个人账户养老金的基础上，再依据视同缴费年限长短发给过渡性养老金；决定实施后达到退休年龄但个人缴费年限累计不满 15 年的人员，其基本养老保险关系处理和基本养老金计发比照《实施〈中华人民共和国社会保险法〉若干规定》执行；决定实施前已经退休的人员，继续按照国家规定的原待遇标准发放基本养老金，同时执行基本养老金调整办法；机关事业单位离休人员仍按照国家统一规定发给离休费，并调整相关待遇。

3. 建立职业年金制度

机关事业单位在参加基本养老保险的基础上，应当为其工作人员建立职业年金。单位按本单位工资总额的8%缴费，个人按本人缴费工资的4%缴费。工作人员退休后，按月领取职业年金待遇。

13.3.2 失业保险

失业保险是指国家通过立法强制实行的，由社会集中建立基金，对因失业而暂时中断生活来源的劳动者提供物质保障的制度。失业保险是社会保障体系的重要组成部分，作为一种社会保险，失业保险与财产保险等商业保险有别，具有强制性、普遍性、互济性等特点。

1. 失业保险制度的类型

依据失业保险的目标和范围不同，各国的失业保险制度可分为以下基本类型：

第一，国家强制性失业保险。由政府规定实施范围，范围之内的人员无一例外必须参加失业保险。

第二，非强制性失业保险。分为两类：一是由工会等团体自愿建立，团体成员参加，政府提供大量资助，如在瑞典，只要参加工会，就等于自动参加了失业保险。二是参加商业性的失业保险。

第三，失业补助制度。适用于经济状况经调查达到规定标准的失业者以及无资格享受正常失业保险金的失业者。澳大利亚、新西兰、阿根廷等实行的就是单一的失业补助制度。

第四，综合型失业保险制度，也就是强制或非强制失业保险与失业补助相结合的失业保险制度。具体做法是，在规定期限内失业者领取稍高的失业保险金，规定期限结束后仍未就业，则领取较低的失业救助金，或在强制范围内的失业者享受失业保险金，在强制范围之外的领取失业救助金。

2. 失业保险待遇

失业保险金的筹措方式有国家、用人单位、员工三方分担，国家全部负担，用人单位与员工分担，国家与用人单位分担，用人单位全部负担，员工全部负担等多种方式。

失业保险的待遇包括：

第一，失业基本津贴。失业基本津贴是失业保险待遇中的主要部分，是规定时期内失业者赖以生活的主要来源。国际劳工组织第168号公约规定，当失业津贴以受保护人所缴纳的或以其名义所缴纳的费用，或以其过去的收入为依据时，其数额应定为不低于过去收入的50%；对津贴的数额和其所考虑的收入规定最高限额，此限额可与技术员工工资或有关地区平均工资相联系；当此种津贴不以所缴纳的费用或过去的收入为依据时，其数额应定为不低于法定最低工资或普通工人工资的50%，或按照基本生活费用的最低数额确定，以高者为准。基本津贴的给付等待期，国际劳工组织建议一般为失业登记之后3天，至多不超过7天。给付期限每年至少156个工作日，在任何情况下不得少于78个工作日。

目前，世界上失业保险给付标准主要有四种：（1）按近期社会平均工资的一定比例，如美国为 50%左右。（2）按本人失业前工资的一定比例，如德国是 53%。（3）按本人失业前工资的一定比例加定额的给付，这主要是以法国为代表。法国的失业保险支付是离职前工资的 40%，再加上定额 46.32 法郎，合计约为离职前工资的 58%。这种给付方法的特点是其定额部分是动态的，政府可根据需要，对给付标准及时进行调整。（4）按最低工资标准的一定比例，如波兰是最低工资标准的 95%。

第二，失业救助金。失业救助金分三种情况：一是对失业津贴给付期结束后，仍未就业者给付失业救助金；二是对没有就业的新成长劳动力和在基准期内没有就业经历或投保记录的重返劳动力市场的劳动者在就业之前给付失业救助金；三是对所有失业者均给付失业救助金，没有给付期限，如澳大利亚、新西兰等国家。

第三，附加失业津贴。附加失业津贴是失业者供养的直系亲属津贴，被供养者越多，津贴额也越多。常以固定金额形式或失业者原工资的一定比例给付。

第四，补充失业津贴。补充失业津贴是用人单位为其员工提供的津贴，用以提高员工失业后的生活水平。此外，大多数国家都有失业培训，以帮助失业者尽快就业，经费由财政资助或来源于失业保险基金。

由于具体情况不同，我国不同地区对于失业保险的具体规定有所不同。但是目前我国大部分地区的失业保险保障范围为城镇企业（国有企业、城镇集体企业、外商投资企业、城镇私营企业以及其他城镇企业）和事业单位职工，公务员暂未纳入。究其原因，主要是因为新中国成立以来，我国干部人事制度对国家机关工作人员无偿提供了充分、完善的国家保险和就业保障，不存在失业之忧。这也符合公务员职务常任的基本精神。

13.3.3　医疗保险

医疗保险，狭义上指因罹患疾病而造成的直接医疗费用支出；广义上也称健康保险，其支出范围包括医疗费用，因疾病造成的收入损失补偿，孕产、残疾、死亡的补偿以及疾病的预防与康复、健康维护费用。

1. 医疗保险制度的类型

从医疗保险费用给付方式和医疗保险基金管理模式来看，医疗保险制度主要有四种类型：

（1）免费型国民医疗保险，典型者如英国、瑞典。英国于 1946 年制定《国民健康保健法》，对全体国民实行免费医疗。国民保健服务以全民为对象，包括预防、医疗和康复等服务，没有最低条件的限制。医疗服务由与国民健康服务局签订合同的医生或牙医提供，由国民健康服务局提供费用或由公共医院支付。国民没有任何条件限制，均可免费享受国民保健服务。

（2）现收现付型医疗保险，典型者如德国、日本。德国现行医疗保险法律依据的是 1989 年 1 月 1 日起生效的《社会法典》第 5 卷的《医疗卫生改革法》，该法主要规定了法定医疗保险制度。德国约 90%的人口属于法定医疗保险范围，保险费由雇主和雇员共同承担，费率大约是雇员工资的 13.5%，由雇主和雇主员各承担 50%；保险费实行现收现付制，被保险人的年龄、性别和健康状况与缴费水平无关，享受的医疗待遇也不受缴费多少的影响。医疗保险待遇包括预防疾病、疾病的早期诊断、治疗疾病、医学康复、支付医疗津贴、支付丧葬补贴等。

（3）个人积累型医疗保险，典型者如新加坡。新加坡于1955年开始实施中央公积金计划，其中就包括医疗保险。该制度完全实行个人积累的模式，由雇主和雇员按月依工资的一定比例缴纳公积金，并存入不同的账户，公积金分别有三个不同账户——普遍账户、医疗储蓄账户和特别账户，医疗储蓄账户的存款最高限额为19 000新元，超出限额的缴费自动转入普遍账户。医疗储蓄主要用于支付雇员及其家人的住院费用，其中包括病房费、医疗费、手术费、检查费等。

（4）混合型医疗保险，典型者如美国。美国实行国家医疗救助与医疗保险制度相结合的模式，即对一部分人实行国家医疗救助，而对另一部分人实行医疗保险制度。具体来说，对于在职的雇员实行医疗保险制度，而对于65岁以上的老年人、贫困者和严重的残疾人员，实行政府资助的国家医疗救助模式。

2. 医疗保险待遇

医疗保险待遇是指参加医疗保险的被保险人遭受疾病困扰时所获得的各种补偿、服务与帮助，包括如下内容：

（1）疾病津贴。疾病津贴是劳动者因患病而暂时离开工作岗位、失去收入来源时所获得的能维持基本生活的收入补偿。

疾病津贴的计发方式有三种：

一是与患病前工资挂钩，患病初期，疾病津贴为原工资的100%，随着患病期的延长，比例逐渐下降；

二是与工龄挂钩，即工龄越长，给付比例越高；

三是按统一标准给付。

疾病津贴的领取等待期，国际劳工组织建议不超过3天。领取并非无限期，国际劳工组织建议，每次患病的疾病津贴给付期最长为26周。若给付期结束后，疾病仍未痊愈，应改为领取社会救助金。

（2）医疗服务。医疗服务包括患者的医疗服务和被扶养者的医疗服务。患者医疗服务是医疗保险的主要内容，包含门诊、检查、医治、用药、住院等。被扶养者的医疗服务是医疗保险向被保险人扶养的家属提供的医疗服务。

（3）被扶养者补助。劳动者患病后暂时失去收入来源，会影响其扶养的配偶及未成年子女的生活。医疗保险除向患病劳动者给付疾病津贴外，还应向其扶养的亲属给付必要数额的现金补助，但应低于疾病津贴。

（4）病假。病假也是社会医疗保险待遇的一部分，其期限同领取疾病津贴的期限相同。在此期间，劳动者因患病而无法工作，用人单位应保留其工作机会，不得将其解雇。

3. 我国公共部门的医疗保险制度

（1）职工医疗保险制度。我国曾经实施的职工医疗保险制度主要包括公费医疗制度、劳保医疗制度和企业职工大病统筹制度等。

公费医疗制度始于革命战争年代，新中国成立后逐步发展完善。公费医疗享受对象为各级政府、党派、人民团体以及文化、教育、科研、卫生等事业单位的工作人员及离退休人员，二等乙级以上革命伤残军人，高等院校在校学生。公费医疗的经费来源于国家预算拨款，由国家财政负担，待遇较为优厚：根据国家规定，除挂号费、营养滋补药品以及整容、矫形等少数项目由个人自付费用外，其他医药费全部或大部分由公费医疗经费开支。公费医疗在实施过程中面临效率低、医院选择不自由等责难。鉴于此，中央国家机关和在京事业单位从 2012 年开始实行公费医疗制度改革，建立职工基本医疗保险制度。

劳保医疗制度建立于 20 世纪 50 年代初，其保障范围为全民所有制企业和城镇集体所有制企业的职工及离退休人员。劳保医疗的待遇标准与公费医疗基本相同，但在管理体制、经费来源和开支范围方面有所不同。劳保医疗属于企业福利，一般由企业自行管理。其经费来源于按职工工资总额 14%提取的职工福利费。劳保医疗经费除用于职工医药费外，还用于职工供养的直系亲属的医疗费补助、企业医务人员工资、企业医疗机构设备购置、医务经费等。

企业职工大病统筹制度建立于 20 世纪 90 年代，其主要目的是保证企业职工和退休人员患大病时得到基本医疗，均衡企业医疗费用负担。其基本原则为互助互济、风险共担，保证基本医疗，克服浪费，国家、企业、个人三者合理负担。目前，随着我国社会保障制度的改革和新型医疗保险制度的建立，部分地区（如北京市）的企业职工大病统筹制度已经取消。取而代之的是新型职工基本医疗保险制度，其基本理念是低水平、广覆盖、统账结合。

（2）病假待遇。根据国务院有关规定，国家公职人员的病假待遇如表 13－1 所示：

表 13－1　公职人员病假待遇

A（年） R（%） B（月）	$A<10$	$A\geq10$	1949 年 9 月 2 日前参加工作
$B\leq2$	100	100	100
$3\leq B\leq6$	90	100	100
$B\geq7$	70	80	90

表 13－1 中 A 为工作年限，B 为病假月数，R 为病假期间领取津贴占原工资的比例。病假待遇根据工作年限和病假长度分段确定：

若一名机关工作人员工作年限少于 10 年，病假为 2 个月，则每月可领全额原工资；若病假超过 2 个月，则从第 3 个月起，每月领取原工资的 90%；若病假超过 6 个月，则从第 7 个月起每月领取原工资的 70%。

获得省部级以上劳动英雄、劳动模范称号并保持荣誉的工作人员，其病假期间的工资可适当提高。

13.3.4　工伤保险

工伤保险是指对因工受伤（包括职业病造成的伤害）而暂时或永久失去劳动能力的劳动者给予经济补偿和帮助，保证其基本生活的社会经济制度。

1. 工伤保险制度的类型

世界各国实行的工伤保险制度大致有三种类型：

第一种是国家统一实行强制性的工伤社会保险，这是最普遍的类型。用人单位定期向工伤保险机构缴费，由工伤保险机构支付医疗费用及残障赔偿金等费用。

第二种是国家强制用人单位向商业保险公司投保，为其员工遭受工伤事故时提供基本保障。美国等 20 多个国家实行该类工伤保险制度。

第三种是国家规定用人单位必须为其因工受伤的雇员赔偿经济损失。至于是向商业保险公司投保还是从自有资金中为受伤员工提供经济赔偿，由用人单位决定。

2. 工伤保险制度实施的原则

第一，无责任补偿原则。无责任补偿原则是指工伤事故发生后，无论事故责任在谁，都应及时对受伤者进行经济补偿，又称补偿不究过失原则。工伤事故是突发性事件，可能由各种原因造成，一旦发生工伤，受伤者不仅身心遭受极大痛苦，而且因劳动能力的突然丧失而暂时或永久失去收入来源，因此，及时对其进行经济帮助，可维持其本人及家属的基本生活不受影响，促进劳动能力的尽快恢复，增强劳动者的经济安全感，稳定社会秩序。但无责任补偿并不意味着不查清事故原因、不追究事故责任。相反，分析原因，总结教训，加强安全防范措施，才能从根本上减少工伤事故的发生率，这与无责任补偿并不矛盾。

第二，因工受伤与非因工受伤相区别的原则。因工受伤是劳动者为他人和社会做出的牺牲，非因工受伤与前者在存在形式上一样，都是机体或器官的损伤，但在性质上并不属为他人和社会做出的牺牲，二者在待遇上有着明显的差别。因工受伤者享受的医疗服务范围和伤残津贴水平要明显高于非因工受伤者。

第三，直接经济收入和间接经济收入相区别的原则。直接经济收入是指因工受伤者的第一职业的劳动报酬，这是工伤保险的补偿内容。间接经济收入是指劳动者第一职业之外的其他收入，这不在工伤保险的范围之内。

3. 工伤的确认

工伤事故是指在工作岗位上，从事与工作有关的劳动中发生的人身伤害事故、急性中毒事故。即使不在岗位上，但由于工作环境、条件不良而引起的人身伤害事故，也属工伤事故。国际上通常将因下述情况之一产生的伤害视为工伤：

- 在工作现场从事本职工作时中毒、负伤、死亡。
- 根据工作现场负责人或单位负责人的指令，从事非本职的临时性活动而中毒、负伤、死亡。
- 没有负责人的指令，但为维护单位或他人利益紧急排险而中毒、负伤、死亡。
- 在工作现场从事本职工作时或上班途中发生非本人过失的交通事故而负伤、致残、死亡。
- 在因公出差或调动工作途中发生非本人过失的交通事故而负伤、致残、死亡。
- 从事抢险救灾等维护群众利益、保障社会安全的活动而中毒、负伤、死亡。
- 患职业病的；在工作时间和工作场合内，因履行职责受到暴力等意外伤害的。
- 因工外出期间，由于工作原因受到伤害或者发生事故、下落不明的。

4. 工伤保险待遇

工伤保险待遇一般包括医疗服务、短期负伤津贴、残障恤金、丧葬费与遗属恤金等内容。

第一，医疗服务。工伤保险的医疗服务包括挂号、诊断、治疗、药品、检验、手术、住院费、医疗期间的膳食费、就医交通费以及疗养、康复、安装假肢等辅助器具等多项内容，其涵盖面要比医疗保险更多、更全面，带有褒奖性质。

第二，短期负伤津贴。这是对受伤者在康复或评定残障等级之前失去的收入（主要指工资收入）的补偿，一般按负伤前一段时间的平均工资的一定比例给付，其标准一般高于普通疾病津贴，给付等待期一般为1～3天，给付最长期限一般为26～52周，若最长领取期限结束后仍未痊愈，经伤残鉴定后领取残障恤金。但也有一些国家没有规定具体期限，如日本、卢森堡等国的负伤津贴没有期限规定，一直领到痊愈为止。

第三，残障恤金。残障是指机体器官受到损害，发生功能障碍或智力退化，对医疗与护理依赖程度较高，而且不能复原的一种状态。劳动者遭受工伤和职业病，医疗期终结后经劳动能力鉴定，可确定残障性质，评定残障等级，按等级享受相应的残障恤金待遇。

第四，丧葬费与遗属恤金。因工死亡者的亲属可获得办理后事所需的丧葬费，一般以固定金额形式支付。

国务院2003年4月发布的《工伤保险条例》第二条规定，应该参加工伤保险的单位为我国境内的各类企业、有雇工的个体工商户，公职人员暂未纳入工伤保险覆盖范围，只在附则中规定："国家机关和依照或者参照国家公务员制度进行人事管理的事业单位、社会团体的工作人员因工作遭受事故伤害或者患职业病的，由所在单位支付费用。"一般来说，公职人员因工负伤后，执行的是国家机关工作人员伤残抚恤办法，由民政部门按照伤残等级发给伤残抚恤金，抚恤金待遇由地方政府具体规定。但是，随着社会保险制度的完善与机构改革的深入，需要建立统一规范的工伤保险体系，这就要求扩充工伤保险覆盖范围，同时根据不同部门的风险水平，确定合适的缴费率，实现更大范围的互助互济、分担风险，以维护公共部门的正常秩序，保障公职人员的合法权益。

13.3.5　生育保险

生育保险是指妇女因怀孕、分娩等生育行为暂时丧失劳动能力而失去收入来源时给予其物质帮助的保险制度。目前全世界已有80多个国家正式建立了生育保险制度，保险资金的筹措由用人单位同员工共同承担，或由用人单位、国家财政单独承担。生育保险的实施能保障妇女在生育期间获得收入损失补偿，享有基本生活水平；能保证生育后妇女的身体健康与劳动能力恢复，以及新生儿的健康成长，促进劳动力的再生产和扩大再生产；能为妇女广泛参与社会经济活动创造条件；有利于贯彻、执行国家的人口政策。

生育保险的待遇包含医疗服务、生育假期、生育津贴、新生儿补助等内容。

我国生育保险待遇为：

（1）医疗服务。包括检查、接生、手术、住院、用药等项目，超出规定项目的医疗服务和用药费用由本人负担；生育出院后，因生育引起疾病的医疗费用由生育保险支付；小产或流产，经单位所在地计划生育部门证明，其流产费也由生育保险负担。

（2）产假。产假为98天，其中产前休假15天，如系难产，则增加15天；多胞胎生育的，每多生育一个婴儿，增加产假15天。

怀孕不满 4 个月流产时，享受产假 15 天；怀孕 4 个月以上流产时，享受产假 42 天。

生育妇女职工产假期满后因病需要再休息治疗，则自产假结束时起，按病假规定确定休假期限及经济待遇。

（3）生育津贴。生育妇女在产假期间，按照所在单位上年度员工月平均工资的 100% 领取生育津贴。

（4）哺乳待遇。有不满一周岁婴儿的女职员，用人单位应当在每天工作时间内为其安排 1 小时哺乳时间；多胞胎生育的，每多哺乳一个婴儿，每天增加 1 小时哺乳时间。哺乳时间应算作工作时间。

女职员在哺乳期内，其所在单位不得安排其从事国家规定的第三级体力劳动强度的劳动和哺乳期禁忌从事的劳动，不得延长其劳动时间和安排从事夜班劳动。

本章小结

公共部门人力资源的福利、津贴、保险制度，作为薪酬制度的必要补充，对工作人员享有法定的工作、生活条件，预防和提供工作人员因意外承担的风险保障，具有重要意义。本章在介绍了相关国家公共部门福利制度的基础上，以我国公共部门现有福利、保险制度及其存在的问题为主线，全面地阐述了福利、保险制度规定的基本内容。第一部分首先讲述了福利的含义、实施原则，详细说明了我国现行的各种福利政策，包括福利补贴、休假、集体生活福利设施等；第二部分讲述了津贴的基本原理及主要形式，以及我国福利和津贴制度的问题和改革；第三部分讲述了社会保险的内涵与形式，包括养老保险、失业保险、医疗保险、工伤保险和生育保险，既介绍了国际社会保险的相关模式，又详细说明了我国各类保险的现行政策，体现了实用性和操作性原则。

关键术语

福利　补贴　地区性津贴　岗位性津贴　补助　休假制度　社会保险　养老保险　失业保险　医疗保险　工伤保险　生育保险

复习思考题

1. 福利的实施原则是什么？
2. 我国传统福利制度的问题和改革方向是什么？
3. 请说明薪酬与福利的关系。
4. 养老保险的模式有哪几种？
5. 失业保险制度的类型有哪些？
6. 无责任补偿原则指的是什么？

第 4 篇

公共部门人力资源管理的发展与展望

第 14 章

公共部门人力资源管理的发展趋势

公共部门人力资源管理处于持续的改进过程中。如前所述，来自公共部门内外部环境的压力和挑战，正在迫使传统的、以稳定价值为基础的公务员制度，转向以突出弹性机制、强化竞争能力和促进高绩效生产力为基本导向的，师法企业管理经验和模式的人力资源管理制度。而随着公共组织改革深化，战略性公共部门人力资源管理正在孕育和逐步发展，一系列新的管理哲学和理念、管理制度和措施正在公共部门中实践。

重点问题

- 学习型组织的精要及其对公共部门人力资源管理创新的意义
- 全面质量管理的价值与精华
- 6σ（六西格玛）质量管理法的改进
- 公共部门人力资源管理中团队建设的意义
- 团队建设和激励的主要措施
- 公共部门人力资源管理系统改进的方向

14.1 公共部门学习型组织的创建

14.1.1 学习型组织的基本价值

学习型组织（learning organization）理论是在系统动力学（system dynamics）基础上发展起来的，其最初的构想来源于麻省理工学院福里斯特（Jay W. Forrester）教授 1965 年所著的《企业的新设计》，由美国哈佛大学商学院的终身教授阿吉里斯（Chris Argyris）

命名并加以阐述①，后由福里斯特的学生彼得·圣吉（Peter Senge）教授，在其著作《第五项修炼：学习型组织的艺术和实务》《变革之舞：学习型组织持续发展面临的挑战》中，系统地发展了学习型组织的思想和理论②，对现代组织管理产生了极大的影响和推动作用。

了解学习型组织的精要，首先需要了解它的价值导向及其与传统组织形态的区别。学习型组织是在传统组织形态的基础上发展起来的，它试图解决传统型组织存在的一些不利于组织生命周期持续发展的问题，通过学习型组织自觉创新，提升组织可持续性战略和竞争准备能力③。

学习型组织究竟是什么？圣吉本人并没有给它下一个精确的定义，他只是说明了学习型组织是一种被赋予了生命的意义，实现共同愿景的、具有前瞻性的、兢兢业业创造未来的组织。此后，许多学者对学习型组织应有的基本形态进行了探讨。

马夸特（Marquardt）为学习型组织下的定义是，学习型组织是这样一种机构：它有力、集中地进行学习，为实现组织成功不断改进自身管理水平和提高应用知识的能力，敦促组织内部和外部的人们在工作中学习，利用各种技能实现生产能力的最大化④。学习型组织是一种通过组织成员、工作团体和整个组织的学习而不断地实现转化和创新的组织体系。学习是在组织工作的实践中进行的，是与工作结合在一起的，其结果是依托于学习的主体在知识、行为、观念、信念方面的改变，强化组织成长、创新和持续发展的能力。

（1）组织及其成员需要以开放性的观念和未来战略发展的眼光看待学习的必要性，了解学习的意义，即从每一个员工到团队到整个组织都能意识到持续不断的学习对于组织当前和未来的生存与成功具有的关键和重要作用。组织和员工有强烈的意识去追求对组织内外部世界新知识和新技术的学习与传播。

（2）学习是由组织整体共同完成的，整个组织就像是一个大脑系统。这意味着，组织不仅要鼓励、帮助、促进员工和团队的学习，为他们的学习创造机会，而且要创建制度与文化氛围，激励和保护员工和团队的创造性学习，强化其接受新观念、新思想的能力。

（3）学习是组织一个持续的、战略性的过程，与员工的实际工作紧密结合。学习型组织要求工作学习化与学习工作化相辅相成，即每一个成员都是学习者，工作的过程就是成员彼此学习和向外部世界学习的过程，学习成为工作的一部分。为此，组织尤为重视员工有创造性的学习和能转化为生产能力的学习方式。

（4）创新与变革成为学习型组织的一种常态。组织欢迎变革，鼓励员工创新，而创新是由不断的学习推进和促成的，因为学习过程使得组织成员看到并认识到变革的需要。当人们在学习过程中发现了有利于个人和组织生产力改进的更好的方法时，他们会自觉地要

---

① ARGYRIS C. Double loop learning in organizations. Harvard business review，September-October，1977；ARGYRIS C. Teaching smart people how to learn. Harvard business journal. July-August，1991.

② 圣吉. 第五项修炼：学习型组织的艺术和实务. 上海：上海三联书店，2002；圣吉，等. 变革之舞：学习型组织持续发展面临的挑战. 北京：东方出版社，2001.

③ 吉利，梅坎尼克. 超越学习型组织：通过领先的人力资源管理实践创造一种崇尚持续成长和发展的文化. 北京：经济管理出版社，2003：8.

④ MARQUARDT M J. Building the learning organization. New York：McGraw-Hill，1996.

求创新，改变原有的思维和工作方式。

（5）学习型组织的结构是敏捷、灵活和富有弹性的。这样的设计促使组织能够快速接受新的思想和知识，便于把组织的创新融入组织持续的发展过程中。有活力的、弹性化的组织结构是学习型组织价值实现的物质基础。

（6）学习型组织的目标是：发展以竞争力为核心的组织再造和成长能力，形成组织战略性的、持续不断的发展能力。

为此，圣吉等人认为，要实现这些学习型组织的价值，组织及其成员必须从事五项学习型的修炼，才能塑造学习型组织成长的一些必要条件：

- 自我精进（personal mastery）：培养和鼓励个人自我挑战、强烈抱负的意识，以及在失败中学习、摆脱逆境的勇气，通过学习掌握专业技能，提高工作的精熟程度。
- 改善心智模式（mental model）：改善组织领导和员工的认知和互动方式，调整传统刻板的心智模式，接纳异议，容忍多样化，倡导开放，强化互动与合作，建构新的思维方式，学习理性地反思、辩证地修正、前瞻性地思考、深度地对话。一种新型的心智模式可以引导员工用新的态度和世界观来感悟组织的世界，感悟组织的每一个事件，发展员工的思维创造力。
- 建立共同愿景（shared vision）：自下而上地建立成员对组织未来共同的使命、目标和期望，这是组织设立的一个可以实现的愿景规划。学习就是达到共同愿景的必要阶梯。
- 团体学习（team learning）：通过团队成员间的沟通、对话和讨论，进行团队共同的学习，拓展成员的视野，开启团队的智慧。
- 系统思考（systematic thinking）：认识事物互为因果的循环关系，把握系统动态的发展，培养整体的思维习惯，促使组织持续不断地适应、再造、焕发活力，以应对快速多变的环境。在组织中，系统思考是指领导者、管理者和员工对组织生命周期的各个方面进行的战略性思考。

14.1.2　学习型组织的特征

与传统型的组织相比，学习型组织在组织工作的着眼点、组织发展活动的类型、组织结构和领导模式等诸多方面都存在着差异。表 14－1 呈现了传统型组织与学习型组织在基本特征上的显著区别。

表 14－1　传统型组织与学习型组织在基本特征上的区别

特征	传统型组织	学习型组织
倾向性	培训	学习
组织再造能力	弱	居中
人力资源的重要性	不重要	重要
关于成长和发展的假设	培训能加强组织能力	通过学习来塑造创造力
对成长和发展的期望	促进知识、技能和能力的提升	持续的学习
发展型活动的类型	偶然式学习 交谈式学习 实践学习 附属式学习	先行培训后续学习

续表

特征	传统型组织	学习型组织
发展型活动的重点	知识的获取	应用和思考
发展型活动的成果	理解	应用和思考
组织战略重点	市场占有率	学习是改善经营成果的关键
领导模式	独裁式、交互式领导	发展型领导
组织结构和工作氛围	部门化、正式的等级制度 没有或是很少有员工参与	团队/项目导向 鼓励和奖励个人与团队学习
领导者角色	领导	协调者
管理者角色	管理者	学习伙伴
员工的角色	员工	自我引导的学习者
人力资源专家的角色	人力资源专家	员工拥护者
采用何种行动推动组织演变	没有	强调学习

资料来源：吉利，梅坎尼克．超越学习型组织：通过领先的人力资源管理实践创造一种崇尚持续成长和发展的文化．北京：经济管理出版社，2003：10.

1. 在对组织学习的认识上：适应性学习对创造性学习

传统组织形态将培训和学习看作个人被动适应环境和外部需要的过程，学习的内容一般局限在与职位工作性质和要求直接相关的领域，学习的视野狭小而片面，只求解决手段问题；组织学习的目的和重点在于知识的获取或新信息的收集，强调的是员工对知识的获取和理解；学习的方式也多是偶然性、附属性的，即学习活动是任意的、不连续的、无目的的，与组织发展目标和持续发展能力提升需要之间的关系并不明确。

学习型组织的价值在于要求员工创造性地学习。在形式上，它表现为全员学习、全过程学习、终身持续学习和团队学习。学习的内容不仅与员工的工作任务密切相关，而且更加强调对组织整体和环境的认知性学习。换句话说，它更加注重提升员工解决问题的能力。学习型组织学习的目标和重点在于促使员工有更多的自我意识、思考、超越、应用和变革的创造性。圣吉指出："学习和从信息中有所收获并没有多大关系。相反，学习是提高能力的一个过程。学习使你拥有你从前没有的能力，使你能做到从前做不到的事。它与行动紧密相连，而信息则不是这样。"① 在学习形式上，学习型组织倡导持续性学习、后续学习和实践学习，主张个体在反思和回顾的基础上进行自我的或向他人学习的有意识活动，注重在学习过程中解决实际问题，以谋求自我意识和自我超越。

2. 在维系组织运行的基础和精神上：等级制度对共同愿景

在传统型组织体系的框架下，组织是依靠自上而下的、森严的等级来运行和维持的。等级结构为组织提供了稳定的、可预期的制度规则。组织员工处在特定的位置上，被要求服从统一的指挥和命令，按照分配的工作任务，从事本职工作。员工从组织中获得的信息是极为有限的，而他们的工作视野同样极为有限。在这样的组织体系下，个人的发展目标很难与组织的目标联系起来，员工更多的是关心自己个体化的职责和工作产品，组织产品实际上成为员工个体产品的机械化组合。组织不仅没有弹性和适应变化的能力，而且由于僵化严重缩短了自己的生命周期。

① 圣吉．第五项修炼：学习型组织的艺术与实务．上海：上海三联书店，2002：242.

学习型组织建立的切入点则是组织使命感（mission）以及以员工通过学习达成的对组织使命共识和认知的共同愿景。共同愿景是组织内成员共同愿望的景象，是每个成员发自内心的共同的意愿。它不是来自组织的灌输或强加，而是基于员工的个人愿望并经由彼此讨论和“深度会谈”（depth dialogue）而获得的认知和认同。使命感和共同愿景使得员工意识到自己在组织中的重要性，以及完成工作任务、控制产品质量、采用更加合理的工作手段对于组织的意义。它克服了传统型组织员工和组织的疏离与对立，将个人融入有机的组织之中。因为，使命和共同愿景为员工提供了自我管理和创造性学习的空间场景。

3. 在组织结构安排上：垂直型对扁平型

传统型组织推崇尖高的、金字塔式的组织结构，决策权和组织资讯由高层的管理者控制，命令由决策中心分布，然后依托于纵向的层级和横向的部门来推行，以便指挥和命令得到有效的控制。组织内的信息沟通主要依靠自上而下的层级来流转，层级壁垒森严。在这样的体系中，由于信息传递过程复杂，导致组织反应迟缓，决策缓慢。更为关键的是，管理层和操作层缺乏沟通，双方对问题的认识缺口很大，对话困难，低层员工的灵活性和积极性受到很大的限制。机构重叠、效率低下和官僚主义成为传统型组织难以克服的大问题。

学习型组织为了能够促进员工和团队的学习，为了工作团队的建设，为了强化员工的创造和自主管理能力，要求形成弹性化程度高、便于组织成员彼此沟通的组织体系。相对于传统型组织的垂直尖高层级，它选择了扁平、网络化的组织结构。这种结构向三个方向发展：第一，以横向发展的工作团队为核心；第二，多个中心的、呈辐射状的网络体系；第三，向地方或事业部门分权的框架，使它们得到更多的授权，以应对变化。扁平的组织使得上下级沟通充分和迅速，有利于员工的发展，可以提高决策的民主化水平，从而提升组织回应问题与顾客多样化需要的能力。

4. 在管理方式上：强制控制对自主管理

传统型组织对员工管理的基本方式是命令和控制，强调通过主管的监督或者规章的明文约束，使员工按照组织既定的规则行事，防止“越轨”行为。这种规制严重伤害了员工的主动性和创造力。

学习型组织则更多地依靠团队的学习和团队的凝聚力，依靠自主管理→管理重心下移→命运掌握在自己手中→增强学习力、创造力的思维逻辑。学习型组织管理方式的转变依托于它对权力重心的下放。以团队为核心的组织授权，使得团队成为实现员工自主管理的制度平台。组织结构、任务分配、工作流程等制度设计的改变，成为学习型组织管理再造的重要途径。

5. 在组织文化上：个人的、竞争的对团队的、合作的

传统型组织虽然也是一个集合体，但它却只是一个按照一定规则运行的群体，每个员工是各自为战的，组织产品是个人产品的简单加总，而组织内资源的分配形式也助长了员工间的竞争以及非赢即输的零和博弈关系。在这样的组织中，员工个人力图突出自我的成就，自我防卫意识强，相互合作和实现共同目标的意识淡漠。

在学习型组织中，团队的建设以及共同的学习过程已经使得员工超越了个人和利己的取向。他们意识到，在团队之中，只有团队成员相互理解、认同、关心和合作，每一个人才能生活、工作得更好。因为，团队的构建形式将成员凝结为特定的工作伙伴，在完成工作任务的过程中，大家相互依赖、相互补充。所以，团队成员对待其他人的态度不是防御性的，而是开放性的。团队内的冲突会通过成员参与对话、强化共同愿景、管理者沟通等方式来妥善解决。

6. 在领导者角色和领导模式上：统御一切的控制者对指导和仆从式的协调者

在层级式的传统型组织中，领导者拥有组织赋予的强有力的职权，他们控制着组织资源，做出组织决策。权力是单中心的，且集中在领导者上层。在学习型组织中，领导者的角色丰富化了，也更加人性化了。他们不仅是管理者，而且是引领组织不断进步的设计师和战略规划师，建构着组织持续发展的策略和制度；他们还是教师，指导和帮助组织成员认识组织的目标，共同描绘未来的愿景，促进员工的学习和认知能力的提高，启发员工的使命感和责任感；同时，他们也是组织和员工的仆人，为员工寻找各种职业发展机会，解决他们的困惑和冲突，发自内心地为员工服务，带头表现组织团队生活的意义。表 14－2 归纳了传统型组织与学习型组织的内在差异。

表 14－2　传统型组织与学习型组织的内在差异

	传统型组织	学习型组织
● 隐喻	机械式的组织、封闭的系统、官僚式的组织	有机的组织、开放的系统、自我设计的组织、全息式的组织
● 学习体系的构成	由硬性的组织目标、部门层级分工、控制机制和法令规章所组成	由软性的共同愿景、自发的动机、开放的心灵和团队精神来维系
● 组织学习的理念		
学习的信念	每一行业都有其行业的本色，只要尽心尽力就可以从经验中找到制胜的“法门”	行业固然有其本色，但经验如流水，重要的是过去的方法今日是否依然行得通，是否已经充分掌握了全部经验，我们又将如何体会这些经验
学习的着眼点	规避风险、寻求稳定，讲究思想的一致性、行为的可预测性；效率至上	肯冒风险，变动是常态，鼓励创新、异议，尝试实验，敢于面对失败；效率其次，效果才重要
学习的类型	适应性的学习；想办法使组织配合环境，调整手段、规划和方法	创造性学习；想办法让环境来配合组织，根本改变目标、规范和想法
学习的时间取向	过去和现在	现在和未来
学习的张力	渐进式的体制改革	理论与实践的辩证修正；可能是激励的、反体制的
● 组织的结构安排		
结构的形态	层级节制的组织设计	以团队为单位构成网络体系
权力的分配	高塔式、中央集权的，决策由高层做出	扁平式、地方分权的，授权参与但须顾及群体
控制的机制	一切按正式的法规或规则进行，不必怀疑	肯定员工有自我管理的能力，重点在于价值的引导
整合的机制	以命令服从的关系来维持	借助团队合作精神达成
沟通的流程	上下层级式的信息沟通	与上下左右接邻的个人或单位进行沟通，形成网络状的信息通路

续表

	传统型组织	学习型组织
● 人力资源管理		
绩效的考评	以片断的绩效数据为依据，缩小评等差距	以整体事功为依据，扩大良莠之差距
诱因与报偿	单纯以金钱为主	附加个人职业生涯发展的机会
职位	以头衔、级别区分	以事功大小区分
升迁降调	部门内的局部流动	跨部门的职务轮换与锻炼
● 组织文化		
价值观念	利己取向、重视个人成就，孤芳自赏、独善其身	利他取向，强调集体成就，尊重人性，互敬互爱，精诚团结
人际交往的态度	竞争性的，不是你输就是我赢	合作的、双赢的态度，开放的心态
批评讨论的立场	自我防卫，归罪他人，迷信权威，不求甚解	勇于揭露自我，实事求是、追求真理
冲突的解决	避免冲突表面化，互留情面	面对争议表明立场，坦诚交谈，承认错误
● 管理者的行为		
心胸眼界	主导一切，非我不可	宽容异议，不必唯我
思考问题的着眼点	视野狭隘，拘泥于细枝末节	视野开阔，综观全局
对问题的反应	以安定现状为前提	求新求变
行为方式	巩固自己的名誉地位	设身处地，反求诸己
领导风格	以英雄的形象出现，相信权威独断式的领导方法	做促成部属愿望实现的忠仆，民主参与式的领导作风

资料来源：张成福，党秀云．公共管理学．北京：中国人民大学出版社，2001：145-146.

14.2 公共部门团队建设与发展

工作团队（work team）已经成为组织发展中不可缺少的部分，学习型组织既将团队视为“学习的最佳单位”，又将它看作创建组织共同愿景和维持组织文化的有机实体。管理逐渐超越了个人的领域，向群体化团队管理和团队激励的方向发展。

14.2.1 工作团队和工作团队类型

工作团队与工作群体（work group）是两个内涵不同的概念，尽管它们外形上都由两个或者两个以上行为个体组成，但是，深藏在它们内部的哲学和理念完全不同。斯蒂芬·罗宾斯认为，工作群体是两个或两个以上相互作用和相互依赖的个体，为了实现某个特定目标结合在一起。其成员通过相互作用来共享信息，做出决策，帮助每个成员更好地承担起自己的责任。但是，群体成员不一定要投入和参与到需要共同努力的集体工作之中，工作群体的绩效仅仅是每个成员个人贡献之和①。

工作团队的精髓在于，这种介于组织和个人之间的工作单位，是依靠成员的共同努力和协同，共同分担责任和共同承担风险，以完成共同目标的有机结合体，它是在特定的维系要素和条件基础上形成的。表 14－3 分析了群体行为与团队行为的区别。

表 14－3　群体行为与团队行为的区别

工作群体行为	工作团队行为
强有力的目标，明确的领导人	团队成员分担领导作用
个人负责制	个人负责与相互负责相结合
群体的目的与更广的组织任务是一致的	团队自己产生具体的目标
个人的工作产品	集体的工作产品
通过有效的会议进行	鼓励进行不限人员参加的讨论和积极解决问题的会议
通过群体对他人的间接影响来评定其效率	通过评价集体的工作产品直接评定业绩
讨论、决策和代表的作用	团队成员共同讨论、共同决策、共同做事

资料来源：尚水利．团队精神．北京：时事出版社，2001：8.

在现代组织中，组成团队的基本要件反映了团队内在的本质与特征②。

● 团队的规模。工作团队规模一般较小，以便成员通过交流、讨论，形成共同性的认识和对团队的凝聚力。

● 工作团队的共同目标。使命感、共同愿景赋予团队一种高于成员个人工作目标总和的认同感。对于共同目标的承诺，是团队合作的基础。

● 相互依赖、信任和协同。一方面，团队的每个成员都必须依靠他人来获得信息、资源和支持，成员之间存在着角色依赖、目标依赖和成果依赖，只有协同合作才能完成团队预期的工作目标；另一方面，成员在行为心理上彼此感知和意识到其他个体存在的意义，他们相互支持、相互给予，建立了彼此信任、彼此关心、相互默契的团队人际关系。

● 团队意识和归属感。成员情感上对团队有一种较强烈的认同感，意识到自己处于团队之中。团队归属感赋予团队重要的意义。

● 角色定位与责任分担。成员在团队中担当着相应的角色，在相互依赖中承担着相应的责任，发挥着自己的作用。其角色定位取决于成员是否具有胜任工作必备的核心职业能力、知识与技能。

● 信息沟通与知识共享。团队是信息和知识共享、学习发展最理想的单位，每个成员都会从彼此分享的经验、信息和资源中受益。在团队中，人们通过分享资源进行沟通，维系团队运作，协调各自的活动，因此，成员有责任和义务以某些适宜的方式，向其他成员提供信息、传授经验。

● 自主管理与积极授权。团队是一个充分授权的运作体系，它倡导自主性管理，发挥

① 罗宾斯．组织行为学：第七版．北京：中国人民大学出版社，1997：270.

② 徐芳．团队绩效测评技术与实践．北京：中国人民大学出版社，2003：3-4；尚水利．团队精神．北京：时事出版社，2001：6-7；卡曾巴赫，等．团队的智慧：创建绩优组织．北京：经济科学出版社，1999：40-59.

成员的主动性和创造性，强调成员在各项决策中的平等讨论和参与。强烈的“我对自己负责”“我对团队负责”的责任心观念，以及成员的自主管理意识，对团队的良性发展至关重要。

- 多样化、互补的能力、技能。团队需要不同能力和技能的成员，需要对他们的能力进行合理的搭配，这种优势互补既促进团队成员的合作和相互学习，也有利于发展成员的职业生涯。

在现实生活中，由于工作性质的差异和建设目标的不同，团队有多种多样的类型。尼基·海斯认为团队可以分为生产/服务型、行动/谈判型、项目/开发型、建议/顾问型四类①。根据团队存在的目的和功能、团队成员的来源和组成方式、存在时间的长短等因素，可以将团队类型划分为：

1. 项目或跨功能团队

顾名思义，项目团队是为开发或推行特定项目而组建的工作集体。一般情况下，这种团队具有十分明确的工作目标和完成任务的时间限制，它们伴随着项目而产生，一旦项目结束，团队也就随之解散。项目团队的优势在于它可以因特定的任务性质和工作环境需要聚合人力资源，显现出明显的目标导向和弹性化机制。所以，项目团队组建时，其成员大多来自组织不同的职能部门，他们往往具有独特的知识背景、能力和操作技能，在团队的共同工作中形成优势互补。故而，项目团队又常常被称为“跨功能团队”（cross-functional team）。

在跨功能团队中，团队领导者往往是因高深的专业知识背景和在组织中的较高声望出任管理者，而不一定是在组织中担任领导职务或级别的人。团队领导者具有完整的权力空间，他们可以按照工作任务的要求抽调和分配成员，对预算和资讯拥有较大的控制权。他们的任务主要在于协调和激励成员投入团队共同的工作，发挥成员的创造力和智慧，在跨功能团队中，倡导成员自主性的管理方式和对团队事务的积极参与。

很多组织内部有很大的跨功能团队，它们又会划分为若干个固定的小的工作团队。其成员介入项目后，可能只是限于项目开发的特定阶段，当这个阶段结束后，他们又会转到其他项目团队中或者回到所属职能部门中。而大的团队任务结束后，这个团队可能解散，也可能转为组织的事业部。其中存在的小的工作团队则可能相对稳定，共同参与到新的项目中。

2. 固定工作团队

固定工作团队主要是为了从事专业化的或例行的工作，而在职能部门中建立的共同工作集体，以保证组织提供的生产和服务正常运行。这种团队面对的工作比较固定和标准化，甚至程序化，所以其生命周期长，成员比较稳定、流动性小。在以职能部门为基础的固定工作团队中，成员的知识背景有一定的相似性，但技能可能是多样性的。这类团队又可分为研发团队、生产团队、服务团队和管理团队等。同时，由于此类团队与传统型组织有比较多的相同之处，所以，团队建设力求增强成员对组织使命感和共同愿景的认同，增强合作意识。

3. 功能性团队

功能性团队也是一种特殊的项目团队。它往往是根据组织某种特殊的需要和突发性事件解决的需要而组建的，可能是临时性的，也可能在组织中长期存在，这取决于所面对事

---

① 海斯. 成功的团队管理. 北京：清华大学出版社，2002：6-8.

务和问题的性质。这类团队又可以细分为：(1) 快速应急或突发性事件处理团队：在组织出现不可预料的突发性事件时组建，需要快速反应并分析问题出现的原因，有效处置事件并创造性地解决问题，提供措施完善的方案。一般由训练有素的专业人员组成，具有跨功能性质。(2) 问题解决团队：由专业化的员工组成，针对组织共同存在的一些技术或制度设计问题组建，定期聚会，提出解决问题的建议和方案。与快速应急团队不同的是，它们可能长期存在于组织中。(3) 质量控制链或“质量圈”(quality control circle)：这实际是问题解决型团队的一种典型表现，是在全面质量管理制度下采用的一种有效的工作团队形式。它们通常由跨部门的8～10位员工和主管组成，承担着讨论和解决本组织存在的质量问题的责任。它们定期召开会议，找出组织面对的质量问题，调查诊断问题发生的原因，提出改进质量的方案，并采取相应的解决措施。

4. 网络化团队

网络化团队是基于现代信息系统的发展而发展起来的，成员合作往往处于一种虚拟的团队状态，人员配置不受时间和空间的限制。这类组织弹性很大，与外界联系强。团队成员配置随着任务需要、环境、技术状况等因素的变化而改变。成员间的沟通交流依赖于有效的信息通信手段，如电话会议、电子邮件、电子公告板、软件、集体决策支持系统和项目管理日历等。表14-4显示了各种类型团队的一些基本特征。

表14-4 各种类型团队的基本特征

团队类型	类型细分	存在时间长短	权力大小	与外部联系	常见形式
项目或跨功能团队		短期	多变的	强	新产品团队
固定工作团队	管理团队	长期	中到高	强	管理委员会
	生产团队	长期	低	弱	零部件团队
	服务团队	短期或长期	低	强	飞机机组
功能性团队	快速应急团队	短期或长期	低到高	强	救援团队
	问题解决团队	短期或长期	低到高	强	技术攻关团队
	质量圈	短期	低到高	弱	质量委员会
网络化团队		短期	多变的	强	虚拟团队

资料来源：徐芳．团队绩效测评技术与实践．北京：中国人民大学出版社，2003：8.

14.2.2 工作团队在现代组织中的作用

以团队为基础的组织管理和激励方式已经成为组织发展(organizational development, OD)的重要手段。

圣吉认为，在学习型组织中，团队发展可以形成三方面的功能，即发挥高于个人智慧的团队智慧，形成创新而协调一致的行动，增强团队成员的影响力。所以，在他看来，团队建设可以被视为一项“集体的修炼”①。

① 圣吉．第五项修炼：学习型组织的艺术与实务．上海：上海三联书店，2002：270.

1. 有效的协同，创造优异的组织绩效

团队是一种具有高度内在凝聚力的组织形式，协同作战是它最为突出的优势，团队协同表现在两个方面：一方面，团队内成员按照专业和技能特长，在完成工作任务时形成优势互补的协同，有助于形成工作分工中的最优搭配；另一方面，团队的管理方式促使高层管理者从繁杂的工作事务中解脱出来，专心于战略性的思考和规划，这有利于整个组织战略发展与日常工作任务完成之间的协同，以创造卓越的团队和组织工作绩效。卡曾巴赫在《团队的智慧：创建绩优组织》中以多个案例证明："在任何要求把多种技能、经验和判断组合起来的现实情况下，一支团队的业绩肯定会优于多个在各自的范围内工作的个人业绩的简单求和。团队比没有明确业绩目标的一些简单个人组合更富有成效。"①

2. 发挥团队成员的合作精神和集体智慧

在一个"人气旺盛"、良性发展的工作团队里，团队的环境有利于发挥成员集体的智慧和创造力。业绩提升和全面质量的观念可以给予团队巨大的推动能量，刺激团队合作和追求卓越的精神，调动整个团队成员的潜能，达到个人智力无法企及的水平。所以，团队管理的意义也就在于释放团队的集体智慧。

3. 促进组织创新能力的发展

团队是以明确的工作目标实现和特定的问题解决为导向而组建的。在这个过程中，团队学习以更有效的方法和更加有利的手段创造团队卓越的业绩。因此，从一开始，团队建设就与创新的要求密切相关。然而，要保证成员在团队中为创新做出贡献，必须具备一系列条件，包括保护成员的创新意识、创新性和创新能力，以及形成开放性的、宽容异己的组织环境和组织文化。海斯在总结韦斯特（West）、华莱士（Wallace）、安德森（Anderson）和哈迪（Hardy）等人实证研究的基础上，提出了保证团队创新性的一些基本要素（见表 14－5）。

表 14－5　团队创新性的要素、特征及检测

要素	特征及检测
宗旨	特征：团队是否具有清楚的最高目标定位。可以采用陈述使命或设置一套正式目标的方式，或者简单地对未来方向共同进行公开的讨论。 检测：团队是否具有清楚的宗旨、使命和目标体系？ 宗旨或目标体系是否陈述清楚？ 宗旨或目标体系是否建立之初由整个团队协商产生？ 宗旨或目标体系是否可以达到？
参与性安全	特征：群体和团队的气氛是否让人们感到能够提出有贡献的想法，挑战现存的实际而不会感受到威胁。反对已经建立的明智行为和被普遍接受的观点可能是一件困难的事，成员只可能在具有信任、温暖、参与和自由共享信息的工作气氛中进行创新。 检测：团队成员是否与他人完整地共享信息？ 是否所有的团队成员都参与决策？ 团队成员是否准备提出挑战现行方式的新建议？ 团队成员是否相互讨论与工作相关的渴望和成功？ 在群体中是否有信任与温暖的气氛？

① 卡曾巴赫，等．团队的智慧：创建绩优组织．北京：经济科学出版社，1999：7.

续表

要素	特征及检测
追求卓越的气氛	特征：工作气氛是否让人们明显地专注于用尽可能好的方法工作，这需要有开放性与改进的思想，时刻注意持续地保持高水准，对批评性意见愿意进行建设性思考，而不是持防御的态度。 检测：卓越的团队行为对于团队来说处于中心重要的地位吗？ 用什么持续的方法监视和提高行为水平？ 是否所有的团队成员都认同卓越的标准？ 团队成员是否准备讨论完全对立的想法？
对创新的支持	特征：这个问题涉及团队和群体如何将新的想法和可替换方法运用于工作中，有关新思想是否被认真看待和试用，是否为其提供适当的时间与资源，而不是简单地被群体和领导在没有检测的情况下否决掉。 检测：团队成员支持新思想吗？ 团队成员是否拿出时间、合作精神和资源来帮助实现新的思想？ 团队领导支持和鼓励新思想吗？ 团队领导提供实际帮助和资源来发展新思想吗？

资料来源：海斯. 成功的团队管理. 北京：清华大学出版社，2002：201，205.

4. 相互作用、相互学习、共同成长

团队创建的最终目的不仅是追求优异的组织绩效，而且，作为一项从人本主义价值出发的制度设计，其发展理念也期望成员个体在团队学习和成员的彼此作用中得到更好的发展。团队的文化无时不在告诫成员，团队的发展与个人发展绝非对立的，团队的成长一定可以为其成员的成长奠定基础、创造机会，团队是个人经受锻炼、发展才智的必经台阶。

从组织成员个体的角度讲，团队建设和发展满足成员的心理需求，推动成员对组织目标和共同愿景的认同。在团队成员看来，团队可以通过社会行为的强化，完成个人行为所达不到的目标，正如同当年霍桑实验得到的结果。(1) 当一个人融入团队时，可以增强自我的力量感和安全感；(2) 团队内的互动和沟通，在一定程度上满足了成员的社交需要，形成了组织归属感；(3) 在团队中突出的地位和作用，对团队的认同感，增强了成员的工作动机，能够强化其自信和自我实现的价值；(4) 在团队相互影响下，成员通过模仿、暗示，达成了某种行为的社会标准化规范，使得成员的态度趋于一致，加强了彼此间的相互认同。当然，在团队中也不排除成员个体间，乃至团队与组织之间有消极防御性、相互排斥和冲突的行为，团队力求通过沟通和对话、共同愿景描绘等方式解决内在的冲突。

14.3 公共部门的质量管理：从全面质量管理到 6σ（六西格玛）质量管理

14.3.1 全面质量管理的实践

全面质量管理（total quality management，TQM）最早是由美国经济学家戴明（Edwards Deming）在第二次世界大战后帮助日本重建经济的过程中提出来的，他向几百家日本公司传授质量管理的经验，指出质量是美国管理哲学的基石，“不断地减少失误，不断地提高质量，就意味着降低、再降低成本”①。20 世纪 60 年代，朱兰（Joseph Juran）等一批学者和通用电气公司（GE）总裁费根鲍姆（Armand Feigenbaum）等倡导并推行戴明的质量管理思想，并开始使用“全面质量管理”概念。20 世纪 80 年代以后，伴随着“新公共管理运动”“顾客导向”“结果导向”等价值的推展，TQM 被逐渐应用到政府以及公共部门的日常工作中。1988 年，美国质量改进总统政务会决定建立联邦政府质量学院，培训公务员学习 TQM 的精要，增强政府工作能力。同时，政府还编发了《联邦总体质量管理手册》，指导公共部门推行 TQM。在克林顿总统的任期内，戈尔副总统还支持了“国家绩效评估”（national performance review，NPR）工作，旨在提高公共部门服务品质。英国政府制定了《公民宪章》《服务质量指南》等文件，要求政府部门和公共部门通过承诺（performance pledge）、强制竞争（compulsory competitive tender）、标杆管理（benchmarking）、公民满意度投票（satisfactory poll）等手段，强化公共组织的质量管理。

对 TQM 的解释并不统一，概括的定义表达了一些基本的哲学思想：“全面质量管理是为了能在最经济的水平上，并在考虑充分满足用户要求的条件下进行市场研究、设计、生产和服务，将企业内部的研制质量、维持质量和提高质量活动，构成一种有效的体系。”② 在此，全面是指把高质量应用于工作的方方面面，从界定顾客的需求到积极主动地评估客户满意与否；质量意味着满足、超过顾客的期望值；管理则指发展和保持组织力量以便不断提高质量③。TQM 的主要内容是：

1. 创造一种积极的管理哲学观

TQM 首先是管理价值观的改变。它要求以顾客对质量的期望和满意度为导向，在领导者和员工中形成全面质量和“顾客至上”的观念，通过积极、系统的思考，理解工作过程中的错误和偏差，赋予组织质量和绩效改进一个合理的预期，并力求在提高质量的基础上降低成本。TQM 要求将这样的思维和管理理念渗透并贯穿到组织文化和每一个员工的心中，成为组织学习的重点内容。表 14－6 集中概括了戴明研究中心提出的一些质量管理要点及专题训练方式。

表 14－6　戴明质量管理的 14 个要点及其专题训练方式

质量管理的 14 个要点	做正确的事情	需要改进的事情	面临的障碍
1. 建立改进产品和服务的坚定目标：质量、生产率、顾客满意	• 修改去年的使命与愿景 • 组织致力于质量	• 目标应当是长期的 • 在质量观念上要变化	• 基层管理者转变对员工的态度

① 科恩，布兰德．政府全面质量管理：实践指南．北京：中国人民大学出版社，2002：序言 6.

② BANK J. The essence of total quality management. Prentice Hall International Ltd.，1992：61.

③ 同①.

续表

质量管理的 14 个要点	做正确的事情	需要改进的事情	面临的障碍
2. 采用新观念：持续改进的计划	● 组织愿意采纳 ● 每个人都知道如果要生存就需要变革	● 基层管理者和所有员工的认知	● 基层管理者和员工需要转变观念
3. 停止依靠大量的检验来保证质量，代之以告诫参与工作过程的员工：质量是如何在生产中确定的	● 没有依赖	● 过程结束时的大量检验 ● 开始和全过程的检验	● 我们的系统现在还不支持“内在质量”，我们必须进行重大变革
4. 结束仅仅依靠价格选择供应商的做法：要考虑质量和可靠性	● 我们确实对不同的质量水平给予不同的价格	● 检验价格是否对供应商造成影响	● 发现高质量的供应商
5. 持续且无止境地改进生产和服务系统：提高质量、降低成本	● 我们需要学习如何去做	● 我们需要对过程评价并改进它	● “这是谁的工作”的态度才能确保质量
6. 建立工作岗位培训：树立服务和质量的观念	● 我们去年修改了培训计划	● 定期培训，而过去是随机的	● 把每个人召集在一起 ● 损失生产时间
7. 领导挂帅：领导成为质量改进的先导，支持、辅导、鼓励员工，分担责任	● 我们已有一些优秀的人愿意学习	● 培训领导的质量观念 ● 建立更多的团队	● 少数消极的管理者需要转变态度
8. 排除恐惧：在组织中形成信任和创新的氛围	● 我们认为质量改进工作没什么可担心的	● 我们需要谈论它，看看员工有什么感觉	● 员工可能害怕消极的管理者
9. 打破各个职能范围之间的障碍：实现所有层次员工的合作，加强跨功能团队建设	● 我们每年都有假日聚会	● 部门间共同制定计划、战略和共同学习	● 职能人员开始时可能怀疑，需要慢慢来
10. 消除口号、劝诫和个人目标，取消产生错误导向、增加团队竞争的口号	● 没有太多的言之无物的事情	● 检验生产目标是否能够提高质量	● 发现有意义的目标
11. 剔除以数量定额和目标管理取代领导：帮助员工了解工作过程	● 没有定额	● 需要了解过程	● 摆脱“数量重于质量”的态度
12. 消除障碍，使得员工找回以工作为自豪的感觉：成为学习型组织	● 我们已经开始谈论自豪指的是什么	● 人们不完全知道如何才能变得重要	● 领导需要了解如何支持员工
13. 制定有力的教育和自我改进计划，以共同愿景为目标，改进技能，增加知识	● 这是一个挑战	● 不仅是管理者，而且是所有层次的培训	● 我们需要找到好的 TQM 的推动者
14. 采取行动完成转变：让每一个员工参与到质量改进的行动中来	● 我们已经决定使之发生	● 需要管理者致力于新的观念	● 我们有太多要学的！一些人还没有接受质量观念呢！

资料来源：麻省理工戴明研究所．摆脱危机//洛丝特．全面质量管理．北京：中国人民大学出版社，1999：29-32，34-35．

2. 界定顾客及其需求和期望

顾客及其满意度是 TQM 的核心概念，因为，质量改进方向要以识别顾客的范围、需求和期望为先导。换句话说，明确组织服务的顾客群，界定顾客需要是 TQM 的起点。组织必须优先回答："谁是我们的顾客?""顾客需要什么水平的服务或生产力?""如何建立超越顾客需求的服务系统?"

在生产和服务中，组织的关系人（群体）是由组织的供应链构成决定的，这些关系人都可以成为组织的顾客，他们包括组织的供应商、内部顾客和外部顾客。供应商负责为组织生产和服务提供必要的物品，保证组织工作得以维持；内部顾客是组织内部直接生产、提供或传送产品和服务的员工；而外部顾客就是组织外部存在的产品或服务的最终享有者和使用者。界定组织不同来源、不同层次的顾客，目的在于：（1）确定不同顾客对组织生产和服务所抱有的期望和需求，明确其对组织拥有的权利。在这样的基础上，对产品和服务流程进行有针对性的改进。（2）努力与各种顾客形成合作伙伴关系，彼此信任，构筑质量改进的网络体系。（3）促进内部顾客满意度的延伸效应，将组织内良好的服务气氛外延到内部顾客和外部顾客的关系之中，实现最终对外部顾客的高品质服务。

针对顾客对产品或服务的期望和需求，TQM 强调一些重要的质量评价因素，包括：价格、可靠性和安全、耐用性、便利、外观、人性化设计、售后服务、礼貌行为、员工态度、对问题的关注、迅速解决问题等。

3. 团队建设，向员工授权并不断对其进行培训

如前所述，TQM 的推行不仅需要强有力的领导，而且需要得到每一位员工的理解和支持，需要将质量管理理念融入员工的思维里，融入员工的日常工作行动中。因为，整合的质量管理标准必须落实在每一位员工的工作任务和工作程序中，所以，TQM 的实施往往伴随着一系列组织文化和行为规范的再造。

调动员工参与全面质量管理是至关重要的，它是 TQM 成功的基本保证。为此，组织须启动一系列新的组织文化和激励机制发展措施。第一，吸收员工参加 TQM 的决策和实施的全过程。这意味着要给予员工参与的动力。其中，授权给员工，增加员工在工作中的自主性，积极听取员工质量改进的建议，允许员工创造并容忍他们的异议，与员工共同讨论在 TQM 实施中碰到的典型问题等，都有助于促使员工投入 TQM 的持续改进中。第二，培训员工，使其接纳 TQM 的观念，不断强化其对 TQM 重要性的认识，并指导员工掌握应对 TQM 方法的知识和技能。第三，构建团队，组成员工质量攻关或质量改进小组，通过团队凝聚员工的智慧和创造力，发现和分析存在于身边的质量问题，提出持续质量改进的有效方案。

4. 在工作中持续质量改进过程和实施步骤

围绕 TQM，组织可形成戴明 PDCA 质量圈，即计划（plan）、做事（do）、检查（check）、行动（action），构成质量策划、质量控制与质量改进三部曲。在组织内的质量委员会或质量小组的推动下，实施步骤将质量管理思想转化为现实的行动，将 TQM 融合到组织的管理框架和程序中去。表 14－7 就是组织常规采用的 TQM 实施步骤。其间，TQM 实施采用的主要工具有系统分析、与顾客交谈沟通、领导者和员工采用头脑风暴法、描绘工作流程图和走势图、质量控制动态分析等。

表 14-7　TQM 实施步骤

第 1 步：让员工描述、测算他们的工作并找出需要改进的工作程序，通常以明确顾客及他们的需求作为开始。
第 2 步：描述完成这项工作所需的步骤（什么人、在什么时候、做什么）。
第 3 步：查明工作过程中哪些地方易出差错、延迟和返工。
第 4 步：阐明造成差错、延迟和返工的原因，包括欠佳的配备或不清楚的指示、不达标的操作、不正确的指导和交流，或是没有培训成熟的员工和管理人员。员工常被限制在管理部门所制定的体系之内，而这种体系恰是为产生错误和缺点而设计的（因为它们不断出现差错）。
第 5 步：为改进工作采取小规模的试点。
第 6 步：如果这种试点计划奏效，将其推广到整个组织。
第 7 步：监控过程，以确保它能在整个过程中改进工作。
第 8 步：重复第 1 步至第 7 步，进一步改进工作。

资料来源：科恩，布兰德. 政府全面质量管理：实践指南. 北京：中国人民大学出版社，2002：6.

14.3.2　6σ（六西格玛）质量管理法的改进

6σ（六西格玛）质量管理法是近年来在企业内迅速发展的质量控制、追求卓越品质的管理思想和方法，它是对全面质量管理的进一步完善和改进，目的是维护全面质量管理取得的成果，改变全面质量管理工具的繁杂特性，并且进一步推进质量管理的水平，使其方法更加可行、更加扎实和有力。“6σ（六西格玛）管理法的大部分要素都不是全新的。全新的地方在于它能够把所有的主题综合在一起，建设一个连贯的管理流程。”在 6σ（六西格玛）质量管理中，“我们会用最简单、最方便的工具解决问题”①。

6σ（六西格玛）质量管理法于 20 世纪 80 年代始于美国摩托罗拉公司的 6σ（六西格玛）研究中心，其创始人为迈克尔·哈里（Mikel Harry），该公司的质量管理过程证实了其有效性。然后，该管理方法在通用电气公司、IBM 公司、微软等国际知名企业得到应用，并开始进入一些公共部门，公共部门掀起了学习、应用 6σ（六西格玛）质量管理法的浪潮。

希腊字母“σ”在统计学中表示“标准离差”，显示在一个生产或服务流程中某一指标偏离正常值的程度，即残次的程度。6σ（六西格玛）特指在生产或服务提供中，按照一定的缺陷存在标准衡量生产、服务流程质量状况的标准化的技术和方法，其目的是要通过有效的设计，消除流程中的质量缺陷，或者达到“零缺陷”水平。其中，西格玛数字越高，要求的质量水平越高。在标准的状况下，一个 σ 表示在 100 万个产品机会中，会有 691 462.5 个机会出现次品，无缺陷产品比例为 30.854%；在 3σ 水平上，100 万个产品机会中，会有 66 807.2 个机会出现次品，无缺陷产品比例为 93.319%；而在 6σ（六西格玛）水平上，100 万个产品机会中，会有 3.4 个机会出现次品，这接近了“零缺陷”质量水平。

6σ（六西格玛）质量管理法既是一套管理哲学和文化，又是管理的先进技术，在公共部门也有其适用的场所。

1. 6σ（六西格玛）质量管理法试图突破全面质量管理法存在的一些局限性

表 14-8 归纳了一些在 6σ（六西格玛）质量管理法倡导者和支持者眼中两者的差异。当然，这绝不是完全否认全面质量管理法的意义，或替代全面质量管理法，而是力图改进

① 潘德，等. 6σ 管理法：追求卓越的阶梯. 北京：机械工业出版社，2001：23，57.

全面质量管理法的一些思路和技术方法，使得管理人员更容易上手，质量管理的目标更加清晰。

表 14-8　6σ（六西格玛）质量管理法与全面质量管理法的不同点

全面质量管理法	6σ（六西格玛）质量管理法
缺乏整合：质量管理活动与组织发展战略相分离。质量委员会并不由核心管理层组成，中间管理层没有控制质量问题的权力。	将公司和个人结合起来：将流程管理、流程改进和流程评估结合起来，强调日常管理活动中的质量控制责任，中间管理层发挥主要的作用。
领导层的冷漠：组织高层管理者对全面质量管理持怀疑态度，导致全面质量管理成为“暂时性的”活动。	领导带头：它使领导者认识到，不断地改变是获得持续成功的必要因素，所以向变革投入不懈的努力。
模糊的概念：概念不清，有多种含义，使人感到神秘莫测；其实施的新的方法（如ISO 9000 认证）与全面质量管理格格不入。	一个不断重复、简单的信号：概念简明、清楚，对象明确，“通过密切关注顾客、流程管理、流程改进和合理利用数据及事实，实现和维持成功的业务管理系统”。
不清晰的目标：由于不存在能够用来真正了解顾客需求的工具，可能满足了今天顾客的需求，但对明天顾客的需求却准备不足。	设立一个明确的目标：目标清晰，具有挑战性，又可以实现。以显现、确定的绩效状况表现目标的达成；不断追踪顾客需求，建立起一个动态的管理系统。
纯化论者态度和对技术的狂热：质量政策过于教条化，且方法过于繁杂，其技术方法达 400 多种，造成资源浪费。	采用适合环境的工具和严格的尺度：6σ（六西格玛）质量管理法的技术不只是一种，但各种技术都倡导简单、方便。
不能消除公司内部各部门间的隔阂：不同质量改进方案本身存在着隔阂，跨部门性质正在逐渐形成。	优先考虑跨部门、跨流程管理：强调各部门间的相互支持，从整个流程状况考虑，提出整合性的问题解决方案。
增长性变化与指数性变化：将小改进和大变化对立起来，当激进的“再造”概念使用时，遭到了众多抵制，不能将改进和变革调和折中起来。	增长性指数性变化：同时承认小改进和大变化的重要性，协调地使用两者。
无效的训练：全面质量管理培训过于注重具体的实用工具，忽视提供清晰的背景；过分强调质量管理的完美无缺。	黑带、绿带*：提出明确的培训标准和要求，并投入必要的时间和资金支持员工达到预先设定的培训标准。
以产品质量为中心：只以生产和制造过程为中心，而没有关心服务、物流、营销等方面。	注意所有业务流程：同样关注服务的流程，全面注意所有业务性质的质量管理分析。

* 黑带、绿带等原是用于表示柔道中的段位，在 6σ（六西格玛）质量管理法中，它们代表不同级别的全职从事 6σ（六西格玛）研究、分析的代理人，其职责是进行流程分析，并与工作团队一起改进流程，以达到“零缺陷”目标。

资料来源：潘德，等．6σ 管理法：追求卓越的阶梯．北京：机械工业出版社，2001：55-61.

2．6σ（六西格玛）质量管理法关注六个方面的主题，这些构成了这一管理系统的目标和价值

第一，对顾客真正的关注。通过动态了解顾客需求，评价顾客的满意度，加强对绩效的认识，增进顾客满意度。第二，由数据和事实驱动管理。从事实入手，而不是从自以为是的观点和假定入手，使用统计的分析方法来构筑质量的关键因素和最优目标解。第三，突出流程管理的核心作用。6σ（六西格玛）质量管理法将流程管理看作采取行动、落实目标的关键环节。在有效流程设计的过程中，提高绩效和顾客满意度。第四，强化主动管理。这意味着关注经常被人们忽视的业务运作，重在提前预防而不是救火。第五，无界限的合作。通过流程管理，进一步促进组织内部横向和纵向的合作，意在消除隔阂。第六，对完美的渴望，对失败的容忍，不断获得创新的动力。

3. 6σ（六西格玛）管理法将视野定位在五个相互关联的核心概念上，即缺陷、差异、关键质量、流程能力和6σ（六西格玛）设计，以此为中心点贯彻其主题思想

在生产和服务中出现的质量缺陷和差异是6σ（六西格玛）质量管理法关注的焦点，因为它们从结果角度反映了组织存在的问题和需要改进的方面，这为制定质量管理政策设定了问题背景。关键质量（critical quality，CTQ）则是组织通过统计和分析获得并确认的影响质量的一系列关键因素，组织应能够识别这些因素对于改进质量、降低缺陷所发挥的作用，衡量投入与产出之间的因果关系。关键质量实际上提供了一系列标准和关注点，以促进更加可靠的流程改进。

对现有流程状况进行评价，了解其流程能力，理解流程的问题，谋求改进，是6σ（六西格玛）管理的重要内容。在6σ（六西格玛）质量管理法中，流程的分析、设计极为关键。其倡导者认为，人力资源在创造高品质绩效方面无疑具有主要作用。但是，有些问题出在流程设计的合理性上，而不单纯是人员问题。所以，它的切入点是，一旦确定了顾客期望标准，应该反馈到生产、服务流程，找到问题所在，从而提升流程能力。由此，流程图就成为管理的重要工具，它是创造性地描绘生产、服务过程的各个步骤，包括经营活动、决策点、耽搁时间、移动、移交点、返工圈、控制和检查等的有力工具。一整套系统的管理活动构成了6σ（六西格玛）的分析、设计和执行过程。

4. 6σ（六西格玛）质量管理法的五个阶段或程序

在操作上，6σ（六西格玛）质量管理法一般经过五个阶段或程序，这是它的核心工作过程。其英文简写是DMAIC，即定义（define）、测量（measure）、分析（analyze）、改进（improve）、控制（control）。

第一，定义。这是6σ（六西格玛）质量管理法的初始阶段，其任务一方面是定义顾客需求和期望，另一方面是定义流程中存在的重要问题，决定关键质量因素。

第二，测量。描述关键质量因素的特征，形成因素的业绩标准，制定流程能力的测量系统。在流程能力分析中，使用了量规重复能力和重制能力的方法（R & R），它以准确性、重复性、重制性和稳定性为目标，力求在不同条件下获得测量的有效性。

第三，分析。任务是提出有关质量结果产生的原因假设，具体分析生产和服务流程中的各种数据与事实，确认对关键质量因素产生重大影响的概率，验证假设。

第四，改进。对涉及的流程能力问题或存在的缺陷、差异进行改进，制定解决方案和改进计划，着手于计划的量化和推行。

第五，控制。对生产或服务流程进行记录和监控，控制缺陷或差异的出现，维持良好的质量水平和生产、服务效率。表14-9是6σ（六西格玛）质量管理法的程序设计。

表 14-9　6σ（六西格玛）质量管理法的程序设计

定义阶段
1. 确认流程中存在的重要问题；
2. 选择一个项目，解决其中的一个或者多个问题，定义该项目中的参数；
3. 决定要进行测量、分析、改进和控制的几个关键因素。
测量阶段
4. 选择产品或流程中关键质量要素的特征，如关键质量因素 Y；
5. 定义 Y 的业绩衡量标准；
6. 验证测量 Y 的系统的有效性；
7. 制定产生 Y 的流程生产能力。
分析阶段
8. 定义改进 Y 所要达到的目标；
9. 确认产生 Y 的各种来源；
10. 筛选造成 Y 发生变化的潜在原因，确认关键的几个影响质量的变量 X_i。
改进阶段
11. 发现关键的几个 X_i 之间的各种联系；
12. 制定关键的几个 X_i 的容许误差；
13. 验证测量 X_i 的系统的有效性。
控制阶段
14. 确定控制关键的几个 X_i 的能力；
15. 执行对关键的几个 X_i 的流程控制系统。

资料来源：布鲁．六西格玛经理人．北京：机械工业出版社，2003：105.

14.4　公共部门人力资源管理系统的改进与创新

人力资源管理服务于组织的战略发展和核心目标。公共部门学习型组织的创新、团队建设与发展，以及推进生产力水平的全面质量管理法与6σ（六西格玛）质量管理法的实施，对人力资源管理的改进提出了新的要求，促使人力资源管理无论是在总体的系统上，还是在具体的流程和技术上都要寻求创新。人力资源管理的理念、境界和视野还需要进一步发展。

14.4.1　创建基于能力的公共部门人力资源管理系统

对现代组织而言，根本目标就是提升组织持续发展和实现战略的能力。在全球经济一体化的进程中，不论私营企业组织还是各种类型的公共部门都面临着强势的竞争。在这样的背景下，组织的竞争、学习和应对挑战、持续发展的能力上升到了极其重要的地位。因此，基于能力的组织构建，立足于核心能力的组织环境、制度和文化创造，已经是组织管理的重中之重。

耶鲁大学的教授迈克尔·茨威尔（Michael Zwell）指出，组织能力的提升或组织的成功建立在三大基石之上：(1) 组织领导的战略视野及其推动发展的能力；(2) 组织内员工的创造和高绩效完成工作任务的能力；(3) 组织环境和文化是否能够培育和提高管理层与员工的能力并使之最大化[①]。

基于能力的组织建设离不开人力资源管理。组织需要人力资源管理来贯彻其核心的价值观，通过人事制度保证员工能力的开发和发展，通过管理系统和制度设计实现开放的、吸引员工参与的、不断进行管理持续改进的目标。康奈尔大学的斯奈尔（Snell）认为，衡量一个企业核心能力的指标有四项，分别是：价值性（valuable）：持续发展中，收益和成本之比必须大于1；独特性（unique）：企业的核心能力是独特的，被复制和模仿的可能性很小；持续学习性（learning）：通过学习和接受挑战获得核心能力；可扩展性（extendable）：核心能力是不断更新和增加的[②]。而组织人力资源恰恰具备能够促成组织核心能力的基础和条件，可以成为组织持续发展能力的源泉。所以，现代人力资源管理的口号是：创造"基于能力的人力资源管理系统"（the competence HRM）。基于能力的公共部门人力资源管理系统改进趋势表现在以下方面：

1. 多样性、差异化的人力资源管理系统的资源配置战略与政策

基于能力的组织发展，在逻辑上要求人力资源管理突出核心人力资本的能力。这意味着，管理者需要对能够提升组织能力的人力资本的技能、能力、心智等素质进行整合，发挥人力资源的整体优势和竞争力。斯奈尔指出，借助人力资源管理系统的有机管理过程，可以使组织人力资本的存量发生重大变化，为组织发展战略提供强有力的支撑。为此，公共部门人力资源管理的回应战略是，根据公共部门组织发展的性质和特点，对人力资源进行合理的分类，然后，采取不同的使用、开发和管理模式，有效地配置资源，形成与组织持续发展能力相匹配的人力资本使用和储备结构。

彭剑锋和饶征等教授在大量咨询研究的基础上，发现按照唯一性和普遍性（稀缺性）、高价值性和低价值（战略价值性）四个维度，可以将组织内的人力资源划分为核心人力资本、独特性人力资本、通用性人力资本和辅助性人力资本四类。其中，核心人才具有高战略价值性和稀缺性，对组织发展极为关键，这种人才应尽量从组织内部培养和晋升；独特性人才不一定具有较高的战略价值，但其专业化知识或技能使其具有较高的稀缺性，可采用外包形式，减少成本，与之建立伙伴和合作关系；高价值但低稀缺性的通用型人才可以通过合同契约，基于现有的劳动、工作技能雇用；辅助性人才具有低价值性、低稀缺性，主要通过外包或短期合同，利用临时性、季节性雇佣关系获得。表14-10是组织差异化人力资源管理政策与策略。

表14-10 组织差异化人力资源管理政策与策略

	核心人力资本	独特性人力资本	通用性人力资本	辅助性人力资本
人力资源管理系统	以责任为基础的人力资源管理系统（认同）	合作的人力资源管理系统	以生产率为基础的人力资源管理系统	以服从为基础的人力资源管理系统
工作设计	● 授权、提供资源 ● 因人设岗	● 以团队为基础 ● 资源丰富/自主	● 清晰定义 ● 适度授权	● 准确定义 ● 圈定范围

① 茨威尔．创造基于能力的企业文化．北京：华夏出版社，2002：2.

② 彭剑锋，饶征．基于能力的人力资源管理．北京：中国人民大学出版社，2003：6-7.

续表

	核心人力资本	独特性人力资本	通用性人力资本	辅助性人力资本
招募	● 根据才能（学习能力） ● 内部提升	● 能够合作 ● 根据成绩	● 外部招募 ● 根据业绩	● 人力资源外包 ● 为特别的任务招聘
开发	● 在职培训 ● 具有公司特色	● 在职培训 ● 根据公司具体情况	● 局限于公司的具体情况 ● 关注短期效果	● 局限于规章和流程
考核	● 关注对战略的贡献 ● 开发	● 团队为核心 ● 目标的完成情况	● 培训效果 ● 关注绩效	● 服从性
薪酬	● 外部公平（高工资） ● 为知识、经验、资历付薪	● 以团队为基础的激励 ● 合同、年薪，为知识付薪	● 外部公平（市场比率） ● 为绩效付薪	● 按小时或临时工作付薪

资料来源：彭剑锋，饶征．基于能力的人力资源管理．北京：中国人民大学出版社，2003：14.

2．人力资源管理系统改进的战略目标

基于能力的组织发展，要求人力资源管理相应地解决现有管理系统存在的一系列问题，明确与组织发展前景配套的人力资源战略管理问题，把握人力资源管理系统战略性的改进方向。

第一，应对组织结构变化和建立弹性组织的要求，公共部门人力资源管理体系的改进目标是：围绕人事权，进一步理清上下级的权力关系，建立清晰的责权利分配机制；确定人力资源管理部门与其他业务部门的职责、功能分工，建立集中与分散相结合的人力资源管理体制，确立人力资源管理部门在组织发展中的战略地位和作用。

第二，应对组织人力资源获取、使用、开发和发展的需要，公共部门人力资源管理系统的战略目标是：制定针对组织核心人才获取、培养的人力资源总体规划；开拓、发展人才的吸引、保留机制；设计和建立人才的评价、职业发展通道和培训开发体系；完善组织人才使用效率和员工满意度评价的标准和监控体系。

第三，围绕着组织人力资源战略发展目标，公共部门人力资源管理系统应立足于：完善和整合组织的人力资源管理制度和运行机制；建立能够有效支撑组织战略发展的员工薪酬、培训、素质认定与发展、职业发展通路绩效考核评价等一系列重要的组织激励政策和措施；实施提升组织人力资源管理水平的科学研究计划。

3．强化组织人力资源管理者的角色和责任认知

以倡导学习、应对挑战和促进能力为基础的组织战略将人力资源管理的重要性推向了一个新的高度，人力资源管理部门和管理者的责任更加重要，他们在组织中扮演着一些新的角色，发挥着组织战略管理赋予的关键功能。作为组织的战略伙伴，他们参与了组织战略决策制定，为组织提供基于战略发展需要的人力资源规划和管理系统运作体系，将人力资源管理与组织战略以及日常管理制度有机地结合起来；作为人力资源管理的专家和顾问，他们为人力资源开发、管理服务，向组织提供创造性的、有价值的咨询；作为组织员工的服务者，他们与员工沟通，及时了解员工需求，为员工提供支持，提高员工的满意度，增强其忠诚感；作为组织变革的推动者，他们积极参与组织学习和变革过程的人力资源改革实践，妥善处理人力资源管理面对的问题。

同时，人力资源管理也已经成为组织全体人员的责任，它涉及从个体、团队到整个组织的全员动员和整合。表 14－11 呈现了从高层决策者到低层员工承担人力资源管理责任的体系。

表 14－11　从高层决策者到低层员工承担人力资源管理责任的体系

高层决策者的人力资源管理角色与责任	● 从大局着眼把握人力资源管理发展方向，倡导各级管理者都来关心人力资源问题，承担人力资源管理责任 ● 角色定位：人力资源战略的倡导者、人力资源政策的制定者、领导团队的建设者、人力资源政策导向的把握者、自我管理者
直线管理者的人力资源管理角色与责任	● 现有直线职能管理体制下，各中心、部门主管是人力资源和企业文化最直接的体现者，应承担起相应的职责 ● 角色定位：人力资源政策和制度的执行者、人力资源具体措施的制定者、人力资源管理氛围的营造者
人力资源管理部门的角色与责任	● 人力资源管理部门从权力机构转变为专业化秘书、咨询机构，对人力资源管理起决策支持作用 ● 角色定位：人力资源开发与管理方案的制定者、人力资源政策和制度执行的监督者 ● 人力资源管理人员的专业化
员工在自我人力资源开发与管理方面的责任	● 由他律到自律，自我开发与管理 ● 心理契约、团队管理、学习型人才和学习型组织、职业生涯管理、跨团队或跨功能的合作

资料来源：彭剑锋，饶征．基于能力的人力资源管理．北京：中国人民大学出版社，2003：29.

4．以组织核心能力建构为中心，渗透于人力资源管理整个系统和过程的管理制度与方式再造

以能力为核心的人力资源管理系统的构建，改进的并不仅仅是人力资源管理的某一个环节或程序，它要求的是与组织战略管理和战略性人力资源管理目标一致的整个系统的再造，涉及与人力资源管理过程相关的各个环节和管理流程的改进。

基于战略发展和能力导向的人力资源系统改进过程需要人力资源管理五个子系统的配套改进，形成整合性的可持续发展管理体系。它包括：第一，基于战略的人力资源规划。按照组织战略发展要求，对组织不同层次的人员进行资源数量规划、资源结构规划和资源素质规划，盘点现有人力资源，明确其供需关系状况，有针对性地制定人员调整调配、补充、晋升、退休、解聘等计划。第二，人员素质和潜在素质的评价系统。对组织员工的能力、技能和专长进行评估，建构科学、合理的员工素质综合评价体系，为培训和职业发展奠定客观依据。第三，以顾客和服务品质为导向的公共部门绩效指标评价系统。针对公共部门服务的性质，提出面向顾客需求的、反映服务质量水平的关键绩效指标，用以测量和评估员工和团队完成公务活动和提供公共服务的产出效果，改进公共部门服务品质。第四，以员工能力发展为中心的培训开发与职业生涯规划和设计系统。完善组织的培训教育体系，有针对性地开展不同层次的、适应需求的培训项目。同时，形成更加强有力的员工职业发展管理机制，为员工的能力发展提供广阔的空间。第五，基于能力和业绩的薪酬设计和管理系统。建立充分反映能力和成绩取向，能够贯彻公平和同工同酬原则的工资结构，按照外部参照标杆，合理设置薪点、薪级、薪差和薪酬构成，激励员工努力工作。

14.4.2 创造以团队为基础，员工平等参与，提高员工满意度的制度环境和组织文化

创造新型的、基于能力发展的人力资源管理体系，不仅要建立完善的管理制度和高效的运行机制，还需要将其中的管理价值和精神融入组织文化之中，使得员工在心理上能够认同和接受这些理念，与组织达成心理契约。这样，组织的人力资源改革和创新才能有效地推行，改进的措施才能达到其预期的效果。

在组织人力资源不断改进和发展的过程中，在管理政策和措施制定和实施的过程中，需要形成开放性的、参与性的、强化沟通与反馈的、强调互惠与合作的、发展互动的组织环境和文化氛围，吸收员工参与管理系统的改进，通过共同的学习和讨论、建议，分享有关管理目标的信息，理解和掌握管理改进的价值和精神，以促使员工读懂组织的目标、需求和对员工的期望，自觉地将个人目标与组织目标统一起来，在组织的发展中寻求个人发展的途径和通道。由此，创建工作团队，为员工提供参与管理或强化自主管理的空间与途径，已经成为当前塑造管理发展需要的组织文化环境的核心内容。

1. 构建多样化的工作团队，以使命感和共同愿景引导和激励团队及其成员

如前所述，工作团队这种单元在现代组织中发挥着重要的作用。它不仅在设计理念上实现了工作重要性、完整性、自主性、技能多样和互补性的目标，有助于激励员工提高工作绩效，而且增强了员工彼此的认同与合作、组织归属感与凝聚力等心理满足感。

根据组织的工作性质和整体目标的要求，团队可以以多种方式形成。而在团队组建中，提高绩效和增强认同与凝聚力是团队要达成的直接目标。它的有效性取决于三个关键因素：团队建设的背景、参与者的个性、团队期望执行的任务类型。实践中，组织运用四种方法或者方法的结合来实现团队的目标。

第一，团队任务引导法。它主要通过强调员工技能对团队整体做出的贡献、认同员工的重要性等方式，激励员工在团队中的行为。在构建上，这种方法比较注重任务的完整性和不同功能的有机整合。在此基础上，将重点放在跨功能部门成员的技能互补、相互学习和信息的分享上，因此，突出任务分析和工作设计，将技术互补、信息资源分享和以项目为中心的合作视为团队设计的重点。

第二，价值观引导法。价值观引导法是现代组织积极倡导的一种设计思想。其方法主要是通过团队成员对清晰的价值观和目标的共有理解，通过信念的激励，鼓励员工发挥其智慧和创造力。在这种方法中，组织和团队要做的关键事情是促使成员共同讨论和形成“共同使命”，共同展望组织具有吸引力的愿景规划。它让成员充分感受到大家一起工作的意义，并能够体会到个人的行为对团队共同目标和价值观所具有的重要意义。

第三，角色定义法。这种方法是社会身份定位法的延伸，它主要通过团队明确和清晰化每一个成员的角色期望。其做法是将组织的共有责任进行分类，然后对所涉及的员工群

体做整体化分类，使得团队了解自己的工作性质和工作标准，并要求每一位成员充分了解和认识他们在团队或组织中的位置、角色、职责和组织期望。在学习型组织中，人们还倾向于发展“角色商议法”，共同讨论团队成员应该做什么、减少做什么或不做什么的清单，并达成互助的协议。

第四，人际互动法。这种方法通过团队成员之间高水平的了解、互动和沟通，增强团队成员在交往过程中的相互认识和彼此了解。共同学习和接受挑战为团队人际互动提供了重要的空间和背景。从行为科学角度，人际互动法倡导在学习中团队应帮助成员学会如何倾听，协助他们彼此了解过去的经历和个性，鼓励成员将团队看作“我们”，而不是简单地一起工作的人。表 14－12 是团队成员相互作用的一些常规类型。

表 14－12　团队成员相互作用的常规类型

互动类型	举例
提供支持	提供有帮助、有益、建设性的建议，推崇别人，表示接受
提供建议	提议、直接建议、为别人提供做贡献的机会
提供评价	评价或分析意见，表达感受或希望，解释并推荐自己的意见
提供信息	摆出新的事实情况，重复或转述以前的贡献，并分类和确认
寻求信息	寻求事实和信息，寻求对以前贡献的重述或分类结果
寻求观点	寻求感觉与希望，向别人索取解释和评价
寻求建议	寻找意见、指导或建议，寻找行动办法
表示不同意	表示反对或拒绝，不支持或阻止反对他人、攻击他人

资料来源：海斯．成功的团队管理．北京：清华大学出版社，2002：77．

2. 适度授权于团队及其成员，发展员工自主管理的能力，增强员工的满意度

授权是团队发展的制度基础。因为，高效的团队期望做自己能够负责的事情，它是自主决策和自主管理的群体，是以资源基础和技术基础来完成任务的团队。适度授权对于团队能力的拓展是至关重要的。授权意味着组织领导在转移工作任务和责任的同时，将决策、管理、承担风险和责任等权力同步向团队转移，在目标和任务设定的范围内，允许团队及其成员在事务、程序管理上拥有一定的决定权。

沙克尔顿（V. Shackleton）认为，在向团队授权的过程中，组织需要关注六个方面的问题：第一是对员工的尊重和信任。领导者相信团队的优势和潜力，并帮助团队建立优势。第二是领导者的自信。更多地鼓励员工接受挑战，开发新的工作途径与方向，是领导者新的角色定位。第三是给予培训的机会。在尊重员工当前能力的前提下，给员工更多的培训机会发挥他们的潜能，培养员工在组织工作中的自信心。第四是清晰的授权界限。明确分权的原则和分权的导向，即哪些权力应由高层领导者执掌，哪些权力可以与任务一起下放给团队。第五是发展沟通与信息通道。成功的团队授权需要比以往多得多的信息来源，以保证成员能够知道自己应该干什么、怎样处置管理的事务。所以授权要求增进组织内的信息传递。第六是团队需要达成的进度标准。确定进度标准为的是增进团队整体的工作绩效，提升团队成长能力①。人力资源管理者开发了越来越多的团队绩效评估与行为激

① SHACKLETON V. Business leadership. London：Routledge，1995.

励的措施，并将它们不断运用于管理实践之中。

3. 发展以团队为中心的绩效测评技术，创造追求卓越的团队管理

为了推进组织的高绩效和实现组织整合的目标，组织超越了从前以员工个人为中心的绩效考核评估方式，逐步发展了以团队为中心的绩效测评技术手段，将成员的绩效标准和效果评估与组织发展的要求有机地结合起来。

团队绩效是联结个人绩效与组织绩效的中介环节。它将组织设定的目标和绩效标准分解为团队的绩效要求，再形成团队成员的绩效目标和测评标准。团队绩效管理的主要内容集中在四个方面：第一，团队绩效考核关注的核心指标和绩效测评计划；第二，团队的工作成果标准（如数量、质量、速度、成本、顾客满意度等）；第三，团队成员的工作成果标准；第四，团队未来工作能力改进的反馈和计划。

团队绩效测评既要反映团队的工作成效以及与组织目标的契合性，又要反映团队成员的努力状况和实际工作绩效，既要能测评工作过程的运作状况，又要测评工作成果，所以，它须突出核心的评价因素，并按照特定的评价目标，平衡各因素在指标体系中的作用，合理赋予权重，以求得客观的绩效评价结果。

团队绩效评价工作的程序是：第一，针对不同类型的团队，形成围绕组织发展的特定的测评目标，确定不同的测评原则、要点和测评导向。例如，项目团队更加注重成果和能力评价，而固定团队则比较注重行为、成果和改进评价。第二，确定成员个体层面的绩效和团队层面的总体绩效，并将两者有机结合起来。对于个体的测评集中在成员对团队的贡献上，考察点是成员在完成任务中的活动表现、合作精神、分享信息与其他资源的意愿以及参与团队决策过程的程度等。而团队总体绩效评价主要放在团队工作成果、激励成员交流与合作、听取各种意见等结果和行为标准上。同时，对于从事不同性质工作的不同类型的工作人员也应开发有针对性的测评标准。第三，选择和细化需要测评的核心指标体系。团队工作的核心指标以及细化的指标体系围绕着数量或速度测评、质量测评、成本测评和时效性测评四个方面设定。其中，质量指标是现代组织十分关注的标准，速度、时效性等指标实际上从不同角度反映着质量的要求。第四，分配测评因素的权重。为突出某一方面的行为或成果，将一定的权重合理地安排到不同的因素或指标中去，体现因素的重要性和价值。第五，进行绩效数据的收集，分析绩效测评标准和指标的合理性与可行性，为绩效测评实施做准备。第六，绩效测评的具体实施。在此过程中，测评者和被测评者可以通过绩效面谈、团队绩效汇报会等方式加强沟通与反馈，不断地进行绩效管理的诊断，共同改进行为，增强团队的凝聚力。

14.4.3 发展以顾客满意度为导向的公共部门员工绩效评价体系

服务于顾客，向顾客提供高品质的产品与服务，满足顾客多样化的需求和要求，提高顾客的满意度同样是公共部门追求的目标，是评价公共部门人力资源管理水平和能力的重要标准。在公共部门不断强化全面质量管理的今天，标杆管理、ISO9000质量认证体系、业务流程重塑、使用者介入等质量管理机制逐步进入政府及各种公共部门。这些机制试图通过不同的方式提高公共部门产品与服务的质量，改进产品与服务提供的流程和途径。但是，无论采用哪种质量管理机制，其目标都是提高顾客满意度，“明确和理解我们的顾客”

“以公民为中心，顾客至上”“开放性的组织，回应顾客需求”等理念已经成为公共部门政策制定和执行的行动导向。

为此，公共部门不仅要借助团队共同愿景和使命感的描绘，将为顾客服务的思想和精神贯穿于组织文化中，而且要通过有效的管理机制和评估体系，激励员工追求高品质的服务，加强同接受服务的顾客的交流与沟通，将公民中心、顾客至上的精神融入员工的日常工作行为之中。公共部门人力资源管理是促进员工提高服务品质的重要工具，它可以凭借以服务质量和顾客满意度为导向的绩效管理评价体系，引导员工不断提升质量为本的服务水平，达成公共组织预期目标。

构建公共部门工作人员以顾客服务与满意度为导向的绩效评价体系，核心是形成具有较高效度的测量员工服务行为和服务质量结果的评价指标，并给予服务质量评价因素相对较高的权重赋分。围绕着顾客服务水平和顾客满意度，组织往往会采用一系列以质量为中心的关键绩效评价指标，用于测量员工在顾客服务中的行为、态度以及行为结果。

针对员工对顾客服务的行为，关键绩效指标包括：

(1) 员工对待顾客的态度：是否能够将顾客作为组织的伙伴，是否能够提供周到、诚恳、延伸性的服务；

(2) 员工对于顾客要求的回应方式：是否能够积极地倾听顾客的想法，能否诚实地反馈顾客的意见、建议，能否保持与顾客的沟通；

(3) 员工对于顾客意见的态度：能否对行为进行积极、及时的改进；

(4) 员工对于行为方式改进或组织流程改进采取的态度和行为：是否以积极的态度认同和接受组织改进服务质量采取的措施，是否参与团队改进流程的讨论和行动，是否利用自身的知识提供合理化建议，是否通过相互或共同的学习改进为顾客服务的行为方式等。

针对员工对顾客服务的结果，关键绩效指标包括：

(1) 及时性：迅速回应顾客需求，及时处理顾客要求解决的问题，快速提供顾客需要的服务；

(2) 准确性：提高服务的准确性，降低差错率和事故率；

(3) 服务承诺：向顾客告知和承诺相关的服务提供的质量标准；

(4) 投诉率：降低顾客对于员工不满意服务的投诉；

(5) 工作进度：快速地完成工作任务；

(6) 顾客满意度：通过调查和公民投票显示顾客对于公共部门及其员工服务的满意程度和满意比率。

本章小结

在发展的社会环境中，公共部门人力资源经历着变化。这些变化涉及管理哲学、管理文化、管理制度和管理技术多个层面，使得公共部门人力资源管理系统面对着多重压力与挑战。为了回应社会发展对公共部门人力资源管理多样化的需求，人力资源管理试图在创新的思维框架下，围绕着组织战略目标不断改进和发展自己。企业管理经验的影响以及公共部门改革的制度设计，为公共部门人力资源管理提供了参照。学习型组织、团队的创建、全面质量管理法以及 6σ（六西格玛）质量管理法等重要的组织变革途径，则为人力资源管理系统改革提供了直接的制度与文化基础。正是在这些组织变革精神和思考的引导下，公共部门人力资源管理力求平衡各种价值，寻求在突破传统制度框架基础上的创新和发展。

适应公共部门可持续战略发展的需要，战略性的人力资源管理的重要任务是：构建基于能力的人力资源管理系统，促进组织人力资源的核心创造和竞争能力；创建以团队为基础的、员工广泛参与的管理文化体系，实现团队和员工高绩效的目标；发展以顾客满意度为导向的员工绩效评估标准，不断增强公共部门的回应力，提升公共部门公共服务的品质。

关键术语

战略性人力资源管理　　人力资源管理与发展（HRM/D）　　学习型组织　　团队　　团队绩效　　全面质量管理（TQM）　　6σ（六西格玛）质量管理　　基于能力的人力资源管理系统

复习思考题

1. 请说明学习型组织的价值体现在哪些方面，并讨论我们为什么需要学习型组织。
2. 学习型组织的基本特征是怎样的？
3. 人力资源管理系统应该如何应对学习型组织的发展？
4. 全面质量管理（TQM）的本质是什么？
5. 6σ（六西格玛）质量管理法体现了哪些新的管理思路？
6. 工作团队与工作群体的区别是什么？
7. 现代组织团队有哪些类型？其特征是什么？
8. 面对组织发展的诸多变化，人力资源管理系统应如何进行改进？

参考文献

中文文献

施恩. 职业的有效管理. 北京：生活·读书·新知三联书店，1998.

彼得斯. 政府未来的治理模式. 北京：中国人民大学出版社，2002.

纳特，巴可夫. 公共和第三部门的战略管理：领导手册. 北京：中国人民大学出版社，2002.

圣吉. 第五项修炼：学习型组织的艺术与实务. 上海：上海三联书店，2002.

圣吉，等. 变革之舞：学习型组织持续发展面对的挑战. 北京：东方出版社，2001.

潘德，等. 6σ管理法：追求卓越的阶梯. 北京：机械工业出版社，2001.

曹荣，孙宗虎. 绩效考评与激励管理. 北京：世界知识出版社，2002.

曹志. 中华人民共和国干部人事制度概要. 北京：北京大学出版社，1985.

曹志. 资本主义国家公务员制度概要. 北京：北京大学出版社，1985.

曹志. 苏东社会主义国家干部人事制度概要. 北京：北京大学出版社，1985.

陈宇. 人力资源管理的经济活动分析. 北京：中国劳动出版社，1991.

奥斯本，盖布勒. 改革政府：企业家精神如何改革着公共部门. 上海：上海译文出版社，1996.

狄祖善，霍思安. 人力资源管理案例. 北京：机械工业出版社，1999.

戴维. 战略管理. 北京：经济科学出版社，1998.

海斯. 成功的团队管理. 北京：清华大学出版社，2002.

贾鹏举. 各国人事制度. 台北：千华出版公司，1998.

德斯勒. 人力资源管理：第六版. 北京：中国人民大学出版社，1999.

吉利，梅坎尼克. 超越学习型组织：通过领先的人力资源管理实践创造一种崇尚持续成长和发展的文化. 北京：经济管理出版社，2003.

谢夫利兹，罗森布卢姆．政府人事管理．北京：中共中央党校出版社，1997.
金诤．科举制度与中国文化．上海：上海人民出版社，1990.
明茨伯格，等．战略历程：纵览战略管理学派．北京：机械工业出版社，2002.
黄达强．各国公务员制度比较研究．北京：中国人民大学出版社，1990.
蓝志勇．行政官僚与现代社会．广州：中山大学出版社，2003.
克雷曼．人力资源管理．北京：机械工业出版社，1999.
诺伊．员工培训与开发．北京：中国人民大学出版社，2001.
诺伊，等．人力资源管理．北京：中国人民大学出版社，2001.
李铁．中国文官制度．北京：中国政法大学出版社，1989.
克林纳，纳尔班迪，洛伦斯．公共部门人力资源管理：系统与战略：第六版．北京：中国人民大学出版社，2013.
洛丝特．全面质量管理．北京：中国人民大学出版社，1999.
茨威尔．创造基于能力的企业文化．北京：华夏出版社，2002.
波特．竞争优势．北京：华夏出版社，1997.
安德森．组织创新与变革．北京：清华大学出版社，2002.
亨利．公共行政与公共事务．北京：中国人民大学出版社，2002.
帕纳斯．人力资源．哈尔滨：黑龙江教育出版社，1990.
派恩斯．公共和非营利性组织的人力资源管理．北京：清华大学出版社，2002.
卡曾巴赫，等．团队的智慧：创建绩优组织．北京：经济科学出版社，1999.
阿伯巴奇，普特南．两种人：官僚与政客．北京：求实出版社，1990.
米尔科维奇，纽曼．薪酬管理．北京：中国人民大学出版社，2002.
罗宾斯．组织行为学：第七版．北京：中国人民大学出版社，1997.
尚水利．团队精神．北京：时事出版社，2001.
科恩，布兰德．政府全面质量管理：实践指南．北京：中国人民大学出版社，2002.
孙柏瑛，祁光华．公共部门人力资源管理．北京：中国人民大学出版社，1999.
谭健．西方公务员制度．北京：北京出版社，1989.
仝志敏．国家公务员管理：高层人力资源的开发．北京：中国人民大学出版社，1994.
武欣．绩效管理实务手册．北京：机械工业出版社，2001.
舒尔茨．人力资本投资：教育和研究的作用．北京：商务印书馆，1990.
萧鸣政．现代人事考评技术及其应用．北京：中国人民大学出版社，1997.
徐颂陶，徐理明．神圣的天职：中国现代人事管理．北京：中国人事出版社，1996.
徐芳．团队绩效测评技术与实践．北京：中国人民大学出版社，2003.
恩兹，菲利普．人力资源管理新视野：用结果衡量人力资源职能．北京：机械工业出版社，2003.
小舍曼，等．人力资源管理．大连：东北财经大学出版社，2001.
杨百揆．西方文官系统．成都：四川人民出版社，1985.
马尔托奇奥．战略薪酬：人力资源管理方法：第二版．北京：社会科学文献出版社，2002.

曾繁正. 人事行政管理学. 北京：红旗出版社，1998.

威尔逊. 美国官僚政治：政府机构的行为及其动因. 北京：中国社会科学出版社，1995.

沃克. 人力资源战略. 北京：中国人民大学出版社，2001.

张成福，王俊杰. 现代人力资源管理与发展. 北京：中国人事出版社，1999.

张德. 人力资源开发与管理. 北京：清华大学出版社，1996.

郑晓明. 现代企业人力资源管理导论. 北京：机械工业出版社，2002.

英文文献

BAN C，RICCUCCI N M. Public Personnel Management：Current Concerns，Future Challenges（3rd edition）. New York：Addison-Wesley Longman，Inc.，2002.

BERMAN E M，BOWMAN J S，WEST J P，Van Wart M R. Human Resource Management in Public Service. Thousand Oaks：Sage Publications，Inc.，2001.

BOXALL P F，PURCELL J. Strategy and Human Resource Management. New York：Palgrave Macmillan，2003.

BRATTON J. Human Resource Management：Theory and Practice. New York：Addison-Wesley Longman，Inc.，2001.

BUFORD J A. Human Resources Management in Local Government：Concepts and Applications for Students and Practitioners. Ohio：South-Western，2002.

BURNS J P. Asian Civil Service System：Improving Efficiency and Productivity. Singapore：Times Academic Press，1994.

COHEN S，EIMICKE W. The Overregulated Civil Service. Review of Public Personnel Administration，1994：15，11-27.

COLE G. Personnel and Human Resources Management. London：Continuum，2002.

DALEY D M. Strategic Human Resource Management：People and Performance Management in the Public Sector. New Jersey：Upper Saddle River，2002.

DESSLER J. Human Resources Management. New Jersey：Prentice Hall，2003.

DREANG D L. Public Personnel Management and Public Policy. New York：Addison-Wesley Longman，Inc.，2002.

FARHAD A. The Changing Patterns of Human Resources Management. England：Ashgate，2002.

HAYS S. Public Personnel Administration：Problems and Prospects. New Jersey：Prentice Hall，1990.

KOLB D. Experiential Learning：Experience as the Source of Learning and Development. Englewood Cliffs，NJ：Prentice-Hall Inc.，1984.

KOLB D，OSLAND J S，RIBIN I M. The Organizational Behavior Reader. Englewood Cliffs，NJ：Prentice-Hall Inc.，1975.

LAWLER E E. Creating a Strategic Human Resources Organization: An Assessment of Trends and New Directions. California: Stanford University Press, 2003.

LEE Y S. Public Personnel Administration and Constitutional Values. Westport: Quorum Books, 1992.

MELLO, JEFFREY. Strategic Human Resources Management. Ohio: South-Western College Publication, 2002.

PETERS B G, SAVOIE D J. Civil Service Reform: Misdiagnosing the Patient. Public Administration Review, 1994: 54, 418-425.

RILEY D D. Public Personnel Management. New York: Addison-Wesley Educational Publishers, Inc., 2002.

SHAFRITZ J M, N. RICCUCCI, HYDE A, ROSENBLOOM D. Personnel Management in Government: Politics and Process (4th ed.). New York: Marcel Dekker, 1992.

JACKSON S E, HITT M A, DENIS A. Managing Knowledge for Sustained Competitive Advantage, Designing Strategies for Effective Human Resources Management. San Francisco: Jossey-Bass., 2003.

THOMPSON F J. Classics of Public Personnel Policy. Oak Park: Moore Publishing Company, Inc., 1979.

TOWNLEY B. Reframing Human Resources Management: Power, Ethics, and the Subject at Work. London: Sage Publications, 1994.

人大版公共管理类教材

公共管理类专业教材——学科基础课教材

书名	作者
现代管理学原理（第三版）（“十一五”国家级规划教材）	娄成武　魏淑艳
一般管理学原理（第四版）	张康之　周　军
管理学基础（第三版）	方振邦
政治学原理（第三版）	景跃进　张小劲
现代政治学原理（第四版）	石永义　刘玉萼　张　璋
公共管理学（第二版）	陈振明
公共管理学——一种不同于传统行政学的研究途径（第二版）	陈振明
公共管理学（第三版）（数字教材版）（“十二五”国家级规划教材）	蔡立辉　王乐夫
公共管理学（精编版）	王乐夫　蔡立辉
公共管理学（第三版）	张康之　郑家昊
公共管理概论（第二版）	朱立言　谢　明
公共政策导论（第六版）（数字教材版）	谢　明
公共政策概论（第二版）	谢　明
公共政策学——政策分析的理论、方法和技术（“十一五”国家级规划教材）	陈振明
公共政策学（第二版）	杨宏山
政策科学——公共政策分析导论（第二版）	陈振明
公共经济学（第三版）（“十二五”国家级规划教材）	高培勇
公共经济学教程	秦立建
政府经济学（第四版）（“十一五”国家级规划教材）	郭小聪
政府经济学（第四版）	潘明星　韩丽华

公共管理类专业教材——方法课教材

书名	作者
公共管理研究方法	何兰萍　张俊艳
行政学研究方法与应用案例	萧鸣政　等
管理定量分析：方法与技术（第三版）	刘兰剑

公共管理类专业教材——行政管理、公共事业管理专业教材

书名	作者
行政法学导论（第二版）	姜晓萍
公共部门人力资源管理（第四版）	孙柏瑛　祁凡骅
公共部门人力资源开发与管理（第五版）（“十二五”国家级规划教材）	孙柏瑛　祁凡骅
公共部门人力资源管理（第三版）	滕玉成　于　萍
公共部门人力资源管理概论（第二版）	方振邦
公共部门人力资源管理案例	周均旭
行政管理学（第五版）（数字教材版）	郭小聪
公共行政学（第五版）	彭和平
公共行政学（第二版）	张康之　张乾友
行政学导论（第三版）	齐明山

书名	作者
行政管理学导引与案例	陈季修
管理心理学（第三版）	范逢春
公共组织行为学（第三版）（“十一五”国家级规划教材）	孙　萍　张　平
公共组织学（第四版）	李传军
行政组织学（第二版）	张　昕　李　泉
公共组织理论	陆明远　冯　楠
公共事业管理概论（第三版）	朱仁显
公共组织财务管理（第三版）（“十一五”国家级规划教材）	王为民
国家公务员制度（第五版）（数字教材版）（“十二五”国家级规划教材）	舒　放　贾自欣
国家公务员制度概论（第二版）	刘碧强　郗永勤
公务员制度概论	李如海
公务员制度	温志强　王彦平　郝雅立
当代国家公务员制度：理论与实践	胡春艳
行政领导学（第三版）	朱立言　李国梁
领导学（第五版）	邱霈恩
领导学	孙　健
现代市政学（第五版）（数字教材版）	王佃利
市政管理学（第五版）（“十一五”国家级规划教材）	杨宏山
社区管理（第四版）	汪大海　魏　娜　郇建立
社区管理原理与案例	魏　娜
电子政务教程（第三版）（“十一五”国家级规划教材）	赵国俊
电子政府与电子政务（第二版）（“十一五”国家级规划教材）	张锐昕
行政伦理学教程（第四版）（“十二五”国家级规划教材）	张康之　李传军
公共危机管理概论（第二版）	王宏伟
公共危机管理	唐　钧
非营利组织管理（第二版）	康晓光
当代中国政府与政治（第二版）	景跃进　陈明明　肖　滨
当代中国政府与行政（第三版）	魏　娜　吴爱明
地方政府学概论（第二版）	方　雷
地方政府管理（第二版）	陈瑞莲　张紧跟
管理秘书实务（第三版）	赵锁龙
行政秘书学	唐　钧
公文写作与处理	赵国俊
机关管理的原理与方法（第三版）	赵国俊　陈幽泓
公共部门绩效管理（第二版）	方振邦
政府绩效管理（第二版）	方振邦　葛蕾蕾
政府绩效评估	蔡立辉
政府公共关系（第二版）（“十一五”国家级规划教材）	廖为建　张　宁
西方行政学理论概要（第二版）（“十一五’国家级规划教材）	丁　煌
公共行政学史（第二版）	何艳玲
西方公共管理名著导读	汪大海
文化管理学（第三版）（“十二五”国家级规划教材）	孙　萍
文化创意产业导论	魏鹏举
卫生事业管理（第二版）（“十一五”国家级规划教材）	李　鲁
现代公用事业管理	崔运武

公共管理类专业教材——劳动与社会保障专业教材

书名	作者
社会保障概论（第七版）	孙光德　董克用
社会保障学	戴卫东
劳动经济学（“十一五”国家级规划教材）	董克用　刘　昕
劳动法与社会保障法	黎建飞
社会保险学（第四版）	孙树菡　朱丽敏
社会保障基金管理	李春根
社会保障国际比较	仇雨临

公共管理类专业教材——土地资源管理专业教材

书名	作者
土地经济学（第八版）（“十一五”国家级规划教材）	毕宝德
土地法学（第二版）	严金明
土地资源学	张正峰　赵文武
土地资源管理学（第二版）	张正峰
国土空间规划学	张占录　张正峰
国土空间规划学导论	刘润秋　唐　鹏
不动产估价（第二版）（“十一五”国家级规划教材）	叶剑平　曲卫东
土地信息系统	曲卫东　韩　琼
地籍管理（第五版）（“十一五”国家级规划教材）	谭　峻　林增杰

公共管理类专业教材——城市管理专业教材

书名	作者
城市管理学（第四版）	杨宏山
城市管理学：公共视角	陆　军 等
城市经济学（第二版）	叶裕民　周　麟
城市总体规划原理	郐艳丽　田　莉
中国城市管理史概论	郑　国

公共管理类专业教材——应急管理专业教材

书名	作者
应急管理导论：原理与案例	李燕凌　朱正威 张海波　章文光
应急管理概论	王宏伟
应急管理理论与实践	唐　钧
突发事件风险管理	张小明
应急管理新论	王宏伟
新媒体时代的应急管理与危机公关	唐　钧
公共安全风险治理	唐　钧

公共管理硕士（MPA）教材——核心课教材

书名	作者
全国公共管理硕士（MPA）核心课程教学指导纲要	全国公共管理专业学位研究生教育指导委员会
社会主义建设理论与实践（第三版）	李景治 蒲国良
公共管理英语（修订版）	顾建光
学术规范和论文写作	胡宏伟
公共管理学（第三版）（全国优秀教材二等奖）	张成福 党秀云
公共管理学原理（修订版）	陈振明
公共管理导论	竺乾威 朱春奎 李瑞昌
公共政策分析	陈振明
公共政策分析导论	陈振明
公共政策分析概论（修订版）	谢 明
公共部门经济学（第三版）	高培勇 崔 军
公共经济学	唐任伍
行政法学（修订版）	皮纯协 张成福
行政法学概论（第三版）	胡锦光
非营利组织管理概论（修订版）	王 名
非营利组织管理	王 名 王 超
公共管理伦理学（修订版）	张康之
社会研究方法	陈振明
电子政务理论与方法（第五版）	金江军
公文写作概论	高永贵

公共管理硕士（MPA）教材——专业方向必修课、选修课教材

书名	作者
公务员制度教程（第六版）	舒 放 王克良
比较政府与政治（修订版）	卓 越
当代中国政府与政治（第三版）	吴爱明 朱国斌 林 震
公共部门人力资源管理及案例教程（第三版）	陈天祥
公共部门绩效评估（修订版）	卓 越
公共部门危机管理（第三版）	张小明
应急管理通论（第二版）	李雪峰
公共部门战略管理（修订版）	陈振明
MPA 学位论文写作指南	汪大海

图书在版编目（CIP）数据

公共部门人力资源开发与管理/孙柏瑛，祁凡骅编著. --5版. --北京：中国人民大学出版社，2020.12
新编21世纪公共管理系列教材 "十二五"普通高等教育本科国家级规划教材 教育部普通高等教育精品教材
ISBN 978-7-300-28860-4

Ⅰ. ①公… Ⅱ. ①孙… ②祁… Ⅲ. ①公共部门-人力资源开发-高等学校-教材 ②公共部门-人力资源管理-高等学校-教材 Ⅳ. ①D035.2

中国版本图书馆CIP数据核字（2020）第247428号

"十二五"普通高等教育本科国家级规划教材
教育部普通高等教育精品教材
新编21世纪公共管理系列教材
公共部门人力资源开发与管理（第五版）
孙柏瑛 祁凡骅 编著
Gonggong Bumen Renli Ziyuan Kaifa yu Guanli

出版发行	中国人民大学出版社		
社　址	北京中关村大街31号	**邮政编码**	100080
电　话	010-62511242（总编室）		010-62511770（质管部）
	010-82501766（邮购部）		010-62514148（门市部）
	010-62511173（发行公司）		010-62515275（盗版举报）
网　址	http://www.crup.com.cn		
经　销	新华书店		
印　刷	北京宏伟双华印刷有限公司	**版　次**	2004年3月第1版
开　本	787 mm×1092 mm 1/16		2020年12月第5版
印　张	21	**印　次**	2025年6月第7次印刷
字　数	485 000	**定　价**	49.00元

中国人民大学出版社　管理分社

教师教学服务说明

中国人民大学出版社管理分社以出版工商管理和公共管理类精品图书为宗旨。为更好地服务一线教师，我们着力建设了一批数字化、立体化的网络教学资源。教师可以通过以下方式获得免费下载教学资源的权限：

★ 在中国人民大学出版社网站 www.crup.com.cn 进行注册，注册后进入“会员中心”，在左侧点击“我的教师认证”，填写相关信息，提交后等待审核。我们将在一个工作日内为您开通相关资源的下载权限。

★ 如您急需教学资源或需要其他帮助，请加入教师 QQ 群或在工作时间与我们联络。

中国人民大学出版社　管理分社

教师 QQ 群：648333426（工商管理）　114970332（财会）　648117133（公共管理）
教师群仅限教师加入，入群请备注（学校+姓名）

联系电话：010-62515782，82501868，82501048，62514760

电子邮箱：glcbfs@crup.com.cn

通讯地址：北京市海淀区中关村大街甲 59 号文化大厦 1501 室（100872）

管理书社　　人大社财会　　公共管理与政治学悦读坊